Schumpeters Reithosen

Paul Strathern ist in Deutschland als Autor populärwissenschaftlicher Bücher bekannt (u.a. *Mendelejews Traum*, 2000), veröffentlicht aber auch Romane, einige davon preisgekrönt. Außerdem schreibt er regelmäßig für *Observer* und *Wall Street Journal*.

Paul Strathern

Schumpeters Reithosen

Die genialsten Wirtschaftstheorien und ihre verrückten Erfinder

Aus dem Englischen von Sonja Schuhmacher und Rita Seuß

Campus Verlag
Frankfurt/New York

Die englische Originalausgabe *Dr. Strangelove's Game. A Brief History of Economic Genius* erschien 2001 bei Hamish Hamilton London
Copyright © 2001 by Paul Strathern
Die Arbeit der Übersetzerinnen am vorliegenden Text wurde vom Deutschen Übersetzerfonds e.V. gefördert

Bibliografische Information der Deutschen Bibliothek

Die Deutsche Bibliothek verzeichnet diese Publikation in der Deutschen Nationalbibliografie. Detaillierte bibliografische Daten sind im Internet über http://dnb.ddb.de abrufbar.
ISBN 3-593-37293-2

Copyright © 2003 Alle deutschsprachigen Rechte bei Campus Verlag GmbH, Frankfurt/Main
Umschlaggestaltung: mancini-design, Frankfurt am Main
Umschlagmotiv: Albert Radl, Düsseldorf
Satz: Fotosatz L. Huhn, Maintal-Bischofsheim
Druck und Bindung: GGP Media, Pößneck
Gedruckt auf säurefreiem und chlorfrei gebleichtem Papier.
Printed in Germany

Besuchen Sie uns im Internet: www.campus.de

Inhalt

»Es sind aber die Ideen von Ökonomen und Staatsphilosophen, seien sie richtig oder falsch, einflussreicher, als gemeinhin angenommen wird. Die Welt wird in der Tat durch nicht viel anderes beherrscht. Praktiker, die sich ganz frei von intellektuellen Einflüssen glauben, sind gewöhnlich die Sklaven irgendeines längst verstorbenen Ökonomen. Wahnsinnige in hoher Stellung, die Stimmen in der Luft hören, zapfen ihren wilden Irrsinn aus dem, was irgendein akademischer Schreiber ein paar Jahre vorher verfasste.«

John Maynard Keynes

»In der Wirtschaft gibt es einige, wenn auch nicht viele unveränderliche Gesetze – Gesetze, die so zuverlässig sind wie jenes (womöglich fälschlicherweise) Calvin Coolidge zugeschriebene Diktum: ›Wenn mehr und mehr Leute ihre Arbeit verlieren, bedeutet das Arbeitslosigkeit‹.«

J.K. Galbraith

Prolog

Dr. Seltsam hatte einen künstlichen Arm und trug einen schwarzen Handschuh; sein verkrüppelter Körper war an den Rollstuhl gefesselt. Eine getönte Brille verbarg seine verzerrten Gesichtszüge, und seine hohe, gepresste Stimme hatte einen bedrohlichen mitteleuropäischen Akzent. Dies war der böse Geist des War Room, der strategische Berater des US-Präsidenten in einer Welt am Rande der atomaren Katastrophe in Stanley Kubricks Film *Dr. Seltsam oder Wie ich lernte, die Bombe zu lieben*. Ein amerikanischer Bomber hat das sowjetische Flugabwehrsystem überlistet und kann nicht mehr zurückgerufen werden. Voller Entsetzen legt der sowjetische Botschafter dem Präsidenten und seinem Berater die drohenden Konsequenzen dar: Falls der Bomber ungehindert sein Ziel erreicht, wird er automatisch die ultimative Waffe der Sowjetunion auslösen, die Weltvernichtungsmaschine. Sie wird eine riesige Wolke radioaktiven Materials freisetzen, die den gesamten Erdball einhüllen und ihn in den nächsten hundert Jahren für Menschen und Tiere unbewohnbar machen wird. Der Präsident ist entgeistert. Dr. Seltsam schreit den sowjetischen Botschafter wütend an: »Der ganze Witz der Weltvernichtungsmaschine ist doch dahin, *wenn Sie sie geheim halten. Warum haben Sie die Welt nicht unterrichtet?*«

Das ist die Logik der Spieltheorie – und zum ersten Mal in einem Spielfilm wird auf diese neue Methode strategischen Denkens ausdrücklich Bezug genommen. Das ganze Konzept der nuklearen Abschreckung basierte auf der Spieltheorie.

Dr. Seltsam, von Peter Sellers reichlich übertrieben dargestellt, zeigt

Symptome zunehmender geistiger Verwirrung, während der Film auf
die atomare Katastrophe zusteuert. Schnell entwirft er einen brillanten Überlebensplan für die Menschheit, sein künstlicher Arm gerät
außer Kontrolle und will ihn erwürgen, und aufgeregt verweist er auf
einen »Kom-pju-ta«. Das bösartige Genie degeneriert zur Parodie des
wahnsinnigen Wissenschaftlers.

Dr. Seltsam galt seinerzeit als weit hergeholte und satirisch über-
zeichnete Kunstfigur. Die Fakten erzählen eine andere Geschichte.
Mitte der fünfziger Jahre wurde ein geheimnisvoller Mann mit unga-
rischem Akzent, dessen verkrüppelter Körper an den Rollstuhl gefesselt war, regelmäßig mit einer Limousine von seinem Krankenbett im
Walter Reed Hospital in Washington ins Weiße Haus gefahren. Dort
saß Präsident Eisenhower, der im Zweiten Weltkrieg Oberbefehlshaber der alliierten Streitkräfte in Europa gewesen war, und lauschte
aufmerksam den Vorschlägen seines geheimen strategischen Beraters,
eines Mannes, der nie in der Armee gedient hatte. Nach der Sitzung
wurde der Mann im Rollstuhl in Windeseile in sein Krankenzimmer
zurückgebracht. Tag und Nacht standen zwei bewaffnete Wachmän-
ner vor seiner Tür. Er wurde ausschließlich von Marinekranken-
schwestern betreut, die eine Unbedenklichkeitsbescheinigung des Geheimdienstes besaßen. Der Patient, von wachsender geistiger
Verwirrung geplagt, fuhr oft mitten in der Nacht aus dem Schlaf,
schrie und faselte ungereimtes Zeug. Seine militärischen Bewacher
hatten dafür zu sorgen, dass etwaige Geheimnisse, die aus ihm he-
raussprudelten, nicht in den Besitz ausländischer Mächte gelangten.

Der Mann hieß John von Neumann, stammte aus Ungarn und
hatte bereits auf mehreren wissenschaftlichen Gebieten bahnbrechende Leistungen vollbracht, in höherer Mathematik ebenso wie in
praktischer Ökonomie. 1944 war er zu der Überzeugung gelangt, eine
Methode zur »Lösung« wirtschaftswissenschaftlicher Probleme gefunden zu haben. Von nun an sei die »kluge« ökonomische Entscheidung nur noch eine Frage der mathematischen Kalkulation. Der gesamte Prozess der wirtschaftlichen Entscheidungsfindung sei dann
Computern überlassen (an deren Erfindung Neumann ebenfalls betei-

ligt war), Wirtschaftswissenschaftler seien folglich überflüssig. Für seine radikal neue Methode, die er Spieltheorie nannte, sah der wohl brillanteste Mathematiker des 20. Jahrhunderts noch weiter reichende Anwendungsmöglichkeiten. Hier war eine Theorie, deren Umsetzung nicht nur alle wirtschaftlichen Unwägbarkeiten ein für allemal auszuschließen versprach; sie zeigte auch einen Weg zur Weltherrschaft mittels atomarer Bedrohung auf.

John von Neumann wurde 1903 als Sohn eines reichen Bankiers in Budapest geboren. Er zählte zu jener Generation herausragender Ungarn, der auch Georg Solti und Zsa Zsa Gabor angehörten. Bald erkannte man, dass Neumann ein Wunderkind war. Mit sechs Jahren konnte er eine Seite aus dem Budapester Telefonbuch nach einmaligem Durchlesen auswendig wiederholen. Mit acht war er in der Lage, zwei achtstellige Zahlen im Kopf zu dividieren. (Versuchen Sie einmal, die Zahl 97 572 915 durch 18 835 769 zu dividieren – *schriftlich*.) Noch vor seinem dreißigsten Lebensjahr verfasste von Neumann ein später als Grundlagenwerk anerkanntes Lehrbuch zur Quantenmechanik. Doch in diesem Werk unterlief ihm ein erster entscheidender Irrtum: ein fehlerhafter Beweis. Inzwischen jedoch war sein Verfasser so berühmt, dass die wenigen, die diesen Fehler erkannten, zu der Meinung gelangten, selbst etwas übersehen zu haben. Neumanns Logik war unanfechtbar, aber sie basierte auf einer nicht begründbaren Voraussetzung. Wie wir noch sehen werden, lag hier ein folgenreicher Schwachpunkt von Neumanns. (Sein »Beweis« verstellte über fünfzig Jahre lang den Blick auf einen bestimmten Aspekt der Quantenmechanik.)

1928 legte von Neumann eine Theorie vor, die die altgediente Disziplin der mathematischen Wahrscheinlichkeitsrechnung grundlegend verändern sollte, die so genannte Spieltheorie. Ihr Ziel war es, jeden Wettstreit zwischen zwei Personen auf ein mathematisch exaktes Spiel zurückzuführen. Die alternativen Züge eines Spielers in einer Pokerpartie konnten entsprechend der mathematischen Wahrscheinlichkeit ihrer verschiedenen möglichen Ergebnisse berechnet werden. Die Spieltheorie beschränkte sich jedoch keineswegs auf Gesellschaftsspiele, sie ließ sich auch auf die Realität anwenden. In von Neumanns Worten besteht »... das wirkliche Leben aus Bluff, aus kleinen Täuschungsmanövern, darin, dass man sich fragt, was der andere glaubt, was ich zu tun beabsichtige. Und genau darum geht es in den Spielen meiner Theorie«. Die Spieltheorie analysierte den Konflikt zwischen zwei hochintelligenten, hinterlistigen Partnern, die an bestimmte Spielregeln gebunden waren. Der eine Spieler konnte nie sicher sein, ob der andere nicht ein doppeltes Spiel spielte.

Neumanns anhaltende Besessenheit von der Spieltheorie könnte durchaus im Zusammenhang mit seiner zwanghaften Sexualität gesehen werden. Seinem Biografen Steve J. Heims zufolge »... fanden es einige seiner Kollegen irritierend, dass sich von Neumann, wenn er ein Büro betrat, in dem eine hübsche Sekretärin arbeitete, gewöhnlich kopfüber hinunterbeugte, mehr oder weniger, um ihr unter den Rock zu schauen«. Auch als verheirateter Mann blieb von Neumann ein Schürzenjäger. Seine Ehefrauen waren beide starke und intelligente Persönlichkeiten, die Fantasie genug besaßen, um sich vorzustellen, wozu selbst ein Genie in seinen Mußestunden imstande war. Nach der Aufdeckung eines solchen Fehlverhaltens formulierte von Neumann vorsichtig in einem Brief an seine zweite Frau: »Ich hoffe, du hast mir meinen bescheidenen Versuch eines doppelten Spiels verziehen.«

Im Licht dieses Verhaltens überrascht es nicht, dass der Erfinder der Spieltheorie Zweipersonenspiele und -konflikte mit gewissen Vorbehalten betrachtete. Es gab nur eine rationale Strategie: »Die Niederlage ist unausweichlich, wenn du gewinnen willst, statt alles daranzusetzen, nicht zu verlieren.« Schadensbegrenzung war Sinn der Übung. Auf jeder Stufe sollte jeder mögliche Schritt bedacht und anschließend der größtmögliche Verlust bemessen werden, den man verkraften könnte, falls man sich zu diesem Schritt entschloss. Dann sollte man den Schritt wählen, der das maximale Risiko minimierte. Dies ist das so genannte Minimax-Theorem – und obwohl es in von Neumanns Privatleben zur Scheidung seiner ersten Ehe führte, minimierte sich für den Schöpfer dieses Theorems doch offensichtlich die Gefahr eines zweiten maximalen Verlustes.

In den dreißiger Jahren emigrierte Neumann in die USA. Kaum dreißig, wurde er zusammen mit Einstein an das neu gegründete Institute for Advanced Study in Princeton berufen. Das Institut, das sich ausschließlich der theoretischen Forschung verschrieben hatte, wurde schon bald zu einem Mekka der besten wissenschaftlichen Köpfe Europas und Amerikas. Während seiner Zeit am Institut spielte von Neumann eine maßgebliche Rolle bei der Entwicklung der ersten Computer. Obwohl praxisbezogene Arbeiten am Institut nicht gestattet waren, gelang es ihm, im Heizraum den riesigen Prototyp eines Computers zu bauen, eine frühe Version des Mathematical Analyzer, Numerator, Integrator and Calculator (bekannt unter dem Namen MANIAC).

Von Neumann leistete auch einen wichtigen Beitrag zur Entwicklung der ersten Atombombe. In der Folge wurde er zum führenden Mitglied der US-Atomenergiekommission, die den Präsidenten beim Einsatz der Wasserstoffbombe beriet. Der Kalte Krieg gegen Sowjetrussland trat zu dieser Zeit in seine frostigste Phase. Der globale Konflikt bot für von Neumann die ideale Gelegenheit, seine Spieltheorie praktisch umzusetzen. Hier hatte er ein Zweipersonenspiel, das alle anderen Zweipersonenspiele in den Schatten stellte. Die Anwendung der Spieltheorie auf diese Situation ließ für ihn nur eine Schlussfolgerung zu, deren Logik unanfechtbar war: den Erstschlag. Wie von Neumann dem Präsidenten mit großer Eindringlichkeit darlegte, schrieb die Spieltheorie vor, unverzüglich eine Wasserstoffbombe auf russisches Gebiet zu lenken. Der einzige Weg, um in diesem Spiel die Position des Siegers zu besetzen, bestand darin, die Russen zu vernichten, bevor sie ihre eigene Wasserstoffbombe entwickeln konnten. Jede andere Entscheidung würde der Logik der Spieltheorie diametral zuwiderlaufen. (Nie zuvor, auch nicht in seinem Privatleben, hatte von Neumann je eine derart ideale Spielsituation vorgefunden.)

Erneut stellen wir fest, dass von Neumanns Logik unanfechtbar ist. Seine Grundannahmen scheint er allerdings einer weniger strengen Analyse unterzogen zu haben. Trotz von Neumanns beschwörender Worte (»bevor es zu spät ist«) zögerte Präsident Eisenhower. Selbst sein Außenminister John Foster Dulles ließ sich von von Neumanns

Logik überzeugen. Eisenhower jedoch schwankte. Er sah sich zwar
außerstande, die zwingenden Argumente dieser beiden Magier der
globalen Strategie zu widerlegen, aber trotzdem konnte sich der
Mann, der in Europa den Zweiten Weltkrieg gewonnen hatte, des Ge-
fühls nicht erwehren, dass irgendetwas nicht stimmte. Dann gaben
die Russen bekannt, jetzt ebenfalls über die Wasserstoffbombe zu verfügen. Es war zu spät. Der gesunde Menschenverstand hatte gesiegt,
obgleich er im Widerspruch zur Logik stand.

Aber die Spieltheorie ließ sich auch auf andere als katastrophale
(Nuklearstrategie, Ehescheidung) oder triviale (Poker, Ehe) Situationen anwenden. Ihrem Grundverständnis nach bezog sie sich auf sämtliche menschliche Aktivitäten, denen eine Konfliktsituation zugrunde
lag. Damit konnte die Spieltheorie auf die komplexeste und wichtigste menschliche Aktivität überhaupt angewandt werden, die Wirtschaft. Bereits 1939 hatte sich ein anderer brillanter Kopf, gleichfalls
österreichisch-ungarischer Herkunft und aus der Generation Zsa Zsa
Gabors, mit genau dieser Idee an von Neumann gewandt.

Oskar Morgenstern war nach dem Studium der Wirtschaftswissenschaft und Philosophie in Wien zu dem Schluss gelangt: »Ich war ein
Idiot, dass ich mich mit dieser blödsinnigen Philosophie befasst
habe.« Seine Meinung über Ökonomie – oder besser gesagt über
Ökonomen – fiel kaum wohlwollender aus. Die Arbeiten des führenden österreichischen Ökonomen Friedrich von Hayek verwarf er
zwar als »höheren Blödsinn«; dies hinderte ihn aber nicht, dessen
Nachfolger als Direktor des berühmten Wiener Instituts für Konjunk-
turforschung zu werden. Morgensterns Widerspruchsgeist erwies sich
nach dem Anschluss Österreichs an Nazi-Deutschland im Jahr 1938
als gefährlich. Obwohl Antisemit, wurde er von den Nazis als »politisch untragbar« eingestuft. Er nahm das Angebot einer Stelle an der
wirtschaftswissenschaftlichen Fakultät in Princeton an und blieb für
den Rest seines Lebens im Exil. Seine amerikanischen Kollegen waren
für Morgenstern eine nicht minder große Enttäuschung: »Wirtschaftswissenschaftler wissen einfach nicht, was Wissenschaft bedeutet. Dieser ganze Unsinn widert mich an.«

Nicht nur schätzte Morgenstern andere gering, er war auch noch größenwahnsinnig. Er hielt sich für einen unehelichen Nachfahren des deutschen Kaisers Friedrich III. und hatte ein Porträt seines angeblichen Großvaters an exponierter Stelle in seiner Wohnung hängen (auch dann noch, als Amerika gegen Deutschland Krieg führte). In Princeton sorgte Morgenstern schon bald für Aufsehen, wenn er in einem maßgeschneiderten Dreiteiler auf einem Pferd durch die Straßen ritt. In den Worten des amerikanischen Wirtschaftshistorikers Robert J. Leonhard war Morgenstern ein Mann mit »enormem intellektuellen Ehrgeiz und beschränktem theoretischen Verstand«. Er wollte nur mit Leuten zu tun haben, die er als geistig ebenbürtig betrachtete, und fühlte sich schon bald zum Institute for Advanced Study hingezogen. Einstein, Gödel und die dort forschenden Nobelpreisträger lernten schnell, ihm aus dem Weg zu gehen. Nicht dagegen John von Neumann, der zu Morgenstern schon bald eine besondere Beziehung unterhielt. Morgenstern schien bereit, über die Tatsache hinwegzusehen, dass von Neumann Jude war – womöglich weil er ein »von« vor dem Namen trug und als brillanter Kopf galt. Von Neumann teilte Morgensterns Ansichten über Ökonomie und erklärte, die Wirtschaftswissenschaft sei »... eine Million Meilen von dem Zustand entfernt, in dem sich eine so hoch entwickelte Wissenschaft wie die Physik heute befindet«.

Morgenstern witterte seine Chance. Hier war der Mann, der seine eigenen, nicht weiter nennenswerten theoretischen Unzulänglichkeiten würde ausgleichen können, welche die volle Entfaltung seines außergewöhnlichen Geistes so oft behindert hatten. Er und von Neumann mussten lediglich ein Projekt finden, an dem sie gemeinsam arbeiten konnten. Als Morgenstern von Neumanns frühere Arbeiten durchforstete, stieß er auf dessen Abhandlung über die Spieltheorie. Ja, das war's! Das sei der zündende Funke, auf den sie beide gewartet hätten, versicherte er von Neumann. Mit seinem eigenen Sachverstand als Ökonom und mit von Neumanns mathematischem Scharfsinn würden sie die Ökonomie gemeinsam aus ihrem steinzeitlichen

Zustand herausführen. Sie würden sie zu einer exakten Wissenschaft machen, deren unanfechtbare Logik keinen Raum für Irrtümer ließe. Es galt lediglich, die Spieltheorie praktisch umzusetzen.

1941 begannen Oskar Morgenstern und sein neuer Freund »Johnny« von Neumann mit der Arbeit an einem Aufsatz, der darlegte, wie die Spieltheorie für das Wirtschaftsleben nutzbar gemacht werden konnte. Aus einem Aufsatz wurden zwei, und daraus schließlich entstand ein hundertseitiges Konvolut. Trotz der kriegsbedingten Papierknappheit erhielten die beiden Autoren die Zusage der Princeton University Press, die Abhandlung zu veröffentlichen – sobald die endgültige Fassung fertig gestellt sei. Morgenstern und von Neumann indes waren von ihrem Thema inzwischen regelrecht besessen, und aus der Abhandlung wurde ein ganzes Buch. Zu jener Zeit war von Neumann in Los Alamos Mitarbeiter am Manhattan-Projekt zum Bau der ersten Atombombe. Auch als militärischer und regierungspolitischer Berater in Washington war er gefragt. Aber nicht genug damit, dass er den Präsidenten beriet, wie man den Krieg gewinnen könnte; nicht genug auch, dass er in Los Alamos an den Experimenten zur Kernspaltung beteiligt war. In seiner knappen Freizeit jettete von Neumann auch noch regelmäßig nach Princeton, um mit Morgenstern eine Theorie auszutüfteln. Sie arbeiteten Tag und Nacht. In aller Frühe, während seine Frau noch schlief, stand von Neumann auf, um sich mit Morgenstern im Nassau-Club zu treffen. Beim Frühstück gingen sie das bisher Erarbeitete durch und konzipierten weitere Anwendungsmöglichkeiten der Spieltheorie auf die Wirtschaft. Anschließend setzten sie ihre Diskussion in Morgensterns Wohnung oberhalb der Princeton Bank auf der anderen Seite der Nassau Street fort. Unter dem gestrengen Blick des deutschen Kaisers kritzelte Morgenstern seinen Notizblock voll, während von Neumann vor sich hinstarrte und abstruse mathematische Formeln ausspuckte. (Von Neumann, der als Kind achtstellige Zahlen im Kopf dividiert hatte, zauberte jetzt Formeln aus dem Hut, die alles wirtschaftliche Handeln auf ein Spiel reduzierten.) Am Nachmittag wechselten die beiden in von Neumanns Haus in der Westcott Road 26, damit von

Neumann wenigstens eine Zeit lang bei seiner Frau Klari sein konnte, bevor er nach diesem Abstecher erneut nach Los Alamos beziehungsweise Washington aufbrach. Klari servierte Kaffee, während die beiden weiterdiskutierten. Sie servierte noch mehr Kaffee, dann Drinks, dann das Abendessen und schließlich wieder Kaffee, während von Neumann und Morgenstern sich die Köpfe heiß redeten. Nachdem Klari und ihre Fürsorglichkeit acht Stunden am Stück unbeachtet geblieben waren, wies sie das Paar schließlich aus dem Haus, und bis in die frühen Morgenstunden wanderten die beiden diskutierend durch die nächtlich leeren Straßen des Princeton der Kriegszeit. Morgenstern meinte einmal: »Klari war oft ziemlich ärgerlich, dass wir ununterbrochen zusammenhockten und diskutierten.« An den Wochenenden ersparten sie ihr daher diese unerfreuliche Erfahrung. Dann»… fuhren wir manchmal an die Küste, gingen die Strandpromenade, vorzugsweise in Sea Girt, entlang, und tauschten unsere Gedanken aus«. Schließlich fuhren alle drei mehr als 1 500 Kilometer an die texanische Küste am Golf von Mexiko:»Ich machte mit Johnny und seiner Frau Klari Urlaub in Biloxi. Die Tage verbrachten wir damit, die Theorie zu diskutieren … übrigens sprachen wir immer deutsch.« Man kann nur mutmaßen, was die Einheimischen von all dem hielten. Damals kursierten am gesamten östlichen Küstenstreifen Gerüchte über Deutsche, die die Bewegung der atlantischen Truppenverbände in Richtung Europa beobachteten, und Geschichten über feindliche Spione, die von U-Booten an Land gesetzt würden.

Im April 1943 hatten sie ihr Werk vollendet.»Die Leute in der Druckerei«, berichtete Morgenstern,»waren ziemlich überwältigt angesichts eines Manuskripts von mehr als 1 200 maschinengeschriebenen Seiten voller Graphen und ausufernder mathematischer Gleichungen.« Offensichtlich ohne einen Funken Ironie tauften die beiden Verfasser ihr Opus magnum *General Theory of Rational Behavior* (*Allgemeine Theorie des rationalen Verhaltens*). Aber dann fanden sie, dass damit»unser Werk nicht zutreffend genug beschrieben« sei, und benannten es um in *Theory of Games and Economic Behavior* (*Spieltheorie und wirtschaftliches Verhalten*). Im Vorwort enthält es die Zusicherung, es sei »... keine spezielle Kenntnis irgendeines Teiles der höheren Mathematik erforderlich. Indessen ...« Ein Blick auf die nachfolgenden Seiten, dicht beschrieben mit Formeln und ausufernden mathematischen Gleichungen, sollte dem geneigten Leser genügen, um zu entscheiden, ob seine mathematischen Fähigkeiten diesen schlichten Anforderungen genügen. Das Buch beginnt mit einem bescheidenen Vergleich zwischen der Anwendung der Spieltheorie auf die Wirtschaft und den Folgen von Newtons Entdeckung der Schwerkraft für die Physik. Es folgt die Erörterung so disparater Themen wie der »Robinson-Crusoe«-Ökonomie, den »Abenteuern von Sherlock Holmes«, »Poker und Bluffen« und endet mit der »Ökonomischen Interpretation der Resultate« für den »Zweipersonenmarkt«, den »Dreipersonenmarkt« sowie für den »allgemeinen Markt«, bestehend aus mehr als drei Personen. Am Ende folgt ein Sachregister mit Stichwörtern wie »psychologische Erscheinungen, mathematische Behandlung«; unter »Gewinnen« finden sich zwei nachgeordnete Gruppen von Einträgen mit den Bezeichnungen »sicher« und »vollständig«. Unter dem Stichwort »Verlieren« dagegen finden sich lediglich zwei Einträge.

Die Veröffentlichung des Buches *Spieltheorie und wirtschaftliches Verhalten* im Jahr 1944 wurde mit ekstatischem Beifall aufgenommen. Das *American Mathematical Society Bulletin* bezeichnete das Werk als »einen der bedeutendsten wissenschaftlichen Beiträge der ersten Hälfte des 20. Jahrhunderts« und stellte es damit neben die Relativitäts- und die Quantentheorie und die keynesianische Wirtschaftstheorie, mit deren Hilfe die weltweite Rezession erfolgreich bekämpft worden war (auch wenn Morgenstern die Meinung vertrat, Keynes sei ein »wissenschaftlicher Scharlatan und seine Anhänger noch nicht einmal das«). Aber selbst verhaltene Kritiker wie der Wirtschaftswissenschaftler Leonid Hurwicz äußerten sich überwiegend optimistisch: »Noch zehn solche Bücher, und die Zukunft der Ökonomie ist gesichert.« Dieser positive Grundtenor der Rezeption von *Spieltheorie und wirtschaftliches Verhalten* erfuhr im März 1946 seine Krönung, als das Buch die Titelseite der *New York Times* eroberte – gleichrangig mit Churchills Erklärung im selben Monat, über Europa habe sich der »Eiserne Vorhang« herabgesenkt. Viele waren davon überzeugt, dass die Spieltheorie fortan die Grundlage jeder Wirtschaftstheorie bilden würde. Die Wirtschaftswissenschaft solle sich ein für alle Mal auf das rechnerische Kalkül beschränken, für menschliche Erwägungen gebe es keinen Platz: eine Entscheidung sei entweder richtig oder falsch. Dr. Seltsams Spiel hätte der Welt, wie wir sie kennen, ein Ende bereiten können. Wird dieses Spiel eines Tages auch den Wirtschaftswissenschaften ein finales Schicksal bescheren? Die Antwort hängt davon ab, wie wir Ökonomie definieren. Am Anfang standen kaum mehr als einige Erkenntnisse und Einsichten über den Handel – was darunter zu verstehen ist, wie Handel funktioniert und wie man ihn verbessern kann. Aus diesen Anfängen entwickelte sich die Wirtschaftswissenschaft. Über die Jahrhunderte hinweg vollzog sich ein nacherzählbares Geschehen, in dem unterschiedliche und schillernde Persönlichkeiten eine Rolle spielten. Aber statt eines Helden, der als Protagonist im Mittelpunkt des traditionellen Epos steht und durch sein Handeln seinen Charakter offenbart und weiterentwickelt, steht hier eine Idee im Mittelpunkt. Diese entwickelt sich durch einzelne Akteure weiter, durch große Denker ihrer jeweiligen Epoche, aber auch durch eigensinnige Genies, Moralisten, Exzentriker und Scharlatane. Einige von ihnen wollten die Welt retten und hätten sie beinahe zerstört. Andere sahen sich nur als Rädchen im Getriebe, die ihr Bestes taten, um den Mechanismus am Laufen zu halten. Wieder andere entwarfen Utopien oder Weltuntergangsvisionen. Einige waren getrieben von dem Bedürfnis, die schreckliche Wirklichkeit, die sie mit eigenen Augen sahen, zu verbessern. Die sich stetig fortentwickelnde Idee der Ökonomie war beileibe nicht immer von Erfolg gekrönt. Aber sie führte zu einem tieferen Selbstverständnis der Gesellschaft und zur wachsenden Einsicht in deren Mechanismen. Ausgehend von einer Vielzahl von Einzelerkenntnissen durchdringt die Ökonomie als wissenschaftliche Disziplin heute alle Bereiche unseres Lebens. Sie hat uns ein Bewusstsein dafür vermittelt, wer wir sind und was wir tun.

Diese Geschichte wollen wir erzählen, wir wollen vom Leben und von den Ideen jener erzählen, die zu dieser Entwicklung einen Beitrag geleistet haben.

1
Etwas entsteht aus nichts

Die Null, jenes viel sagende kulturelle Symbol, gelangte um das Jahr 1200 aus der Levante nach Europa. Bis dahin waren Rechenoperationen zumeist auf dem Abakus ausgeführt worden. Ohne die Null war es mathematisch unmöglich gewesen, sich negative Zahlen vorzustellen. Mit Hilfe der Null konnten jetzt auch kompliziertere kaufmännische Berechnungen auf Papier durchgeführt werden, was als Ergebnis auch eine negative Bilanz ermöglichte. Die Buchführung, wie wir sie heute kennen, war geboren.

Ende des 13. Jahrhunderts tätigten Handelsbanken Geschäfte in Europa und über dessen Grenzen hinweg. Hauptbücher in Brügge verzeichneten die Lieferung von Seehundfellen aus Grönland, mit denen finanzielle Forderungen des Papstes beglichen wurden. Marco Polo beschrieb, gestützt auf die authentischen Quellen, die er bei der Abfassung seines Reiseberichts heranzog, die Aktivitäten genuesischer Handelsschiffe auf dem Kaspischen Meer. Die ersten großen europäischen Bankiers waren die Bardi in Florenz, deren Geschäfte seit 1250 florierten. Im 14. Jahrhundert wurden sie die Bankiers der Päpste, und damit gingen die Einnahmen des Papstes auf dem gesamten Kontinent durch ihre Hände. Ihr Reichtum war so groß, dass sie sogar Könige mit Geld versorgen und Kriege finanzieren konnten. Am Vorabend des Hundertjährigen Kriegs mit Frankreich lieh sich der englische König Edward III. von den Bardi ungeheure Geldsummen, was letztlich zum Zusammenbruch der Bank führte. Als Edward die Rückzahlung der Schulden einstellte, waren die Bardi machtlos. Der Handel besaß zwar Geld und Einfluss, aber noch keine reale

Macht. Der Bankrott des Hauses Bardi im Jahr 1345 trug zum wirtschaftlichen Niedergang in ganz Europa bei.

Zwei Jahre später trieb ein Handelsschiff aus dem Schwarzen Meer mit schlaffen Segeln und losen Tauen in den Golf von Neapel. Die Mitglieder der Mannschaft an Bord waren entweder tot oder lagen im Sterben, die Körper entstellt von schwarzen Pusteln und bizarren Schwellungen. Der Schwarze Tod hatte Europa erreicht. Innerhalb von vier Jahren starben 25 Millionen Menschen auf dem europäischen Festland, über ein Drittel der Gesamtbevölkerung.

Es dauerte mehr als hundert Jahre, ehe sich der europäische Handel wieder vollständig erholt hatte. Inzwischen hatte er sich aber durch eine Neuerung verändert, deren Bedeutung von den Zeitgenossen mit der Erfindung der Mathematik oder der Druckerpresse kurz zuvor gleichgesetzt wurde. Wie die Null kam auch die doppelte Buchführung aus dem Nahen Osten nach Europa und zunächst nach Genua. Und wie die Null ging wahrscheinlich auch die doppelte Buchführung aus der indisch-arabischen Mathematik hervor, die auf die Bedürfnisse der hektischen und weit gespannten Handelsaktivitäten der Basare Bagdads abgestimmt war.

Der Mann, der die doppelte Buchführung in Europa bekannt machte, hieß Luca Pacioli. Das heute in Vergessenheit geratene Universalgenie der Renaissance war ein italienischer Mönch, den sogar Leonardo da Vinci »maestro« nannte. Pacioli wurde um 1445 in Sansepolcro in den Bergen sechzig Kilometer östlich von Florenz geboren. Bezeichnenderweise war diese Stadt auch die Heimat des Malers Piero della Francesca, der mit seinem Verständnis der Perspektive die Malerei der Renaissance grundlegend veränderte. Piero sah die Perspektive als ein mathematisch-wissenschaftliches Problem. Seine Malerei ist die Entfaltung geometrischer Formen und Linien – mathematischer Raum, erfüllt von der Einzigartigkeit und der Plastizität realistischer Szenen. Seine Begeisterung für die Mathematik war so groß, dass er in seinen letzten Lebensjahrzehnten die Malerei ganz aufgab. Er kehrte in seine Heimatstadt Sansepolcro zurück und widmete sich dieser großen Leidenschaft seines Lebens. Zu jener Zeit war

Pacioli ein junger Mann, der bei Piero studierte und sich vom Feuereifer seines Lehrers anstecken ließ.

Im Alter von 20 Jahren ging Pacioli nach Venedig und trat in den Dienst des reichen Kaufmanns Rompiasi ein, dessen Söhnen er Unterricht erteilte und für den er »auf mit Waren beladenen Schiffen fuhr«. Wie weit er reiste, ist ungewiss, aber zu jener Zeit erstreckte sich die Herrschaft Venedigs bis nach Zypern, und die Eigner der venezianischen Schiffe unterhielten Handelsbeziehungen bis nach Beirut, dem Endpunkt der Seidenkarawanen aus China und der Gewürzstraße aus Indien. Es ist also durchaus möglich, dass der junge Pacioli bis in die Levante kam. Wie die großen mathematischen Denker des antiken Griechenlands (etwa Pythagoras und Platon), bezog vielleicht auch Pacioli einen Teil seiner mathematischen Kenntnisse direkt aus östlichen Quellen, auch wenn mit Beginn der Renaissance in Italien die europäische Mathematik ihre arabische Lehrmeisterin allmählich überflügelte. Aber Pacioli studierte nicht nur Mathematik, er war auch im Handel tätig.

Im Alter von etwa 30 Jahren trat Pacioli in den Minoritenorden ein. Zwar besteht kein Zweifel an seinem tiefen Gottesglauben, aber weshalb er das Mönchsgelübde ablegte, bleibt im Dunkeln. Sein Verhältnis zu den Ordensoberen stand nie zum Besten. Finanzielle Sicherheit und der Zugang zu Lehrpositionen an der Universität scheinen seine Entscheidung für den Eintritt ins Kloster zumindest beeinflusst zu haben.

Von nun an führte Pacioli ein unstetes Wanderleben. Er lehrte an verschiedenen Universitäten Italiens, auch an den bedeutendsten jener Epoche in Padua und Neapel. In dieser Zeit veröffentlichte er auch mehrere mathematische Abhandlungen. Sie enthielten zwar wenig eigenständige Erkenntnisse, bezeugen jedoch in ihrer formalen Prägnanz und Gründlichkeit Paciolis einzigartiges enzyklopädisches Wissen auf diesem Gebiet. Von größerer Eigenständigkeit war das so genannte »Problem der Punkte«, das er in einem dieser Aufsätze erörterte.

»Zwei Spieler spielen ein faires Balla-Spiel«, schreibt Pacioli. Balla war ein mittelalterliches Ballspiel, das als Glücksspiel beliebt war. Die Einfügung des Attributs »fair« scheint zu jener Zeit und an jenem Ort notwendig gewesen zu sein. »Die beiden Spieler einigen sich darauf, so lange zu spielen, bis einer von ihnen sechsmal gewonnen hat. Das Spiel wird dann aber abgebrochen, wenn einer der Spieler fünf und der andere drei Runden gewonnen hat. Wie muss in diesem Fall der Spieleinsatz aufgeteilt werden?« Hinter dieser auf den ersten Blick harmlosen Frage steckt ein äußerst diffiziles Problem, das unterschiedliche Lösungen zulässt. Erst hundertfünfzig Jahre später sollten die beiden großen französischen Mathematiker Pascal und Fermat (der aufgrund seines »letzten Satzes« bekannt ist) die volle mathematische Tragweite dieses Problems erkennen. Hier bot sich die Möglichkeit, die Zukunft in Zahlen zu erfassen. Die Wahrscheinlichkeit zu gewinnen, war bei dem Spieler, der beim Balla-Spiel führte, zwar größer, aber sein Sieg keineswegs sicher. Mathematisch konnten alle möglichen Ergebnisse sowie auch deren Wahrscheinlichkeit vorausberechnet werden. Die Berechnung dieser Wahrscheinlichkeit durch Pascal und Fermat markiert die Geburtsstunde der Wahrscheinlichkeitstheorie.

Vor der Renaissance hatte man sich mit diesem Problem kaum je ernsthaft beschäftigt, geschweige denn es mathematisch darzustellen versucht. Im Mittelalter verhinderten Aberglaube und Fatalismus die Erforschung der Zukunft. Diese lag allein in Gottes Hand, und wer versuchte, den göttlichen Willen mathematisch zu ergründen, lief Gefahr, wegen Gotteslästerung angeklagt zu werden.

Die durch Paciolis Problem der Punkte aufgeworfene mathematische Spekulation ist heute zentraler Bestandteil unseres Wirtschaftslebens. Auf ihr basiert die Berechnung von Versicherungs- und Investitionsrisiken und auch jede wirtschaftliche Prognose. Wie der Gewinn (oder das voraussichtliche Ergebnis einer mathematisch dargestellten Situation) aufgeteilt wird, ist heute Gegenstand ernsthafter Forschung an Universitäten, in kommerziellen Einrichtungen sowie auch beim Pferderennen.

Während seiner Tätigkeit in Mailand begegnete Luca Pacioli 1497 Leonardo da Vinci, mit dem er enge Freundschaft schloss und bald eine Wohnung teilte. Leonardo interessierte sich schon seit längerem für die geometrischen Probleme der Perspektive, aber das war für Pacioli Kleinkram. Er war es, der Leonardo mit den schwierigen Problemen der echten Mathematik vertraut machte. Der anfänglich verblüffte Leonardo erkannte bald, dass hier eine für seinen wissbegierigen Geist adäquate Herausforderung lag. Unter der fachkundigen Anleitung seines Zimmergenossen fing er sofort an, sich mit diesem neuen Gebiet vertraut zu machen. Niemand sonst übte auf Leonardo einen derart tief greifenden Einfluss aus. Von nun an beschäftigte sich Leonardo in seinen Notizbüchern mit Multiplikation und Bruchrechnen. Er setzte Brüche in perspektivische Proportionen um und fertigte exakte geometrische Darstellungen von Kugelschnitten und Polyedern, das heißt Körpern mit vielen endlichen Flächen an. Auch versuchte er, arithmetische Probleme zu lösen. Wir können uns vorstellen, wie der Gelehrte mit dem Messiasbart (wie wir ihn von dem berühmten Selbstporträt kennen) stirnrunzelnd neben dem pausbäckigen Mönch mit dem ruhigen, durchdringenden Blick (des Porträts aus Neapel) sitzt und beide über einem mit Zahlen beschriebenen Blatt Papier brüten. In einem seiner Notizbücher schreibt Leonardo, er müsse »die Multiplikation der Wurzeln von Meister Luca lernen«. Und es ist eine tröstliche Vorstellung, dass einer der größten Mathematiker seiner Zeit einem der besten Köpfe aller Zeiten Multiplikationstabellen erläuterte, die viele von uns heute schon im Alter von sieben Jahren beherrschen.

Beim Studium der Werke von Piero della Francesca erkannte Leonardo das mathematische Prinzip, das dem gemalten äußeren Erscheinungsbild zugrunde lag. Obgleich Mathematiker, entdeckte Pacioli eine ganz andere Welt: das Fließende der Gesellschaft, bevor sie sich zu Kunst verfestigt. Das Ordnungsprinzip, das er hinter der gemalten Oberfläche und den rosigen Wangen erkannte, war das Geld. Mathematik war weit mehr als bloße Abstraktion, ja sogar mehr als die »göttliche Proportion« (der »goldene Schnitt«) in der Kunst – Mathematik war auch die Beschreibung des Geldes.

In seinem Hauptwerk *Summa de Arithmetica Geometria Proportioni et Proportionalita* beschrieb Pacioli das gesamte mathematische Wissen seiner Zeit. Er versuchte es jedenfalls. Seinerzeit galt die Aneignung des gesamten Wissens der Menschheit noch als ein Ziel, das ein einzelner Mensch erreichen konnte. Pacioli berücksichtigte alles, von der Mathematik der alten Griechen bis hin zu den neuesten Versuchen, die Bewegungen der Himmelskörper zu berechnen. Der Weg der Astronomie bis zu den Erkenntnissen des Kopernikus war bereits vorgezeichnet. Es war Paciolis Einbeziehung der Werke anderer, die Vasari zu der Bemerkung veranlasste, Pacioli habe sich »mit fremden Federn geschmückt«. Vor allem dieses Verdikt war dafür verantwortlich, dass Pacioli der Nachwelt als bloßer Plagiator galt. Aber Vasari hatte das Wesentliche übersehen: Pacioli beanspruchte gar nicht die Urheberschaft für alle diese Erkenntnisse. Er war ein Enzyklopädist und kein Plagiator.

Das Kapitel der *Summa*, das uns am meisten interessiert, heißt *Particularis de Computis et Scripturis (Abhandlung über die Buchhaltung)*. Hier werden die Regeln und Vorschriften der doppelten Buchführung dargelegt. Auch wenn es sich nicht um eine eigenständige Leistung handelte, so war es doch die ausführlichste und verständlichste Darstellung, die es bis dahin gab. Bezeichnenderweise war das Buch auf Italienisch geschrieben, also in der Volkssprache, und nicht in der Gelehrtensprache Latein. Es war also für Geschäfts- und Kaufleute gedacht, für Leute mithin, deren Kenntnisse sich meist auf die subtilen und altehrwürdigen Praktiken des Warenhandels beschränkten.

Das Grundprinzip von Paciolis doppelter Buchführung bestand darin, dass jede Transaktion zweimal ins Hauptbuch eingetragen wird – einmal in die linke Spalte auf der Sollseite und einmal in die rechte Spalte auf der Habenseite. So konnten die beiden Konten jederzeit miteinander abgeglichen werden, und bei dieser Abrechnung kamen jede Unachtsamkeit und jeder Fehler ans Licht. Paciolis Verfahren der doppelten Buchführung ermöglichte auch die Aufstellung einer Gewinn- und Verlustrechnung eines Unternehmens zu jedem beliebigen

Zeitpunkt und über jeden beliebigen Zeitraum hinweg. Die wunderbare Macht und Nützlichkeit dieses Verfahrens führte dazu, dass Begriffe daraus in die Alltagssprache Eingang fanden: Gewinn und Verlust, Aktiva und Passiva, Bilanz, Soll und Haben, Saldo etc. Im stetigen Auf und Ab des Warenhandels konnte der aktuelle Stand der Dinge jederzeit in glasklare, präzise Zahlen gefasst werden. Der Gang der Geschäfte ließ sich fortan mathematisch prüfen und kontrollieren. Damit war der Handel die fortschrittlichste Wissenschaft jener Zeit. Auch wenn die Mathematik inzwischen bedeutenden Einfluss auf die Malerei ausübte, so stand doch die Physik nach wie vor unter dem metaphysischen Diktat des Aristoteles, die Chemie hatte sich noch nicht von der Alchimie losgesagt, und die Medizin hielt weiterhin an spekulativen Theorien fest, die noch aus der Antike stammten. Erst 1543 sah Kopernikus in den komplizierten Umläufen der Himmelskörper das klare Bild einer konzentrischen Anordnung. Und es sollte weitere fünfzig Jahre dauern, bevor Galileo Galilei erkannte, dass die Mathematik der Schlüssel zur Physik war. Der Handel hatte schon immer mit Zahlen zu tun gehabt, aber mit der Mathematik der doppelten Buchführung hielt er sich gewissermaßen selbst einen Spiegel vor, in dem er sein eigenes Bild erkannte. Dieses Bewusstsein seiner selbst war der erste Schritt in Richtung auf das Nachdenken über das Wesen des Handels, seinen Zweck und die Mittel zu seiner Veränderung.

Die Verbreitung der doppelten Buchführung in ganz Europa vor und während der Frührenaissance gilt als die Geburt des Kapitalismus. Die greifbare Habe und das materielle Besitztum eines Kaufmanns verwandelten sich jetzt in abstrakte Vermögenswerte und Geld. Waren wurden in Wertgrößen angegeben, sie wurden zu Einträgen in einem Hauptbuch, mit dessen Hilfe weitere Projekte finanziert werden konnten. Dies ermöglichte eine weitere entscheidende Entwicklung des menschlichen Denkens: Die Fülle an Attributen und Qualitäten, die einer Sache anhaften, wurde nach und nach auf messbare Quantitäten reduziert. Und der Maßstab für diese Quantitäten wurde das Geld. Von nun an hatte jedes Ding einen Preis.

Zur selben Zeit vollzog sich auch im europäischen Handel selbst ein tief greifender quantitativer Wandel. 1492 hatte Kolumbus auf der Suche nach einer Handelsroute nach Indien unerwartet in Amerika Land gesichtet (die Welt war um mehr als ein Drittel größer, als die Fachleute vorhergesagt hatten). Sechs Jahre später segelte Vasco da Gama um das Kap der guten Hoffnung und erreichte Indien, wo seine Perlen und billigen Stoffe von den muslimischen Kaufleuten mit Spott bedacht wurden. Die Europäer lernten schnell, sich ihren neuen kontinentalen Märkten anzupassen. Die Portugiesen kontrollierten den Seehandel und brachten Seide und Gewürze nach Europa, und auf dem amerikanischen Kontinent wurden die Ureinwohner als Arbeiter in den Silberminen versklavt. Die Folge war ein Zustrom von Reichtümern, wie sie Europa noch nie gesehen hatte. Der moralische Verfall des Papsttums hatte unterdessen zur Reformation geführt, die den europäischen Kontinent in katholische und protestantische Staaten aufteilte. Nach der Stagnation des Mittelalters kam es nun in Europa zu einem gesellschaftlichen, geistigen und wirtschaftlichen Aufbruch. Als Königin Elizabeth I. in den neunziger Jahren des 16. Jahrhunderts – gegen Ende ihrer langen und glorreichen Herrschaft – durch England reiste, fiel ihr der tief greifende Wandel auf, der in ihrem Reich stattgefunden hatte. In den Städten und Dörfern lebten zerlumpte und Not leidende Arme, von denen viele nicht einmal ein Dach über dem Kopf hatten. Die alten Sicherheiten des Feudalsystems brachen zusammen, und das Land sah sich mit einem neuartigen Problem konfrontiert: der Arbeitslosigkeit.

Fünfzig Jahre später stand England vor einem Bürgerkrieg, und die in religiöser Zwietracht zerrissenen Völker Europas befanden sich im Dreißigjährigen Krieg, durch den das Kernland Europas verwüstet und ein von bitterster Armut gequältes Deutschland in eine Unzahl von Kleinstaaten und Fürstentümern zersplittert wurde. Die Herrscher erkannten schon bald die Vorteile eines gut organisierten Handels, der ihre Macht zum Nachteil von Nachbarländern erhöhte, und sie holten sich Berater, die ihnen bei der Errichtung von Handelsbeziehungen helfen sollten.

Die von diesen Beratern vorgetragenen Ideen waren selten eigenständig, vielschichtig oder weitblickend, mussten sie doch von einem Herrscher verstanden werden und unmittelbar zum Erfolg führen, da sonst bald ein neuer Berater an ihre Stelle treten würde. Ihre Ideen orientierten sich im Allgemeinen an der Praxis des erfolgreichen Kaufmanns (französisch *marchand*) und wurden unter dem Namen Merkantilismus bekannt. In Anbetracht seines Ursprungs betonte der Merkantilismus naturgemäß die Bedeutung des Außenhandels. Die Exporte eines Landes, so der Grundsatz, sollten stets größer sein als die Importe, um eine positive Handelsbilanz zu gewährleisten. Die Importe sollten vorzugsweise aus weit entfernten Orten stammen, um benachbarte Länder und natürlich auch konkurrierende Kaufleute nicht reich zu machen. Die Exporte garantierten Beschäftigung, während durch billige ausländische Importe Arbeitsplätze vernichtet wurden. Diese frühen Wirtschaftsberater (man kann sie kaum Theoretiker nennen) orientierten sich an der Praxis und kannten die Probleme, Nöte und instabilen Verhältnisse, die mit der Arbeitslosigkeit für einen kleinen Staat verbunden waren, sehr genau. (Im Gegensatz zu ihnen gingen die großen Wirtschaftstheoretiker anderthalb Jahrhunderte später von Vollbeschäftigung aus, ließen viele merkantilistische Empfehlungen außer Acht oder erkannten ihre Tragweite nicht.)

Eine weitere Tugend des Merkantilismus war das Sparen. Durch Sparen sollte Kapital geschaffen werden. Der Kapitalismus machte also jetzt seinen Weg von der Bilanzbuchhaltung ins Alltagsleben. Der Reichtum eines Landes wurde nach seinen Gold- und Silberschätzen bemessen. Es ist kein Zufall, dass dieser Nachdruck auf den Goldreserven mit dem Wachstum der europäischen Städte zusammenfiel, denn mit der Verstädterung wuchs die Geldwirtschaft. Geld wurde gleichbedeutend mit Reichtum. Geld und Gold wurden gleichgesetzt – und waren tatsächlich großteils ein und dasselbe. Eine Gold- oder Silbermünze im Wert von einem Dukaten sollte Gold oder Silber im Wert von einem Dukaten enthalten, auch wenn im Laufe der Zeit diese Gleichung nach und nach außer Kraft gesetzt wurde. Denn die Gold- und Silbermünzen wogen häufig weniger als ihr Gegenwert in Metall oder waren Legierungen mit geringerwertigem Metall.

Viele Merkantilisten neigten dazu, den Reichtum einer Nation nach ihren Gold- oder Silberreserven zu bemessen. Dies hatte für die deutschen, nordeuropäischen und italienischen Staaten eine gewisse Berechtigung. Hier war der Devisen schaffende Handel integraler Bestandteil produktiver einheimischer Gewerbezweige wie Webereien oder Bergbau. Aber für Spanien, das reichste Land Europas, erwies sich das Vertrauen in den nationalen Gold- und Silberreichtum als geradezu fatal. Zu den spanischen Entdeckungen in der Neuen Welt zählte ein riesiges Silbervorkommen in Potosi, 4 000 Meter hoch in den Anden im heutigen Bolivien gelegen, mit dessen Abbau unverzüglich begonnen wurde. Auch das Gold der Inka eigneten sich die Spanier an, und diese Beute wurde auf so genannten »Schatzschiffen« ins Mutterland gebracht. Doch der plötzliche Zustrom von so viel Silber und Gold in das vorwiegend bäuerliche Spanien, das kaum produzierendes Gewerbe besaß, brachte einen grundlegenden Irrtum in der Vorstellung ans Tageslicht, Gold sei gleichbedeutend mit Reichtum. Mit der zunehmenden Verfügbarkeit von Gold- und Silbermünzen war jetzt mehr Bargeld in Umlauf, mit dem man eine größtenteils unveränderte Menge an landwirtschaftlichen und anderen Gütern kaufen konnte, die auf dem Markt angeboten wurden. Die Folge war ein anhaltender Preisanstieg. In dem Jahrhundert nach der Entdeckung Amerikas kletterten in Spanien die Preise um ungeheuerliche 400 Prozent. Das neu ankommende Gold wurde verwendet, um billigere Waren und Getreide zu importieren, um die glücklose Armada gegen England auszurüsten und die in den Niederlanden kämpfenden Truppen zu unterstützen. Gold und Silber strömte über Cadiz und Sevilla ins Land und floss in den Häfen im Norden und Osten, wo die Importe angeliefert wurden, wieder ab. In den Niederlanden, in England, im Baltikum und in Italien diente dieses Gold als Kapital und als Edelmetallreserven für den Waffenkauf in Zeiten des Kriegs. Gold machte zwar einige wenige reicher, aber es machte auch viele ärmer.

Trotz seiner grundsätzlich konservativen Ziele brachte der Merkantilismus mit seiner aggressiv patriotischen Einstellung einige schillernde Persönlichkeiten hervor und auch ein paar findige Ideen. Den Grundgedanken verdeutlicht am besten der Titel eines Traktats des englischen Merkantilisten Andrew Yarranton: *England's Improvement by Sea and Land, to Outdo the Dutch without Fighting, to Pay Debts without Moneys, to Set to Work all the Poor of England* (Englands Verbesserung zu Wasser und zu Land, um die Holländer kampflos zu besiegen, um ohne Geld Schulden zu bezahlen und um alle Armen Englands in Arbeit zu bringen). Geld war ein wirtschaftliches Allheilmittel. Mit seiner Hilfe konnten Feinde besiegt, der Haushalt saniert und sogar das Problem der Arbeitslosigkeit gelöst werden.

Der Plan des deutschen Merkantilisten Johann Becher, aus dem Sand der Niederlande Gold zu machen, war nicht das erste finanzielle Abenteuer, auf das sich die Holländer einließen. Im 17. Jahrhundert wurde dieses besonnene Volk zum finanziell gewieftesten in Europa. Doch zugleich wurde es das für finanzielle Täuschungen anfälligste. Wie wir sehen werden, ist diese Mischung aus finanziellem Wagemut und Selbsttäuschung immer wieder zu beobachten – sei es bei einzelnen Ökonomen oder auch bei größeren Bevölkerungsgruppen. Ein frühes Beispiel dafür war die Feuertaufe der Niederländer in Sachen finanzieller Sachkunde. Im Mittelpunkt stand eine Pflanze, für die das Land heute berühmt ist: die Tulpe.

Tulpen gelangten erstmals im 16. Jahrhundert aus dem Nahen Osten nach Europa. Der Wiener Gesandte in der Türkei soll mit einem Korb voll Tulpenzwiebeln in sein Land zurückgekehrt sein. Diese zarten Blumen mit ihren farbenprächtigen Blütenblättern regten die Fantasie an, und schon bald wurden Tulpen zu einem Luxusgut in den Gärten der Reichen. Im Jahr 1562 traf eine Ladung Tulpenzwiebeln aus Konstantinopel (dem heutigen Istanbul) in Amsterdam ein. Dies war die Geburtsstunde des europäischen Tulpenanbaus in den Niederlanden. Der Preis für die Zwiebeln der leuchtenden, einfarbigen Tulpen stieg langsam, aber stetig, die Preise der selteneren, mehrfarbigen, »geflammten« Sorten schnellten dagegen sprunghaft in die Höhe. Die Ursache für die »geflammten« Blüten war ein Virus, der

die Farbe zersetzte, sodass in den Streifen der Blüte die unter der
Farbe liegende blasse Schicht zum Vorschein kam.

In den ersten Jahren des 17. Jahrhunderts hatten die Preise für die
Zwiebeln der geflammten Tulpenblüten aberwitzige Höhen erreicht.
Im französischsprachigen Teil der Niederlande (dem heutigen Süd-
belgien) wurde eine einzige Zwiebel – eine Sorte, die unter dem Namen Tulipe Brasserie bekannt wurde – für eine kleine Brauerei (*brasserie*) getauscht. Das Tulpenfieber griff bald über die Niederlande
hinaus auch auf andere Länder über. 1611 wurde in Amsterdam die
neue Börse, die erste moderne Börse im eigentlichen Sinn, fertig gestellt, und schon bald wurden dort die steigenden Preise für Tulpenzwiebeln notiert. Die astronomischen Preisbewegungen führten zu
neuen Spekulationstechniken. Für eine relativ geringe Geldsumme
konnte man das Recht erwerben, eine Tulpenzwiebel zu einem im
Voraus festgesetzten Preis zu einem späteren Zeitpunkt zu erwerben.
War bis dahin der Preis der Zwiebel höher als der vorher festgelegte
Preis, machte man Gewinn, ohne viel investiert zu haben. Diese Art
des Handels hieß eine »Option« kaufen – das, was wir heute als Ter-
mingeschäft kennen. Exotische Zwiebeln wechselten oft mehrmals
den Besitzer, noch bevor sie aus dem Boden gezogen worden waren.
1635 wechselte eine einzige Zwiebel der exotischsten Blüte überhaupt, der *Semper Augustus*, für unvorstellbare 3 000 Goldgulden
den Besitzer. (Im selben Jahr erzielte Rembrandt, auf der Höhe seines Ruhms als Maler, für sein großartiges Gemälde *Das Fest des Bel-
sazar* gerade einmal halb so viel; das Bild zeigt mit gespenstisch an-
mutender prophetischer Kraft den babylonischen König mit einem
Turban auf dem Kopf und in all seiner Pracht beim Gastmahl, während ihn ein Schriftzug an der Wand in Angst und Schrecken versetzt.)

»Alles hat einen Preis« – dieses Motto hatte sich jetzt umgekehrt:
Der Preis war alles. Die an sich wertlose Blume war unbezahlbar geworden. Das Geld hatte sich von der Wirklichkeit, die es bewertete,
losgelöst. Aber ein Rest Wirklichkeitsbezug blieb dennoch bestehen.
Dies musste ein reicher Kaufmann feststellen, als er einen Seemann

zu Gast hatte, der etwas verspeiste, was er für eine normale Zwiebel hielt, in Wirklichkeit aber die Knolle einer *Semper Augusta* war. Je höher der Preis für Tulpenzwiebeln stieg, desto mehr Spekulanten wurden angelockt, was wiederum die Ängste beschwichtigte und die Hoffnungen derer bestätigte, die vor ihnen gekauft hatten. Auf einer soliden, sich ständig ausweitenden Basis bauten sich die Erwartungen auf wie eine Pyramide – oder wie ein Kartenhaus. 1637 schien der Markt in den Niederlanden gesättigt zu sein. Aber die Händler wussten, dass nunmehr Käufer aus ganz Europa ins Land strömten, um in Tulpen zu investieren, und dass sie dies auch weiter tun würden. Wirklich? Der Dreißigjährige Krieg, der in ganz Europa wütete, befand sich nunmehr auf seinem Höhepunkt, und die Geldvorräte schwanden. Einige wenige umsichtige Händler strichen heimlich, still und leise ihre Gewinne ein. Bald verbreitete sich die Nachricht von diesen Transaktionen wie ein Lauffeuer. Plötzlich wollten alle ihre Zwiebeln loswerden, es kam zu Panikverkäufen, und der Markt brach zusammen. Der Preis einer Tulpenzwiebel schrumpfte auf ein ihrem Verwendungszweck angemessenes Niveau: auf den Preis für eine Zwiebel, die man in den Garten pflanzte. Jetzt wurden die Optionen zu vorab festgelegten Preisen zurückgerufen, und viele Investoren gingen bankrott. Einige reiche Bürger sahen sich über Nacht ruiniert; große Handelshäuser waren am Ende, und zahllose kleinere Investoren fielen in die Armut zurück, der sie soeben erst entronnen waren.

Die holländische Tulpenmanie war die erste große Spekulationsblase in der Geschichte des Geldes. Derartige Zusammenbrüche waren von nun an ein stetig wiederkehrendes Merkmal der Aktienmärkte.

Es bedurfte jedoch eines weiteren Elements, damit sich das ökonomische Denken weiterentwickeln konnte und nicht auf einen mehr oder weniger erfolgreichen Nebenschauplatz im großen Reigen des menschlichen Gedankenguts beschränkt blieb. Die entscheidende Anregung gab ein bescheidener Engländer, der jene seltene Mischung aus engstirniger Beharrlichkeit und weitsichtiger Fantasie besaß. John Graunt wurde 1620 in London geboren. Nach Auskunft seines Zeitgenossen John Aubrey, der Graunt in seinen *Brief Lives* (*Lebensentwürfe*) einen eigenen Abschnitt widmete, wurde Graunt, »wie seinerzeit Sitte, auf die puritanische Art erzogen«. Er trat als Tuchhändler in die Fußstapfen seines Vaters und eröffnete einen eigenen Laden, wo er Bedarfsartikel wie Knöpfe und Spitzenkragen verkaufte. Graunt hatte einen »exzellent arbeitenden Kopf«, und sein Geschäft florierte. Doch er »stand früh am Morgen, vor der Öffnung seines Ladens, zu seinen Studien auf«. Das neuartige Gebiet, mit dem er sich beschäftigte, sollte unser gesellschaftliches Selbstverständnis von Grund auf verändern. Graunt schrieb Angaben aus den Bills of Mortality, den Sterberegistern, der Stadt London ab. Ursprünglich war sein Interesse offenbar kommerzieller Art. Er wollte über Größe, Alter und Zusammensetzung seiner Kundschaft Aufschluss gewinnen. Aber bald schon faszinierte es ihn, die Fakten, die er auf diese Weise zusammengetragen hatte, theoretisch zu ergründen und zu interpretieren. Damit wurde Graunt zum Vater der Statistik, die heute eines der wichtigsten Hilfsmittel der Wirtschaftswissenschaften darstellt.

Die Statistik beruht auf der systematischen Sammlung von Daten. Die erste derartige Faktensammlung über England wurde im Jahr 1085 erstellt, als Wilhelm der Eroberer wissen wollte, wie groß das Land war, das er erobert hatte, und woraus es bestand. Diese Daten wurden im Domesday Book zusammengetragen, dem Buch des Doom's Day oder des Tages des Jüngsten Gerichts. Sie sollten unanfechtbare Gültigkeit besitzen, sollten so endgültig und unwiderruflich sein wie das Jüngste Gericht. Das Buch, eine Art Grundbuch, enthielt detaillierte Angaben über sämtliche Pfarreien und Besitztümer im ganzen Land. Über die Menschen, die an diesen Orten lebten, wurden interessanterweise keine Angaben gemacht. Erst mit dem sich seit dem 16. Jahrhundert immer mehr entfaltenden städtischen Leben gerieten auch die Menschen ins Blickfeld – im Zuge der Steuereintreibung und der Rekrutierung von Soldaten zum Militärdienst. Das erste Sterberegister für die Stadt London wurde im Jahr 1603 erstellt, dem Jahr des Ausbruchs einer verheerenden Pestepidemie und des Todes von Königin Elizabeth I. Wöchentlich wurde jetzt die Zahl der

Toten in Listen verzeichnet, mit genauer Angabe der Todesursache. Die Behörden wollten auf diese Weise feststellen, ob sich die Pest weiter ausbreitete oder auf dem Rückzug war. Diese Praxis wurde von nun an beibehalten.

Diese Sterbelisten fesseln die Fantasie des heutigen Lesers nicht weniger als damals vermutlich die Fantasie Graunts. Die Auflistung der Todesursachen erweckt die Stadt zum Leben. In einer solchen typischen wöchentlichen Liste finden sich die folgenden Einträge: »Ermordet« (2), »Durch Schreck« (3), »Plötzlich« (2), »Von eigener Hand« (2), »Lethargie« (3), »Wahnsinn« (1), »Tot aufgefunden (ein Kleinkind) in St. Giles in the Fields« (1), »Tod durch Sturz vom Glockenturm der Kirche Allhallowes the Great« (1), »Alter« (32), »Würmer« (11), »Blähungen« (3), »Zähne« (33), »Völlerei« (49), »Gram« (3). In diesen Angaben entfaltet sich das ganze Spektrum des menschlichen Lebens.

Die Sterberegister verzeichneten auch die Zahl der getauften Kinder. Anhand dieser Angaben und der Sterbeziffern berechnete Graunt die Sterblichkeitsrate von Kindern unter sechs Jahren. Zuerst nahm er die Kategorien der Todesarten, denen ausschließlich Kinder unter sechs Jahren zum Opfer gefallen waren, zum Beispiel »Totgeburten«, »in der Obhut einer Amme erstickt und verhungert«, »Säuglinge«, und ermittelte deren Anzahl. Dann griff er auf seine eigenen Beobachtungen zurück und stellte entsprechende Berechnungen an. Die Hälfte der an Pocken und Masern gestorbenen Kinder schätzte er auf jünger als sechs Jahre; auf weniger als ein Drittel schätzte er die an Pest Gestorbenen. Daraus zog er den Schluss, dass 36 Prozent der Verstorbenen Kinder im Alter von unter sechs Jahren waren. Unter Zuhilfenahme der Anzahl der Taufen konnte er so die Kindersterblichkeitsrate ermitteln. Das war die Geburt des statistischen Schließens, der Inferenzstatistik, wie wir sie heute kennen.

Graunt studierte auch den Londoner Stadtplan von 1658 und stellte bald weitere Inferenzen über die Bevölkerung an. Seine eigenen Schätzungen zugrunde legend, ermittelte er, dass auf jeweils 100 Quadratmeter durchschnittlich 54 Haushalte kamen und dass jeder Haushalt aus durchschnittlich acht Personen bestand (Familie, Bedienstete und Untermieter zusammengenommen). Daraus errechnete er die Einwohnerzahl Londons, die er mit 384 000 bezifferte. Wir wissen nicht, wie exakt diese Zahl ist, aber alles deutet darauf hin, dass sie genauer war als zeitgenössische Schätzungen von zwei Millionen! Frühmorgens, wenn die Hähne krähten und über den Türmen und Tudor-Giebeln Londons der Tag anbrach, vertiefte sich Graunt in seine Sterberegister. Gewissenhaft ermittelte er die harten Fakten dieser Stadt, die Shakespeare in seinen Dramen lebendig gemacht hatte. Er fand heraus, dass mehr Jungen als Mädchen zur Welt kamen, dass aber die Anzahl der männlichen und der weiblichen Bevölkerung mehr oder weniger gleich groß war. Diese Entdeckung führte Graunt zu seinem ehrgeizigsten Vorhaben. Er verfasste das von ihm so genannte Lebensregister (Life Table), in dem er die Lebenserwartung der Mitglieder einer Durchschnittsgruppe von 100 Personen vorhersagte. Zu diesem Zweck musste er gewagte Grundannahmen treffen. Wie bei seinen vorausgehenden Berechnungen (zum Beispiel der Anzahl der in einem Haushalt lebenden Personen) waren auch hier einige unvermeidlich falsch. Völlig neu waren aber seine Kühnheit und seine Methodik. Ausgehend von der von ihm selbst ermittelten Kindersterblichkeitsrate von 36 Prozent errechnete er mittels ähnlicher »Inferenzen«, dass 7 Prozent aller in der Rubrik »Alter« zusammengefassten Sterbefälle Personen über 70 Jahre waren. Dann errechnete er die Toten für jedes Lebensjahrzehnt dazwischen, ausgehend von der Annahme, dass in jedem Jahrzehnt weitere drei Achtel der noch verbliebenen Gesamtzahl sterben würden. Daraus errechnete er, wie viele der ursprünglich 100 Neugeborenen in einem bestimmten Alter noch am Leben waren: 6 (64), 16 (40), 26 (25), 36 (16), 46 (10), 56 (6), 66 (3), 70 (1). Obwohl Graunts Zahlen vielfach sehr danebenlagen, wurden doch hier zum ersten Mal überhaupt derartige Berechnungen angestellt. (Zum Vergleich: Heute liegt die Rate der Personen, die in den hoch entwickelten Industrieländern das siebzigste Lebensjahr erreichen, bei rund 75 Prozent.) Während Shakespeare die Lebensalter des Menschen literarisch beschrieb, war es Graunt, der dieses Alter berechnete.

Graunt war sich der Unzulänglichkeit seiner Methoden sehr wohl bewusst. Als er seine Ergebnisse veröffentlichte, stellte er ihnen die tiefstaplerischen Worte voran: »Wie ein dummer Schuljunge bin ich gekommen, um der Welt (dieser nörgeligen und leicht reizbaren Lehrmeisterin) meine Lektion aufzusagen, und ich habe ein Bündel Ruten mitgebracht, damit ich für jeden Fehler, den ich begangen habe, einen Hieb bekomme.« Diese Bemerkung verriet jedoch auch die Überzeugung, dass andere in seine Fußstapfen treten würden. Und noch wichtiger: Graunt war sich über die Ungenauigkeit der Zahlen, mit denen er rechnete, völlig im Klaren. Nur wenige Wissenschaften haben mit einer solchen Skepsis gegenüber ihren Ausgangsdaten begonnen.

Graunt wies zum Beispiel darauf hin, dass die Zahlen zur »französischen Krankheit« (Syphilis) viel zu niedrig angesetzt seien. Der Grund dafür lag darin, dass die Ärzte den Familien die mit dieser Krankheit verbundene Schande ersparen wollten, sodass »nur verhasste Personen und solche, deren Nase zerfressen war, gemeldet wurden«. Ein anderes kurioses Versäumnis lässt Graunt unerwähnt. Die Bewohner Londons zu jener Zeit kannten, wenn es um Alkohol ging, wenig Zurückhaltung. So manch ein zeitgenössischer Falstaff krakeelte zu jener Zeit in den Schenken von Cheapside. Doch nirgendwo finden sich Angaben über die Zahl der Sterbefälle durch Alkohol, auch nicht in verbrämter Form. »Völlerei« bezeichnete meist nichts anderes als Übermaß im Essen, Darmbeschwerden oder Lebensmittelvergiftung. Auch »Gicht« war in vielen Fällen durch Mangelernährung verursacht und weniger durch Falstaffs geliebten »Sack« (aus dem Französischen *sec*, auch wenn es sich um gesüßten, mit Limonensaft vermischten Madeira handelte). Was also wurde aus den Säufern? In welcher Weise schlug sich diese zu allen Zeiten weit verbreitete Todesursache nieder? Noch die frühesten Statistiken bergen Geheimnisse: Sie sind keineswegs so trocken, wie sie uns glauben machen wollen.

Graunts Erhebungen mögen gelegentlich zweifelhaft gewesen sein, seine Methode aber veränderte die Wahrscheinlichkeitstheorie. Weniger als ein Jahrzehnt zuvor hatten sich Fermat und Pascal von der Wahrscheinlichkeitsrechnung faszinieren lassen, die sich aus Paciolis abgebrochenem Balla-Spiel ergab. Fermat und Pascal erarbeiteten mathematisch korrektere Formeln der Wahrscheinlichkeitsrechnung, aber es war Graunt, der ihr über die Mathematik und das Glücksspiel hinaus in der Welt des Alltags Geltung verschaffte.

1662, im Alter von 42 Jahren, veröffentlichte Graunt seine *Natural and Political Observations made upon Bills of Mortality* (auf deutsch erschienen unter dem Titel *Natürliche und politische Anmerckungen über die Todten-Zettel der Stadt London*, Leipzig 1702). Darin finden sich alle seine »Inferenzen« aus den Sterberegistern der Stadt London, angefangen mit dem ersten dieser Register aus dem Jahr 1604 bis zum letzten aus dem Jahr 1661. Dieses Werk wird allgemein als die Grundlage der Demografie, der statistischen Beschreibung der Bevölkerungsentwicklung, angesehen. Graunt selbst sprach noch nicht von »Statistik«, ein Wort, das in seiner modernen Bedeutung erst 100 Jahre später in Gebrauch kam. Der Begriff Statistik leitet sich von dem lateinischen Wort *status* ab und vereint in geglückter Weise die beiden Bedeutungen des Begriffs als »Staat« und als »Zustand«. Graunts Werk sollte die Vorstellungen des Menschen von der Welt, in der er lebte, grundlegend verändern; seine Wirkung beschränkte sich aber keineswegs auf Wissenschaftler und Gelehrte. In der Londoner Bevölkerung herrschte im 17. Jahrhundert große Angst davor, vom Blitz getroffen zu werden. Graunt beschwichtigte die Leute, indem er nachwies, dass die Wahrscheinlichkeit, am Biss eines tollwütigen Hundes zu sterben, doppelt so groß war.

Doch Graunts Werk verursachte nicht nur unter den vom Blitzschlag geängstigten Bevölkerungsschichten großes Aufsehen. Charles II. war von den *Observations* derart beeindruckt, dass er die Aufnahme Graunts in die hoch angesehene Royal Society vorschlug, der zu jener Zeit Geistesgrößen wie der spätere Architekt der St.-Pauls-Kathedrale Sir Christopher Wren und der Begründer der modernen Chemie Sir Robert Boyle angehörten. Einwänden, die die Mitglieder der Royal Society gegen die Aufnahme eines einfachen Ladenbesitzers äußerten, trat der König mit den Worten entgegen: »Wenn es noch weitere solcher Ladenbesitzer gibt, sollen sie allesamt ohne große Umstände ebenfalls aufgenommen werden.«

Doch seine Aufnahme in die Royal Society sollte John Graunts letzter Erfolg sein. Von nun ab zeigte sich, dass seine Welt tatsächlich eine »nörgelige und leicht reizbare Lehrmeisterin« war. Graunt war schlecht beraten, just in dem Augenblick zum Katholizismus zu konvertieren, als sich die öffentliche Meinung erneut gegen die »Papisten« wandte. Im Jahr 1666 wurde ihm vorgeworfen, bei dem großen Brand Londons die »Finger im Spiel« gehabt zu haben. Er war zum Verantwortlichen eines Wasserversorgungsunternehmens ernannt worden und soll die Wasserzufuhr gekappt haben, kurz bevor das Feuer ausbrach (das angeblich von Papisten gelegt wurde). Eine Anschuldigung, die wenig glaubhaft ist, da Graunts eigener Laden vom Feuer völlig zerstört wurde und er bankrott ging. In Unehre und verarmt starb Graunt neun Jahre später im Alter von 53 Jahren. Es sollte weitere 250 Jahre dauern, bis die bahnbrechende Bedeutung seiner *Observations* voll gewürdigt wurde und Graunt als der Vater der Statistik anerkannt war. In den nachfolgenden Jahrhunderten lieferte die Statistik die Daten und Fakten, auf denen die Wirtschaftstheorie aufbauen konnte. Ohne die Statistik wären die Wirtschaftswissenschaften reine Spekulation.

John Aubrey und der Universalgelehrte und Denker Sir William Petty waren Freunde, und Aubrey überlieferte einige Begebenheiten aus Sir Williams Leben, deren Wahrheitsgehalt bezweifelt werden darf. So behauptete Petty beispielsweise, er sei im Alter von 15 Jahren »mit einer geringen Barschaft« per Schiff in die Normandie gereist, wo er »als Kaufmann begann« und so erfolgreich war, dass er sich seine Ausbildung selbst finanzieren konnte. Er war zwar kein Katholik, fand aber Aufnahme in dem berühmten Jesuitenkolleg von La Flèche (wo zuvor schon Descartes studiert hatte). Anschließend ging er nach Paris und studierte dort angeblich zusammen mit dem Staatsphilosophen Thomas Hobbes Anatomie, führte Gespräche mit Descartes, tauschte sich mit dem Mathematiker Gassendi aus und wurde durch die Begegnung mit dem Philosophen und Geistlichen Mersenne beeinflusst. Zu jener Zeit war er so arm, dass er »eine Woche lang von Walnüssen im Werte von zwei Pennys lebte«. Solche Übertreibungen sind unnötig, denn Sir William Petty war auch so ein außergewöhnlicher Mann, dessen Rang unter den zeitgenössischen englischen Intellektuellen unumstritten war. Neben den bereits Erwähnten zählten zu ihnen Harvey, der Entdecker des Blutkreislaufs, Locke und Newton. Es war eine der seltenen Epochen, in denen die intellektuellen Leistungen Englands in ganz Europa Anerkennung fanden. Sir William Pettys Verdienst lag in seiner Rolle als Pionier der Wirtschaftstheorie. Und wie im Falle Graunts, von dem er stark beeinflusst war, wurde auch die Bedeutung seiner Leistung lange Zeit verkannt.

Sir William Petty wurde 1623 unweit der Küste in der Grafschaft Hampshire geboren. Auch sein Vater war Tuchhändler; und wie sein Freund Graunt war auch Petty später in dieser Branche erfolgreich tätig. Dies und weniger ihre esoterischen Forschungen war wohl der Grund dafür, dass die beiden miteinander in Berührung kamen. Ungeachtet der übertriebenen Darstellung Aubreys war Sir William Petty tatsächlich ein überragender Kaufmann. Seine Fähigkeiten als Geschäftsmann waren offensichtlich mit derselben Skrupellosigkeit gepaart, die er auch im geistigen Bereich bewies. Infolgedessen wurde er ein reicher Mann. Gut möglich, dass Petty als junger Mann zur See fuhr, aber im Alter von 15 Jahren gab er das Leben als Schiffsjunge auf und übernahm wahrscheinlich den Laden seines Vaters. Hier verdiente er sich das Geld für seine Ausbildung, unter anderem für sein Medizinstudium in Leiden und Paris. In Oxford wurde er mit 28 Jahren Professor für Anatomie. Dass er diesen Posten bekam, zeugt von Pettys außergewöhnlichen Fähigkeiten. Nicht nur war er noch verhältnismäßig jung, er war noch dazu so kurzsichtig, dass er mit der Nase ganz nah an sein Objekt herangehen musste (ein Gebrechen, das seinen Patienten auf dem Operationstisch gewiss nicht gerade großes Vertrauen einflößte). Ein Jahr später nahm Petty den Lehrstuhl für Musik (sic!) am Gresham College in London an. Wie lange er dort blieb, ist ungewiss. Die Aussicht auf Reichtum und Einfluss in der

Hauptstadt scheint seine Überlegungen maßgeblich bestimmt zu haben. Ende des Jahres hatte er sich die Ernennung zum Generalarzt der Armee in Irland gesichert. Petty wurde als »wichtigtuerisch und etwas unangenehm« beschrieben. Er war ein brillanter, alles andere als blinder, sondern im Gegenteil extrem scharfsichtiger Kaufmann und ein Meister der Überredungskunst. Trotz der Behinderung durch seine Kurzsichtigkeit schaffte er es, zum Leiter einer topografischen Expedition ernannt zu werden, die das Ziel hatte, Irland zu vermessen. Offensichtlich sollte nebenbei eine Art irisches Domesday Book erstellt werden. Die Vermessungen selbst wurden mit äußerster Sorgfalt und Genauigkeit durchgeführt. Nicht eine Parzelle Land auf der ganzen Insel blieb unberücksichtigt; die rechtmäßigen Eigentümer wurden festgehalten und der jeweilige Wert der Grundstücke verzeichnet. Der gängigen Praxis entsprechend wurde dieser Wert auf das Zwanzigfache der jährlichen Erträge aus Anbau oder Bodenrente festgesetzt. Was aus den Ländereien wurde, bei denen die Eigentumsverhältnisse umstritten oder unbekannt waren, wissen wir nicht so genau. Fest steht allerdings, dass Sir William Petty drei Jahre später, nach Abschluss seiner Vermessungsarbeiten, über Grundbesitz in ganz Irland verfügte. Aubrey zufolge konnte er »vom Mount Mangorton in der Grafschaft Kerry 50 000 Acres eigenen Landes überblicken«.

Dieser neu gewonnene Reichtum trug wenig dazu bei, Pettys Beliebtheit zu fördern. Es überrascht nicht, dass er im Jahr 1660 von dem aufgebrachten irischen Landbesitzer Sir Aleyn Brodrick zum Duell gefordert wurde. Pettys Reaktion gibt Aufschluss über diesen Mann. Trotz seiner körperlichen Behinderung hätte er nach einer Absage des Duells als Feigling dagestanden und wäre öffentlichem Spott ausgesetzt gewesen. Als Herausgeforderter hatte er jedoch das Recht, Ort und Waffe zu bestimmen. Als Ort des Zweikampfs wählte er »einen dunklen Keller und als Waffe eine große Zimmermannsaxt«. Damit wurde die Herausforderung zu einer Farce, und Brodrick zog sich verärgert zurück.

Die folgenden Jahre verbrachte Petty damit, seine Güter zu verwalten. Er lebte von seinen üppigen Pachteinnahmen und setzte sich heftig gegen jeden zur Wehr, der ihm den Besitz vor Gericht streitig zu machen versuchte. Er wurde Mitglied des Parlaments und widmete sich allen möglichen Projekten und Erfindungen. Hierzu gehörte beispielsweise ein »unsinkbares«, doppelbödiges Schiff, dem, 250 Jahre früher als die *Titanic* gebaut, ein ähnliches Schicksal wie diesem gigantischen Kahn beschieden war. Derartige Unternehmungen waren jedoch nur der Zeitvertreib eines erfinderischen und produktiven Geistes. Pettys vorrangiges Interesse, das seinem Genie volle Entfaltungsmöglichkeit bot, war die Wirtschaftstheorie. In vieler Hinsicht war er der erste Wirtschaftswissenschaftler, und die Ideen, die er darlegte, wurden zur Inspirationsquelle (wenn nicht mehr) für den Mann, der als der erste Wirtschaftstheoretiker im klassischen Sinne bezeichnet wird: Adam Smith.

Trotz seiner unverkennbaren Originalität war Petty ein Kind seiner Zeit und verfolgte einen empirischen, wissenschaftlichen Ansatz. Dieselbe Grundausrichtung, die Newton veranlasste, die Welt aus der Schwerkraft zu erklären, veranlasste Petty dazu, das wirtschaftliche Leben in der Begrifflichkeit der so genannten »politischen Arithmetik« zu erklären. Das Wirtschaftsgeschehen sollte, wie die Astronomie, mathematisch erfasst werden.

Pettys Denkweise war jedoch auch ein Produkt seiner persönlichen Lebensumstände und seines Charakters. Er machte sich die Erfahrungen zunutze, die er bei der Verwaltung seiner irischen Güter gewonnen hatte, und die Affinität seines Temperaments zu den Ideen von Machiavelli bedeutete, dass er ohne moralische Bedenken Erfolg versprechendes Handeln befürwortete. Das Ergebnis war eine merkwürdige Mischung aus brutalem Realismus und einem sensiblen Verständnis dessen, was Ökonomie letztlich bedeutete.

Aber diese Unverblümtheit trägt bisweilen auch unangenehme Züge, zumindest was die Gefühle des Autors gegenüber Irland betrifft: »So wie sich Studenten der Medizin für ihre Untersuchungen billige und gewöhnliche Tiere aussuchen ... wählte ich mir Irland als politisches Versuchstier.« Doch wie wir sehen werden, war Pettys kaltes inneres Auge keineswegs kurzsichtig.

1672 verfasste Petty seine *Essays in Political Arithmetick and Political Survey or Anatomy of Ireland*. Sie hatten das Ziel, »... eine Entsprechung und Gegenüberstellung von Grundbesitz und Arbeit aufzustellen, damit der Wert jeder Sache durch das eine oder das andere allein bestimmt werden kann«. Das tat er, indem er den Wert der Arbeit in gleicher Weise wie den Wert des Grundbesitzes berechnete. Der Wert eines Mannes sollte auf das Zwanzigfache seines Jahresertrags festgesetzt werden. Damit war es möglich, den Verlust zu berechnen, den ein Staat durch Sterbefälle insbesondere in Zeiten von Krieg und Seuchen erlitt. Aber das war nur der Anfang.

Fünfzig Jahre zuvor hatte Galileo erklärt: »Das Universum ... ist in mathematischen Zeichen geschrieben.« Petty schickte sich an, diese wissenschaftliche Überzeugung von der physikalischen auf die soziale Ebene zu übertragen. Die Felder, Bauernhöfe und Städte eines Landes sowie die Männer, Frauen und Kinder konnten nunmehr auf eine gemeinsame Größe reduziert werden: auf ihren Geldwert. Petty ging es in der Tat weniger um das Geld an sich. Der Wert des Geldes lag für ihn einzig und allein in dem, was es wert war, was man mit ihm kaufen und tauschen konnte. Petty betrachtete das Geld als Maßstab, mit dem alles gemessen werden konnte, sodass über alle Bereiche des Lebens hinweg Vergleiche möglich wurden.

Wenn das Land und seine Bewohner auf Zahlen reduziert werden konnten, dann galt das auch für alles andere. Petty sah den Tag kommen, an dem die Stärke einer Nation, ihre Kunst und sogar ihre Meinungen mit Hilfe der »politischen Arithmetik« berechnet werden konnten. Dasselbe galt für das Individuum. Beredsamkeit, Ruhm und Autorität, alles sollte messbar werden. In dieser Nüchternheit vorgetragen, erscheint dies extrem, aber es spiegelt den rationalistischen Optimismus jener Zeit wider.

Petty suchte nach den Gesetzmäßigkeiten, die dem Tun und Handeln einer Nation zugrunde lagen. Wenn Geld der Maßstab der Gesellschaft war, dann konnte es auch dazu benutzt werden, diese Gesellschaft zu kontrollieren. Geld war das Mittel zur effektiven Führung des Landes. Petty mit seinem machiavellistischen Instinkt konnte nicht widerstehen, die schockierenden Folgen dieser Überlegungen herauszustellen. Wenn ein Land mit Hilfe von Geld regiert werden konnte, dann brauchte man keine Könige und Priester mehr. Geld, so schien es, konnte Macht ausüben und moralische Qualitäten befördern. Es ist wichtig zu betonen, dass Petty Geld nicht als den alleinigen Sinn und Zweck des sozialen Lebens ansah. Vielmehr betrachtete er Geld als den Maßstab und das Mittel zur Kontrolle des gesellschaftlichen Systems. Durch Manipulation dieses Mittels wird Kontrolle ausgeübt und Wohlstand und Glück – oder das Gegenteil – geschaffen.

Eine bedeutende wissenschaftliche Innovation des 17. Jahrhunderts noch vor Newtons Entdeckung der Schwerkraft war Harveys Entdeckung des Blutkreislaufs gewesen. Als ehemaliger Professor für Anatomie kannte Petty diesen Prozess ganz genau. Für ihn erfüllte das Geld eine ähnliche Aufgabe im politischen Körper (body politick). Die Zirkulation des Geldes war wichtig für das Leben der Gesellschaft; auch der politische Körper brauchte diesen Kreislauf, damit seine Organe und Glieder am Leben erhalten wurden. Diesen Vergleich weiterspinnend, betonte Petty, dass kein Teil des Körpers vernachlässigt und seinem Schicksal überlassen werden könne, ohne dass dem gesamten Organismus schwerer Schaden zugefügt würde. Damit im ganzen System Geld zirkulieren könne, sei der Staat aufgerufen, ein Höchstmaß an Beschäftigung zu gewährleisten. Wenn Arbeitslosigkeit mit dem Mittel des Geldes nicht zu verhindern ist, so Petty, muss der Staat öffentliche Projekte in Angriff nehmen, etwa den Bau neuer Straßen. Auf diese Weise wären die Arbeiter beschäftigt und würden zudem einen gesellschaftlichen Beitrag leisten. Petty konnte dies dadurch belegen, dass er auf seine vorausgehende Analyse von Einkünften und Rente und deren Gleichwertigkeit verwies. Die beschäftigungslosen Arbeiter sollten ein Einkommen erhalten, was ihren Wert steigerte; die Straßen wiederum sollten Einnahmen in Form von Maut und Zoll bringen und auch das würde eine Wertsteigerung bedeuten. Durch all dies sollte sich der Reichtum der Nation mehren.

Die Merkantilisten hatten darüber nachgedacht, welche Vorteile der erfolgreiche Handel bringt. Sparen war für sie nicht nur eine moralische, sondern auch eine ökonomische Tugend. Petty machte sich Gedanken über die Mechanismen der neuen Wissenschaft. Maßnahmen mussten ergriffen werden, weil sie effektiv, nicht weil sie moralisch gut waren (auch hier zeigt sich ein machiavellistischer Einfluss).

Pettys kalter, amoralischer Blick und seine außergewöhnliche Scharfsichtigkeit erlaubten ihm auch Prognosen von geradezu unheimlicher Genauigkeit. Eine von ihnen ist bis heute unter dem Namen »Pettys Gesetz« bekannt. Dieses besagt, dass in einer sich entwickelnden Wirtschaft ein wachsender Anteil der Bevölkerung Dienstleistungen erbringt. Es lohnt, daran zu erinnern, dass Petty diese Gesetzmäßigkeit erkannte, als er seine Landgüter in Irland verwaltete. Dieses Gesetz, das in der modernen Welt von Silicon Valley und Internet nach wie vor Gültigkeit besitzt, ist von einer tätigen bäuerlichen Bevölkerung abgeleitet, einer Gesellschaft, in der das Dienstleistungsgewerbe darin bestand, dass im Herrenhaus die »ungewaschene Küchenmagd den Topf umschmeißt«.

Nicht minder weitsichtig waren Pettys Schlussfolgerungen aus seiner Analyse des Überschusses. Auf Landbesitz bezogen, war der Überschuss der Teil der Getreideernte, der nach Abzug der Produktionskosten (Arbeitskraft, Saat etc.) übrig blieb. In dieselbe Kategorie fiel der Pachtzins, den ein Stück Land einbrachte. Mit anderen Worten: Das Zwanzigfache des jährlichen Überschusses war der Wert des Landes. Diese Berechnung spiegelte zuverlässig auch den Anstieg und den Rückgang der Preise für Grundbesitz in Zeiten der Fülle und des Mangels, auch wenn durch bessere Ernten der Preis des Landes nicht direkt proportional stieg, weil der Getreidepreis bei guten Ernten automatisch fiel.

Petty zeigte noch einen anderen Aspekt der Überschussberechnung auf. Der Überschuss konnte auch als die Anzahl der Arbeitslosen gesehen werden, die eine Gruppe von Arbeitern mit durchbringen konnte, weil letztere genügend herstellte, um beiden Gruppen das Überleben zu sichern. Diese Erkenntnis und die darin zum Ausdruck kommenden harten Lebensbedingungen waren charakteristisch für

das Irland des 18. Jahrhunderts. Nur ein um seinen Profit besorgter
Grundbesitzer, der sich vor einem hungernden Mob fürchtet, betrachtet die Situation auf diese Weise. Doch genau dasselbe Prinzip gilt
noch heute im modernen Sozialstaat. Pettys Ziel war es, die Naturgesetze zu ergründen, die die Anatomie und Funktionsweise des politischen Körpers bestimmten. Er sah sich selbst auf der Suche nach der
inneren Struktur der gesellschaftlichen Wirklichkeit. Diese Struktur
ist unveränderlich, auch wenn vielleicht unsere Einstellung gegenüber
der gesellschaftlichen Wirklichkeit heute von größerem Mitgefühl geprägt ist.

Im Jahr 1682 legte Petty seine Theorie des Geldes in einer Schrift
mit dem bescheidenen Titel *Quantulumcunque Concerning Money*
(»Etwas über Geld, und sei es noch so wenig«) dar. Für Petty war
Geld eine Messgröße, eine Quelle des Reichtums und ein Mittel des
Tausches. Seine Idee der Funktionsweise des Geldes im politischen
Körper zeigt, dass er eine etwas wirre Vorstellung von Anatomie hatte
– ungeachtet seiner Tätigkeit als Anatomieprofessor. Wie gesagt,
setzte er Geld mit dem Blut gleich, dessen Zirkulation die Glieder und
Organe der Gesellschaft am Leben erhält. Aber jetzt konstatierte er:
»Geld ist nur das Fett des politischen Körpers; zu viel davon macht
ihn träge und unbeweglich.« Solche wirren Ansichten wären auf dem
Operationstisch tödlich, wirtschaftlich gesehen waren sie jedoch
durchaus einleuchtend. Petty erkannte, dass der Reichtum einer Nation nicht in der Geldmenge lag, über die sie verfügte. »Das Blut und
die nährenden Säfte des politischen Körpers [sind] das Ergebnis von
haushälterischem Wirtschaften und Manufaktur.« Er erkannte die
Ursache für den Niedergang Spaniens. Diese Herabstufung der alles
überragenden Bedeutung des Geldes schien auch auf der individuellen
Ebene plausibel. Wenn den Arbeitern zu viel Geld bezahlt wurde, waren Arbeitskräfte »... schwer zu bekommen, so lasterhaft sind die
Arbeitenden, denen es nur darum geht zu essen oder vielmehr zu trinken«. Mit anderen Worten: Wenn die Menschen zu viel Geld verdienten und es ihnen zu gut ging, hörten sie auf zu arbeiten und widmeten
sich nur dem Genuss. Eine für einen Grundbesitzer typische Einstel-

lung zu seinen Arbeitern, die auf heutige Arbeiter in den westlichen Ländern in ihrer Mehrheit bestimmt nicht zutrifft, wohl aber im Hinblick auf Arbeitskräfte in den nichtindustrialisierten Ländern der Dritten Welt nicht von der Hand zu weisen ist. Denn was sollte ein Arbeiter auf einer Kaffeeplantage im ländlichen Brasilien mit seinem überschüssigen Geld anfangen? Die Vorstellung, dass die Menschen motiviert sind, mehr Geld zu verdienen und ihre Situation zu verbessern, wurde erst mit Beginn der industriellen Revolution 100 Jahre später für das Wirtschaftsleben relevant. Petty erkannte richtig, dass zu seiner Zeit das Grundprinzip des individuellen wirtschaftlichen Verhaltens sehr viel diffuser war. Man konnte es nur vage als Eigennutz bezeichnen. Es war gleichsam eine Umkehrung von Newtons Schwerkraft. Jedes Individuum strebte nach egoistischen Zielen und gab damit der Gesellschaft insgesamt Auftrieb. Doch dieser Auftrieb war nach wie vor eher verhalten.

Derartige vage psychologische Vorstellungen waren Pettys zentraler Idee letztlich fremd. Seine politische Arithmetik verlangte Genauigkeit: »Zahlen, Maßeinheiten und Gewichte«. Deshalb verwarf Petty auch die launenhafte Vielfalt der menschlichen Natur zugunsten abstrakter, messbarer Verallgemeinerungen. Statt mit menschlichen Individuen rechnete er mit »Arbeit« als Größe. Eine unvermeidliche Vereinfachung, die notwendig war, wenn ökonomisches Denken wissenschaftlichen Maßstäben genügen sollte. Man brauchte Gesetze und keine Intuitionen (man vergleiche etwa Pettys Satz »Eine geringe Bevölkerungszahl bedeutet wahre Armut« mit der Bemerkung des Dramatikers George Farquhar, der dasselbe Irland vor Augen hatte: »Es gibt nichts Anstößigeres als Lumpen, kein größeres Verbrechen als Armut«). Dennoch ist es heilsam, daran zu erinnern, dass in der Wissenschaft ein einziges Beispiel, das einer Gesetzmäßigkeit zuwiderläuft, dieses Gesetz widerlegt. In der Ökonomie dagegen bestätigt die Ausnahme die Regel. Die Gesetze der Wirtschaftstheorie sind statistisch und gehen von statistischen Einheiten aus. Bei Petty hieß diese Einheit »Arbeit«. Spätere Modelle des *homo oeconomicus* waren schärfer umrissen. Aber diese Einheit sollte eine Karikatur bleiben –

die rein statistische Größe einer einfältigen Masse – oder bestenfalls ein gesichtsloser, politisch unkorrekter »Jedermann« beziehungsweise der unersättliche »Konsument«. Auch wenn die Wirtschaftstheorie das Verhalten einer Karikatur beschrieb, so war es doch immerhin die Karikatur eines Menschen. Die so genannten »echten« Wissenschaften Physik und Chemie lassen den Menschen an sich hingegen vollständig außer Acht.

Petty erprobte seine Theorien zwar auf seinen Gütern in Irland, aber bis dahin hatte noch kein Wirtschaftstheoretiker die Möglichkeit gehabt, ein ganzes Land zu führen. Erst im nachfolgenden Jahrhundert bot sich die Gelegenheit, die Theorie im großen Stil in die Praxis umzusetzen. Das war die Feuerprobe der neuen Wissenschaft, und sie erbrachte spektakuläre Ergebnisse.

2

Der reichste Mann der Welt *(1720)*

John Law

↳ Banque de France (Royale)
↳ Aktiencrosh, 1720, Schecksystem,
Papiergeld

Der erste Ökonom, der die Geschicke eines ganzen Landes in seiner Hand hatte, war der Schotte John Law in den zwanziger Jahren des 18. Jahrhunderts. Seine Aktivitäten lenkten das Schicksal Frankreichs, der damals größten Nation Europas, und vermehrten seinen privaten Reichtum in einem Ausmaß, das alle Vorstellungen sprengte. Im Jahr 1720 war John Law der reichste Mann der Welt. Manche behaupten sogar, er war der reichste Mann, der je gelebt hat. Nicht zu Unrecht. Law besaß die französische Zentralbank, die Banque Royale. Über die Banque Royale, zu jener Zeit die einzige Bank Frankreichs, hielt er das gesamte Territorium von Französisch-Louisiana, das sich vom Golf von Mexiko bis zu den Großen Seen, von den Appalachen durch den gesamten Mittleren Westen bis zu den Rocky Mountains erstreckte (und fast zwei Drittel der heutigen USA umfasste). Seine Gesellschaften besaßen das Monopol für den französischen Handel mit Amerika, auch für den lukrativen Sklavenhandel mit Westindien, und kontrollierten den gesamten Handel Frankreichs mit seinen Kolonien in Indien und im Fernen Osten. In Anerkennung seiner amerikanischen Besitzungen erhielt Law den Titel Duc d'Arkansas, Herzog von Arkansas. In Frankreich besaß er mehr als ein Dutzend große Schlösser, und als Eigentümer ausgedehnter Güter konnte er zahlreiche weitere Adelstitel erwerben. Ihm gehörten in Paris das Hôtel Nevers, mehrere weitere hochherrschaftliche Paläste und ein ganzer Straßenzug.

Mit seiner adeligen englischen Mätresse Lady Catherine Knollys und zwei gemeinsamen Kindern führte Law im prächtigen Hôtel de

Soissons ein vornehmes Leben. Grafen und Herzöge rissen sich um seine Einladungen zum Diner; Herzoginnen machten dankbar vor ihm einen Hofknicks und küssten ihm die Hand. Am Abend war die Zahl der vornehmen Kutschen vor dem Hôtel de Soissons größer als vor der Residenz des Regenten im Palais Royale. Der päpstliche Nuntius kam zum Tee und »spielte Puppen« mit Laws Töchterchen, bereit, über die Tatsache hinwegzusehen, dass sie außerehelich geboren war und ihr Vater in Sünde lebte. Laws frühestem Biografen J. P. Wood zufolge, der mit Zeitgenossen Laws gesprochen hatte,»... kamen ihm an Zahl, Glanz und Wert der Edelsteine, des Tafelsilbers und der Equipage nur wenige gleich, wobei er darauf achtete, dass in seinem Haus die strengste Ordnung und der höchste Anstand herrschten.« Er spendete großzügig Almosen. Aber Law hatte zwei Schwächen: Frauen und das Glücksspiel. Die Organisation seiner ausgedehnten Geschäfte und die Verwaltung des Finanzwesens des mächtigsten Landes Europas ließen ihm nur wenig Zeit, um seinen amourösen Leidenschaften zu frönen. Wie wir aber sehen werden, boten ihm seine finanziellen Transaktionen ein weites Betätigungsfeld für das Glücksspiel.

Law führte seine Geschäfte von einem Salon im Hôtel de Soissons aus. Seinem Zeitgenossen, dem Herzog von Saint-Simon, zufolge

warteten Armee- und Marineoffiziere, adelige und vornehme Damen und alle, die durch Herkunft, Rang oder öffentliche Tätigkeit den Anspruch auf gesellschaftliches Ansehen erhoben, in seinen Vorzimmern ... hohe Adelige, die sich in ihrer Ehre gekränkt gefühlt hätten, wenn der Regent sie für eine Audienz eine halbe Stunde hätte warten lassen, harrten geduldig sechs Stunden lang aus.

Alle wollten mit dem phänomenal erfolgreichen Schotten ins Geschäft kommen.

Aber das war nur die halbe Geschichte. Im Gegensatz zu fast allen Plutokraten erfreute sich Law auch bei der französischen Bevölkerung großer Beliebtheit. Wenn man ihn in seiner Kutsche erkannte, brach das Volk in Jubel aus und rief: »*Vive m'sieur Law!*« Laws Erfolg hatte viele von ihnen reich gemacht, und ihre Dankbarkeit kam aus ehrlichem Herzen. Gegen diesen Ausländer, der in Frankreich zu unvergleichlicher Macht aufgestiegen war, gab es in der Bevölkerung keine Ressentiments.

Ein Zeichen für diese Macht war seine Beziehung zum französischen Regenten Philippe, Herzog von Orléans, der alles tat, um Laws Geschäftspläne zu unterstützen. Der französische Regent erteilte Law sogar die sprichwörtliche Lizenz zum Gelddrucken (wenngleich der Vorschlag dazu von Law selbst stammte). Nicht ohne Grund gilt John Law als »der Vater des Papiergeldes«; man bezeichnete ihn sogar als den »Begründer unseres monetären Systems«. Eine genauere Betrachtung von Laws Leben und Ideen gibt uns also Aufschlüsse über wirtschaftliche Zusammenhänge, die noch heute gültig sind.

John Law wurde 1671 als Sohn eines Goldschmieds in Edinburgh geboren. Wie in diesem Gewerbe üblich, offerierte sein Vater auch einfache Bankdienstleistungen, nahm Bargeld entgegen, das die Kunden auf ein Konto einzahlten, und gab Kredite. Die Noten, die die Goldschmiede für die Einlagen ihrer Kunden als Quittungen ausgaben, waren die früheste Form von Papiergeld auf den britischen Inseln, auch wenn es sich nicht um gesetzliche Zahlungsmittel handelte. Das Geschäft florierte, und bald konnte sich Law senior das bescheidene Landgut Lauriston an der Küste westlich der Stadt kaufen. Sein Sohn zeigte in der Schule eine erstaunliche Begabung in Arithmetik, und in den Ferien eignete er sich die Grundkenntnisse des Bankwesens an. Das Zusammenspiel von Mathematik und Geld faszinierte Law, und bald begann er, über diese mächtige Verbindung eigene Gedanken zu entwickeln.

Im Alter von 21 Jahren führte Law in Londons High Society ein angenehmes Leben, ohne für seine kostspieligen Vorlieben – Kleidung und Frauen – eine erkennbare Einkunftsquelle zu haben. Doch machte er sich seine abstrakten mathematisch-monetären Spekulationen praktisch zunutze, indem er seine Gewinnchancen im Glücksspiel blitzschnell vorausberechnete. Aber Laws flotter Lebenswandel nahm schon bald eine abrupte Wende. Seine bisherige Existenz fand damit zwar ihr jähes Ende, doch eröffnete ihm dies die Chance, seine Begabung voll zu entfalten. 1694 wurde er in eine Auseinandersetzung um eine Frau verwickelt und von einem stadtbekannten Lebemann namens Beau Wilson zum Duell gefordert. Wilson bekam bei diesem Zweikampf ein Schwert »in den Bauch« und starb wenig später an den Folgen dieser Verletzung. Law wurde des Mordes beschuldigt, vor Gericht gestellt und in Tyburn zum Tod durch Erhängen verurteilt.

Laws Duell mit Wilson war der Höhepunkt einer raffinierten Intrige, in die auch Elizabeth Villiers, die Mätresse Karls II., verwickelt war, die Wilson aus dem Weg schaffen wollte. Villiers' Freunde organisierten Laws Flucht aus dem Gefängnis und verbrachten ihn auf ein Schiff in die Niederlande. Er wurde steckbrieflich gesucht und auf seine Ergreifung eine Belohnung ausgesetzt. Der Steckbrief in der *London Gazette* gab folgende Beschreibung Laws: »Captain John Lawe, Schotte, zuletzt wegen Mordes im King's Bench inhaftiert, 26 Jahre alt, ein hochgewachsener, schlanker Mann, gut gebaut, etwa sechs Fuß groß, mit dicken Pockennarben im Gesicht, einer langen Nase, spricht laut und in einem starken Dialekt.« Diese Angaben sind irreführend (vermutlich mit Absicht). Denn Law hatte weder einen militärischen Rang noch ein pockennarbiges Gesicht, und er sprach mit vornehmer Zurückhaltung; aber er war tatsächlich groß, »gut gebaut« und hatte eine markante Nase. Zeitgenossen schildern ihn als einen äußerst gut aussehenden Mann, von angenehmem Charakter, den die Männer mochten und die Frauen ausgesprochen anziehend fanden.

Nach seinen »Lehrjahren« in London war Law somit gezwungen, sich im europäischen Exil durchs Leben zu schlagen. Die Stationen seiner Reisen in den folgenden zehn Jahren verloren sich im Ungefähren, ganz wie Law selbst es wohl gewünscht hatte. Er frequentierte die Spieltische der besseren Gesellschaft von Brüssel, Genf, Genua und Venedig und zog weiter, wenn der Druck seitens wütender Ehemänner und verärgerter Spieltischpartner allzu groß wurde. Aber Law war mehr als nur ein Vorläufer Casanovas. Sein Leben verlief von nun an nach einem genau berechneten Plan. Er spielte den vom

Pech verfolgten Gentleman, den die Aura irgendeiner skandalträchtigen Vergangenheit umgab. Die Damen ließen sich von ihm bezaubern, seine Mitspieler am Kartentisch einlullen. Laws zahllose Verführungen jedoch gehören wohl eher ins Reich der Legende, und seine geradezu unheimliche Fähigkeit, Gewinnchancen zu kalkulieren, machte er sich nur in entscheidenden Situationen zunutze, um seine Gewinne als reine Glückssache erscheinen zu lassen. Er gewann eine beträchtliche Menge Geld, zeigte aber keine große Neigung, es zur Schau zu stellen, ganz im Gegenteil. Seine diskrete Großzügigkeit erweckte den Anschein von Selbstlosigkeit. Doch das war ein Irrtum. Nicht Law war selbstlos, sein Geld war es. Durch seinen Lebenswandel gewann Law ein tiefes Verständnis vom Wesen des Geldes. Geld besaß keine eigene Identität, es besaß eine Funktion. Geld – das waren nicht die Silber- und Goldmünzen oder das, wogegen man sie eintauschen konnte. Geld war kein Wert an sich, entscheidend war nur die aktive Rolle, die es spielen konnte. Ungenutztes Geld war nichts – nichts als das Potenzial für Aktion. Geld war ein Verb und kein Nomen.

1702 lernte Law in Paris die englische Aristokratin Lady Catherine Seigneur kennen. Sie stammte aus der Familie der Anne Boleyn und war mit einem Franzosen verheiratet. Zufällig war auch Catherines Bruder in England inhaftiert gewesen, weil er im Duell einen Mann getötet hatte. Aber John und Catherine stellten bald fest, dass sie mehr verband als das Exil und einige weitere Zufälligkeiten. Ihre unglückliche Ehe und seine nie nachlassende Vorsicht und Wachsamkeit als Darsteller seiner selbst hatten beide in eine Art inneres Exil verbannt. Erstmals seit vielen Jahren konnte Catherine jetzt ihren Gefühlen Ausdruck verleihen. Nicht anders erging es Law, der vielleicht zum ersten Mal in seinem Leben überhaupt sagte, was er fühlte. Spontan brannten sie nach Italien durch. Catherine nahm ihren Mädchennamen Knollys an, und sie und Law führten ein Leben als Mann und Frau.

Zu jener Zeit war Amsterdam das führende Finanzzentrum Europas. Die holländische Marine beherrschte die Nordsee, und die niederländische Ostindische Kompanie war der Hauptakteur im europäischen Handel mit dem Orient. Es war daher nur natürlich, dass es Law in die Niederlande zog. Was er dort beobachtete, öffnete ihm die Augen für das reale Geschehen des Handels. Wenn Geld eine aktive Aufgabe hatte, dann war die Investition in den Überseehandel die gewinnbringendste Form dieser Aktivität. Die Niederlande schwammen in Geld und taten alles, um es zu vermehren. Die mächtige Bank von Amsterdam hatte sogar ein neuartiges Konzept entwickelt, um mehr von diesem potenziellen Aktivum in Umlauf zu bringen. Sie akzeptierte nicht nur Geldeinlagen, sondern nahm auch Grundbesitz entgegen und gab in Form von Noten Darlehen, die durch diesen Grund und Boden abgesichert waren. Die Bank von Amsterdam war jetzt nicht mehr nur eine Geldbank, sondern auch eine Bodenbank. (John Kenneth Galbraith bemerkte dazu: »Wie der Boden allerdings von den Kreditnehmern abgelöst werden sollte, blieb unklar.«) Law erkannte rasch die Vorzüge dieser Vorgehensweise der Niederländer. Mehr Bargeld führte zu verstärkter Handelsaktivität. Im Jahr 1703 beschloss Law, seine Ideen in die Tat umzusetzen, und kehrte nach Schottland zurück. (Zu jener Zeit waren England und Schottland zwei eigenständige Staaten, und der englische Haftbefehl wegen Mordes besaß nördlich der Grenze keine Gültigkeit.)

Schottland befand sich in einer wirtschaftlich schwierigen Situation und hatte sich von dem Darién-Abenteuer, das fünf Jahre zuvor gescheitert war, immer noch nicht erholt. Schottland hatte versucht, aus seinem Status als angehende Kolonialmacht Nutzen zu schlagen. Über die Landenge von Panama wollte man eine Transportroute eröffnen, um den Südsee-Handel mit dem Atlantischen Ozean zu verbinden. Das Unternehmen wurde von William Paterson geleitet, einem Schotten mit Sachverstand in Finanzangelegenheiten, der die Bank von England mitbegründet hatte (zu der Zeit, da Law in England im Gefängnis gesessen hatte). »Der Handel wird den Handel verstärken und Geld wird Geld hervorbringen«, hatte Paterson den begeisterten Investoren versichert. Im Jahr 1698 schiffte sich Paterson mit einer Flotte von fünf schwer beladenen Schiffen – im Wert von

fast der Hälfte des gesamten in Schottland verfügbaren Kapitals –
nach Darién (dem heutigen Panama) in Mittelamerika ein. Am
Isthmus von Panama gründete er die Siedlung Neukaledonien. Schon
bald jedoch stellte sich heraus, dass das Hinterland lediglich aus un-
durchdringlichem Dschungel und ungesundem Sumpfland bestand.
Außerdem wurde den Neuankömmlingen die Siedlung von den bereits ansässigen spanischen Siedlern streitig gemacht. Nach sieben
Monaten kehrten die Kolonisten nach Schottland zurück. Lediglich
300 der ursprünglich 1 200 Siedler hatten überlebt, und schottisches
Kapital im Wert von 400 000 Pfund war vernichtet worden. In der
Zwischenzeit jedoch waren zwei weitere Expeditionen nach Darién
aufgebrochen, die vom Geschick ihrer Vorgänger nichts ahnten. Sie
erlitten ein ähnliches Schicksal und schwächten die ohnehin prekäre
finanzielle Lage Schottlands weiter. Die Schotten, denen traditionell
Vorsicht in Geldangelegenheiten nachgesagt wird, waren am Ende.
Dem schottischen Historiker John Prebble zufolge war dies »das vielleicht schlimmste Unglück in der schottischen Geschichte«.

Als John Law nach Schottland zurückkehrte, hatte er eine Idee, wie
man den Schaden wieder gutmachen könnte. Er beschloss, seine Gedanken schriftlich niederzulegen, und veröffentlichte im Jahr 1705
die Schrift *Money and Trade Considered with a Proposal for Supply-
ing the Nation with Money* (auf deutsch 1720 in Leipzig unter dem
Titel *Herrn Laws ... Gedancken vom Waaren- und Geldhandel, nebst
dem erst in Schottland, hernach in Franckreich vorgestellten ... neuen
Project und Systemate der Financen*). Das entscheidende Stichwort
»money« taucht bereits im Titel zweimal auf. Zu Beginn beschreibt
Law die Geschichte nicht des Geldes, sondern seiner Verwendung:
Um von Nutzen zu sein, muss das Geld benutzt werden, es muss zir-
kulieren. Ist nicht genügend Geld vorhanden, werden Noten (credit
notes) ausgegeben. Menschen können für ihre Arbeit oder für ihre
Dienstleistungen mit solchen Noten sogar bezahlt werden. Auf diese
Weise werden diese Noten selbst zu einer Art Geld, zu Papiergeld.
Wenn eine Nation zu wenig Geld hat, kann sie mehr Gold oder Silber
abbauen und mehr Münzen prägen. Was aber, wenn ein Land keine

Gold- und Silberminen besitzt, wie beispielsweise Schottland? Die
Noten wiesen den Ausweg. Wurde mehr Geld benötigt, brauchte man
keine Goldmine, sondern eine Bank. Diese konnte Noten ausgeben im
Tausch gegen etwas, das Schottland im Überfluss besaß: Grund und
Boden. Law unterbreitete seine Vorschläge dem schottischen Parlament. Er
war sich zwar bewusst, dass eine derart radikale Idee auf Widerstand
stoßen würde, doch er wusste seinen Standpunkt mit beachtlichem
Geschick zu vertreten. Wie *Money and Trade* zeigte, hatte Law lange
über Geld und dessen Bedeutung nachgedacht. Auf dem europäischen
Festland hatte er mit der Akkumulation von Kapital eigene Erfahrungen gesammelt. Doch der Widerstand gegen Law kam von gänzlich
unerwarteter Seite. Der Engländer Dr. Chamberlen, der frühere Leibarzt von Charles II., konfrontierte ihn mit dem Vorwurf des Plagiats.
1695 hatte Chamberlen in London eine Bodenbank gegründet – nach
dem Vorbild der Bank von Amsterdam, auch wenn er die Idee als
seine eigene ausgab. Dennoch hielt es Chamberlen nur vier Jahre später für opportun, bei Nacht und Nebel per Schiff nach Amsterdam zu
flüchten und die Kunden seiner Bank mit nichts als wertlosem Papier
in der Hand zurückzulassen (Galbraiths Skepsis erwies sich demnach
als gerechtfertigt). Auch Chamberlen hatte sich die Tatsache zunutze
gemacht, dass in Schottland englisches Recht keine Gültigkeit besaß,
und lebte jetzt in Edinburgh. Er besaß mächtige Freunde, und daher
beschloss Law, das Vorhaben einer Bodenbank fallen zu lassen. Dafür
konzentrierte er sich jetzt auf eine noch revolutionärere Idee. Statt
Noten für Grund und Boden auszustellen, sollte der Staat solche Noten für sich selbst ausstellen! Das war kein so großer Schwindel, wie
es zunächst scheint. Der Staat sollte lediglich Kredit gewähren im
Tausch für seine Fähigkeit, in Zukunft Geld aufzubringen, beispielsweise durch Erhebung von Steuern. Diese war natürlich von der Wirtschaftskraft des Landes abhängig.

Dieses Geld wird im Englischen noch heute als *fiat money* (was so
viel heißt wie Geld ohne Edelmetalldeckung) bezeichnet und entsteht
durch die fiduziäre, nicht durch Gold gedeckte Notenausgabe. Das

Wort *fiduziär* kommt aus dem lateinischen *fiducia*, was soviel heißt wie Vertrauen. Der Begriff fiduziär in diesem Zusammenhang wurde erstmals 1844 von der Bank von England verwendet, als man den Eindruck hatte, dass die englischen Noten kein Vertrauen genossen – obwohl eine derartige Emission von Banknoten tatsächlich ein Trick bleibt; denn das Vertrauen in die zukünftige Wirtschaftskraft ist die unabdingbare Grundlage dieser Notenausgabe. Law jedenfalls war mit seinen Vorschlägen seiner Zeit weit voraus. Auch unser heutiges Papiergeld verkörpert keinen eigenständigen Wert und basiert einzig und allein auf Vertrauen.

Laws Vorschlag wurde abgelehnt, und zwei Jahre später unterzeichnete das Parlament den Act of Union, der die Wiedervereinigung Schottlands mit England besiegelte. Das Land verlor damit zwei seiner größten Finanzberater, denn Chamberlen und John Law zogen sich auf das europäische Festland zurück. Law besann sich auf seine alte Profession und suchte die Spieltische von Paris und später von Turin auf. Er lebte nach wie vor mit Catherine Knollys zusammen, mit der er einen Sohn und eine Tochter hatte, und als Gentleman, der er war, sorgte der berufsmäßige Spieler für den standesgemäßen Lebensunterhalt seiner Familie. Doch daneben interessierte sich Law weiterhin für Geldtheorien und suchte nach Möglichkeiten, um sein geniales Finanzprojekt zu realisieren. In Turin erfuhr Herzog Viktor Amadeus von Savoyen von Laws Plan und war derart beeindruckt, dass er beschloss, ihn in die Praxis umzusetzen. Aber die konservativen Turiner Bankiers, die ihre Stadt als das zukünftige europäische Finanzzentrum betrachteten, widersetzten sich entschlossen dieser fragwürdigen Innovation.

Viktor Amadeus schlug Law daraufhin vor, die Idee seinem Schwager Philippe, Herzog von Orléans, zu unterbreiten, der gerade Regent von Frankreich geworden war. Mit einer Empfehlung des savoyischen Herzogs in der Tasche machte sich Law nach Paris auf. Hier lag seine große Chance.

Im Jahr 1715 war Frankreich das größte und mächtigste Land Europas. Der Sonnenkönig Ludwig XIV. war im selben Jahr gestorben, und die Finanzen des Staates befanden sich in einem katastrophalen Zustand. Die lange Regierungszeit Ludwigs XIV. war durch zermürbende und kostspielige Kriege und einen aufwändigen höfischen Lebensstil geprägt. Höhepunkt war der Bau des Schlosses Versailles, des größten Palastes, den die Welt je gesehen hatte und in dem 20 000 Menschen lebten. Jetzt war die Staatskasse leer, ja sie war mit immensen Schulden belastet.

Nach Ludwigs Tod ging – unter der Regentschaft Philippes – die Thronfolge auf dessen kränkelnden fünfjährigen Großenkel über. Der neue Regent Philippe war ein Mann von kultiviertem Geschmack und unkultiviertem Intellekt, der seiner Zügellosigkeit lieber in Paris mit seinen verfeinerten Sitten frönte als draußen in Versailles. Paris mit seinen Theatern und Konzerten war zu jener Zeit die kultivierteste Stadt Europas. In den Salons wurden die Ideen Voltaires und Montesquieus diskutiert. Philippe verlegte den Hof in den Palais Royale, wo er große Maskenbälle veranstaltete, um seine Mätressen zu präsentieren und mit den vornehmen Lebemännern seines Hofes Orgien zu feiern.

Diesem Mann also unterbreitete Law seine neuartigen Ideen mit demselben Selbstvertrauen und derselben gewinnenden Art, mit der er bereits in den anderen Hauptstädten Europas reüssiert hatte. Er wusste, dass die französische Staatskasse Schulden in Höhe von rund 3 Milliarden *livres tournois* angehäuft hatte (in einer Zeit, in der man mit einem Privatvermögen von einer Million *livres* als reich galt). Trotzdem versprach Law dem Regenten: »Ich werde einen Plan entwickeln, der aufgrund der Fortschritte, die die Frankreich bringt, ganz Europa in Erstaunen versetzen wird – Veränderungen, die radikaler sind als die Entdeckung Indiens [Spanisch-Amerikas, A. d. Ü.] oder die Einführung des Kredits.« Er schlug Philippe zunächst die Gründung einer Bank vor. Es würde ein Projekt folgen, »das 500 Millionen aufbringt, ohne dem Volk irgendwelche Nachteile zu bringen«. Die wundersame Sanierung der Staatsfinanzen würde Frankreich ohne Ausübung von Gewalt an die Spitze Europas stellen.

Philippe und Law entdeckten rasch, dass sie vieles gemeinsam hatten. Der Regent war von dem Mann und seinem Plan fasziniert. (Und

wie um die Sache zu untermauern, eroberte Law angeblich Philippes
verwitwete Mutter, die alternde, aber einflussreiche Elisabeth Char-
lotte d'Orléans, besser bekannt als Liselotte von der Pfalz.) Dieser
Fremde, der sein Leben als Berufsspieler und Schürzenjäger fristete
und zudem ein geflohener Mörder war, stieg jetzt zum Vertrauen und
Finanzberater des Regenten auf. Zwei entscheidende Faktoren kamen
ihm dabei zugute. Catherine Knollys hatte ihm ein aristokratisches
Französisch beigebracht, das er absolut akzentfrei sprach. Durch
seine Beherrschung der Landessprache vermied er den Eindruck, er
sei nur ein Schotte auf der Durchreise, und zerstreute die weit verbreitete Fremdenangst der Franzosen. Zudem war Frankreich in Geldangelegenheiten ein rückständiges Land. Während sich im liberalen
Großbritannien und in den Niederlanden das Bankwesen längst entwickelt hatte und im Handel komplizierte Transaktionen durchgeführt wurden, hielt das autokratische Frankreich noch immer an einer
zentralistischen, größtenteils bäuerlichen Wirtschaft fest. Frankreich
brauchte dringend neue Ideen im Finanzbereich, und Law war der
Mann, der über diese Ideen verfügte. An Selbstvertrauen mangelte es
ihm zwar nicht, wohl aber an praktischen Erfahrungen. Das sollte
sich schlagartig ändern.

Im Mai 1716 erhielt er die Erlaubnis zur Gründung der ersten
Bank Frankreichs. Dieses schon bald unter dem Namen Banque
Royale bekannte Geldinstitut war mit sechs Millionen *livres* Aktien-
kapital ausgestattet. Die Bank befand sich im ersten Stock von Laws
imposantem Palais an der noblen Place Louis-le-Grand. Hier wurden
in Form von Münzen Bareinzahlungen auf Konten entgegengenom-
men, und es wurde eine Art modernes Schecksystem etabliert, bei
dem Kontoinhaber Überweisungen auf andere Konten tätigen konnten. Die Bank arbeitete ähnlich wie eine moderne Depositenbank, deren Finanzmittel größtenteils aus den Bareinlagen ihrer Kunden besteht. Sie war allerdings die erste ihrer Art in Frankreich und verfügte
über keine Sicherungssysteme, die im Laufe der Zeit in das Bankwesen eingebaut wurden. Das vermag kaum zu überraschen. Die Notwendigkeit für solche Schutzmechanismen erkannte man erst im

Rückblick, als die Schwächen von Transaktionen dieser Art offenbar wurden. Wie bei jedem anderen Pionierunternehmen war auch hier das Risiko enorm, nicht weniger groß aber die Aussicht auf Gewinn. Depositen, also Bareinlagen, und Schecks waren jedoch keineswegs die wichtigste Besonderheit der ersten Bank Frankreichs. Ihre *raison d'être* war anderer Art. Laws Innovation bestand darin, dass seine Bank auch Papiergeld ausgeben durfte. Mit diesem Geld sollten die Staatsausgaben beglichen werden, denen die Staatskasse durch »echtes« Bargeld nicht nachkommen konnte. Die Ausgabe dieser »Banknoten« war durch die sechs Millionen *livres*, das Grundkapital der Bank, gedeckt. Und wenn der Inhaber es wünschte, konnte er in der Bank die Noten jederzeit gegen Münzen umtauschen. Theoretisch jedenfalls. In Wirklichkeit verfügte die Bank gar nicht über sechs Millionen *livres* in bar. Ihr Kapital bestand größtenteils aus so genannten *promissory notes* (Scheinen, die das Versprechen enthielten, zu gegebener Zeit an den Inhaber Geld zu zahlen), ferner aus Staatsanleihen sowie aus nicht einmal 350 000 *livres* Münzgeld.

Das bereitete Law aber keineswegs Kopfzerbrechen. Er war von seiner Idee felsenfest überzeugt. Und erstaunlicherweise zeigte sich schon bald, dass er nicht die Absicht verfolgte, Geld für sich beiseite zu schaffen. Es ging ihm in erster Linie darum auszuprobieren, ob seine Ideen in der Praxis funktionierten. Und weil es die Ideen eines Genies waren, funktionierten sie auch. (Wie wir gesehen haben, beruht unser heutiges Finanzwesen größtenteils auf solchen Ideen. Deshalb interessiert es uns auch, welches Schicksal Laws Unternehmung beschieden war.)

Die von Law ausgegebenen Noten waren von Anfang an ein Erfolg, ebenso die Depositenkonten und die Schecks. Geld war leichter geworden. Es wog nicht mehr viel, und man konnte es leichter transportieren oder auch verstecken. Und genau wie Law es vorhergesehen hatte, war die Ausgabe von Banknoten auch in einem größeren Zusammenhang betrachtet ein Erfolg. Die Geldschöpfung aus nichts (aus den Papiergeldscheinen nämlich, mit denen die Staatsschuld getilgt wurde) hatte auf die französische Bevölkerung eine geradezu elektrisierende Wirkung. Die Leute hatten jetzt mehr Geld zur Verfügung, und sie gaben es auch aus. Damit wuchs die Nachfrage nach Gütern, und schon bald erwachte Frankreich aus seinem friedlichen Schlummer, als immer mehr Menschen diese Güter herstellten und – indem sie dies taten – auch mehr Geld verdienten. Die praktischen neuen Banknoten wurden bald derart populär, dass die Leute Münzen zu Laws Bank brachten, um sie gegen Noten einzutauschen, sodass er immer mehr von diesem Papiergeld drucken musste. Bald musste er weitere Noten emittieren, um die neuerlichen Schulden zu decken, die nunmehr ans Tageslicht kamen.

Die Münzen aber, die zur Bank gebracht wurden, waren ein Rinnsal verglichen mit der Flut von Banknoten, mit denen schon bald ganz Frankreich überschwemmt war. Um das Vertrauen in die neuen Noten aufrechtzuerhalten, wurden die Scheine 1717 zu einem gesetzlichen Zahlungsmittel zur Begleichung von Steuerschulden. Genau wie Law es vorhergesehen hatte, benötigte er jetzt einen großen Zustrom von Münzgeld. Dieses könnte er – als Sicherheit für die Banknotenschuld der Bank – einsetzen, um Grund und Boden zu kaufen; gleichzeitig würde das Münzgeld erneut in Umlauf gebracht, damit sich der französische Handel weiter belebte. Die Banque Royale zog in das Hôtel Nevers um, einen eindrucksvollen Palast in unmittelbarer Nachbarschaft der französischen Nationalbibliothek, der Bibliothèque Nationale.

Da die Banque Royale ein gut gehendes Unternehmen war, setzte Law den »Plan« um, auf den er bereits bei seinem ursprünglichen Konzept verwiesen hatte. Er hatte versprochen, dass dieser Plan »aufgrund der Vorteile, die er für Frankreich bringt, ganz Europa in Erstaunen versetzen« würde. Dankbar gab Philippe Law für die Umsetzung seiner ehrgeizigsten Idee sein Einverständnis, und Law gründete die so genannte Mississippi-Gesellschaft. Damit das System funktionierte, nach dem diese Gesellschaft arbeitete, brauchte Law Land. Philippe kam dieser Forderung nach, indem er ihm die größte Kolonie Frankreichs, das Territorium Louisiana, übereignete, das sich über den gesamten Mittleren Westen Nordamerikas von den Appalachen bis zu den Rocky Mountains erstreckte. Die Mississippi-Gesellschaft sollte Aktien in großer Zahl ausgeben, die genügend Bargeld einbrachten, um eine Expedition in die französische Kolonie in Amerika auszurüsten. Ziel dieser Expedition war der Abbau der großen Goldvorkommen, die man in Louisiana vermutete. Dem französischen Volk hatte sich noch nie eine solche Gelegenheit geboten. Von dem Augenblick im Juni 1718 an, als die Aktien der Mississippi-Gesellschaft ausgegeben wurden, wurde das Land von einem wahren Goldfieber gepackt. Im Nu waren die Anleihen überzeichnet.

Bis zu diesem Zeitpunkt hatte Law lediglich seine brillanten und innovativen Ideen in die Praxis umgesetzt. Sein weiteres Vorgehen war eher spekulativ. Er hatte keine Beweise dafür, dass es in Louisiana tatsächlich Goldvorkommen gab, aber alles, was wir über Laws Persönlichkeit wissen, spricht dagegen, dass er ein Betrüger war. Es scheint eher, als hätte Law wieder einmal auf sein Glück gesetzt. Südamerika war schon für die Spanier eine wahre Goldgrube gewesen – und eine Silbermine und Quelle für Halbedelsteine obendrein. Wer konnte sagen, ob die unermesslichen Weiten im Herzen Nordamerikas nicht ähnliche Schätze bargen?

Tatsache war, dass keiner wusste, welche Schätze Louisiana tatsächlich barg. Das Territorium war erst 1682, vor weniger als 40 Jahren, entdeckt und von Frankreich beansprucht worden. Diejenigen, die in Paris über derartige Dinge Bescheid wussten, waren sich einig, dass Louisiana eine große Insel vor der Küste Amerikas war – an oder unweit der Mündung eines Flusses namens Mississippi gelegen.

Der Finanzdistrikt von Paris befand sich damals in den engen, gewundenen Straßen im Umkreis der Rue Quincampoix und war Anziehungspunkt für eine bunte Mischung aus Kredithaien, Händlern mit Staatsanleihen und kleineren Dienstleistern im Bankgeschäft. Sie alle machten ihre Geschäfte an Tischen im Freien, in kleinen Restaurants und Cafés oder im Labyrinth der winzigen Räume darüber. Die Rue Quincampoix wurde jetzt zu einem Tollhaus, als sich dort Menschen aus ganz Paris drängten, um Aktien der Mississippi-Gesellschaft zu kaufen. Je höher der Preis für die Anleihen stieg, desto größer wurde die Nachfrage. Die Aktien wechselten in atemberaubendem Tempo den Besitzer, und eine wachsende Zahl von Leuten verdiente ungeheure Summen Geld. Viele begrüßten diese neue Entwicklung. Dem zeitgenössischen Tagebuchschreiber Jean Buvat zufolge »... mischen sich Doktoren der Sorbonne, Priester und Nonnen bei diesem Geschäft unter das normale Volk. Die ganze Welt ist verzaubert.« Hier waren die gesellschaftlichen Schranken aufgehoben, die das Land so lange behindert hatten. Frauen prostituierten sich für das Recht, Anteile zu erwerben. Aristokraten ließen ihre Bediensteten am Eingang zur Rue Quincampoix Stühle aufstellen, um das Treiben aus nächster Nähe verfolgen zu können. Schon strömten Menschen aus allen Teilen Frankreichs mit ihren Ersparnissen herbei, und bald kamen sogar Investoren aus Amsterdam und London.

Doch nicht alle waren von Laws neuen Ideen beeindruckt. Zu den wenigen kritischen Gruppen zählte das Parlament, das, obwohl machtlos, der Monarchie seinen Widerstand entgegensetzte. Es war das Parlament gewesen, das Ludwig XIV. zu der berühmten Bemerkung veranlasst hatte: »L'Etat c'est moi«, »Der Staat bin ich«. In Finanzdingen jedoch blieb das Parlament einem borniertenten Konservatismus verhaftet. In ihm spiegelte sich übrigens auch die Fremdenfeindlichkeit der Franzosen wider. Als die Parlamentsmitglieder erfuhren, dass man sie in Banknoten statt wie bisher üblich in Gold zu bezahlen gedachte, war das Maß voll. Nach einer heftigen Debatte wurde beschlossen, dass bewaffnete Wachen den unverschämten Schotten festnehmen und vor das Parlament bringen sollten. Dort sollte ihm der Prozess gemacht werden, er würde zum Tode verurteilt und ohne weitere Umstände hingerichtet werden. Glücklicherweise bekam Law Wind von dem drohenden »Prozess« und flüchtete sich zu Philippe in den Palais Royale, bis sich der Sturm der Entrüstung gelegt hatte.

Die Banque Royale und die mit ihr verbundene Mississippi-Gesellschaft übertrafen mit ihren Erfolgen Laws kühnste Erwartungen. Law hatte Philippe versprochen, dass die Mississippi-Gesellschaft zunächst

500 Millionen *livres* Gewinn machen würde. In Wirklichkeit war der Gewinn anfangs mehr als dreimal so hoch. Mit seiner Monopolbank und seiner Handelsgesellschaft, auf die er ebenfalls ein Monopol hatte, war Law im Besitz eines ungeheuren und ständig wachsenden Vermögens. Die Banque Royale eröffnete Niederlassungen in einem halben Dutzend Provinzstädten zwischen Amiens und Lyon. In Anerkennung seiner Verdienste verlieh Philippe Law den Titel »Duc d'Arkansas«.

Der erste amerikanische Herzog zog in einen prächtigen Palast an der Place Vendôme um, der schon bald zum Mittelpunkt des Pariser Gesellschaftslebens wurde. Lady Catherine stieg zur führenden Gesellschaftsdame auf. Der päpstliche Nuntius war so glücklich über die Einladung zum siebten Geburtstag von Laws Tochter, dass er ihr einen Kuss gab; ihr älterer Bruder John ging unterdessen mit dem jungen Ludwig XV. auf die Jagd.

Jetzt hatte Law keine Zeit mehr für den Kartentisch; sein Glücksspiel fand anderswo statt, wo die Einsätze sehr viel höher waren. (Wie er sich ausdrückte:»Handel ist ein Glücksspiel auf die Zukunft.«) Doch in der gering bemessenen Freizeit, die ihm noch blieb, nahm er seine alte Leidenschaft wieder auf. Seine alte Freundin Liselotte von der Pfalz formulierte es so:»Heute wurde M'sieur Laws Hand von einer Herzogin geküsst. Es lässt sich nicht sagen, welchen Teil von ihm sich andere Damen aussuchen werden.« (Die geschwätzigen Briefe Liselottes von der Pfalz mit ihrer Mischung aus versteckten Anspielungen und Derbheiten, geschrieben in einem Kauderwelsch aus Deutsch und Französisch, vermitteln einen guten Eindruck von dem schlüpfrig-prickelnden Klima jener Zeit.) Die aus dieser Epoche erhaltenen Porträts von Law zeigen einen eleganten Gentleman mit Perücke und bortenbesetztem Rock, modischer Kniehose und Seidenstrümpfen. Aber selbst diese schmeichelnden Porträts können seine zunehmend aufgedunsenen Gesichtszüge nicht verbergen. Sein ausschweifendes Leben und die Belastung durch seine neue Verantwortung forderten ihren Tribut.

In dieser Zeit begann Law mit dem Ankauf von gut einem Dutzend

Schlössern samt dazugehörigen Ländereien; er kaufte Parzellen am Stadtrand von Paris, die kurz vor der Erschließung standen, ganze Häuserblocks im Stadtzentrum sowie einen großen Teil der vornehmen Place Vendôme. Doch dies geschah keineswegs aus persönlicher Raffgier, ganz im Gegenteil. Mit diesen Transaktionen setzte Law zwei seiner Lieblingsideen um, wenn auch auf eigentlich unvereinbare Weise: Er verwirklichte seine Vorstellung von der aktiven Rolle des Geldes, indem er der Banque Royale jene soliden Vermögenswerte zuführte, die sie teilweise zu einer Bodenbank machten.

Doch dies war nicht das einzige widersprüchliche Element, das in Laws Verhalten nunmehr zutage trat. Je gigantischer die Geldsummen wurden und je mehr sich die Entwicklung seiner Kontrolle entzog, desto größer wurde Laws nervliche Anspannung. Seine sonst so reservierte, kühle Art, das Berechnende des Spielers und Verführers, trat mehr und mehr hinter unschönen Gefühlsausbrüchen zurück, als er merkte, dass ihm die Sache allmählich über den Kopf wuchs. Im September 1719 waren Banknoten im Wert von mehr als 380 Millionen *livres* gedruckt und in Umlauf gebracht worden, während die Bank über weniger als ein Zehntel dieser Summe an soliden Bankguthaben verfügte. Was viele als Manifestation von Arroganz und Größenwahn ansahen, war in Wirklichkeit der Ausdruck innerer Panik – die nur allzu verständlich war bei einem Mann, der sein Leben lang nie einen festen Wohnsitz gehabt und jetzt die Finanzen des größten Landes Europas zu lenken hatte.

An der Pariser Börse, inzwischen von den engen Straßen um die Rue Quincampoix auf die große Place Vendôme verlegt, wurden derweil riesige Gewinne gemacht. Man verspürte die Notwendigkeit, diese regellosen Käufe und Verkäufe in geordnete Bahnen zu lenken. Zu diesem Zweck wurde der Handel abends von bewaffneten Soldaten beendet, die den Platz räumten. An den Zugangsstraßen wurden berittene Wachen postiert, die am folgenden Morgen abzogen, bevor das Gedränge erneut losbrach. (Die Verhaltensweisen auf dem heutigen Börsenparkett haben eine lange und ruhmreiche Vergangenheit.)

Wie viel Geld genau wurde verdient? Der heutige Gegenwert histo-

rischer Währungen ist bekanntermaßen schwer zu berechnen, aber
groben Schätzungen zufolge entsprechen 500 *livres* einem Gegenwert
von 365 bis 585 Euro heutigen Werts. Die Zahlen waren gigantisch.
Im August 1719 waren Aktien der Mississippi-Gesellschaft im Ausga-
bewert von 500 *livres* auf einen Verkaufswert von fast 5 000 *livres* gestiegen. Im darauf folgenden Monat emittierte Law 100 000 neue Aktien im Wert von 500 *livres* pro Stück. Einer zeitgenössischen Quelle
zufolge stürzten sich die Leute darauf »wie die Schweine«. Die hyste-
rischen Szenen können wir nur erahnen. Wer auch nur eine einzige
Aktie in dem neuen prunkvollen Domizil der Mississippi-Gesellschaft
im Palais Mazarin erwarb, konnte damit sofort hinunter zur Place
Vendôme gehen und sie für 5 000 *livres* wieder verkaufen. Menschen
aus allen Bevölkerungsschichten wurden unvorstellbar reich. Ein
Kellner machte 30 Millionen *livres*, ein Bettler 70 Millionen, ein Ladenbesitzer 127 Millionen. Eine adelige Gesellschaftsdame sah sich
im Foyer der Oper mit einer Dame konfrontiert, deren Décolleté eine
glitzernde Kaskade aus Diamanten schmückte. Als sie ihre Lorgnette
an die Augen hielt, erkannte sie zu ihrem Erstaunen die eigene Köchin
und stellte sie zur Rede. Die Köchin erwiderte unverfroren, sie sei
jetzt einer adeligen Dame gleichgestellt. Die Aristokratie prägte für
diese Leute sogar ein neues Wort. Sie nannte sie abschätzig *million-
naires*, Millionäre. Aber auch Mitglieder des Adels machten Geld,
auch wenn ihre Einstellung gegenüber diesem Gut charakteristischer-
weise anders war als die der ersten Millionäre. Der Prinz de Conti
verdiente fast fünf Millionen, und 5 000 *livres* davon gab er für einen
Diamanten aus. Diesen sandte er einer Dame, an der er Gefallen gefunden hatte. Als sie ihm den Diamanten zurückschickte, ließ er ihn
zu Staub zermalmen; mit dem Staub trocknete er die Tinte seines Ant-
wortbriefes an die Dame.

Law setzte unterdessen seine kühne Finanzstrategie – sein »System«, wie man es bald überall nannte – fort. Als der Preis für Aktien
der Mississippi-Gesellschaft im September 1719 5 000 *livres* über-
stieg, wartete Law mit einem neuen Coup auf. Damit konnte er seine
letzten Rivalen aus dem Feld schlagen, die vier Gebrüder Pâris. Sie be-

trieben ein Konkurrenzgeschäft der Geldschöpfung, die Steuerpachten (*fermes*), und verkauften Verträge für die Eintreibung von Steuern in den einzelnen Regionen. Je mehr Steuern der Inhaber einer solchen Steuerpacht eintrieb, desto höher war sein Gewinn. Aufgrund ihrer nachdrücklichen Methoden waren diese Steuereinnehmer ganz besonders unbeliebt und trugen mit ihrem Verhalten nicht wenig zum Ausbruch der Französischen Revolution bei.

Doch seitdem es Laws System gab, investierten die Leute ihr Geld lieber in dieses Unternehmen statt in das »Gegensystem« der Gebrüder Pâris. In der Folge sank der Preis für die Unterverträge der Steuerpachten, und im September 1719 überbot Law die Gebrüder Pâris und erwarb die Konzession für die Steuerpachten. Das Gegensystem wurde dem System einverleibt, und damit besaß Law jetzt praktisch die Kontrolle über die gesamten Staatsfinanzen. Die Mississippi-Gesellschaft hatte ihr Monopol des französischen Außenhandels vom amerikanischen Kontinent auf den malaiischen Archipel ausgeweitet und besaß zusätzlich das Monopol für den Tabak- und Sklavenhandel. Jetzt bezahlte die Banque Royale nicht nur die Staatsschuld, sondern trieb auch die staatlichen Steuern ein. Sie druckte nicht nur Papiergeld, sondern hatte auch einen auf neun Jahre befristeten Vertrag für die Münzanstalt. In Anerkennung dieses *fait accompli* machte der Herzog von Orléans Law zum »Generalkontrolleur der Finanzen«, was einem Premierminister gleichwertig war. Frankreichs Geschicke wurden nunmehr von einem entflohenen Mörder und Ausländer gelenkt.

Indes war Law an der Grenze seiner Leistungsfähigkeit angelangt. Es kamen Gerüchte auf, er habe hinter den verschlossenen Türen an der Place Vendôme die Beherrschung verloren. Bedienstete berichteten, Law geistere nachts im Schlafhemd durch die leeren Salons und schließe sich stundenlang in seinem Kabinett ein. In der Öffentlichkeit störten immer öfter Anwandlungen von Größenwahn sein sonst so zurückhaltendes Auftreten. Jeder Äußerung, sein System sei vielleicht falsch, begegnete er mit wütender Zurechtweisung: Außer ihm selbst könne niemand verstehen, was er tue. Damit hatte er nicht nur Recht.

Law stand allein auf weiter Flur. Seine Ideen waren noch niemals zuvor ausprobiert worden, und die Versuche, deren Auswirkungen zu begrenzen, waren die ersten Schritte einer völlig neuen und unerprobten Wissenschaft, deren Regeln erst noch formuliert werden mussten. Aber es gab keinen anderen Weg. Ob seine Ideen richtig oder falsch waren, ob sie praktikabel waren oder von falschen Voraussetzungen ausgingen, konnte allein ihre Anwendung in der Praxis erweisen. Das ist der Grund dafür, dass wir Law viel zu verdanken haben. Sein »System« war der prähistorische Vorläufer des heutigen Systems.

Law hatte allen Grund zur Besorgnis, denn nicht alles entwickelte sich so, wie er es erhofft hatte; und es gab bedrohliche Warnsignale. Beispielsweise verwiesen Berichte aus Französisch-Louisiana darauf, dass das Territorium die hohen Erwartungen nicht erfüllte: Die Küstenregion war eine trostlose, von Alligatoren bevölkerte Sumpflandschaft.

Auch die Prärie weiter im Landesinnern versprach kaum Hoffnungen auf Goldvorkommen. Weite Gebiete des Territoriums waren jedoch nach wie vor unerforscht. Law hatte seinen Glauben in die Mississippi-Gesellschaft einzig auf das Wissen um den Wohlstand gegründet, den die Kaufleute und Händler in den Niederlanden geschaffen hatten. Und Law hegte noch immer die Absicht, seine Gesellschaft zu einer zweiten Ostindischen Kompanie zu machen – obwohl ihn das Gespenst des schottischen Darién-Abenteuers heimsuchte. Das Problem war, dass Law es sich zu diesem Zeitpunkt nicht leisten konnte, eine Expedition in das Territorium von Louisiana auszurüsten. Die Rückflüsse aus den Aktienemissionen waren zur Tilgung der Staatsschuld benutzt worden. Und jetzt begannen die Aktien selbst ins Wanken zu geraten, als die Leute anfingen, sich zu fragen, wo denn die versprochenen Goldschätze eigentlich waren. In einem findigen Versuch, die misstrauischen Aktionäre zu beruhigen, wurde auf Befehl Laws ein Heer von Bettlern und *clochards* aufgeboten, die mit Pickeln und Schaufeln in der Hand durch das Zentrum von Paris in Richtung der Straße nach La Rochelle zogen, von wo aus die Schiffe nach Amerika in See stachen. Sie sollten den Anschein erwecken, dass sie nach Louisiana aufbrachen, um für die Mississippi-Gesellschaft Gold abzubauen. Der Trick tat seine Wirkung, auch wenn wenig später die bärtigen Gesellen in ihren alten Lumpen wieder auftauchten und in manchen Vierteln Anlass zu Argwohn gaben. Derweil wuchs die Mississippi-Gesellschaft immer weiter – offenbar, so schien es, infolge ihrer eigenen Dynamik. (Eine Aktie im Nennwert von 500 *livres* hatte inzwischen den Verkaufswert von sage und schreibe 12 000 *livres* erreicht.)

Auch in der Banque Royale gab es inzwischen Besorgnis erregende Signale. Banknoten im Wert von 2,7 Millionen *livres* waren von der Bank ausgegeben worden. Damit hatte sich die Geldmenge innerhalb eines Jahres praktisch verdoppelt. Ein erstaunlich großer Teil dieser Summe war dazu verwendet worden, den schlafenden Riesen der französischen Wirtschaft zum Leben zu erwecken. Die Steigerung der Ausgaben zum Kauf von Waren aller Art – von landwirtschaftlichen Erzeugnissen bis hin zu Möbeln – hatte endlich im ganzen Land die Vollbeschäftigung gebracht. Aber jetzt, da diese Vollbeschäftigung erreicht war, stand die rapide steigende Geldmenge einer sehr langsam steigenden Warenmenge gegenüber. Die überschüssige Geldmenge führte zu Preissteigerungen von beängstigenden Ausmaßen. Bis Ende 1719 stiegen die Warenpreise um durchschnittlich fast 75 Prozent, die Preise mancher Grundnahrungsmittel in Paris sogar um das Dreifache.

Law hatte diese Entwicklungen mit wachsender Angst verfolgt, aber er konnte wenig dagegen tun. Zum Glück gab es andere Faktoren, die mildernd wirkten. Im Juli unternahm Law Schritte, um die letzten noch verbliebenen Zweifel der Öffentlichkeit in Bezug auf Banknoten zu zerstreuen. Auf einen Schlag schwächte er die Attraktivität von Münzen, indem er den Wert der Banknoten gegenüber dem der Münzen erhöhte. Als der einzige Bankier des Landes konnte Law mit der Währung tun, was immer er wollte. Wenn er erklärte, eine Zehn-*livres*-Note sei von nun an doppelt so viel wert wie eine Zehn-*livres*-Münze, dann war das so. Wie Laws Biograf John Minton hervorhob, hätte Law die Gelegenheit gehabt, in Amsterdam oder London ein kleines Privatvermögen beiseite zu schaffen und damit zu gewährleisten, dass nicht sein ganzes Geld auf Gedeih und Verderb mit dem Schicksal der Banque Royale verknüpft war. Aber er tat es nicht. Law war der reichste Mann der Welt, doch dieser Reichtum war nur ein Nebeneffekt des Experiments, seine Ideen in die Praxis umzusetzen. Seinen finanziellen Gewinn betrachtete er gegenüber seinem intellektuellen Schicksal als zweitrangig. Er setzte sein ganzes Vermögen für seine Ideen aufs Spiel. Law war der Einzige, der dies wusste. Alle anderen glaubten, er lege ungeheure Geldsummen an Orten außerhalb Frankreichs auf die hohe Kante.

Im Februar 1720 unternahm Law einen weiteren Schritt gegen das Münzgeld, indem er den Besitz von Münzen auf 500 *livres* pro Person begrenzte. Aber die Neuheit der Banknoten begann bereits, sich in ihrer Wirkung zu erschöpfen, und das Misstrauen der Öffentlichkeit gegenüber dieser Währungsform wuchs. Zwar wurden jetzt ungeheure Reichtümer in Banknoten gemacht, aber ihre Besitzer beeilten sich, das Papiergeld schnell in solidere Vermögenswerte umzuwandeln. Der Preis für Schmuck, Häuser und Grundbesitz vervielfachte sich. Andere investierten in die boomenden Märkte von Amsterdam und London (wo die Aktienkurse der Südsee-Kompanie Schwindel erregende Höhen erreichten). Man spürte, dass die Banknoten ausgegeben werden mussten und nicht zum Sparen geeignet waren. Gold konnte man zurücklegen; wer hatte je gehört, dass man Papier zurücklegte? In der Folge prosperierten die Restaurants, Theater und Bordelle von Paris wie nie zuvor. Konsum war das Einzige, was zählte.

All dies wirkte sich gravierend auf Laws Kalkulationen aus. Sein System beruhte auf einem kontinuierlichen Investitionsfluss. Gleichzeitig verschworen sich seine Feinde gegen ihn. Die Gebrüder Pâris, die auf Rache sannen, waren in Finanzkreisen nach wie vor eine durchaus ernst zu nehmende Bedrohung. In dem britischen Botschafter, dem Earl of Stair, hatten sie jetzt einen mächtigen Verbündeten. Stair, ein ehemaliger Freund Laws, hatte sich gegen Law gestellt, nachdem er schwere Verluste auf dem Markt erlitten hatte. (Dies muss als eine besondere aristokratische Leistung betrachtet werden, da einfache Bürger vom Kammerdiener bis zum Landstreicher ein Vermögen gewannen.) Der Prinz de Conti war über Law gleichfalls verärgert, nachdem dieser sich geweigert hatte, ihm weitere Aktien der Mississippi-Gesellschaft zu einem günstigen Preis zukommen zu lassen. Conti beschloss, es sei genug; das ganze System widere ihn an. In der für ihn typischen Bockigkeit schickte er seinen gesamten Banknotenbesitz an die Banque Royale und verlangte dafür Gold. Bewacht von bewaffneten Soldaten fuhren die drei mit Contis Gold beladenen Wagen durch die Straßen der Stadt zu seiner Residenz. Dieses Schauspiel war kaum dazu angetan, das Vertrauen der Öffentlichkeit in das neue Papiergeld zu stärken; die Folgen konnten verheerend sein. Law erkannte diese Gefahr und benachrichtigte umgehend Philippe im Palais Royale. Der Regent befahl Conti, das Gold zurückzuschicken, und so wurde es durch die Straßen von Paris zur Banque Royale zurückgeschafft. Die Krise war abgewendet.

Law erkannte, dass die Situation aus dem Ruder zu laufen drohte, wenn er nicht entschlossen handelte. Am 21. Mai 1720 erließ er ein Dekret, mit dem die inflationäre Preisspirale gedrosselt und zugleich der immens hohe Papiergeldumlauf verringert werden sollte. Ein ebenso komplizierter wie einfallsreicher Schritt; etwas Derartiges hatte noch nie zuvor jemand ausprobiert. Die Maßnahme sollte stufenweise und gerecht umgesetzt werden. Der Plan sah vor, die Banknoten um 50 Prozent abzuwerten, aber keineswegs mit einem Schlag, sondern innerhalb eines Zeitraums von sechs Monaten. Schon am folgenden Tag, dem 22. Mai, würden die Banknoten um 20 Prozent abgewertet. Im selben halbjährlichen Zeitraum sollte der Preis für Aktien der Mississippi-Gesellschaft, die mittlerweile bei 9000 *livres* standen, auf 5000 *livres* heruntergestuft werden. Ein kluger Schachzug. Bald würden die Leute erkennen, dass die Abwertung der Aktien geringer ausfiel als die des Papiergeldes, und ihr Papiergeld in Aktien der Mississippi-Gesellschaft investieren; damit würde die Menge der Banknoten auf dem Markt zurückgehen. Was Law nicht erkannte, war die Tatsache, dass mit der Festlegung des Preises für Aktien diese

praktisch zu einem soliden Zahlungsmittel wurden. Anstatt sich zu
verringern, stieg die Geldmenge weiter an.

Die Folgen von Laws Maßnahme waren katastrophal. Es war die
erste Abwertung, die jemals stattgefunden hatte. (Nur wenige hatten
erkannt, dass Laws vorausgehende »Aufwertung« des Münzgelds in
Wirklichkeit eine versteckte Abwertung gewesen war. Trotz ihrer weit
verzweigten finanziellen Transaktionen hatten die meisten nach wie
vor naive Vorstellungen über die Mechanismen der Finanzwelt.) Die
Bevölkerung betrachtete diese Abwertung als Beraubung. Die Hälfte
ihres Vermögens war ihr weggenommen worden. Panik brach aus,
und alle versuchten, ihre Banknoten sowie ihre Aktien an der Mississippi-Gesellschaft loszuwerden. Die Seifenblase war geplatzt, es kam
zum Crash.

Im Versuch, das Schlimmste abzuwenden, bestimmte Law, dass zunächst nur Zehn-*livres*-Noten einlösbar waren. Als Folge bildeten
sich vor den Auszahlungsschaltern der Banque Royale riesige Schlangen.

Bald wurde die Bank von Tausenden gestürmt, die die Einlösung
ihrer Banknoten forderten. Das Chaos war unbeschreiblich. Die Bür-
gerwehr sollte die Menge in Schach halten. Bajonette wurden geladen
und über den Köpfen der Menge Schüsse abgefeuert, um den Mob zu
zerstreuen. Trotzdem wurden am 17. Juli 15 Menschen im Gedränge
vor der Bank zu Tode getrampelt. Das Parlament beschloss, einzugreifen, und widerrief Laws Erlass zur Beschränkung des Münzgeldbesit-
zes auf 500 *livres*. Philippe reagierte darauf mit der Verbannung des
Parlaments nach Pontoise, damals eine Kleinstadt jenseits der nord-
westlichen Außenbezirke von Paris. Das war das Ende von Laws System. Mit Voltaires Worten war jetzt »... das Papiergeld auf den ihm
angemessenen Wert zurückgestuft«.

Law soll »um sein Leben gezittert« haben. Nach mehreren Tagen,
die er verbarrikadiert in seinem Palais an der Place Vendôme und geschützt von bewaffneten Wachen zugebracht hatte, wurde ihm und
seiner Familie gestattet, im Palais Royale Zuflucht zu nehmen. Ein
paar Tage später warf der Mob eine Frau, die man fälschlich für Ca-

therine Knollys hielt, in einen Ententeich, um sie zu ertränken; sie konnte gerade noch gerettet werden. Ein Armeeoffizier, in dem man Law zu erkennen glaubte, wurde Opfer eines Attentatsversuchs. Die Empörung erfasste alle Schichten der Bevölkerung. Allein verantwortlich für ihre Misere war das System. Und für dieses System war wiederum nur einer verantwortlich: John Law. Doch erstaunlicherweise glaubte Law immer noch, dass sein System funktionieren könnte. Er legte Philippe dar, dass es einzig aufgrund einer unglücklichen Verkettung von Umständen zu dieser Eskalation gekommen war, wobei die Ignoranz der Öffentlichkeit eine große Rolle gespielt habe. Die Leute verstünden einfach nicht, was das System war und wie es ihnen zugute kam. Es seien die außergewöhnlichen Umstände und nicht das System an sich, das die Währungskrise und den Sturm auf die Bank ausgelöst hatte. Auch unser »System« ist anfällig für diese »Umstände«. Im Jahr 1998, als die russischen Anleger das Vertrauen in die Banken verloren hatten und Schlange standen, um ihre Einlagen abzuheben, waren die Institute gezwungen, dichtzumachen, und einige brachen zusammen.

Trotz seines sicheren Zufluchtsortes im Palais Royale hatte Law Angst, ermordet oder sogar hingerichtet zu werden. Doch Philippe blieb dem Mann in Treue verbunden, der sich so sehr für ihn und sein Land eingesetzt hatte. Und in gewisser Weise war Law wohl tatsächlich erfolgreich gewesen. Manche Historiker behaupten sogar, dass die Situation jetzt bedeutend besser war als zuvor. Das viele Papiergeld hatte dazu geführt, dass fast jeder seine oftmals lähmenden alten Schulden bezahlen konnte. Die Verwaltung einer Reihe von Provinzstädten hatte zwar Geld verloren, aber in den Städten selbst war es zu einer Belebung des Handels gekommen. Die Flucht vom Papiergeld in wertbeständige Waren und Güter hatte dazu geführt, dass jetzt deutlich mehr Menschen Eigentum besaßen. Gleichzeitig waren die starren sozialen Schranken des Ancien Régime aufgeweicht: Die Saat der Demokratie war gelegt. Viele, wie beispielsweise die Köchin mit ihrem Diamantencollier, fühlten sich den so genannten Höhergestellten ebenbürtig. Siebzig Jahre später sollte dieses Gefühl der *égalité* zusammen mit den Vorstellungen von *liberté* und *fraternité* zur Französischen Revolution führen.

Im September 1720 war in Paris die öffentliche Ordnung wiederhergestellt. Das Bewusstsein für die Ungeheuerlichkeit dessen, was geschehen war, verblasste. Das Finanzwesen Frankreichs war zusammengebrochen. Eine gespenstische Ruhe senkte sich über die Stadt. Die Leute standen wie benommen auf der Straße zusammen. Viele hatten ihre Kutschen verkaufen müssen, sodass es kaum Verkehr gab. Drei Monate später legte man Law nahe, sich auf das Château Guermantes zurückzuziehen, eines von mehreren Schlössern, die er außerhalb von Paris gekauft hatte. In den glorreichen 500 Tagen seiner Macht war seine Herrschaft über Frankreich nachdrücklicher gewesen als die des Sonnenkönigs und der anderen absolutistischen französischen Monarchen. Jetzt kehrte er in sein altes Leben zurück. Er war wieder auf der Flucht, bedroht an Leib und Leben.

Schließlich stellte Philippe Law und seinem sechzehnjährigen Sohn einen Pass aus. Catherine Knollys und ihre Tochter dagegen wurde die Erlaubnis verweigert, das Land zu verlassen. Law reiste nach Brüssel, wo er die Möglichkeit einer Rückkehr nach Großbritannien sondierte. Er war jetzt in ganz Europa berühmt, und bald wurde eine Begnadigung für ihn erwirkt. (Frankreich einen schlechten Dienst zu erweisen, wurde in England seit jeher wohlwollend begrüßt.) Laws erster Auftritt in einem Londoner Theater war eine Sensation. Der Prinz und die Prinzessin von Wales in der königlichen Loge wurden ignoriert. Alle wollten nur den Schotten sehen, »der Frankreich bankrott gemacht hat«.

Law hatte für sich selbst kein Geld auf die hohe Kante gelegt. Sein gesamter Besitz in Frankreich wurde konfisziert, seine Schulden gingen in die Millionen. Im Interesse Frankreichs hatte er mit Bankiers in London, Amsterdam und Hamburg vertrauliche Verhandlungen geführt und persönliche Kredite erhalten, um das Räderwerk seines Systems zu schmieren. Die Gesamtsumme dieser Auslandsschulden allein belief sich auf 6,7 Millionen *livres*. Einst der reichste Mann der Welt, war Law kopfüber in den Abgrund der Finanzwelt gestürzt. Doch

selbst in dieser Situation beschwor er Philippe in einer Petition, das
»Système« sei Frankreichs einzige Hoffnung. Aber Philippe war nicht
in der Stimmung, auf ihn zu hören. Die jahrelangen Ausschweifungen
forderten ihren Tribut. Drei Jahre später war er tot.

Auch Law war jetzt nur noch ein Schatten seiner selbst. 1724 ging
er nach Venedig, wo er sich mit Glücksspiel im Ridotto-Casino über
Wasser hielt. Er zockte mit dem Letzten, was er hatte, und machte
sich seine Berühmtheit und seine Kenntnis der Wahrscheinlichkeitsrechnung zunutze. Es gab viele, die sich damit brüsten wollten, mit
dem berühmt-berüchtigten Mr. Law gespielt zu haben. Er saß an seinem Tisch, neben sich Münzen (keine Banknoten!) im Wert von
10 000 *Pistolen* (Doublonen), in kleinen Stapeln aufeinander ge-
schichtet: Das war sein gesamter Spieleinsatz. Er bot 10 000 Doublonen für den Fall an, dass es jemandem gelänge, sechs Mal hintereinan-
der eine Sechs zu würfeln, und verlangte für jeden Fehlversuch nur
eine einzige Doublone für sich. Die Chance des Gegners zu gewinnen,
betrug angeblich 10 000 zu 1. Nacheinander sammelte Law die Gold-
doublonen derer ein, die sich durch diese scheinbar hohe Gewinn-
chance hatten locken lassen. (Law wusste jedoch, dass die Gewinn-
chance in Wirklichkeit 46 656 zu 1 betrug.) Seine Berühmtheit
machte ihn zu einem Sensationsobjekt. Die Leute starrten ihn neugie-
rig an, wie er in seinem schwarzen Dreispitz auf dem Kopf und in einem schwarzen Mantel über einen Kaffeehaustisch auf der Piazza San
Marco gebeugt dasaß und vor sich hinbrütete. Er war nicht bei bester
Gesundheit, und der Nebel, der aus den Kanälen aufstieg und in den
Gassen hing, war Gift für seine Lungen. Immer wieder suchten ihn
durchreisende Berühmtheiten auf. Der fünfunddreißigjährige Philosoph Montesquieu hatte Law in seinen *Persischen Briefen* parodiert
und der Lächerlichkeit preisgegeben. Er hatte ihn nur dürftig als Sohn
des Aeolus, des Gottes der Winde, getarnt, der das Geheimnis kannte,
Wind in Schläuche einzuschließen, und diese Ware dann allen Reisen-
den zu verkaufen.»Da aber die Ware in seiner Heimat nicht sehr be-
gehrt war, verließ er sie und machte sich in Gesellschaft des blinden
Gottes Zufall auf die Wanderschaft durch die weite Welt.« Doch bei

seinem Besuch in Venedig war Montesquieu beeindruckt von Law, der ». . . im Geiste mit Projekten befasst, den Kopf mit Berechnungen erfüllt« sei. Es muss einer von Laws besseren Tagen gewesen sein. Andere berichteten von Laws geistiger und körperlicher Erschöpfung. Sein einstmals eindrucksvolles Gesicht war jetzt ausgezehrt, sein Mund schlaff und sein Tic wurde immer schlimmer. Eines Abends Ende Februar 1729, als er durch den kalten Nebel der Kanäle in einer Gondel nach Hause fuhr, wurde er »unpässlich«. Bald darauf bekam er eine Lungenentzündung, und einen Monat später war er tot.

War Law also ein Betrüger? Der Earl of Stair, der Law gut kannte, meinte, dieser sei »ein Mann von großer Vernunft und mit einem weit fähigeren Kopf für Kalkulationen jeglicher Art als sonst irgendjemand«. Ein nicht geringes Lob im Zeitalter Newtons, von dessen überragendem Geist gewiss auch Stair gehört hatte. Mehr als 100 Jahre später bezeichnete Marx Law als »angenehmen Mischcharakter von Schwindler und Prophet«, und im 20. Jahrhundert stellte Schumpeter, der große österreichische Analytiker des Kapitalismus, Law »in die erste Reihe der Geldtheoretiker aller Zeiten«. Laws System bestand aus einigen wenigen brillanten Ideen: Er erkannte die aktive Rolle des Geldes, die Vorzüge der fiduziären Notenausgabe und des kaufmännischen Handels. Hinzu kam, dass er mit seinem Verständnis der Mechanismen des Finanzwesens seiner Zeit weit voraus war. Was Law bedauerlicherweise nicht verstand – aber wie hätte er auch? – war die Instabilität eines solchen Systems im Stadium seiner erstmaligen Erprobung. Das »System«, nach dem die Finanzwelt heute funktioniert, gründet auf ähnlichen Voraussetzungen, seine Dynamik aber wird durch zahlreiche Kontroll- und Ausgleichsmaßnahmen eingeschränkt, die die Gefahr einer solchen Instabilität verringern, wenn auch nicht bannen. Instabilität ist einem solchen System inhärent, ja es ist die Voraussetzung dafür, dass es überhaupt funktioniert.

3

Die Zeit vor Adam Smith

1720 war ein Jahr, das in der europäischen Finanzwelt für immer in Erinnerung bleiben sollte. Wie Paris machten auch London und Amsterdam traumatische Erfahrungen. Der Crash in London ist heute unter dem Namen »South Sea Bubble« bekannt. Manche Wirtschaftstheoretiker messen dem Ereignis allerdings keine besondere Bedeutung zu. Adam Smith bewertete es als »reinen Schwindel«. Trotzdem nimmt es in der Entwicklung des Geldwesens einen symbolischen Platz ein – irgendwo zwischen hoffnungsvollem Optimismus und tiefstem Absturz.

Die South Sea Company wurde 1711 von einer Gruppe von Geldgebern mit guten Verbindungen zum Parlament und der City, dem Finanzzentrum Londons, gegründet. Die treibende Kraft war ein ehrgeiziger Gerichtsschreiber namens John Blunt. Beschreibungen zufolge ein stämmiger, herrischer und genialischer Charakter von zweideutigem Charme, war Blunt der Sohn eines Schuhmachers, der durch seine Einheirat in eine angesehene Familie des Landadels auf der sozialen Stufenleiter ein gutes Stück nach oben geklettert war. Es war eine Zeit des tief greifenden sozialen Wandels. Das neu vereinigte Königreich Großbritannien entwickelte sich geistig, militärisch und kommerziell zu einer europäischen Großmacht. Newton war die unumstritten bedeutendste Geistesgröße der Zeit, und die Royal Society in London war als oberste wissenschaftliche Instanz anerkannt. John Locke begründete die empirische Philosophie und verbreitete das liberale Gedankengut, das am Ende des Jahrhunderts in der amerikanischen Verfassung seinen Niederschlag finden sollte. Defoes *Robinson Crusoe* und Swifts *Gullivers Reisen* befriedigten derweil auf unter-

schiedliche Weise die Abenteuerlust der Leser. Großbritannien war
eine selbstbewusste Nation, die die Anfänge der industriellen Revolution bereits deutlich zu spüren bekam: In den Bergwerken von Corn-
wall wurde bereits die Dampfkraft eingesetzt. Im Zuge der gesteigerten Handelsaktivitäten entstanden große Vermögen. John Blunt und
seine Mitgesellschafter waren entschlossen, auf dem Wellenkamm der
Entwicklung mitzureiten, und sahen in der South Sea Company ihre
große Chance.

Das Unternehmen der South Sea Company war von Anfang an ein
Glücksspiel, auch wenn zugegebenermaßen spätere Kommentatoren
darüber unterschiedlicher Auffassung sind. Manche sind mit Adam
Smith der Ansicht, die Sache sei ein raffinierter Schwindel gewesen;
andere, gleichfalls mit Sachverstand begabte Beobachter und im Besitz derselben Fakten, halten das Unternehmen für eine unbesonnene
Idee, die aufgrund ungünstiger Umstände scheiterte. Doch im Unterschied zu Laws System bedeutete diese Kompanie für die Finanzwelt
ein *rite de passage*, ein Initiationsvorgang, aus dem sie geläutert und
in gewisser Weise gereift hervorging. Hätte sich der Zusammenbruch
nicht zu jenem Zeitpunkt und auf diese Art und Weise abgespielt, früher oder später wäre mit Sicherheit etwas Ähnliches passiert – und
passiert ja seither auch in regelmäßigen Abständen. Es scheint sich
um einen ständig wiederkehrenden Überlebenstest zu handeln, der
nicht als Lernprozess missverstanden werden sollte.

Die South Sea Company wurde als eine Handelsgesellschaft gegründet. Als Gegenleistung für die Übernahme eines gewaltigen An-
teils der Staatsschuld (die sich auf insgesamt 9,5 Millionen Pfund belief) in Form von ungedeckten Staatsanleihen gewährte der Staat der
Gesellschaft das Handelsmonopol im spanischen Südamerika »östlich
des Flusses Aranoco bis zum südlichsten Teil der ›Tierra del Fuego‹«,
an der gesamten Westküste sowie in dem Gebiet, »das in Zukunft
noch entdeckt wird«. Der Staat garantierte der South Sea Company
außerdem die Zahlung eines jährlichen Zinssatzes von rund 10 Prozent (600 000 Pfund) auf die Schulden. (Um eine Vorstellung vom
Wert dieser Zahlung zu geben: Zu jener Zeit konnte eine Mittel-

schichtfamilie von 200 Pfund pro Jahr gut leben, wer ein doppelt so großes Einkommen erzielte, galt als reich, und der Jahreslohn eines Dieners betrug 10 Pfund.) Unbeschränkter Zugang zu den Gold- und Silberminen Mexikos und der Anden sowie garantierte Einkünfte von mehr als einer halben Million – als die Kompanie Aktien auflegte, gab es keinen Mangel an Käufern. Doch die Sache hatte mehr als einen Haken. Der Spanische Erbfolgekrieg, der 1702 begonnen hatte, zog sich in die Länge. Die Spanier hatten den Krieg noch nicht verloren, man hatte sie also noch nicht zwingen können, auf ihr Handelsmonopol in ihrem südamerikanischen Reich zu verzichten. Und nach Daniel Defoes Meinung würde dies erst dann geschehen, »wenn die Spanier ihres gesunden Menschenverstandes beraubt« würden. Ein weiterer Haken war die Tatsache, dass keiner der Direktoren der Kompanie im Handel mit Südamerika irgendwelche Erfahrungen, geschweige denn überhaupt eine Ahnung von den dortigen Verhältnissen hatte. (Vermutlich waren ihre geografischen Kenntnisse von diesem Teil der Welt den Vorstellungen der Pariser über die Insel Mississippi vergleichbar.) Die einzige Ausnahme war Blunt, der einen Vetter in Buenos Aires hatte. Doch dies war kein gutes Omen, denn Blunts Kontakt mit seinem Vetter hatte hauptsächlich darin bestanden, dass er ihm 100 Pfund geliehen hatte, die dieser nicht zurückzahlte.

1713 endete der Spanische Erbfolgekrieg. Die Spanier wurden zur Unterzeichnung des Utrechter Friedensvertrags gezwungen, in dem sie ihr Handelsmonopol in ihrem südamerikanischen Reich aufgaben. Die Spanier gestatteten der South Sea Company nunmehr, ein Handelsschiff pro Jahr nach Südamerika zu schicken, unter der Bedingung, dass ein bestimmter Anteil des Gewinns an Spanien abgeführt wurde. Dies scheint die Aktieninhaber der South Sea Company keineswegs entmutigt zu haben. Selbst die Tatsache, dass der Staat mit seinen versprochenen jährlichen Zahlungen im Rückstand war, vermochte ihr Vertrauen nicht zu erschüttern (bis 1716 schrieb die Kompanie rote Zahlen). Nach langem Ringen mit den spanischen Behörden kehrte 1717 endlich das erste Schiff der South Sea Company von seiner Handelsreise aus Südamerika zurück. Die bescheidenen Gewinne stärkten nur das Vertrauen der Öffentlichkeit, das ein Jahr später weiter wuchs, als sich kein Geringerer als König Georg I. an die Spitze der South Sea Company stellte. Die Gesellschaft erhielt die Erlaubnis zur Emission von Aktien in Höhe der Staatsschuld, die sie übernommen hatte. Blunt und seine Mitdirektoren beschlossen, dass die Zeit gekommen war, mehr Aktien auszugeben. Dafür aber mussten sie weitere Schulden übernehmen, und dazu war ein Parlamentsbeschluss notwendig. Einflussreichen Kabinettsmitgliedern wurden insgeheim Zuteilungen der neuen Aktien versprochen, wenn sie die Verabschiedung des Gesetzes unterstützten; und Parlamentsmitglieder, die Direktoren der Gesellschaft oder einfach nur Aktionäre waren, hielten flammende Reden, in denen sie die Vorzüge dieses Schritts hervorhoben. Im Jahr 1720 erhielt die South Sea Company die Erlaubnis, die gesamte Staatsschuld (rund 51 Millionen Pfund) zu übernehmen. Der darauf folgende Boom der Aktien der South Sea Company übertraf die optimistischsten Erwartungen. Im Januar 1720 konnten Aktien im Wert von 100 Pfund für 129 Pfund, drei Monate später für 330 Pfund und im Mai für 550 Pfund weiterverkauft werden. Die tumultartigen Szenen aus der Rue Quincampoix wiederholten sich jetzt in den engen Straßen und Gassen der Londoner City.

Spekulanten machten ungeheure Vermögen. Metzger, Anwälte und Parlamentsmitglieder kassierten Gewinne aus den Südsee-Aktien, deren Wert in immer atemberaubendere Höhen stieg. Selbst die Angehörigen des englischen Landadels, in deren Augen »Handel« unfein war, überwanden bald ihren Stolz und begannen ebenfalls zu investieren. Im Juni 1720 waren die Aktien auf 890 Pfund geklettert. Unterdessen erkannten Finanzoperateure in der City, dass mit dieser Methode gute Geschäfte zu machen waren, und Hunderte ähnlicher Aktiengesellschaften schossen aus dem Boden. Einige von ihnen widmeten sich Zielen, die im Nachhinein betrachtet sehr viel plausibler waren als die der South Sea Company, beispielsweise dem Handel mit Menschenhaaren zur Herstellung von Perücken, der Versicherung von Schafherden und dergleichen. Andere verfolgten zugegebenermaßen weniger einleuchtende Zwecke. So wurde eine Gesellschaft gegründet, die ein Perpetuum mobile bauen wollte, eine andere, um »ein Vorhaben von großem Vorzug zu verwirklichen, den aber niemand kennt«. (Wer das amüsant findet, besitzt vermutlich keine Monsanto- oder Rio-Tinto-Aktien oder Aktien internationaler pharmazeutischer Großkonzerne, die Millionen in die Forschung von etwas investieren, »dessen Vorzüge niemand kennt«.)

Es wurde weiter unbekümmert investiert. Andere waren über diese Entwicklung weniger glücklich. Ein Gesetz, der so genannte Bubble Act, wurde durchs Parlament gebracht, um weitere derartige Firmengründungen zu verhindern und die ahnungslosen Spekulanten zu schützen – aber auch, um das Monopol der South Sea Company auf das Vermögen der Spekulanten zu sichern.

Der Boom in der Londoner City hatte inzwischen dazu geführt, dass die Spekulation auch an den Börsen in Amsterdam und Hamburg um sich griff, wo ungehindert von Gesetzen wie dem Bubble Act nach wie vor Aktiengesellschaften gegründet werden konnten. Im August stieg die Aktie der South Sea Company auf Schwindel erregende 1 050 Pfund. Aber von nun an ging es bergab. Einen Monat später platzte die Blase. Zeitgenössische Kommentatoren sind sich uneinig, wodurch genau der Crash ausgelöst wurde. Einige suchten die Ursache im Zusammenbruch vieler ähnlicher, aber von Grund auf betrügerischer Gesellschaften nach Inkrafttreten des Bubble Act. Andere sahen in den gezielten Gewinnmitnahmen der Direktoren und ihrer Freunde im Parlament den Grund. Wieder andere machten die Gesetze der Schwerkraft dafür verantwortlich. Wahrscheinlich war es all das zusammen und noch mehr.

Im September fiel der Aktienkurs der Südsee-Gesellschaft auf 175 Pfund. Es gab Panikverkäufe und Bemühungen, das Vertrauen der Anleger wiederherzustellen. Im Parlament hielten jene Abgeordnete leidenschaftliche patriotische Reden, die noch Aktien in ihrem Besitz hatten. Mit offiziellen Erklärungen beschworen Minister das Unmögliche. Einflussreiche Stimmen verlangten, die Bank von England solle die South Sea Company retten. (Wäre dies geschehen, wäre der erst kurz zuvor gegründeten Bank von England zweifellos das gleiche Schicksal beschieden gewesen wie Laws Banque Royale.) Die rhetorischen Vertrauensbekundungen zeigten jedoch nur kurzfristig Wirkung. Eine Zeit lang hielten sich die Aktien der South Sea Company auf 140 Pfund. Die Direktoren der Gesellschaft verwiesen darauf, dass all jene, die im Januar zuvor Aktien zum Preis von 129 Pfund gekauft und sie über alle Turbulenzen hinweg gehalten hatten, auch jetzt noch einen Gewinn von 11 Pfund pro Aktie machten. Ein solcher Trost stieß jedoch auf taube Ohren. Der Markt funktionierte anders: Alle, die gekauft hatten, hatten auch wieder verkauft. Massive Erwartungen waren geweckt, Vermögenswerte versetzt und verpfändet, Geld war geliehen und Schuldscheine waren unterzeichnet worden, um Aktien zu erwerben, die vielfach mehr als 80 Prozent ihres Werts verloren hatten. In breiten Bevölkerungsschichten, die in Aktien investiert hatten, herrschte Verzweiflung, viele Aktionäre waren ruiniert. Ladenbesitzer und Landadel, Angehörige der freien Berufe und Parlamentsmitglieder – sie alle hatten schwere Verluste erlitten. Sogar Newton verlor 20 000 Pfund. Die Flutwelle der Panikverkäufe erreichte schon bald die Börse in Amsterdam und Hamburg. Das Jahr 1720 war in der europäischen Finanzwelt ein Schreckensjahr.

Doch wer trug die Schuld? In London wurde eine parlamentarische Untersuchung angeordnet, und vier Minister wurden für schuldig befunden, Bestechungszahlungen angenommen und ihr privilegiertes Wissen zu ihrem eigenen Vorteil genutzt zu haben. In lautstarken öffentlichen Versammlungen im ganzen Land wurde eine Bestrafung der Direktoren der South Sea Company gefordert. Die Suche nach Sündenböcken war in vollem Gange. Sir John Blunt (während der Expansion in Anerkennung seiner Verdienste geadelt) wurde Opfer eines Attentatsversuchs, als ein wutentbrannter Schuldner versuchte, ihn auf offener Straße niederzuschießen. Blunt begann, nach Ausflüchten zu suchen, und gab die Namen hochrangiger Mittäter preis, die geflissentlich ein Auge zugedrückt hatten. Parlamentsmitglieder, die mit

Aktien gehandelt hatten, wurden abgesetzt, die Regierung stürzte. Das Vermögen und die Güter der Direktoren der South Sea Company wurden konfisziert, um die Opfer wenigstens teilweise zu entschädigen. Ein ehemals hochrangiger Politiker beging Selbstmord, und der Finanzdirektor der Gesellschaft, Robert Knight, floh, per Haftbefehl gesucht, mit dem Schiff auf das europäische Festland. Jeder beschuldigte jeden. Keiner wollte die auf der Hand liegende Tatsache akzeptieren, dass alle schuld waren – sei es aufgrund von Gier, kollektiver Hysterie oder Leichtgläubigkeit. Keiner zeigte sich dagegen immun, nicht einmal Isaac Newton. Für den Wirtschaftswissenschaftler John Kenneth Galbraith ist die South Sea Bubble ein klassisches Beispiel, das alle Merkmale eines »ökonomischen Holzwegs« aufweist; etwa die Tatsache, dass »Einzelpersonen vom Glauben an ihren finanziellen Scharfsinn gefährlich geblendet« waren und »diese Fehleinschätzung auf andere übertrugen«. Ein weiteres Merkmal war »die Investitionsgelegenheit«, die sich hier bot und »die zwar die Fantasie beflügelte, aber die Wirklichkeit außer Acht ließ«. Und schließlich: »Der massenhafte Ausstieg aus der Vernunft, der tunlichst nicht als solcher begriffen wurde, fungierte bei den nach Profit strebenden Menschen als treibende Kraft.« Überschätzung des eigenen Scharfsinns und kollektive Hysterie – die Merkmale waren 1720 dieselben wie 1929 und 1987 dieselben wie beim Zusammenbruch der Dotcom-Firmen zu Beginn des 21. Jahrhunderts.

Wenn es je einer nüchternen und lehrreichen Parabel des sozialen Verhaltens bedurft hätte, dann war jetzt die Zeit dafür gekommen. Diese Parabel lieferte Bernard de Mandeville mit seiner *Bienenfabel*, die nach dem Albtraum der South Sea Bubble zum Bestseller wurde.

Mandeville wurde 1670 in Holland geboren und hatte in Leiden, damals eine der besten Universitäten Europas, Medizin studiert. Mit Mitte zwanzig kam er nach England.

Mandevilles medizinisches Spezialgebiet waren »hypochondrische und hysterische Krankheiten« – was eine Erklärung für sein mageres Einkommen in einer Epoche sein könnte, in der Krankheiten noch immer sehr real waren. (Die Bedrohung durch die Pest war noch immer in lebhafter Erinnerung, und die Einträge in den Sterberegistern hatten sich seit Graunts Zeit kaum geändert.) Mandevilles ungewöhnliche Spezialisierung jedoch beweist einen gewissen psychologischen Scharfsinn, der in seinem Hauptwerk – dessen vollständiger Titel lautete *The Fable of the Bees, or Private Vices, Publick Benefits* (*Die Bienenfabel oder Private Laster, öffentlicher Nutzen*) – zur vollen Entfaltung kam. Der Text wurde zunächst als in Knittelversen gereimtes Pamphlet mit beigefügten »Anmerkungen« veröffentlicht, in denen Mandeville seine Gedanken erörterte. Er beabsichtigte nicht weniger als eine »Untersuchung über den Ursprung der sittlichen Tugend«. Besser als jeder andere Philosoph seit Machiavelli 200 Jahre zuvor vermochte er zu erklären, wie wir Menschen als soziale Wesen funktionieren.

Mandeville verwendet in seinem Gedicht für die menschliche Gesellschaft das Bild des Bienenstocks und beschreibt, wie dieser prächtig gedeihende Bienenstock durch plötzliche Tugendhaftigkeit verarmt und entvölkert wird. Sobald sich die Bienen selbstlos, maßvoll, uneigennützig und redlich verhalten, beginnt ihre Gesellschaft auseinander zu brechen. Wenn die einzelnen Bienen nicht mehr danach streben, möglichst viel Honig zu sammeln, geht der Bienenstock zugrunde.

Mandevilles wichtigste Einsicht lautet, dass sozialer Fortschritt und Wohlstand nichts mit individueller Tugendhaftigkeit zu tun haben, ganz im Gegenteil. Laster wie Gier, Ehrgeiz und Eitelkeit sind es, die der Gesellschaft Wohlstand bringen. Eigennutz und nicht Selbstlosigkeit dient dem Gemeinnutz.

Diese pessimistische Sicht des menschlichen Verhaltens war ein für jene Epoche notwendiges Korrektiv und führte zu einem besseren Verständnis der gesellschaftlichen Mechanismen. Bis dahin hatte ein tugendhafter Mensch womöglich moralische Bedenken hinsichtlich seiner auf Gewinn ausgerichteten Geschäfte und entdeckte eine gewisse Heuchelei in seinem praktischen Verhalten. Er hätte jedoch nicht genau sagen können, woher dieses Unbehagen kam. Mandeville brachte die Sache auf den Punkt – mit der ganzen Radikalität von

Machiavellis Ratschlägen für einen erfolgreichen Staatsmann. Doch Mandevilles nihilistische Sicht ist nicht die ganze Geschichte. Seine Ansichten über die Tugend waren eng und vom Puritanismus seiner Zeit maßgeblich beeinflusst. Tugendhaftes individuelles Verhalten ist mehr als bloße Selbstbescheidung. Und auch Mandevilles Verständnis des Lasters blieb eng. Schließlich waren nicht alle Bösewichter und gefährlichen Schurken, die in Tyburn am Strick baumelten, heimliche Wohltäter der Menschheit.

Es überrascht nicht, dass Mandevilles moralisch-philosophische These bei wohlanständigen Bürgern und insbesondere bei denjenigen, die Handel trieben, auf Empörung stieß. Im Jahr 1723 verursachte die *Bienenfabel* in der Grafschaft Middlesex (zu der seinerzeit ganz London gehörte) wegen Erregung »öffentlichen Ärgernisses« sogar einen Rechtsstreit. Erst im Rückblick erkennen wir Mandevilles ganze Originalität. Seine Einsichten in die Mechanismen des Marktes waren tiefgründig, wenn auch nicht systematisch. Seiner Ansicht nach bestand keine Notwendigkeit, durch staatliche Regelungen oder individuellen Altruismus in diese Mechanismen einzugreifen. Mandeville war der Erste, der das wirtschaftliche Laisser-faire befürwortete. Er erkannte auch die Bedeutung der »Arbeitsteilung« für die Steigerung der Effizienz, ja er war es, der diesen Begriff prägte. Neben den Vorzügen sah er aber auch die grausamen Nebeneffekte des Laisser-faire. »Um die Gesellschaft glücklich und die Menschen unter den bescheidensten Umständen zufrieden zu machen, ist es erforderlich, dass eine große Anzahl von ihnen nicht nur arm, sondern auch unwissend ist.« Hierin erkannte man einen »machiavellistischen Zug« Mandevilles. Mag sein, aber damit führte Mandeville ein weiteres Schlüsselelement in das ökonomische Denken ein. Was machte man mit den Armen? Mandevilles Verständnis der privaten Laster und sein Hinweis auf das Problem der Armut bringt für viele Nichtökonomen das Grundproblem der Ökonomie zur Sprache, namentlich die Frage der Moral im Wirtschaftsgeschehen. Man kann Mandeville wohl kaum als Vordenker der Moral bezeichnen. Seine Amoralität war unstreitig machiavellistisch geprägt. Doch seine Einsicht in die Moral (private Laster) und deren Ablehnung (im Hinblick auf die Armen) hatte zur Folge, dass von nun an Wirtschaft und Moral unauflöslich miteinander verbunden waren. Ökonomisches Denken hatte die Interessen aller Mitglieder der Gesellschaft zu berücksichtigen, nicht nur »den Staat«, die Herrscher, die Kaufleute oder andere spezifische Interessengruppen. Lange Zeit wusste niemand genau, wie Moral und Wirtschaft miteinander in Einklang zu bringen wären, besonders im Hinblick auf die Armen. Wie konnte man ein für alle gerechtes Wirtschaftssystem schaffen? Spätere Wirtschaftstheoretiker haben diese Frage ignoriert oder sind schlicht an ihr verzweifelt – doch sie war jetzt endlich gestellt. Was Mandeville zusammengedacht hatte, vermochte niemand mehr zu trennen.

Von der Moral zur Mathematik: Am anderen Ende des Spektrums der Ökonomie wurde jetzt eine revolutionäre Entdeckung gemacht. Zum ersten Mal wurde die willkürliche Unordnung der Welt (die Welt der Objekte wie der Menschen) durch ein numerisches Prinzip erfasst. Diese Entdeckung machte ein Mathematiker namens de Moivre, der zur selben Zeit wie Mandeville in London lebte und arbeitete und ihn aller Wahrscheinlichkeit nach auch kennen lernte.

Abraham de Moivre wurde 1667 als Hugenotte (Protestant) in Frankreich geboren. Schon sehr früh zeigte sich seine außerordentliche mathematische Begabung; alle Zukunftshoffnungen wurden jedoch hinfällig, als Ludwig XIV. das Edikt von Nantes widerrief, das den Protestanten die gleichen politischen Rechte wie den Katholiken, der Bevölkerungsmehrheit, garantierte. De Moivre wurde für drei Jahre ins Gefängnis gesteckt und suchte anschließend Zuflucht in England. Trotz seiner genialen Arbeiten fand er dort jedoch keine Stelle an der Universität und war gezwungen, sich als Privatlehrer für Mathematik sein Brot zu verdienen. Die meisten seiner Schüler waren entweder reich, jung und aufsässig, oder sie waren leidenschaftliche Ignoranten reiferen Alters. Als de Moivre Newtons *Principia* entdeckte, soll er die Seiten einzeln aus seiner Ausgabe herausgerissen haben, um sie auswendig zu lernen, während er von einem zum nächsten Unterrichtstermin die Straßen entlangging. Wenn er mit seiner Tätigkeit als Hauslehrer fertig war, suchte er Slaughter's Coffee House auf. Dort verdiente er sich noch ein paar weitere Pence hinzu, indem er Spielern, Versicherungsmaklern und anderen Finanzoperateuren Ratschläge bezüglich ihrer Gewinnchancen erteilte. Die Zusammenhänge zwischen der Wahrscheinlichkeit und dem tatsächlichen Eintreten eines Ereignisses waren noch immer unklar. So konnte man sich Anfang des 18. Jahrhunderts beispielsweise vom britischen Staat eine Lebensrente kaufen. Das war an und für sich nichts Ungewöhnliches – nur dass die Höhe der Einlagen und die Höhe der jährlichen Zahlung unterschiedslos für alle gleich war. Das Alter als relevanter Faktor für die Bemessung der Beiträge und der Rente spielte absolut keine Rolle.

Wie stets waren gewiefte und unabhängige Finanziers dem Staat einen Schritt voraus und berieten sich nur allzu gern mit M'sieur de Moivre in Slaughter's Coffee House. Es war dies die große Zeit der Londoner Kaffeehäuser, in denen Menschen aus den unterschiedlichsten Bevölkerungsschichten zusammenkamen, Gerüchte austauschten und Geschäfte abschlossen. Da es Zeitungen, wie wir sie heute kennen, noch nicht gab, erfuhr man im Kaffeehaus das Neueste über Kriege, geschäftliche Unternehmungen, ja sogar über das Ein- und Auslaufen von Schiffen. Samuel Pepys erwähnt in seinem *Tagebuch*, dass er als Sekretär der Admiralität Lloyd's Coffee House in der Lombard Street aufsuchte, wenn er wissen wollte, welches seiner Schiffe im Hafen von London angekommen war. (Als Kunden in diesem Kaffeehaus begannen, Seeversicherungen zu vermitteln, war dies der Beginn der weltweiten Versicherungsvereinigung, die heute unter dem Namen Lloyd's of London bekannt ist.) Es boomten Handelsaktivitäten aller Art, aber eben auch der neuartige Sektor des Versicherungswesens. Interessenten suchten die Versicherungsmakler in den Kaffeehäusern auf, wo sie Verträge gegen Raubüberfall auf Reisen, Tod durch ein Übermaß an Gin, »Einsturz der Behausung« oder sogar zur »Garantie weiblicher Keuschheit« abschließen konnten. Gegen Zahlung einer bestimmten Prämie war der Verlust bis zu einer bestimmten Höhe abgedeckt. Der Makler zog dann durch die Kaffeehäuser und verkaufte das Risiko an jeden weiter, der bereit war, seinen Namen unter den fertigen Vertrag zu setzen. Auf diese Weise kamen die Einzelversicherer zu ihrem Namen: *Underwriter*. Und diese Leute, die das finanzielle Risiko trugen, konsultierten de Moivre in Sachen Wahrscheinlichkeit.

Obwohl nicht gerade ein Menschenfreund, traf de Moivre bei seinen allabendlichen Besuchen in Slaughter's Coffee House doch so einige der führenden Köpfe seiner Zeit und erwarb sich gleichzeitig eine nicht geringe Berühmtheit als herausragender mathematischer Kopf. In seiner epischen Dichtung *Essay on Man* (*Versuch über den Menschen*) schreibt Alexander Pope, der Dichter par excellence jener Zeit, die Fähigkeit der Spinne, ihr Netz als geometrisches Muster zu weben, sei so »sicher wie De-moivre«. Samuel Johnson war von de Moivre nicht weniger beeindruckt als der Astronom Edmond Halley (nach dem der Halleysche Komet benannt ist). Halley machte de Moivre sogar mit Newton bekannt, der nicht so leicht zu beeindrucken war. Doch als er von einem Kollegen über das Problem der Wahrscheinlichkeit befragt wurde, meinte der große alte Mann der englischen Naturwissenschaft: »Gehen Sie zu Mr. de Moivre, der kennt sich in diesen Dingen besser aus als ich.« Auf Empfehlung solcher Berühmtheiten wurde de Moivre im Alter von erst 30 Jahren zum Mitglied der Royal Society ernannt; fast 40 Jahre später wurde er auch Mitglied der Berliner Akademie der Wissenschaften. Aber er blieb dennoch ein armer Privatlehrer, der im Kaffeehaus gegen ein paar Pence Ratschläge erteilte.

Die Jahrzehnte der kargen Lebensweise forderten schließlich ihren Tribut. Den Siebzigjährigen schilderten die Zeitgenossen als »reif für den Sarg« und als »ein Skelett, nichts als Haut und Knochen«. Als Abraham de Moivre schließlich mit 87 Jahren starb, hinterließ er der Menschheit ein bleibendes Vermächtnis.

De Moivres Verdienst liegt in seinen Erkenntnissen über die Wahrscheinlichkeit, die erstmals 200 Jahre zuvor von Paciolis abgebrochenem Balla-Spiel aufgeworfen worden war. Pascal und Fermat hatten zwar auf Paciolis Überlegungen aufgebaut, aber es war de Moivre, dem der große Durchbruch gelang, der für die Prognose der wirtschaftlichen Entwicklung später eine so große Rolle spielte. De Moivre beschäftigte sich mit dem Problem des Zufalls beim Werfen einer Münze. Man konnte nie mit Bestimmtheit sagen, ob sie auf der Kopf- oder auf der Zahlseite landen würde. Und jeder neue Wurf stand in keinerlei Zusammenhang zu dem vorherigen Wurf. Es hing vollständig vom Zufall ab, auf welcher Seite die Münze landete. Wie oft man die Münze warf, beeinflusste also den Zufall in keiner Weise. Wenn man die Münze 100-mal warf, landete sie wahrscheinlich 50-mal auf der Kopf- und 50-mal auf der Zahlseite – doch das war alles andere als sicher. Bei einem Durchgang betrug das Verhältnis 48 zu 52, ein andermal sogar 41 zu 59. Aber sehr viel öfter war das Verhältnis näher bei 50 zu 50. De Moivre interessierte sich für dieses Rätsel der Wahrscheinlichkeit, aber erst im Jahr 1733 erkannte er, dass diese Serie voneinander vollständig unabhängiger, zufälliger Ereignisse einem regelmäßigen Verteilungsmuster folgte. Die Abweichungen vom Verhältnis 50 zu 50 gehorchten in Umfang und Häufigkeit einem präzisen Muster. Dieses Muster nannte man später die »Normalverteilung«. Sie kann grafisch als Glockenkurve dargestellt werden.

Die Kurve ist wie eine Glocke geformt und beiderseits des Mittelwerts, also 50-mal Kopf und dementsprechend 50-mal Zahl, symmetrisch. In jeder Serie von 100 Würfen wird am häufigsten der Mittelwert 50 zu 50 erzielt, das entspricht dem Scheitelpunkt der Kurve. Am zweithäufigsten tritt das Verhältnis auf, das dem Mittelwert am nächsten ist, nämlich 49-mal Kopf oder 51-mal Kopf. Die Häufigkeit nimmt in dem Maße rapide ab, in dem sich die Anzahl der kopfseitig landenden Münzen vom Mittelwert entfernt, und die Kurve fällt entsprechend steil ab. Sind die größten Abweichungen vom Mittelwert erreicht, pendelt sich die Kurve auf einen sehr niedrigen Wert ein (grafisch dem Rand der Glocke ähnlich). Mit anderen Worten: Die Wahrscheinlichkeit – oder Unwahrscheinlichkeit –, dass die Münze 90-mal auf der Kopfseite landet, ist nahezu ebenso groß wie die Wahrscheinlichkeit, dass sie 80-mal auf der Kopfseite landet. Beide Ereignisse sind wenig wahrscheinlich!

De Moivre entdeckte ein aufschlussreiches Merkmal der Normalverteilung, das er »Standardabweichung« nannte. Er fand heraus,
dass bei einer normalen Verteilung eine bestimmte Anzahl dieser zu-
fälligen Ereignisse stets innerhalb bestimmter Grenzen beiderseits des
Mittelwerts auftritt. Bei einer Serie von 100 Würfen bewegt sich in 68
Prozent der Fälle die Anzahl der kopfseitig landenden Münzen innerhalb einer Standardabweichung vom Mittelwert. Grafisch dargestellt
ist dies die Ausbuchtung der Glocke. De Moivre entdeckte weiterhin,
dass sich in 95 Prozent der Fälle die Anzahl der kopfseitig landenden
Münzen innerhalb von zwei Standardabweichungen bewegt. Aber
was genau waren diese »Standardabweichungen«? De Moivre fand
heraus, dass sich die Standardabweichung bei einer *n*-mal geworfenen
Münze wie folgt errechnen lässt:

$$\sqrt{n} : 2$$

Wenn zum Beispiel eine Münze 100-mal geworfen wird, beträgt die
Standardabweichung:

$$\sqrt{100} : 2 = 10 : 2 = 5$$

Die Standardabweichung beiderseits von 50 beträgt also 5. Bei einer
Serie von 100 Würfen – wenn also eine Münze 100-mal geworfen
wird – wird in 68 Prozent der Fälle die Anzahl der kopfseitig landenden Münzen zwischen 45 und 55 betragen. Zwei Standardabweichungen sind 5 x 2 = 10. Wenn also die Münze in einer Serie von 100
Würfen geworfen wird, liegt in 95 Prozent der Fälle die Kopfseite
zwischen 40- und 60-mal oben.

Dieses Muster beschreibt den Wesenskern des Zufalls, eine Ordnung inmitten der Unordnung. In de Moivres Augen konnte ein solches Wunder – ein solcher unwahrscheinlicher Widerspruch – nur das
Werk Gottes sein. »Jene Ordnung, die sich natürlicherweise aus einem URSPRÜNGLICHEN PLAN ergibt«, muss, so de Moivre, Bestandteil des göttlichen Schöpfungsplans gewesen sein.

Die mathematische Grafik der Glockenkurve gilt heute als Beschreibung des Grundmerkmals des Zufalls. Sie taucht auf, wo immer

das Zufallsprinzip eine Rolle spielt – angefangen vom Werfen einer Münze bis zur Verteilung des IQ bei professionellen Ringern (oder Mathematikprofessoren). Sie manifestiert sich auch physikalisch bei der Abnutzung alter Steinstufen. Auch da, wo Ereignisse zufällig auftreten, konnte man jetzt die Wahrscheinlichkeit dieser Ereignisse vorhersagen. Hier war das Instrument, das für die »politische Arithmetik« benötigt wurde.

Theoretische Erkenntnisse wie die von Mandeville und de Moivre wurden vor allem in Großbritannien formuliert. Hier brachte das 18. Jahrhundert große wissenschaftliche Fortschritte und Aktivitäten im Bereich von Produktion und Handel, durch die sich bereits die industrielle Revolution ankündigte. Doch merkwürdigerweise waren die ersten systematisch arbeitenden ökonomischen Denker in Frankreich beheimatet, das im Handelswesen rückständig war und wo sich nach Laws Debakel die Leute gegenüber Neuerungen wie Papiergeld oder Banken begreiflicherweise skeptisch zeigten. Diese innovativen französischen Denker taten sich in der zweiten Hälfte des 18. Jahrhunderts hervor und wurden unter dem Namen Physiokraten bekannt. Bezeichnenderweise nannten sie selbst sich »économistes«, Ökonomen in dem Sinn, wie wir dieses Wort heute noch verwenden. (Der Begriff »Ökonomie« stammt aus dem altgriechischen *oikonomos*, was so viel bedeutet wie »Führung des Haushalts«.)

Frankreich war zu dieser Zeit noch immer größtenteils ein agrarisches Land unter der zentralistischen autokratischen Führung Ludwigs XV. in Versailles. (John Laws Freund, der vornehme Lebemann und Regent Philipp II., hatte gerade so lange gelebt, um Ludwig dem XV. nach dessen Mündigkeit im Februar 1723 ein ruiniertes Land zu übergeben.) Frankreich befand sich in einer Phase nervöser Stagnation. Die Denker der Aufklärung wie Voltaire und Rousseau propagierten ihre liberalen Ideen, waren aber nicht in der Lage, aktiv einzugreifen. Viele begannen über den Aufbau und die Situation des Landes nachzudenken. Doch es war gerade die Stagnation, die Einfachheit der agrarischen Wirtschaftsverfassung, die Frankreich zum idealen Aus-

gangspunkt für die Forschungen der ersten systematischen Wirt-
schaftsanalytiker machte.

Der führende physiokratische Denker war der 1694 in Paris geborene François Quesnay. Seine Vorfahren waren arm gewesen, doch
François' Vater machte als kleiner Kaufmann genug Gewinn, um seiner Familie gewisse Annehmlichkeiten zu gewährleisten. Trotzdem erhielt der kleine François keine frühzeitige Schulbildung und konnte
bis zum zehnten Lebensjahr weder lesen noch schreiben. Seine spätere
Begeisterung für Medizin verband sich mit einem angeborenen Gespür für die Nöte eines Patienten. Seine außergewöhnlichen Fähigkeiten als Arzt wurden getragen von einem festen Glauben an die natürliche Kraft des Körpers, zu gesunden. Die medizinische Praxis wurde
noch immer von Quacksalbern bestimmt, die Blutegel ansetzten und
Aufgüsse verabreichten. Daher war Quesnays Nichteinmischungstak-
tik rasch von außergewöhnlichem Erfolg gekrönt – vermutlich dem
Grundsatz folgend »Weniger ist mehr«. Im Jahr 1749 wurde er zum
Leibarzt Madame Pompadours ernannt, der einflussreichen und viel-
seitig begabten Mätresse Ludwigs XV. Quesnay zog nach Versailles,
und drei Jahr später gelang es ihm, den Dauphin (Thronerben) von einer lebensbedrohlichen Pockenerkrankung zu heilen. Zum Dank erhielt Quesnay einen Titel und ein Landgut, dessen Verwaltung ihn offenbar zu Gedanken über die Staatsführung anregte. Im Alter von 60
Jahren begann er, das systematische wissenschaftliche Verständnis,
das er in der Medizin erlangt hatte, auf den Forschungsgegenstand
»Staat« anzuwenden. Das Ergebnis war ein Werk, dessen Grundkon-
zeption bis heute von Bedeutung ist.

Physiokratische Ideen sind eine eigentümliche Mischung aus fort-
schrittlichem und archaischem Denken. Im Mittelpunkt steht die Auffassung wirtschaftlicher und individueller Freiheit, allerdings zuge-
schnitten auf ein Land mit starren, unveränderlichen Strukturen.
Quesnays Denken enthält drei grundlegende Konzepte. Erstens: Der
gesellschaftlichen und wirtschaftlichen Ordnung liegt ein Naturgesetz
(*droit naturel*) zugrunde, das vorgegeben und in vielfacher Hinsicht
mit der göttlichen Vorsehung identisch ist. Gleichzeitig existiert je-

doch ein subtiler und komplizierter sozialer Mechanismus, der in allen Dingen am Werk ist. Der Schutz des Lebens und des Eigentums stehen mit dem Naturgesetz ebenso im Einklang wie die Freiheit, zu kaufen und zu verkaufen. Wenn man dem Handel auch weiterhin seinen freien Lauf lässt, vollzieht sich das Naturgesetz. Damit können sich die Dinge in der ihnen entsprechenden Art und Weise optimal entwickeln. Selbst eine derart vage Konzeption enthält allerdings einen Zirkelschluss: Was innerhalb des Marktes geschieht, ist für den Markt am besten; was am besten für den Markt ist, vollzieht sich innerhalb des Marktgeschehens.

Doch dieser Zirkelschluss bereitete Quesnay durchaus kein Kopfzerbrechen. Die Stagnation in Frankreich verleitete ihn zur Annahme eines wirtschaftlichen Gleichgewichts, was bedeutete, dass der Markt sich aller Wahrscheinlichkeit nach kaum je in dramatischer Weise verändern würde. (Diese Annahme hatte verheerende Folgen für die nachfolgenden Wirtschaftstheoretiker, die gedankenlos von denselben Grundannahmen ausgingen, während sie versuchten, sich neu entwickelnde Wirtschaftssysteme zu regulieren.)

Quesnay zufolge war es das Beste für den Markt, wenn man sich nicht einmischte. Dieser Gedanke bildet die Grundlage seines zweiten Grundkonzepts des Laisser-faire, das im ökonomischen Denken bis zum heutigen Tag eine zentrale Rolle spielt. Quesnays Laisser-faire, das eng mit seiner Idee des Naturrechts verknüpft ist, hatte konkrete theologische Implikationen. Moderne Verfechter argumentieren nicht nur weniger absolut, sie erachten auch die Wettbewerbskräfte des Marktes für wenig besser als staatliche Regulierungen. Der Markt selbst wird als die ultimative Kraft angesehen, nicht Gott (obwohl man mit einem gewissen Scharfsinn erkennt, dass damit weder der Zirkelschluss noch der Glaube an eine unaufhebbare Vorsehung ausgeschlossen sind).

Wie wir geschen haben, hatte bereits Mandeville für ein ähnliches Konzept wie Quesnays Laisser-faire plädiert. Doch es war Quesnay, der diesen Gedanken erstmals ausdrücklich formulierte und zum Kernpunkt einer systematischen Konzeption machte. Quesnays Befürwortung des Laisser-faire stand in scharfem Widerspruch zu dem locker gefügten Denkgebäude des Merkantilismus, das noch immer Gültigkeit besaß. Die Merkantilisten waren überzeugt davon, der Markt müsse reguliert werden, um die Interessen der einheimischen Kaufleute zu wahren und zu befördern. Gegen ausländische Importe wurden Schutzmaßnahmen gefordert. Der Markt wurde zugunsten der Kaufmannsgilden reguliert, die die professionellen Standards wahrten. Die Physiokraten dagegen argumentierten, solche Beschränkungen verstießen gegen das Naturprinzip, das dem Handel zugrunde liegt. Solche Beschränkungen förderten, so der Vorwurf, auch monopolistische Tendenzen und erwiesen sich als kurzsichtig gegenüber den Interessen der Kaufleute. Laisser-faire würde es tüchtigen Kaufleuten ermöglichen, in nie da gewesener Weise zu prosperieren.

Die Merkantilisten glaubten auch, Grundlage für den Reichtum einer Nation seien ihre Goldvorräte – was auf einen Kaufmann bezogen absolut plausibel war. Doch in einer vorwiegend agrarisch orientierten Wirtschaft betrachtete ein Grundbesitzer eben nur den Grund und Boden, der ihm gehörte, als seinen Reichtum. Genau das war die Sicht der Physiokraten – und dies war ihr drittes Grundkonzept. Quesnay zufolge ist »... die Landwirtschaft die Quelle allen Reichtums des Staates und des Reichtums seiner Bewohner«. Andere Gewerbe – wie das der Kaufleute und Händler – änderten daran nichts.

Diese bäuerliche Sicht des Handels fand auch in dem dreiteiligen physiokratischen Gesellschaftsmodell ihren Niederschlag. Ganz oben standen die Grundbesitzer, die für die landwirtschaftliche Produktion verantwortlich waren. Dann kam die »produktive Klasse« der Pächter, die die Felder bewirtschafteten. Hatte man ihnen genügend Geld für ihren Lebensunterhalt bezahlt, ging das verbleibende Geld an die Grundbesitzer. Es wurde zur Finanzierung der weiteren landwirtschaftlichen Produktion verwendet: für das Saatgut des folgenden Jahres und anderes mehr. Quesnay war gegen die Akkumulation von Reichtum in Form von Ersparnissen, die er für absolut unproduktiv hielt. Das ungenutzte Gold, der Reichtum der Kaufleute, betrachtete er sogar als schädlich für die Produktion.

Ganz unten stand die dritte Klasse, zu der Gewerbetreibende wie Kaufleute, Händler, Handwerker etc. gehörten. Diese Gewerbe wurden in den Städten betrieben und nicht auf dem Land, wo das Naturrecht deutlicher sichtbar herrschte. (»Physiokratie« bedeutet übrigens wörtlich »Herrschaft der Natur«.) Quesnay zufolge trugen diese städtischen Gewerbe absolut nichts zur Vermehrung des nationalen Reichtums bei. Er ging sogar so weit, sie als »sterile Klasse« zu bezeichnen (für einen Franzosen keine geringe Beleidigung). Die Aktivitäten dieser Klasse, so Quesnay, seien von sekundärer Bedeutung. Denn bevor es beispielsweise mehr Kleidermacher geben konnte, musste man mehr Schafe zur Verfügung haben. Diese geradezu feindselige Sicht von den Stadtbewohnern und ihrem Gewerbe brachte Quesnay in Verlegenheit, wenn es um die Erhebung der leidigen Steuern ging. Die Steuern sollten seinen Vorstellungen nach selbstverständlich auf ein Minimum beschränkt bleiben. Und da dem Standpunkt des Laisser-faire zufolge sich der Staat damit bescheiden sollte, Gesetz und Ordnung zu wahren und das Land zu verteidigen, war dessen Bedarf an Einkünften auch dementsprechend gering. Trotzdem konnte man den Grundbesitzern nicht die ganze Steuerlast aufbürden. Aber wer war sonst noch da? Der »produktiven Klasse« der Bauern war nicht zuzumuten, Steuern zu zahlen. Sie selbst hatten ja nicht genügend Geld. Und wenn man ihnen tatsächlich mehr zahlte, damit sie Steuern entrichten konnten, wurden die Grundbesitzer praktisch zweimal zur Kasse gebeten – eine undenkbare Situation. Blieb noch die dritte Klasse der städtischen Gewerbetreibenden. Diese verachtete Gruppe erzeugte keinen Reichtum (wie Quesnay so überzeugend dargelegt hatte) – wie konnte man dann erwarten, dass sie Steuern zahlten? Die Physiokraten hatten sich selbst eine Falle gestellt, und es gelang ihnen nie, das Problem zufrieden stellend zu lösen.

Eine genauere Untersuchung von Quesnays Ideen zeigt die starken persönlichen Bezüge seines Denkens. Er beschäftigte sich erst im späten Alter mit Ökonomie, nachdem er ein Leben lang als Arzt tätig gewesen war. Sein Rezept für die Wirtschaft weist verblüffende Ähnlichkeiten mit seiner Behandlungsstrategie gegenüber dem Patienten auf.

Die Berufung auf das Naturrecht spiegelt seine Überzeugung von den Selbstheilungskräften des menschlichen Körpers, Laisser-faire seine Therapie des »Hände weg«. Und seine ausgeprägte Feindseligkeit gegenüber den Kaufleuten? Man wird das Gefühl nicht los, dass der Erfolg seines Vaters als Kleinhändler und womöglich dessen Laisser-faire-Einstellung gegenüber der Erziehung und Bildung seines Sohnes etwas damit zu tun hatten. Ein französischer Psychologe vermutete noch tiefschürfender, Quesnays Zuweisung seines Vaters zur sterilen Klasse enthalte implizit den Verweis, der junge Quesnay habe geglaubt, er sei ein uneheliches Kind.

Wie auch immer, es war Quesnays rationale Fähigkeit zur Erkenntnis eines Gesamtplans, die sich als produktiv erweisen sollte. Die Physiokraten vertraten eine kuriose Mischung aus Liberalismus (Laisser-faire) und Feudalismus (Klassensystem). Und doch dachten sie erstmals systematisch über die damit verbundenen Probleme nach, und einige der Konzepte, die sie hierbei entwickelten, blieben grundlegend für das ökonomische Denken. Der bemerkenswerteste Grundsatz war, wie gesagt, das Laisser-faire – die ersten Überlegungen darüber, wie es funktionieren und welche Vorteile es haben könnte.

In der Nachfolge Quesnays standen mehrere begabte Physiokraten. Am einflussreichsten unter ihnen war der Staatsmann Pierre Samuel du Pont de Nemours, der unter dem Titel *La Physiocratie* eine Sammlung von Quesnays Schriften herausbrachte. Hier wurde diese Bezeichnung erstmals verwendet. Die zentrale These lautet, dass aller Reichtum »aus dem Boden« komme. Du Pont verfasste später die erste Wirtschaftsgeschichte, noch bevor diese überhaupt so recht begonnen hatte. Die Franzosen halten ihn auch für den ersten Wirtschaftstheoretiker, der seine Ideen in die politische Praxis umsetzte (die nationale Gedächtnislücke bezüglich John Law ist nur allzu gut verständlich). Du Pont war verantwortlich für das Freihandelsabkommen zwischen Frankreich und Großbritannien im Jahr 1783. Als Mitglied der Regierung Ludwigs XVI. war Du Pont ein treuer Royalist, aber auch ein entschiedener Befürworter von Reformen. Als 1789 die Französische Revolution ausbrach, geriet er prompt in die Zwickmühle. Ein paar schwierige Jahre lang lavierte er sich durch und gab den Revolutionären Ratschläge in Fragen der Ökonomie, am Ende aber war er gezwungen, sich versteckt zu halten. Dennoch wurde er zur Zeit der Schreckensherrschaft inhaftiert, kam aber durch Glück mit dem Leben davon. 1799 wanderte er mit seinem Sohn Eleuthère, der ein Schüler Lavoisiers, des Begründers der modernen Chemie, gewesen war, nach Amerika aus. Zwei Jahre später nutzte Eleuthère seine naturwissenschaftlichen Kenntnisse zur Gründung einer Schießpulverfabrik in Brandywine Creek unweit von Wilmington, Delaware. Das war der Beginn des amerikanischen Chemieunternehmens du Pont, das später zu einem der größten Konzerne des Landes wurde. Im Unterschied zu ähnlichen Unternehmen, die im 19. Jahrhundert von Rockefeller und J. P. Morgan gegründet wurden, blieb du Pont mehr als 150 Jahre lang in Familienbesitz. Die du Ponts, die Rockefellers und die Morgans machten ihr Glück auf einem Markt, der einen physiokratischen Mangel an Beschränkung und Regulierung aufwies. Ihre Aktivitäten im Öl-, Chemie- und Eisenbahngeschäft könnte man vereinfachend als Profit »aus dem Boden« bezeichnen. Und ihre Verachtung für die »sterile Klasse« (ihre Angestellten) stand sichtlich im Einklang mit den Vorstellungen der Physiokraten. Die Frage ist allerdings, ob die bahnbrechenden französischen Denker die amerikanischen Räuberbarone tatsächlich als die wahren Erben ihres Systems betrachtet hätten.

4
Der Gründervater

Adam Smith

Adam Smith gilt als der Gründervater der klassischen Ökonomie. Sein Hauptwerk trägt den Titel *An Inquiry into the Nature and Causes of the Wealth of Nations (Der Wohlstand der Nationen. Eine Untersuchung seiner Natur und seiner Ursachen)*. Smith analysiert darin die wirtschaftlichen Antriebskräfte und die gesellschaftlichen Strukturen, die die Funktionsweise des Handels bestimmen. Damit hat er unser Verständnis der wirtschaftlichen Welt, in der wir heute leben, entscheidend geprägt.

Über Adam Smiths Privatleben ist wenig bekannt – wohl aus dem einfachen Grund, weil er keines hatte. Anders gesagt, er führte eine vorwiegend geistige Existenz. Sein schottischer Landsmann und Freund, der Philosoph David Hume, beschreibt ihn in einem Empfehlungsbrief folgendermaßen:»Sie werden in ihm einen wahrhaft verdienstvollen Mann finden, wenngleich seine sesshafte, zurückgezogene Lebensweise sein Auftreten und Erscheinungsbild als Mann von Welt getrübt hat.« Smiths Geistesabwesenheit ist sprichwörtlich. In Anekdoten wird berichtet, dass er mit einem Kanten trockenen Brots Tee bereiten wollte oder dass er stundenlang in Gedanken versunken an einer Straßenecke stand und stirnrunzelnd in den Himmel starrte. Seine Wahrnehmung der Welt, in der er so zurückgezogen lebte, zeugte jedoch von außergewöhnlicher Scharfsicht, und er besaß geradezu enzyklopädische Kenntnisse. Sein genauer Blick auf das Verhalten des Individuums und der Gesellschaft machte ihn zu einem Vorläufer der modernen Psychologie. Er zog sich nicht aus der Welt zurück, vielmehr trat er einen Schritt zurück, um sie genauer studieren zu können.

Adam Smith wurde 1723 in Kirkcaldy geboren, damals ein kleines Fischerdorf am Firth of Forth. (Fünfzig Jahre zuvor war John Law auf der anderen Seite der Flussmündung aufgewachsen.) Smiths Vater war Zollkontrolleur im Bezirk Kirkcaldy und zeitgenössischen Schilderungen zufolge ein sehr viel »begabterer Kopf«, als es dieser vergleichsweise unbedeutende Posten erforderte. Er starb wenige Monate vor der Geburt seines berühmten Sohnes (ein außergewöhnlicher Umstand, den Smith mit Isaac Newton teilte). An der engen Beziehung zu seiner Mutter, Tochter eines Großgrundbesitzers jener Gegend, hielt er lebenslang fest. Er blieb unverheiratet, und ob er mit Angehörigen des einen oder anderen Geschlechts überhaupt jemals intime Beziehungen hatte, ist fraglich.

Mit 14 Jahren ging Smith an die Universität Glasgow – damals nicht viel mehr als eine Sekundarschule. Hier jedoch war er Zeuge des geistigen Aufbruchs der so genannten schottischen Aufklärung, die Edinburgh und Glasgow zu wissenschaftlichen Zentren fast vom Range Londons machte. An der Universität Glasgow übte besonders Francis Hutcheson auf Smith großen Einfluss aus. Hutcheson war nicht nur ein charismatischer Lehrer, sondern auch ein bemerkenswerter Philosoph und der erste Professor, der seine Vorlesungen nicht in Latein hielt, sondern in der Sprache seiner Zuhörer. Er war ein Mann von vergleichsweise aufgeklärten moralischen und politischen Ansichten. Von ihm stammt der berühmte Satz vom »größten Glück der größten Zahl« – eine Vorstellung, die für die Moralphilosophie des Utilitarismus im 18. Jahrhundert eine entscheidende Rolle spielte. Hutcheson war davon überzeugt, dass dem Menschen ein sittliches Urteilsvermögen (»moral sense«) angeboren sei, vergleichbar den äußeren Sinnesorganen wie Seh- und Tastsinn. Erst aufgrund dieses »moral sense« sei der Mensch in der Lage, seine natürlichen Instinkte zu zügeln. Zwar stimmte Smith bereits in jungen Jahren nicht in allem mit seinem Lehrer überein, aber er gelangte auch zu der Erkenntnis, dass es auf derartige Fragen keine einfachen Antworten gibt. Die gängigen religiösen und metaphysischen Erklärungen blieben unzureichend, wenn es um die Psychologie des konkreten Verhaltens ging.

1740 erhielt Smith ein Stipendium für die Universität Oxford. Der siebzehnjährige Student legte den 600 Kilometer langen Weg zu Pferde zurück und schrieb sich im Balliol College ein, das damals bereits fast 500 Jahre alt und eines der angesehensten Colleges von Oxford war. Aber zu Smiths tiefer Enttäuschung herrschte hier eine hoffnungslos rückständige geistige Atmosphäre. Im Unterschied zu seinen brillanten und anregenden Lehrern in Glasgow hatten es die Professoren in Oxford »schon seit Jahren aufgegeben, auch nur den Schein zu wahren, dass sie ihren Lehrverpflichtungen nachkommen«. Die Professoren wurden unabhängig davon bezahlt, ob sie Vorlesungen hielten oder nicht, und wissenschaftlicher Unterricht wurde so gut wie gar nicht erteilt. Noch schwerer wogen die bei den Kommilitonen und Behörden herrschenden »antischottischen« Vorurteile. Die Situation spitzte sich während des Jakobitenaufstands 1745 weiter zu, als die schottischen Rebellen in England einmarschierten und 300 Kilometer weit nach Süden bis Derby vordrangen, bevor sie umkehren mussten, weil niemand kam, der gegen sie kämpfte.

In Oxford knüpfte Smith nur wenige Freundschaften und widmete sich, immer wieder unterbrochen von Perioden der Krankheit und der körperlichen Erschöpfung, vor allem dem Selbststudium. In den regelmäßigen Briefen an seine Mutter klagte er über »einen hartnäckigen Skorbut mit einem Zittern des Kopfes«. Seine Mutter riet ihm, Teerwasser zu trinken, das der irische Philosoph Berkeley in seinem neuesten Pamphlet als Allheilmittel gepriesen hatte. (Berkeleys Begeisterung für diese harmlose Tinktur war so groß, dass seine Beschäftigung mit Philosophie gegenüber seinem Werbefeldzug für die wunderbare Heilkraft dieses Mittels ins Hintertreffen geriet.) Die Kur blieb ohne Wirkung. Smith litt für den Rest seines Lebens an »Kopfzittern«. Mit seiner Gesundheit stand es offenbar nie besonders gut. Er lebte zurückgezogen, ohne einen gesunden körperlichen Ausgleich, und las enorm viel. Den Hütern der Orthodoxie war dies verdächtig, und als herauskam, dass er sich mit Humes *Treatise of Human Nature* (*Traktat über die menschliche Natur*) beschäftigte, wäre er beinahe von der Universität verwiesen worden. Dieses Werk war der Philosophie, die in Oxford gelehrt wurde, Jahrhunderte voraus und enthielt zahlreiche neue und geradezu subversive Ideen. Hume zufolge beruhte wahres Wissen einzig auf Erfahrung. Seine Ansicht, dass in einer empirischen Betrachtung der Welt für Metaphysik kein Platz sei, war für Smith von prägendem Einfluss. Nur mit einer streng wissenschaftlichen Grundhaltung also konnte die Welt erklärt werden. Humes Ansatz bildete für Smith den methodischen Ausgangspunkt.

1746 kehrte Smith zu seiner Mutter nach Kirkcaldy zurück, wo er »sommers wie winters im Firth of Forth badete« – zu jener Zeit eine durchaus ungewöhnliche Gepflogenheit. Smiths Biograf Ian Simpson Ross zufolge tat er dies aus gesundheitlichen Gründen und nicht etwa, weil er ein Exzentriker gewesen wäre. Eiskaltes Meereswasser erreichte offensichtlich jene Körperteile, die vom Teerwasser unberührt blieben, denn Smith badete auch später im Meer, sooft er sich in Kirkcaldy aufhielt. Wenn er nicht gerade den Einheimischen dieses Spektakel bot, bemühte er sich – vergeblich – darum, eine Stelle zu finden. Schließlich ließ seine Mutter ihre familiären Verbindungen spielen, und Smith durfte eine öffentliche Vorlesungsreihe in Edinburgh halten. Seine Vorlesungen begannen immer etwas zögerlich, doch bald schon ließ er sich von seinen eigenen Gedanken forttragen und fixierte stundenlang mit konzentrierter Begeisterung die Zimmerdecke. Trotz dieser scheinbaren Gleichgültigkeit gegenüber seinen Zuhörern erregten seine Vorträge wachsende Aufmerksamkeit. Seine Themen reichten von Literatur und Jurisprudenz bis hin zu philosophischen Problemen, über die er mit außerordentlicher Gelehrsamkeit sprach. Hier war jemand, der alles zu wissen schien, was aber noch verblüffender war: Er hatte sich offenbar seine eigenen Gedanken darüber gemacht. Im ungewöhnlich frühen Alter von 27 Jahren erhielt Smith den Lehrstuhl für Logik an seiner alten Universität Glasgow. Ein Jahr später wurde er Professor für Moralphilosophie. (Trotz Smiths wärmster Empfehlung erhielt Hume nicht den vakanten Lehrstuhl für Logik.) Zu jener Zeit gehörten zur Moralphilosophie die Disziplinen Theologie und Ethik, politische Ökonomie und Jurisprudenz. Smith war in seinem Element.

Seine Weltfremdheit schien so gar nicht zum Realismus seiner gesellschaftlichen und philosophischen Anschauungen zu passen. Das 18. Jahrhundert war eine Epoche des Fortschritts, aber auch des brutalen Elends und der sozialen Ungerechtigkeit. Für Smith war diese Welt ein geistiges Rätsel, das zu lösen eine geradezu moralische Verpflichtung darstellte. Die Menschheit, so Smith, könne sich erst dann von ihren Fesseln befreien, wenn sie erkannt habe, auf welche Weise sie gefesselt war. Fortschritt und Aufklärung schienen unauflöslich miteinander verknüpft – aber auf welche Weise genau?

Smith begann seine Vorlesung um 7:30 Uhr früh (im schottischen Winter war es zu dieser Zeit noch stockdunkel). Nachmittags las und schrieb er. Zu seinen Verpflichtungen als Professor gehörten gelegentlich auch Verwaltungsaufgaben an der Universität, für die er allerdings absolut ungeeignet war. Der Mann, der die komplizierte Funktionsweise des internationalen Handels durchschaute, war außerstande, die allereinfachsten Abläufe zu handhaben. Sogar sein Pferd wäre verhungert, wenn nicht ein Freund Futter besorgt hätte.

An den Abenden, an denen Smith keine Vorlesungen hielt, mischte er sich unter die Glasgower Gesellschaft. Die schottische Aufklärung unter den Bedingungen provinzieller Enge war für Smith eine anregende Mischung. Literarische, wissenschaftliche und aristokratische Kreise vermischten sich hier mit den Angehörigen freier Berufe. Seit der Vereinigung mit England 50 Jahre zuvor beteiligten sich schottische Kaufleute erfolgreich am kolonialen Handel insbesondere mit den Tabakplantagen Virginias, und schon bald entwickelte sich Glasgow zu einer blühenden Hafenstadt. Die »Tabaklords« mit ihren scharlachroten Mänteln, gepuderten Perücken und Spazierstöcken mit goldenem Knauf trafen sich hier mit den führenden Intellektuellen Schottlands. Zu ihnen gehörte Joseph Black, der noch vor Lavoisier das Kohlendioxid entdeckt hatte; James Watt, der Erfinder der Dampfmaschine; der Philosoph David Hume; Samuel Johnsons Biograf James Boswell sowie der Kaufmann Andrew Cochrane, der den weltweit ersten Club für Politische Ökonomie gründete. Die Gesprächsthemen reichten vom Handel mit Amerika bis zur ersten modernen Geschichte Englands, an der Hume schrieb, und von der Philosophie bis zu den aktuellen Parlamentsdebatten. Hume lebte mit kurzen Unterbrechungen im etwa 60 Kilometer entfernten Edinburgh, doch er und Smith wurden bald enge Freunde und Briefpartner. Sie waren sich keineswegs immer einig, tauschten ihre Argumente jedoch mit Leidenschaft und Esprit aus, wie man es von zwei derart unabhängigen Denkern erwarten durfte. Bedauerlicherweise sind nur wenige ihrer Briefe erhalten. Wie Hume es mit der für ihn typischen Ironie ausdrückte: »Ich bin überzeugt, dass du mit vielen deiner Spekulationen falsch liegst, insbesondere dann, wenn du das Missgeschick hast, nicht mit mir übereinzustimmen.« Sie waren beide viel zu sehr beschäftigt, um sich mit Weitschweifigkeiten und Umständlichkeiten aufzuhalten. Hume schrieb an seiner Geschichte (pro Jahr behandelte er ein Jahrhundert) und Smith an seinem ersten großen Werk.

Die *Theory of Moral Sentiments* (*Theorie der ethischen Gefühle*) beschäftigt sich mit der Natur des Individuums, bereitet aber Smiths spätere Werke vor, deren Untersuchungsgegenstand auf einer umfassenderen gesellschaftlichen Ebene angesiedelt ist – auf einer Ebene der kollektiven Teilhabe des Individuums an der wirtschaftlichen Entwicklung. Die *Theorie der ethischen Gefühle* behandelt zwei zentrale Probleme der Ethik: »Worin besteht die Tugend?« und »Wie kommt es und woher kommt es, dass die Seele die eine Art des Verhaltens einer anderen vorzieht?« Nach Smiths ausführlicher und oftmals weitschweifiger Argumentation existiert in jedem Individuum ein »innerer Mensch«, der als »unparteiischer Zuschauer« seines Handelns agiert. Die Beurteilung unseres Handelns durch diesen inneren Zuschauer können wir unmöglich ignorieren. Bestenfalls lässt sich seine Stimme in Frage stellen, völlig überhören kann man sie nie. Smith erläutert hier die Stimme des Gewissens – das spontane Schuldgefühl, das wir empfinden, wenn wir etwas getan haben, was wir für falsch erachten –, und untersucht diese Widersprüchlichkeit der menschlichen Natur, diesen Konflikt zweier widerstreitender Elemente. Der Mensch könne von Gewissensbissen derart überwältigt werden, dass er zum Selbst-

mord bereit sei, ohne jede Verurteilung von außen. Smiths Bild des
»inneren Menschen« ist nicht nur genial, sondern auch von geradezu
unheimlicher visionärer Kraft. Wir erkennen darin unschwer eine
Vorwegnahme von Freuds erst 150 Jahre später formulierter Instanz
des Über-Ich, das die Instinkte zum allgemeinen Nutzen der Gesellschaft reglementiert.

Die *Theorie der ethischen Gefühle* ist zwar kein Werk über Ökonomie, aber sie führt erstmals jenen Gedanken ein, der Smith unverges-
sen machte. Es lohnt sich, diese Stelle zu zitieren:

Es ist vergebens, dass der stolze und gefühllose Grundherr seinen Blick über
seine ausgedehnten Felder schweifen lässt und ohne einen Gedanken an die
Bedürfnisse seiner Brüder in seiner Fantasie die ganze Ernte, die auf diesen
Feldern wächst, selbst verzehrt ... Das Fassungsvermögen seines Magens steht
in keinem Verhältnis zu der maßlosen Größe seiner Begierden, ja sein Magen
wird nicht mehr aufnehmen können als der des geringsten Bauern. Den Rest
muss er unter diejenigen verteilen, die auf das Sorgsamste das Wenige zube-
reiten, das er braucht ... Nur dass die Reichen aus dem ganzen Haufen dasje-
nige auswählen, was das Kostbarste und ihnen Angenehmste ist. Sie verzeh-
ren wenig mehr als die Armen; trotz ihrer natürlichen Selbstsucht und
Raubgier und obwohl sie nur ihre eigene Bequemlichkeit im Auge haben, obwohl der einzige Zweck, welchen sie durch Arbeit all der Tausende, die sie
beschäftigen, erreichen wollen, die Befriedigung ihrer eigenen eitlen und unersättlichen Begierden ist, trotzdem teilen sie doch mit den Armen den Ertrag
aller Verbesserungen, die sie in der Landwirtschaft einführen. Von einer unsichtbaren Hand [»invisible hand«] werden sie dahingeführt, beinahe die gleiche Verteilung der zum Leben notwendigen Güter zu verwirklichen, die zustande gekommen wäre, wenn die Erde zu gleichen Teilen unter alle ihre
Bewohner verteilt worden wäre; und so fördern sie, ohne es zu beabsichtigen,
ja ohne es zu wissen, das Interesse der Gesellschaft.

Die Ökonomie hat hier ihre Stimme und mit der »unsichtbaren
Hand« auch ihr Leitprinzip gefunden. Doch das lässt sich nur im
Rückblick erkennen. In der *Theorie der ethischen Gefühle* konzen-
trierte sich Smith noch darauf zu ergründen, wie die gesellschaftlichen
Kräfte auf das Individuum einwirken, die größeren Zusammenhänge
standen noch nicht im Zentrum seines Denkens.

Adam Smiths erstes Hauptwerk erschien Anfang 1759. Hume, dessen großer *Treatise of Human Nature* 20 Jahre zuvor erschienen und kaum öffentlich wahrgenommen worden war, ermahnte den Freund, sich auf ein ähnliches Schicksal gefasst zu machen, da ein wahrer Philosoph seine Hoffnungen stets enttäuscht sehe. Noch im selben Monat jedoch konnte Hume seinem Freund aus London einen humorvollen Trostbrief schreiben, in dem er über den großen Erfolg des Buches berichtet:

Ich nehme an ... du hast dich schon auf das Schlimmste gefasst gemacht ... ich überbringe dir jetzt die traurige Nachricht, dass dein Buch sehr zu bedauern ist: Denn die Öffentlichkeit scheint geneigt zu sein, es außerordentlich gut aufzunehmen. Die närrischen Leute sind ganz ungeduldig, es zu lesen: Und der Mob der Literati singt bereits lauthals sein Lob.

Adam Smith war berühmt, sein Buch über Nacht zur Sensation geworden.

***

Zu denen, die Smiths Buch lasen, gehörte auch der Staatsmann Charles Townshend. Dessen außergewöhnlicher Scharfsinn in Finanzangelegenheiten war gepaart mit mangelndem politischem Sachverstand. Als Finanzminister löste er fast im Alleingang die Amerikanische Revolution aus: Seine Besteuerungspolitik führte zur Boston Tea Party, als Bostoner die Teeladung eines Schiffes ins Wasser kippten. Doch Townshends finanzieller Instinkt gewährleistete immerhin die Ordnung seines Privatlebens. Er heiratete die Witwe des Herzogs von Buccleuth und verband sich dadurch mit einer der reichsten und einflussreichsten Familien Schottlands. Townshend war von der *Theorie der ethischen Gefühle* derart beeindruckt, dass er Smith anbot, Privatlehrer seines halbwüchsigen Stiefsohns, des neuen Herzogs von Buccleuth, zu werden. Die Bedingungen waren äußerst großzügig: 300 Pfund jährlich aus der Tätigkeit als Privatlehrer, danach eine jährliche Leibrente von 300 Pfund. (Als Professor in Glasgow verdiente Smith gerade einmal 200 Pfund im Jahr.) Im Alter von 40 Jahren gab Smith daher seinen Lehrstuhl auf und machte sich mit seinem jugendlichen Schützling auf die damals übliche Bildungsreise durch Europa. Während dieser Zeit saß Smith über ein Jahr lang in Toulouse fest. Sein Französisch war katastrophal, und die dortige Provinzgesellschaft fand er sterbenslangweilig. Im schwülen Monat Juli 1764 schrieb Smith an Hume:»Ich habe angefangen ein Buch zu schreiben, um mir die Zeit zu vertreiben.« Es handelte sich um den Anfang von Smiths bedeutendstem Werk, das erst zwölf Jahre später vollendet sein sollte. Die Fülle von Bezugnahmen auf andere Länder verdankte sich in großem Maße den Erfahrungen, die er auf seiner Reise durch Europa gesammelt hatte.

Im Anschluss an ihren Aufenthalt in Toulouse reisten Smith und sein aristokratischer Schüler (dem sich inzwischen dessen jüngerer Bruder angeschlossen hatte) weiter nach Genf. Hier machte Smith die Bekanntschaft Voltaires, des damals berühmtesten Schriftstellers Europas. Voltaire»kultivierte seinen Garten« in Ferney, seinem Landsitz über dem Genfer See. Sein aufgeklärter Geist und seine liberalen Ideen hatten ihn mit dem despotischen Ancien Régime Frankreichs in einen Dauerkonflikt gebracht und führten auch zu gelegentlichen Reibereien mit den schweizerischen Behörden. Um solchen Schwierigkeiten aus dem Weg zu gehen, hatte er sich auf ein Anwesen zurückgezogen, das sich beiderseits der schweizerisch-französischen Grenze erstreckte, sodass er sich der Rechtsprechung der jeweils beleidigten Seite rasch entziehen konnte. Smith erkannte auf Anhieb, dass Voltaire mehr war als nur ein provokativer kluger Schriftsteller. Sie trafen»fünf- oder sechsmal« zusammen, unterhielten sich ausführlich und wurden gute Freunde. Doch genau wie im Falle Humes sind der genaue Inhalt und die Art dieser Gespräche, die sie so füreinander einnahmen, der Nachwelt unbekannt. Wir wissen nur, dass Voltaire wie üblich äußerte, die englische Küche verfüge nur über eine einzige Soße, nämlich geschmolzene Butter. Später sagte Smith über Voltaire:»Die Vernunft verdankt ihm unendlich viel.« Unter ihrer Herrschaft machten Politik, Philosophie und Wissenschaft nunmehr riesige Fortschritte. Die Zeit war reif, dass sich endlich auch die Ökonomie entscheidend weiterentwickelte.

1765 erreichten Smith und seine beiden Schüler Paris. Hume war inzwischen hier als Sekretär an der englischen Botschaft tätig und verschaffte seinem Freund Zutritt zu den maßgeblichen Salons der französischen Aufklärung. Smith schloss Freundschaft mit dem Mathematiker und Philosophen d'Alembert, der es sich zur Aufgabe gemacht hatte, sämtliche Wissensdisziplinen zusammenzuführen. In typisch französischer Manier stellte d'Alembert »Vernunftprinzipien« auf, denen sich alle Wissenschaften unterwerfen sollten. D'Alembert und Diderot waren auch die treibende Kraft der großen französischen *Encyclopédie* mit ihrem Ziel der Verbreitung der neuen Wissenschaften und des liberalen und säkularen Gedankenguts. D'Alemberts Überzeugung von der inneren Verknüpfung unterschiedlicher Wissensformen beeinflusste auch Adam Smiths Denken. In seinem großen Werk über die Ökonomie stellte er zwischen Philosophie, Psychologie, Geschichte und Naturwissenschaft, Politik, Handel, Soziologie und Mathematik eine enge Verbindung her.

Dermaßen komplex war der neue Wissenszweig der Ökonomie, den Smiths Werk etablieren sollte. Dessen zentrale Ideen jedoch waren keineswegs alle neu. Adam Smiths ökonomisches Verständnis orientierte sich in vieler Hinsicht an Ideen der Physiokraten, deren führenden Mitgliedern er jetzt in den Salons von Paris begegnete. Quesnay war zu jener Zeit der Leibarzt Ludwigs XV., und in Quesnays Wohnung in der königlichen Residenz kamen die Physiokraten regelmäßig zu zwanglosen Diskussionen zusammen. Smith wurde oft eingeladen, daran teilzunehmen, auch wenn du Pont zufolge die Bemerkungen des schottischen Besuchers nicht besonders hoch geschätzt wurden. Wie sehr für diese Missachtung Smiths unzulängliche Beherrschung der französischen Sprache verantwortlich war, ist unklar. Smiths Gedanken waren zu jenem Zeitpunkt auch noch nicht genügend ausgereift, während die Physiokraten ein übersteigertes Verständnis ihrer eigenen Bedeutung für die Geschichte des geistigen Fortschritts hatten. 1758 hatte Quesnay ein *Tableau économique* veröffentlicht, das in Schaubildern den Geldfluss zwischen den verschiedenen Klassen veranschaulichte (hier trat erstmals die berühmte *classe stérile* in Erscheinung). Quesnays *Tableau économique* wurde in seiner Bedeutung schon bald mit der Erfindung des Buchdrucks und der Einführung des Geldes als Zahlungsmittel auf eine Stufe gestellt. Trotz solcher Übertreibungen lässt sich unschwer erkennen, dass Smiths »unsichtbare Hand« der *Theorie der ethischen Gefühle* sich nunmehr zu etwas weiterentwickelte, das dem alles durchdringenden *droit naturel* (Naturrecht) der Physiokraten nahe stand. Smith war sich durchaus im Klaren darüber, was er diesen Denkern verdankte, und er beabsichtigte, sein neues Buch Quesnay zu widmen; doch der Franzose starb zwei Jahre, bevor das Werk veröffentlicht wurde.

Smiths Aufenthalt in Paris wurde im Oktober 1766 abrupt beendet. Einer Quelle zufolge war der jüngere Bruder des Herzogs von Buccleuth, der Honourable Hew Scott, »auf den Straßen von Paris ermordet« worden. Aus Smiths verzweifelten Briefen an Lady Frances Scott, die Schwester, ergibt sich dagegen, dass der Neunzehnjährige in Wirklichkeit von einem plötzlich auftretenden heftigen Fieber niedergestreckt wurde. Smith schrieb: »Ich holte meinen besonderen und engen Freund Quênai [sic!] herbei ... einen der besten Ärzte überhaupt.« (Smith brachte es fertig, in einem einzigen Brief Quesnays Namen in drei unterschiedlichen, jedes Mal auf noch genialere Weise falschen Schreibweisen zu präsentieren.) Den Gepflogenheiten jener Zeit entsprechend verschrieb Quesnay »Opiat« und »15 Gramm Rhabarber«, aber es nutzte nichts. Der Patient fiel schon bald ins Delirium und starb nach wenigen Tagen.

Mit dem untröstlichen jungen Herzog von Buccleuth kehrte Smith nach London zurück. Townshend hatte erstaunlich viel Verständnis für die ganze Sache und machte dem Mann, der beauftragt war, sich um das Wohl seines Stiefsohns zu kümmern, keinerlei Vorwürfe. Während seines Aufenthalts in London wurde Smith zum Mitglied der Royal Society ernannt. Im Alter von 44 Jahren kehrte er nach Schottland zurück, um bei seiner Mutter in Kilkcaldy zu leben. Townshends großzügige Leibrente ermöglichte es ihm, an dem Buch weiterzuschreiben, das er in Frankreich begonnen hatte – ein anstrengendes und hochkompliziertes Unternehmen, das Smith geistig und körperlich erschöpfte. Schreiben war für Smith eine Qual, dennoch hatte er sich zum Ziel gesetzt, sich dieser gewaltigen Aufgabe zu stellen. Es handelte sich um nichts Geringeres als die Erarbeitung der wissenschaftlichen Grundlagen eines gänzlich neuen Wissenszweigs.

Smith blieb sechs Jahre lang in Kilcaldy, und während dieser Zeit scheint sich sein exzentrisches Wesen immer deutlicher ausgeprägt zu haben. Aus jenen Jahren stammt die berühmte Dunfermline-Anekdote. Eines Sonntagmorgens, als die Glocken läuteten und die Bewohner im besten Sonntagsstaat zur Kirche gingen, tauchte Smith im Morgenmantel auf den Straßen von Dumfermline auf. Sein loyaler Biograf Ross versucht, die Sache herunterzuspielen:»Die gut 20 Kilometer von Kirkcaldy könnte er in einem Anfall von Zerstreutheit gelaufen sein; vielleicht hatte er nach dem Bad in der Nordsee einfach die falsche Richtung eingeschlagen« – eine Erklärung, die zugegebenermaßen so unwahrscheinlich ist wie jede andere.

Nach diesem sechsjährigen Aufenthalt in Kirkcaldy zog Smith nach London, aber sein Buch war immer noch nicht fertig verfasst. Es dauerte weitere drei Jahre, bis er 1776 *An Inquiry into the Nature and Causes of the Wealth of Nations (Der Wohlstand der Nationen. Eine Untersuchung seiner Natur und seiner Ursachen)* endlich veröffentlichen konnte – knapp sechs Monate vor der amerikanischen Unabhängigkeitserklärung. (Dass das Geburtsjahr der Vereinigten Staaten mit dem Geburtsjahr der Ökonomie zusammenfällt, ist gewiss mehr als nur ein historischer Zufall.) Adam Smiths Meisterwerk umfasst im Original mehr als 900 Seiten. Der amerikanische Soziologe Max Lerner bezeichnete es kürzlich als»das Produkt nicht nur eines großen Geistes, sondern einer ganzen Epoche«. Die Bandbreite der Verweise reicht vom Salzgeld Abessiniens bis zum Schmuggel französischen Weins aus dem holländischen Zeeland nach Großbritannien. Es steckt voller scharfsichtiger und anschaulicher Bemerkungen, wie etwa:»Die Wissenschaft ist das wichtigste Mittel gegen das Gift der Schwärmerei und des Aberglaubens« und:»Die meisten wohlhabenden Leute haben die größte Freude an ihrem Reichtum, wenn sie ihn offen zeigen können.« Smith interessierte sich insbesondere für das Problem von Wohlstand und Geld. In allen Einzelheiten rechnet er vor, dass der griechische Redner Isokrates für jede seiner Vorlesungsreihen 3 333 Pfund, 6 Schillinge und 8 Pence Kolleggeld erhielt (was etwa dem heutigen Gehalt eines Ministers entspricht.) Erst 100 Jahre später, 1904, erstellte Edwin Cannan ein Sachregister, das diesen ungeheuren Wissensfundus leichter zugänglich machte. Das Register, heute selbst ein Klassiker, ist mehr als 60 eng bedruckte Seiten lang und enthält so eigenwillige Einträge wie:»Klerus, muss ohne Anwendung von Zwang und Gewalt gelenkt werden«;»Müßiggang, gilt in Holland als altmodisch«;»Irland, von dort stammen die kräftigsten Lastenträger und die schönsten Frauen in London, die von der Prostitution leben; sie ernähren sich gewöhnlich von Kartoffeln«;»Sibirien, unzivilisiert, weil im Landesinnern gelegen« und»Wildbret, dessen Preis in Großbritannien nicht annähernd ausreicht, um die Kosten eines Wildparks zu decken«.

Smiths Interesse an den Kosten für geschützte Reviere, in denen sich begeisterte Jäger tummeln, ging über kleine Wildgehege weit hinaus. Er bemerkt, dass die Verwaltung der Kolonie Massachusetts Bay einen Aufwand in Höhe von 18 000 Pfund erfordert, die von Connecticut dagegen lediglich 4 000 Pfund –»vor Ausbruch der gegenwärtigen Unruhen«; wenige Seiten später spricht er von den»vergangenen Unruhen«. Offenbar ging er davon aus, dass die amerikanische Revolution noch vor Veröffentlichung seines Buches zu Ende sein würde.

Doch derartige Fehleinschätzungen sind selten. Im 18. Jahrhundert stand Smith mit seiner Ahnung von der zukünftigen Größe Amerikas allein:

... womöglich schon nach gut einem Jahrhundert dürfte das amerikanische Steuersystem das britische übertreffen. Dann würde der Sitz der Regierung des Empire natürlich in jenen Landesteil verlegt werden, der zur allgemeinen Verteidigung und zur Unterstützung des ganzen Reiches am meisten beiträgt.

Niemand hätte auch nur im Traum daran gedacht, dass eine solche Machtverlagerung tatsächlich einmal stattfinden könnte. Die Franzosen maßen ihrer amerikanischen Kolonie so wenig Bedeutung zu, dass sie 1803 das Territorium Louisiana für nur 3 Cent pro Acre an die Vereinigten Staaten verkauften. Mit diesem gewaltigsten Grundbesitzerwerb aller Zeiten konnten die Vereinigten Staaten ihre Fläche mit einem Schlag verdoppeln. (Der Physiokrat du Pont war übrigens einer der Verhandlungsführer dieses Deals auf Seiten Frankreichs und erwies damit Amerika einen größeren Dienst als sein Sohn mit der Gründung seines Industrieunternehmens.) Ironischerweise war es unter allen großen Denkern des 19. Jahrhunderts ausgerechnet ein Franzose, der das Gewicht der prophetischen Sätze Adam Smiths erkannte. Einzig Alexis de Tocqueville erahnte die künftige Größe Amerikas – ein bedeutsames Detail, das so überragende Denker wie Hegel, Marx, Nietzsche und andere, die so viel über das 20. Jahrhundert zu sagen hatten, schlichtweg übersahen.

Diese Fülle an Einzelbeobachtungen und Exkursen macht den *Wohlstand der Nationen* auf unterschiedliche Weise interpretierbar. Dennoch zeichnet Smith ein klares und deutliches Bild. Dieses zweite Hauptwerk ist eine Erweiterung seiner erstmals in der *Theorie der ethischen Gefühle* dargelegten Philosophie. Das psychologische Drama der Leidenschaften und des »unparteiischen Zuschauers« vollzieht sich jetzt auf der Stufe der Gesellschaft, wo ein sozialer Kampf stattfindet. Smith erkennt, dass sich dieser soziale Kampf nur dann angemessen verstehen lässt, wenn man seine historische Entwicklung nachzeichnet. Wird diese Entwicklung nicht durch schlechte Politik, durch Krieg oder Mangel an Ressourcen behindert, so Smith, kommt es zur Ausbildung von vier historischen Stufen mit jeweils eigenen Sitten und gesellschaftlichen Institutionen.

Die erste Stufe ist die »allerunterste Entwicklungsstufe, wie etwa unter den Eingeborenen Nordamerikas« oder in England vor der Invasion Julius Caesars. Die Gesellschaft besteht hier aus kleinen Stammesverbänden, in denen »jeder Mann gleichzeitig Krieger und Jäger ist«. »Es gibt kaum Privateigentum«, weshalb Streitigkeiten selten sind. Auch »... findet man ganz selten einen Berufsrichter oder eine regelmäßige Rechtspflege«. Das Fehlen von Privateigentum, politi-

scher Autorität und Gesetzen einerseits und die Tatsache typischer
Aktivitäten wie Jagd und Stammesfehden andererseits stärken das
Vertrauen in die eigene Kraft und führen zu einem höheren Maß an
persönlicher Freiheit.

Die zweite Stufe ist die der »Hirtenvölker … wie etwa bei den Tataren und Arabern«, die eine nomadische Lebensweise führen. »Ob sie
nun als Krieger oder als Hirten umherziehen, ihre Lebensweise bleibt
fast die gleiche.« Zum Zeitvertreib eines Nomaden gehört, so Smith,
»… Laufen, Ringen, Fechten, Speerwerfen und Bogenschießen … dies
alles verlangt auch der Krieg«. Schließen sich diese Völker unter einem Führer wie Dschingis Khan oder Mohammed zusammen, sind
die Folgen Verwüstung und Zerstörung, denn sie kämpfen nicht für
Sold, sondern für die Aussicht auf Plünderung. »Nichts kann schrecklicher sein als die laufenden Tatareneinfälle in Asien.« Und Smith
warnt: »Sollten die Jägerstämme Amerikas jemals Hirten werden, so
wären sie als Nachbarn für die europäischen Kolonien weit gefährli-
cher als jetzt.«

Doch der Besitz von Vieh- und Schafherden macht eine fortge-
schrittenere soziale Organisation erforderlich, als sie die Eingebore-
nenstämme Amerikas aufwiesen. Die nomadischen Hirtengesellschaf-
ten verfügten über Privateigentum, das durch Recht und Gesetz
geschützt werden musste. Eine formalisierte Rechtsordnung wurde
eingeführt, die das Wesen einer Gesellschaft ausmacht, wie wir sie
heute kennen. Aber Smith erkannte auch, dass damit eine grundlegende Ungleichheit geschaffen wird. »Wird also eine Regierungsge-
walt zu dem Zwecke eingerichtet, das Eigentum zu sichern, so heißt
das in Wirklichkeit nichts anderes, als die Besitzenden gegen Über-
griffe der Besitzlosen zu schützen.«

Smith beschreibt weiterhin, wie sich die Gesellschaft vom antiken
Griechenland und dem Römischen Reich stufenweise zum Feudalismus entwickelte. Solche auf Landwirtschaft gegründeten Gesellschaften brauchten Armeen, für die der Staat aufkommen musste. »Je ent-
wickelter die Gesellschaft ist, desto kleiner, im Verhältnis zur
Bevölkerung, ist die Zahl derer, die am Krieg teilnehmen können.«

Dieser Umstand erklärt teilweise, warum die primitiven Westgoten und die Tataren höher entwickelte Gesellschaften in Europa und Asien besiegen konnten: Je weiter eine Gesellschaft fortgeschritten ist, desto weniger kriegerisch wird sie. »Ein Hirte hat viel Freizeit, ein Bauer in einer primitiven Agrarwirtschaft schon weniger, ein Handwerker oder Kaufmann überhaupt keine. Ein Hirte kann also ohne viel Verlust viel Zeit mit militärischen Übungen verbringen, ein Bauer weit weniger. Der Handwerker indes kann keine einzige Stunde dafür hergeben, ohne einen Verlust zu erleiden.« Arbeitslohn, Produktion, Ungleichheit und Eigentumsrechte differenzierten sich immer weiter aus, bis einige Mitglieder der Gesellschaft andere zu ihrem Eigentum erklärten – als Sklaven, Vasallen oder Leibeigene. Mit dem Fortschritt der Zivilisation entwickelten sich auch materielle Güter und Produktionsmittel, und dies wiederum führte zur Herausbildung von Hierarchien, Institutionen und neuen Gesetzen. Hundert Jahre später entwickelte Marx aus diesen Gedanken eine allgemeine Theorie der Geschichte. Der Unterschied zwischen ihm und Smith ist jedoch grundlegend: Für Smith war die treibende Kraft der Geschichte die »menschliche Natur«, die stets vom Eigennutz motiviert ist. Für Marx bildeten die Klassengegensätze die treibende Kraft. Die eine Gesellschaft besteht aus Individuen, die andere aus Gruppen: ein aufschlussreicher Unterschied.

Im Mittelalter wurden Löhne und Produktion von den Kaufmannsgilden und der Markt von einem Staat kontrolliert, der seine Kaufleute schützen wollte. Jetzt, auf der vierten und letzten Stufe der gesellschaftlichen Entwicklung, ist der Markt selbst die kontrollierende Kraft. Gibt es hier keine Beschränkungen, so ist jeder auf sich allein gestellt: »Nicht vom Wohlwollen des Metzgers, Brauers oder Bäckers erwarten wir das, was wir zum Essen brauchen, sondern davon, dass sie ihre eigenen Interessen wahrnehmen. Wir wenden uns nicht an ihre Menschen-, sondern an ihre Eigenliebe.«

Hier nähern wir uns erneut dem Kern der Sache. Wie im Fall der unersättlichen Grundbesitzer aus der *Theorie der ethischen Gefühle* zwingt auch den von Eigennutz gelenkten Handwerker die unsichtbare Hand, letztlich dem Gemeinwohl zu dienen. Eine derart pessimistische Analyse des menschlichen Verhaltens erinnert stark an Mandevilles Gegenüberstellung von privaten Lastern und öffentlichem Nutzen. Aber es handelt sich keineswegs um ein und dieselbe Sache. Bei Mandeville war es eine Einzelerkenntnis; bei Smith steht der Eigennutz als treibende Kraft hinter der gesamten gesellschaftlichen Entwicklung, und kein Mensch ist davon ausgenommen.

Die »unsichtbare Hand« ist Smiths einprägsamstes Bild, auch wenn es in seinen beiden Hauptwerken jeweils nur ein einziges Mal vorkommt. Es ist jedoch falsch zu meinen, es gäbe hier theologische Untertöne. Wie John Kenneth Galbraith hervorhob: »Als Mann der Aufklärung nahm Smith nicht Zuflucht zum Übernatürlichen, um seine Argumente zu untermauern.« Die »unsichtbare Hand« beschrieb schlicht und einfach Smiths Verständnis der Funktionsmechanismen unserer Welt. Streng methodisch orientiert, war Smith' Begriff für die neue Disziplin der Ökonomie das, was Newtons Definition der Schwerkraft für die Physik gewesen war.

Aber wie funktionierte diese unsichtbare Hand im Einzelnen? In der *Theorie der ethischen Gefühle* hielt der innere »unparteiische Zuschauer« die natürlichen Leidenschaften im Zaum. Auf breiterer gesellschaftlicher Ebene wird der Eigennutz dagegen durch den Wettbewerb beschränkt. Der Wettbewerb reguliert den selbstsüchtigen Wunsch dahin gehend, die allgemeinen Lebensbedingungen zu verbessern – »ein Verlangen, das uns ... ein Leben lang begleitet, von der Geburt bis zum Tode«. Es war der Wettbewerb zwischen den Glasgower Metzgern, Brauern und Bäckern, der den Preis von Lammkoteletts, Brown Ale und Sodabrot bestimmte. Dieser Wettbewerb hielt die Preise aller Güter auf einem »natürlichen« Niveau. Erneut erkennen wir hier Parallelen zu den physiokratischen, metaphysisch eingefärbten Ideen. Aber die unsichtbare Hand ist sehr viel mehr (und zugleich sehr viel weniger) als das »Naturrecht« (*droit naturel*). Ähnlich verhält es sich mit dem »natürlichen« Preisniveau; es steht für ein wissenschaftliches Konzept, das jeglicher Metaphysik entkleidet ist.

Smiths Vorstellung von Wissenschaft basierte auf den Prinzipien

Newtons. Die natürliche Welt besteht aus Materie, deren Bewegung nach mechanischen Gesetzen erfolgt. Indem Bewegung weitergegeben wird, wird sie erhalten, und die Natur erreicht ihr Ziel. Dies galt für die Welt der Dinge ebenso wie für die des Menschen. Aber im Unterschied zu den Dingen erreichte der Mensch den Zweck der Selbsterhaltung dadurch, dass er Leben weitergab. Die natürliche Funktionsweise des Wirtschaftslebens war also die eines mechanischen Systems, in dem die Dinge zum Zweck der Lebenserhaltung optimal organisiert waren. Dieses System ist uns heute als das Gesetz von Angebot und Nachfrage vertraut. Die Preise steigen, wenn die Nachfrage steigt, und die Preise sinken, wenn die Nachfrage sinkt. Dies war das »natürliche« Gesetz, welches das Preisniveau und damit das Niveau der Löhne und Gewinne bestimmte.

In dieser Argumentation gibt es durchaus große Sprünge, und nicht alles ist durch Logik oder Beweis einwandfrei begründet – trotz Smiths Fülle an ökonomischen Beispielen, deren Überzeugungskraft allerdings enorm ist. Smiths Argumentation bezieht sich prinzipiell auf das Geschehen in einem unkontrollierten Markt. Einwände dergestalt, dass Smiths Argumentation unlogisch sei oder einer streng wissenschaftlichen Beweisführung entbehre, verfehlen gleichwohl den entscheidenden Punkt. Hier lag endlich ein Konzept vor, das praktisch angewandt werden konnte. Trotz aller Einwände – selbst strenge Wissenschaftler schätzen diese Vorgehensweise. Hier war eine Idee von höchstem praktischem Nutzen – förmlich ein Atom, mit dem man während der folgenden 200 Jahre arbeitete, bevor auch nur der Schimmer eines wissenschaftlichen Beweises für seine Existenz gefunden war.

Doch das gilt nur für die zentrale Idee des von Smith entdeckten Mechanismus. Im Detail betrachtet, war seine Argumentation tatsächlich lückenhaft. Aber auch das ist verständlich; schließlich handelte es sich um eine völlig neue Disziplin, um die Anfänge einer neuen Wissenschaft. Smith schnitt Probleme an, über die sich Wirtschaftswissenschaftler in den nachfolgenden 200 Jahren den Kopf zerbrechen sollten. Etwa die Frage nach dem »natürlichen« Preis, der die Löhne, Renten und Profite bestimmte. Wie sollte diese von Natur aus feststehende Summe unter diesen dreien verteilt werden? Je weniger Löhne ein Unternehmer bezahlen musste, desto größer war sein Profit. Doch auch hier galt das Gesetz von Angebot und Nachfrage. Standen viele Arbeiter zur Verfügung, konnte man niedrigere Löhne zahlen. Allerdings gab es eine untere Grenze. Kein Arbeiter wollte oder konnte für einen Lohn arbeiten, der unter dem Existenzminimum lag. In dieser neuen und brutalen Wirtschaftswelt ging die »natürliche« Tendenz in Richtung Existenzminimum.

Smith, von humaner Grundeinstellung, war entsetzt über das, was er »entdeckt« hatte. Glücklicherweise erkannte er den Irrtum, den diese heute unter dem Namen Subsistenztheorie bekannte Lohntheorie enthielt. Um nämlich stets genügend Arbeitskräfte zur Verfügung zu haben, musste der Lohn hoch genug bleiben, damit Arbeiter heiraten und eine gesunde Familie ernähren konnten. Wollte eine Nation ihren Wohlstand erhalten, hatte sie also an die Zukunft zu denken. Der Subsistenz- oder Minimallohn war einfach zu gering. Dennoch, die Adelung dieses Irrtums des Subsistenzlohns zu einer »Theorie« war und blieb eine moralische Herausforderung. Mit zunehmender Mobilität der Arbeiter wurden diese auch entbehrlicher – eine bittere Lektion, die die besitzlosen ländlichen Armen aus Smiths Epoche und die Arbeitsmigranten der Dritten Welt lernen mussten.

Smith war alles andere als sentimental. Seine neue Wissenschaft sollte die Welt so beschreiben, wie sie war, und nicht so, wie sie sein sollte. Dennoch verlor er nur selten die Tatsache aus dem Blick, dass es eine Wissenschaft vom menschlichen Leben war. Die Natur des Menschen mochte von nacktem Eigennutz angetrieben werden, doch der »unparteiische Zuschauer« in uns konnte daran etwas ändern. Was aber war das Grundmotiv dieses neutralen Beobachters? Smith zufolge sind seine Leitprinzipien Vernunft und Sympathie. Einige Unternehmen würden sich mit weniger Profit begnügen, als unter dem »natürlichen« Gesetz zu erwarten stand.

Aber zurück zur realen Welt. Smith erkannte, dass es zwei unterschiedliche Formen des Wertes gab. Ein Produkt hatte einen

»Gebrauchswert« und einen »Tauschwert«. Doch damit war eine frappierende Beobachtung verbunden: »Dinge mit dem größten Gebrauchswert haben vielfach nur einen geringen oder gar keinen Tauschwert.« Und umgekehrt. So ist beispielsweise »... nichts nützlicher als Wasser, und doch lässt sich damit kaum etwas kaufen oder eintauschen. Dagegen besitzt ein Diamant kaum einen Gebrauchswert, doch kann man oft im Tausch dafür eine Menge anderer Güter bekommen.« Auf dieses Problem fand Smith nie eine befriedigende Antwort. Vielmehr stellte er eine Reihe vager Vermutungen an, die spätere Wirtschaftswissenschaftler eigenwillig interpretierten. Ihre Antworten auf diese Frage bildeten zugleich die moralische Grundlage ihres jeweiligen Systems. Smith entschied sich dafür, den Gebrauchswert eines Produkts zu ignorieren. Grundlegend war für ihn allein der Tauschwert. Aber was bedeutet dieser Begriff? Woraus genau setzt sich der Tauschwert zusammen? »Der Wert einer Ware für seinen Besitzer ... ist gleich der Menge Arbeit, die es ihm ermöglicht, sie zu kaufen oder über sie zu verfügen. Arbeit ist demnach das wahre oder tatsächliche Maß für den Tauschwert aller Güter.« Dies nannte man später die Arbeitswerttheorie.

Wie Smith gleich zu Anfang betont, wird der Wohlstand einer Nation von der »Geschicklichkeit, Sachkenntnis und Erfahrung bei der Arbeit« vermehrt und hängt davon ab, »... wie viele Menschen nützlich und produktiv tätig sind und wie viele unproduktiv arbeiten«. Mit anderen Worten: Das wirtschaftliche Wachstum hängt von der Steigerung der Produktivität ab. Diese wird am besten durch Arbeitsteilung erreicht. Smith macht sich Pettys Satz zu Eigen, doch wie bei anderen Ideen, die er übernimmt, gelangt er zu sehr viel tiefgründigeren Analysen. Er nennt das berühmte Beispiel einer Stecknadelfabrik, die zehn Arbeiter beschäftigt, von denen jeder auf eine bestimmte Aufgabe spezialisiert ist.

Der eine Arbeiter zieht den Draht, der andere streckt ihn, ein dritter schneidet ihn, ein vierter spitzt ihn zu, ein fünfter schleift das obere Ende, damit der Kopf aufgesetzt werden kann. Auch die Herstellung des Kopfes erfordert zwei oder drei getrennte Arbeitsgänge. Das Ansetzen des Kopfes ist eine eigene Tätigkeit, ebenso das Weißglühen der Nadel, ja selbst das Verpacken der Nadel ist eine Arbeit für sich ...

Somit konnten zehn Arbeiter pro Tag mehr als 48 000 Stecknadeln herstellen. Würden sie aber alle einzeln und unabhängig voneinander arbeiten, könnte jeder Einzelne höchstens 20 Nadeln, wenn überhaupt, fertigen.
Dieses Beispiel ist typisch für Smith und seine Epoche. Der Nachdruck liegt auf den Fertigkeiten statt auf den eingesetzten Maschinen. Wie Galbraith bemerkte: »Adam Smith gab der Ökonomie ihre moderne Struktur. Aber diese Struktur übernahm er selbst wiederum aus der frühesten Phase der industriellen Revolution.«

Smiths Beschreibung der Stecknadelfabrik ist ein Beispiel seines aktiven Forschergeistes (auch wenn nachgewiesen wurde, dass er das Beispiel einem Werk des französischen Philosophen Diderot entnommen hatte). Denn Smith geht über die reine Wiedergabe der Fakten hinaus; viele der angeführten Details zeigen seine präzise Beobachtungsgabe und seine breite Erfahrung. Auch wenn er die zahlreichen einzelnen Arbeitsschritte zur Herstellung einer einzigen Stecknadel nicht selbst beobachtet hatte, verstand er doch sehr wohl, welche Folgen diese sich ständig wiederholenden, gleichförmigen Handgriffe auf die Ausführenden hatten. Die fortschreitende Arbeitsteilung wirkte sich auf den Arbeiter aus. Er »verlernt, seinen Verstand zu gebrauchen« und wird »so stumpfsinnig und einfältig, wie ein menschliches Wesen nur eben werden kann«. Smith blieb letztlich nichts anderes übrig, als die eisernen Gesetze dieser neuen Wissenschaft zu akzeptieren: »Dies aber ist die Lage, in welche die Schicht der Arbeiter, also die Masse des Volkes, in jeder entwickelten und zivilisierten Gesellschaft unweigerlich gerät, wenn der Staat nichts unternimmt, sie zu verhindern.« Smith machte keine Verbesserungsvorschläge, sah er sich doch als Wissenschaftler und nicht als Politiker.

Doch die Nachdrücklichkeit seiner Beschreibung und Analyse verdeutlicht, dass ihm das, was er sah, missfiel. Beispielsweise wird noch der ärmste Bewohner eines Dorfes auf seinen Lebenswandel achten, weil er von seinen Nachbarn beobachtet wird. »Sobald er aber in eine große Stadt zieht, taucht er in Anonymität und Verborgenheit unter. Niemand achtet auf ihn und schaut auf seine Lebensführung, sodass er versucht sein wird, sich gehen zu lassen, ja sich an jede Art Liederlichkeit und Laster zu verlieren.«

Der Fortgang von Smiths Analyse ist von der für ihn typischen Präzision gekennzeichnet. Smith war ein sensibler Beobachter sozialer Entwicklungstendenzen. Er bemerkte sehr wohl, dass sich keineswegs alle besitzlosen Armen, die vom Land in die Stadt ziehen, um in den düsteren, teuflischen Fabriken der Frühzeit der industriellen Revolution zu arbeiten, der Trunksucht ergaben. Einige fanden Trost in der Religion, besonders in den kleinen freikirchlichen protestantischen Sekten, die in den ärmeren Wohngebieten der neuen Städte entstanden. Hier fand der besitzlose Arbeiter, der von seinen Wurzeln in einer nachbarschaftlichen Dorfgemeinschaft abgeschnitten war, »eine Beachtung, wie er sie niemals vorher genoss«. Solche Sekten bildeten enge, abgeschlossene Gemeinschaften, ihre Moral allerdings war häufig »unangemessen streng und unsozial«. Zur Bekämpfung dieser engstirnigen Bigotterie setzte Smith – genau wie im Falle der Trunksucht – auf die Bildung. Die sektiererische Strenge dieser Gruppierungen könne, so seine Idee, zusätzlich gemildert werden, indem man ein allgemeines Interesse für die Kunst weckt. Malerei, Dichtkunst, Musik, Tanz und Theater (besonders Satire) begünstigten seiner Meinung nach die Entstehung einer toleranten Gesellschaft.

Der Ruf nach Bildung und Kultur der arbeitenden Klassen bleibt löblich, doch widersprach sich Smith damit selbst. Er akzeptierte die Arbeitsteilung, die den Arbeiter »so stumpfsinnig und einfältig« macht, als zwar bedauerlichen, aber notwendigen Preis des Fortschritts. Bildung und Kultur dagegen würden den Arbeiter nur unwillig machen, weiterhin einer solchen geisttötenden Beschäftigung nachzukommen. Beides zusammen geht also nicht.

Doch entlarvte Smith damit auch die Irregularitäten und Heucheleien der Gesellschaft und stellte fest, dass es in jeder zivilisierten Gesellschaft mit ihren Klassenunterschieden »zur gleichen Zeit stets zwei verschiedene Moralsysteme« gab, ein strenges und ein freizügiges (*liberal*). »Das niedere Volk bewundert und verehrt durchweg den Glauben des ersten, während die so genannten Leute von Rang die Lehren des zweiten schätzen und übernehmen.« »Im freien oder lockeren Moralsystem werden Luxus, leichtsinnige oder gar ausschweifende Fröhlichkeit, Vergnügungssucht, bis zu einem gewissen Grade Unmäßigkeit und Verletzung der Keuschheit ... in der Regel recht nachsichtig behandelt, und man entschuldigt sie leichter Hand oder verzeiht sie gänzlich.« Im strengen Moralsystem dagegen werden »... diese Übersteigerungen mit größter Abscheu und Unwillen verurteilt. Die Laster des Leichtsinns sind für das einfache Volk stets verderblich, und oft genügen schon Unbesonnenheit und Zerstreuung einer einzigen Woche, um einen armen Arbeiter auf immer zugrunde zu richten.« Unsere heutige Gesellschaft verurteilt den »Leichtsinn« weniger streng, und die Grenze zwischen »freizügig« und »moralisch« hat an Schärfe verloren. Das Schreckgespenst dieser heuchlerischen Unterscheidung lebt jedoch in den Verlautbarungen der Politiker und in den Schlagzeilen der Boulevardpresse bis heute fort.

Für den heutigen Leser klingt dies alles mehr nach Soziologie als nach Ökonomie. Und die Überzeugungskraft seiner Argumente bezog Smith in der Tat aus der sozialen Wirklichkeit seiner Zeit. Er sprach von konkreten Menschen in einem konkreten, historisch identifizierbaren Land – weder von mythologischen oder rein mathematischen Größen, wie sie dem Ungeist späterer diktatorischer Systeme entsprangen, noch von abstrakten sozialen oder ökonomischen Faktoren (was nicht immer dasselbe ist). Als die Umwälzungen der industriellen Revolution ihren Anfang nahmen, begannen Beobachter wie Smith die Welt, in der sie lebten, in ihrer Funktionsweise ganz neu zu sehen. Bis dahin war die conditio humana als rein philosophische oder theologische Angelegenheit betrachtet worden, als Feld der Seelenforschung. Für die Beschreibung der materiellen Hintergründe waren Geschichte und Wissenschaft zuständig. Die spirituelle und die materielle Welt – Geist und Materie – waren getrennte Sphären. Das menschliche Leben in dieser Welt vollzog sich am Schnittpunkt dieser beiden Sphären. Nun aber erkannte man, dass es mehr als nur einen Schnittpunkt gab: Die conditio humana war auch sozial, ökonomisch und historisch geprägt. In den folgenden 200 Jahren sollten sich beide Sphären – die des Geistes und die der Materie – immer enger miteinander verschränken.

Die unsichtbare Hand, Arbeitsteilung, wirtschaftliches Wachstum – unser modernes Verständnis all dieser Begriffe geht auf Smith zurück, auch wenn die Idee ursprünglich gar nicht von ihm stammte. Smiths Vorstellungen vom Wirtschaftsleben jedoch lassen sich in einem modernen Begriff zusammenfassen, den er selbst geprägt hat: freier Handel. Wird der Handel nicht durch Steuern, Abgaben und andere Mechanismen eingeschränkt, kann die unsichtbare Hand des Marktes ihr Werk verrichten. Wie wir gesehen haben, geht diese Idee ursprünglich auf Mandevilles Begriffspaar »private Laster, öffentlicher Nutzen« zurück (was Smith zugleich immer wieder abstritt). Sein eigenes Konzept des Freihandels beziehungsweise der unsichtbaren Hand stützt sich nämlich auf ein Beispiel, das Mandevilles Idee auf überraschende Weise konterkariert. Denn »... ein Familienvater, der weitsichtig handelt, folgt dem Grundsatz, niemals zu versuchen, selbst etwas herzustellen, was er sonstwo billig kaufen kann.« Er holt es sich vom Markt.

Was aber vernünftig im Verhalten einer einzelnen Familie ist, kann für ein mächtiges Königreich kaum töricht sein. Kann uns also ein anderes Land eine Ware liefern, die wir selbst nicht billiger herzustellen imstande sind, dann ist es für uns einfach vorteilhafter, sie mit einem Teil unserer Erzeugnisse zu kaufen, die wir wiederum günstiger als das Ausland herstellen können.

Die private Tugend der Sparsamkeit wird hier zu einer öffentlichen Tugend. Mandevilles Rezept erweist sich zwar als eine aufschlussreiche Einsicht, mitnichten aber als eine allgemein gültige Vorschrift.

Je größer die Freihandelszone, desto mehr Spielraum hat jedes einzelne Land, sich auf bestimmte Produkte zu spezialisieren. Hier geht es um eine Arbeitsteilung auf internationaler Ebene, obwohl Smith wenige Seiten später einräumte, dass ein vollkommener Freihandel eine nie erreichbare Utopie sei. Kein Staat kann ohne Steuern funktionieren, und Steuern schränken nun einmal die Freizügigkeit des Handels ein. Der Staat muss für die Verteidigung, die Justiz und die öffentlichen Ausgaben Steuern erheben. Doch auch darüber hinaus wird es immer Protektionismus in irgendeiner Form geben. Der absoluten Freizügigkeit stehen nämlich »neben den Vorurteilen der öffentlichen Meinung in erster Linie die wohl unüberwindlichen Privatinteressen vieler Einzelner schroff entgegen«.

Smith wandte sich zwar ausdrücklich gegen den merkantilistischen Protektionismus, kritisierte aber auch jene Kaufleute, die vom Freihandel profitieren. Auch wenn ihr gewinnsüchtiges Verhalten der Gesellschaft Nutzen bringt, verhehlte Smith doch nicht seinen Abscheu für ihre Motive. Gier und Berechnung waren seinem Wesen als Wissenschaftler von Grund auf fremd. Aber was erwartete er? Private Laster konnten von öffentlichem Nutzen, aber auch von privatem Nutzen sein. Hinter Smiths Abscheu steckten aber auch politische Ängste, wenn er von »bloßer Habgier und Monopolgeist der Kaufleute und Unternehmer« sprach, »die weder Potentaten der Menschheit sind, noch eigentlich sein sollten«. Hier stoßen wir auf einen weiteren Widerspruch. Denn in Smiths System waren solche Leute geradezu prädestiniert, die »Potentaten der Menschheit« zu werden.

Smith wandte sich auch gegen die merkantilistische Auffassung, der Reichtum einer Nation messe sich an ihren Goldvorräten. »Gold und Silber sind ebenso wie Küchengeräte Gebrauchsgegenstände ... Wollte man den Reichtum eines Landes dadurch zu erhöhen versuchen, dass unnötig viel Gold und Silber eingeführt oder im Lande gehalten wird, so wäre dies ebenso töricht, wie wenn man einer Familie dadurch zu einer besseren Tafel verhelfen wollte, dass man sie zwingen würde, sich überflüssiges Küchengerät zu halten.« Der Reichtum einer Nation wächst, wenn diese Nation lernt, sich auf dem freien Markt im Wettbewerb zu behaupten. Trotz der Unmöglichkeit, einen völlig freien Markt zu schaffen, bilden Smiths Überlegungen die Grundeinsicht in unsere moderne »freie Welt«. Die Bedeutung des Begriffs »frei« bleibt hier absichtlich unscharf und bezieht sich auf den Handel ebenso wie auf die bürgerlichen Freiheiten. Wir mögen Bedenken haben, inwieweit diese Freiheiten in der so genannten »freien« Welt tatsächlich vorhanden sind, denn sie werden teilweise massiv eingeschränkt – von multinationalen Konzernen ebenso wie von Seiten der Regierungen. Und doch scheint es zwischen dem liberalen Handel und einem liberalen Staat einen engen Zusammenhang zu geben. Der westliche liberale Kapitalismus und die freien demokratischen Institutionen sind offenbar auf unlösbare Weise miteinander verbunden und funktionieren ähnlich: Denn beide basieren auf der Freiheit der Wahl. Aber wie bei vielen anderen sozialen Gefügen entspringt auch das Diktum vom Zusammenhang zwischen Kapitalismus und Demokratie in Wahrheit einem schönen Glauben, einem kollektiven Mythos, dem wir gern folgen. Kapitalismus und Demokratie – diese Verbindung folgt keiner logischen Notwendigkeit. Sozialistische Gemeinschaften kennen bisweilen ein hohes Maß an persönlicher Freiheit (denken wir nur an die primitiven Gesellschaften der amerikanischen Ureinwohner). Und der demokratische Kapitalismus ist in seinem Bemühen, die Freiheit seiner Bürger zu schützen, immer wieder derart kläglich gescheitert, dass diese sogar bereit waren, statt seiner eine Diktatur zu wählen (Hitler und viele andere »Präsidenten auf Lebenszeit« in der Dritten Welt sind auf demokratischem Weg an die Macht gekommen). Der Einwand, dass auch andere Faktoren eine Rolle spielten, bestätigt das bisher Gesagte. Der Zusammenhang zwischen Adam Smiths freiem Markt und einer freien demokratischen Regierung ist keineswegs zwingend – so will es lediglich die glückliche Überzeugung unserer Zeit. Es sieht ganz so aus, als könnten sich die Verhältnisse dramatisch ändern, sobald die globalen Ressourcen schrumpfen. Hier scheint zu gelten: Je enger der Markt wird, desto mehr werden auch die entsprechenden Freiheiten eingeschränkt.

Für uns Heutige sind modernes Leben und fortschrittliches Denken eins. Wenn sich das eine verändert, verändert sich auch das andere. »Freiheit« betrachten wir als zentralen Wert unseres gegenwärtigen Lebens und meinen, dass sich diese Überzeugung auch in unserem

Denken niederschlägt. In Wirklichkeit aber verwenden wir viel mehr Zeit darauf, über Geld nachzudenken (für viele von uns ist dieses einem Chamäleon gleichende Etwas sogar gleichbedeutend mit Freiheit). Je mehr sich unser Leben um Geld und kommerzielle Werte dreht, desto zentraler wird die Rolle, die der kommerzielle Wert in unserem Denken spielt. In diesem Teufelskreis befangen, können wir uns nur fragen:»Ist es das wirklich wert?«

Smith schrieb mehr als zehn Jahre am *Wohlstand der Nationen* – einem Werk, über das sein großer Freund David Hume schrieb:»Es war ein Werk, an das du, deine Freunde und die Öffentlichkeit so hohe Erwartungen knüpften, dass ich um sein Erscheinen bangte.« Als Hume ein Exemplar vor sich hatte, lag er schon auf dem Sterbebett, aber er schrieb an Smith:»Ich bin von deiner Leistung sehr angetan, und die Durchsicht deines Werks hat eine große Sorge von mir genommen ... es ist tief, solide und scharfsichtig.« Aber er konnte sich nicht enthalten hinzuzufügen:»Wenn du bei mir am Kamin sitzen würdest, hätte ich über einige Grundsätze gern mit dir gestritten.« Doch dazu sollte es nicht mehr kommen. Sechs Monate später war Hume tot.

Die Kunde von Smiths neuem Werk verbreitete sich in ganz Europa. Es wurde in ein halbes Dutzend Sprachen übersetzt; aber wie nicht anders zu erwarten, wurde es in Oxford nicht als ein Objekt erachtet, das wissenschaftlicher Aufmerksamkeit würdig gewesen wäre. Der *Wohlstand der Nationen* erreichte in Großbritannien nicht die Popularität der *Theorie der ethischen Gefühle*, aber maßgebliche Leute studierten es. Die gesellschaftlichen und politischen Strippenzieher Großbritanniens im 18. Jahrhundert, ja sogar spätere Premierminister – sie alle nahmen Kenntnis von Smiths Ideen, die schon bald in die Praxis umgesetzt wurden.

Ein Jahr nach der Veröffentlichung des *Wohlstands der Nationen* wurde Smith in Anerkennung seiner Verdienste für das Land zum Zollkontrolleur und Einnehmer für die Salzsteuer von Schottland ernannt. Obwohl diese Institution seinen Vorstellungen von Freihandel völlig widersprach, nahm Smith den Posten überraschenderweise an, bedeutete er doch für ihn ein sehr einträgliches Amt. Als er jedoch die Liste der vom Zoll verbotenen Güter durchsah, prüfte er seine Ausstattung und stellte »... zu meinem größten Erstaunen fest, dass ich kaum einen Kragen, eine Krawatte, ein Paar Manschetten oder ein Taschentuch besaß, die in Großbritannien zu tragen oder zu benutzen nicht verboten waren. Um ein Exempel zu statuieren, verbrannte ich kurzerhand alles.« Er riet seinen Freunden dringend davon ab, ihr Mobiliar und ihre Garderobe zu überprüfen, wenn sie »nicht in ein ähnliches Schlamassel geraten wollen«.

Sogar als ausführendes Organ des staatlichen Protektionismus befürwortete Smith fortan den Freihandel. Als theoretischer Experte für die Heuchelei im sozialen Verhalten verspürte er vermutlich die Notwendigkeit, sich in diesem Bereich praktische Kenntnisse zu verschaffen.

Im Alter von 54 Jahren zog Smith mit seiner betagten Mutter nach Canongate, Edinburgh, wo sich seine Kusine, Miss Jane Douglas »in schwesterlicher Weise« um ihn kümmerte. Smith verbrachte weiterhin die meiste Zeit mit Lesen und Schreiben. Trotz der unterschiedlichen Themen und Erkenntnisse waren *Die Theorie der ethischen Gefühle* und *Der Wohlstand der Nationen* als Teil eines einzigen großen Entwurfs gedacht. Wie er in einem Brief schrieb: »Ich habe zwei weitere große Werke in Arbeit, das eine ist eine Art philosophische Geschichte der Literatur, Philosophie, Dichtkunst und Beredsamkeit; das andere eine Art Theorie und Geschichte des Rechts und des Staates.« Aber bekanntlich arbeitete Smith extrem langsam, und daher wurde sein ehrgeiziges Projekt nie verwirklicht. 1790, im Alter von 67 Jahren, starb er. In seinem Testament verfügte er ausdrücklich, dass alle seine Schriften verbrannt werden sollten.

Die inneren Wirkmechanismen des Geistes fanden ihren Ausdruck in den äußeren Wirkmechanismen des Handels. Der »unparteiische Zuschauer« zügelte die menschlichen Leidenschaften, während die »unsichtbare Hand« den Eigennutz in Schranken hielt. Wie hätte Smith diese Konzepte im Rahmen einer Philosophie der Kultur und einer Theorie des Rechts umgesetzt? Was wir von Adam Smith kennen, ist nur ein Teil seiner Ideen, aber das reichte aus, um eine völlig neue Disziplin menschlichen Wissens zu begründen: die Ökonomie.

Zwei Jahre nach seinem Tod hielt William Pitt der Jüngere, der spätere britische Premierminister, eine Rede über den Staatshaushalt im Parlament, in der er der Nation versicherte, Adam Smith biete »die beste Lösung aller Probleme in Zusammenhang mit der Geschichte des Handels und dem System der politischen Ökonomie«. Adam Smith war ins Zentrum der politisch-ökonomischen Bühne gerückt – und diesen Platz hat er bis zum heutigen Tag inne.

5

Französische Optimisten, britische Pessimisten

In Frankreich entwickelten sich die Vorstellungen über Ökonomie und Gesellschaft, auf die Adam Smith so viele seiner Ideen gegründet hatte, in der zweiten Hälfte des 18. Jahrhunderts in eine eigenständige Richtung weiter. Insbesondere ein Denker übte zu jener Zeit großen Einfluss aus, auch wenn seine Bedeutung für die Geistesgeschichte fast 150 Jahre lang im Dunkeln bleiben sollte. Dieser Mann hieß Condorcet, mit vollem Titel Marie-Jean-Antoine-Nicholas de Caritat, Marquis de Condorcet. Er entstammte dem niederen Adel und wurde 1743 in Ribemont geboren, einer Kleinstadt 130 Kilometer nordöstlich von Paris. Wie erstaunlich viele Genies aus anderen Wissensdisziplinen wurde auch Condorcet von nur einem Elternteil erzogen. Sein Vater, ein Kavallerieoffizier, war wenige Tage nach der Geburt des Sohnes im Kampf gefallen.

Condorcet zeigte schon bald eine erstaunliche mathematische Begabung. Er widersetzte sich dem Wunsch der Familie, eine militärische Laufbahn einzuschlagen, und ging nach Paris, wo er der Akademie der Wissenschaften eine Abhandlung zur Differenzialrechnung vorlegte. Der große d'Alembert erkannte die Brillanz dieser Schrift, und im ungewöhnlich frühen Alter von 26 Jahren wurde Condorcet in die Académie aufgenommen. D'Alembert erkor ihn zu seinem Schützling. Die Ähnlichkeit ihrer Kindheitserfahrungen scheint die Sympathie füreinander noch verstärkt zu haben. Jean le Rond d'Alembert entstammte ebenfalls dem niederen Adel, und auch er wuchs nicht in geordneten Familienverhältnissen auf. Als unehelich geborener Säugling war d'Alembert auf den Kirchenstufen von St. Jean-le-Rond ausgesetzt worden, daher sein ungewöhnlicher Vorname. D'Alembert, einer der führenden Köpfe der Aufklärung, machte seinen Schützling schon bald mit den intellektuellen Kreisen um die *Encyclopédie* bekannt, die die neuen rationalen wissenschaftlichen Erkenntnisse verbreiten sollte. Condorcet schrieb von nun an selbst Beiträge für die *Encyclopédie*. Von den neuen Ideen durchaus begeistert, zwang ihn seine Wesensart dennoch zur Zurückhaltung. D'Alembert nannte ihn deshalb einen »schneebedeckten Vulkan«. Zur selben Zeit schloss auch Adam Smith in Paris Freundschaft mit d'Alembert. In den Pariser Salons begegnete er gewiss auch Condorcet und diskutierte mit ihm die physiokratischen Ideen. Über bestimmte Schwachstellen dieser Theorie, etwa die überschätzte Bedeutung der Landwirtschaft für den Wohlstand einer Nation, war man sich durchaus einig. Dennoch übten die Physiokraten auch weiterhin einen starken Einfluss auf Condorcet aus, der zu einem vehementen Befürworter des Freihandels und des Laisser-faire wurde.

Mathematik, die Aufklärung und jetzt die physiokratischen Ideen zum Handel – das waren die Bereiche, mit denen sich Condorcet beschäftigte, wenn auch zunächst hauptsächlich in einem theoretischen Rahmen. Im Jahr 1770 jedoch schloss er in Fernay Bekanntschaft mit Voltaire. Angeregt durch die Gespräche mit ihm, erkannte Condorcet, wie er seine Ideen praktisch umsetzen konnte. Frankreichs Wohl bedurfte mehr als nur der Aufklärung. Das zum Untergang verurteilte Ancien Régime verlangte nach tief greifenden sozialen, ökonomischen und politischen Reformen. Condorcet war überzeugt, dass zur Verwirklichung derartiger Reformen wissenschaftliche Wege eingeschlagen werden mussten.

So entstand Condorcets erstes großes Werk, eine mathematische Abhandlung, deren Anwendungsmöglichkeiten auf das Gebiet der Ökonomie erst lange nach seinem Tod erkannt wurden. 1785 erschien sein *Essai sur l'application de l'analyse à la probabilité des décisions rendues à la pluralité des voix* (*Aufsatz über die Anwendung der Analyse auf die Wahrscheinlichkeit von Mehrheitsentscheidungen*). Dies war der erste Versuch, die Wahrscheinlichkeitstheorie auf

die kollektive Entscheidungsfindung anzuwenden, wie sie beispielsweise bei Wahlen stattfindet. Wenn die Wissenschaft auf die Natur
angewandt werden konnte, warum dann nicht auch auf die menschliche Natur? Diese Einsicht brachte Condorcet dazu, zwischen zwei
Arten von Wahrscheinlichkeit zu unterscheiden: zwischen der »abstrakten« Wahrscheinlichkeit der Natur, wie sie etwa beim Würfelspiel
zutage trat, und der subjektiven Wahrscheinlichkeit der menschlichen
Natur. Letztere lieferte die »Gründe für den Glauben« daran, dass ein
bestimmtes Ereignis eintreten würde. Condorcet behauptete nun, dass
diese beiden Arten der Wahrscheinlichkeit Teil eines einzigen großen
Wahrscheinlichkeitsprozesses seien. »Eine sehr hohe abstrakte Wahrscheinlichkeit liefert einen fast an Sicherheit grenzenden Grund für
eine Annahme« (beispielsweise die Annahme, dass man bei hundert
Würfelversuchen mindestens einmal eine Sechs würfelt). Je weniger
abstrakt die Wahrscheinlichkeit, desto unsicherer sind die Gründe für
eine bestimmte Annahme.

Condorcet wandte diese Überlegungen auf die Wahlen an. Absicht
seines *Essai* war es, »allein mit der Vernunft zu erforschen, wie groß
das Vertrauen ist, das das Urteil von Versammlungen verdient«. Unterschiedliche Wahlsysteme können nämlich bei ein und derselben
Wählerschaft zu unterschiedlichen Ergebnissen führen. Ein Wahlverfahren, das auf der Angabe von Präferenzen beruht (bei dem die Wähler also unter den Kandidaten eine Rangfolge bilden können), wird
häufig andere Stimmverhältnisse ergeben als ein System, bei dem die
Entscheidung nur für einen einzigen der zur Wahl stehenden Kandidaten möglich ist. Dieses letztere System führt zwar zu einer einfachen,
klaren Mehrheit, spiegelt aber nicht unbedingt die breiter gestreuten
Sympathien der Wählerschaft wider. Eine »grüne« Partei kann womöglich bei einer Wahl, wo der Wähler nur eine einzige Stimme hat,
keinen einzigen Sitz gewinnen, obwohl ihre Ziele breite Zustimmung
finden. Diese Differenzierung der Wählerschaft spiegelt sich jedoch in
einem Wahlsystem, bei dem auch die Zweitstimmen registriert und ge-
zählt werden. Condorcet zeigte auch, wie bei einem Wahlverfahren
mit nur einer Stimme ein Ergebnis zustande kommen kann, das nie-

mand beabsichtigt hat. Um dies darzulegen, verwendete er komplizierte Tabellen, während wir uns mit einem einfachen Beispiel begnügen wollen. Stellen wir uns eine Wählerschaft vor, die Konservative, Liberale und Kommunisten jeweils zu einem Drittel unterstützt. Diese Situation könnte leicht zur Wahl einer liberalen Mehrheitsregierung führen anstatt zu einer Koalition, die eigentlich zu erwarten wäre. Viele Konservative könnten die Liberalen wählen, nur um die Kommunisten auszuschließen. Und viele Kommunisten wiederum könnten die Liberalen wählen, um die Konservativen entscheidend zu schwächen. Condorcets Analyse galt gleichermaßen für die Urteilsfindung der Geschworenen. Wie finden zwölf Personen zu einem gemeinsamen Urteil? Welche Absprachen und persönlichen Einschätzungen sind dazu nötig, welches Gewicht haben Expertenmeinungen? Und »wie groß ist das Vertrauen«, das das Urteil dieser Geschworenen verdient?

Condorcet untersuchte also, wie sich Gruppen von Personen verhalten, wenn sie Entscheidungen zu treffen haben. Dazu bediente er sich komplizierter und neuartiger mathematischer Berechnungen. Doch sein Werk fand wenig Beachtung. Erst im 20. Jahrhundert wurde die Bedeutung seiner Überlegungen für die Ökonomie erkannt. Zeitgenössische Ökonomen brachten jetzt erstmals eine Unbekannte, einen völlig neuen Faktor ins Spiel. Bei der Formulierung von Wirtschaftstheorien zogen sie den Faktor Mensch in Betracht, dem sie im Rahmen der ökonomischen Prozesse erstmals eine entscheidende Rolle zuschrieben. Wer sind diese Statisten, und wie verhalten sie sich? Nicht zu Unrecht wurde dieser Zweig der Ökonomie unter dem Schlagwort »Unmöglichkeitstheorem« bekannt. Dieses stammt von dem amerikanischen Ökonomen Kenneth J. Arrow, dem es gelang, etwas zu beweisen, was vielen unmittelbar einleuchtete: dass nämlich die menschliche Entscheidungsfindung keineswegs ein rationaler Prozess ist. Condorcets Erkenntnis der »subjektiven Wahrscheinlichkeit« mit ihren anders gearteten Begründungen im Gegensatz zur »abstrakten Wahrscheinlichkeit« war der erste Schritt zur Analyse der noch komplizierteren kollektiven Entscheidungsfindung, wie sie der Ökonomie zugrunde liegt.

Im Jahr 1786 verliebte sich Condorcet in die zweiundzwanzigjährige Sophie de Grouchy, die als die schönste Frau von Paris galt, und heiratete sie. Da es sich jedoch um eine französische Liebesgeschichte handelte, war die Sache nicht ganz so einfach. Sophie war nämlich die Mätresse des Marquis de Lafayette, des französischen Helden der amerikanischen Revolution. Condorcet wurde gezwungen, bei Lafayette um Sophies Hand anzuhalten – eine Demütigung, die ihm aber offenbar nicht weiter zu schaffen machte.

Die intelligente und einfühlsame Sophie hatte ein leidenschaftliches Interesse an Reformen und wirtschaftstheoretischen Fragen. Schon bald nach ihrer Heirat begann sie mit der ersten (und besten) französischen Übersetzung von Adam Smiths *Theory of Moral Sentiments*. Sie führte einen Salon, der bald zu einem gesellschaftlichen und intellektuellen Anziehungspunkt wurde. Hier kamen *les philosophes* einmal in der Woche zusammen. Unterdessen war Condorcet zum Generalinspekteur der Staatsmünze ernannt worden, und Sophie führte ihren Salon von dem großen Stadtpalast aus, in dem sie jetzt wohnten, dem Hôtel des Monnaies – für einen Ökonomen eine passende Adresse.

Weniger als drei Jahrzehnte zuvor hatte die verschwenderische Mätresse Ludwigs XV., Madame de Pompadour, erklärt:»Après nous le déluge«, nach uns die Sintflut. Jetzt erkannten viele in Frankreich, dass das despotische Ancien Régime abgewirtschaftet hatte. Aber wie lange würde es sich noch halten können? Und wie würde sein Ende aussehen? Die Antwort auf diese Frage brachte der 14. Juli 1789, als der Mob in Paris die Bastille stürmte, die berüchtigte Festung, in der allerdings nur sieben Gefangene einsaßen, unter anderem ein des Inzest angeklagter Lebemann und ein Verrückter, der sich für Gott hielt. Die Französische Revolution hatte mit einer Enttäuschung begonnen.

Condorcet stand auf der Seite der Revolution und wurde zum Abgeordneten der Gesetzgebenden Nationalversammlung gewählt. Er legte den Entwurf einer »Nationalerziehung« vor und arbeitete an anderen fortschrittlichen Ideen. Mit vielen seiner Vorschläge war er jedoch seiner Zeit weit voraus. Condorcet war ein Gegner der Sklaverei, er plädierte für das Wahlrecht auch für Frauen, bekämpfte die Religion und war eingefleischter Antimonarchist. Immer wieder bekundete er seinen Glauben an »Fortschritt und Vernunft« und verfasste einen satirischen Artikel, in dem er vorschlug, Frankreich solle die Monarchie durch einen »kostengünstigen königlichen Automaten« ersetzen. Dieser »mechanische König« könnte zeremonielle Aufgaben erfüllen und sich diesbezüglich auch veränderten Anforderungen anpassen: beispielsweise mit anderen Monarchen, die auf Staatsbesuch kämen, Konversation führen – alles zu einem Minimum der bisherigen Kosten. Verschwenderische Diners, Konzerte und königliche Bälle würden entfallen. Er könnte außerdem automatisch alle Dekrete unterzeichnen, die die Legislative verabschiedete, und Minister im Einklang mit den Wünschen der Nationalversammlung ernennen. Zugegeben, das Erbprinzip würde entfallen. Aber wenn dieser automatische König gut gewartet würde, besäße Frankreich einen Monarchen für alle Ewigkeit. Der alte König hatte sich noch der Lächerlichkeit preisgegeben, wenn er sich als unfehlbar in seinem Urteil und unverletzlich in seinen Rechten hingestellt hatte; der automatische Regent dagegen könnte derart übermenschliche Machtbefugnisse ganz unbekümmert für sich in Anspruch nehmen. Condorcets Parabel war in Wahrheit mehr als nur Satire. Sie war vielmehr ein metaphorisch eingekleideter Entwurf seiner Vorstellung von Politik als Wissenschaft – und damit Teil seines Fortschrittsglaubens.

Im Jahr 1792 legte Condorcet den Entwurf einer neuen französischen Verfassung vor, die in Einklang mit den Ansichten der gemäßigten Girondisten stand. Dann aber übernahmen die Jakobiner unter Führung von Robespierre die Macht, und die Schreckensherrschaft begann. Condorcet musste fliehen und sich verstecken, um sein Leben zu retten. Die Zeit erzwungener Untätigkeit nutzte er zur Abfassung seiner *Esquisse d'un tableau historique des progrès de l'esprit humain* (*Entwurf einer historischen Darstellung der Fortschritte des menschlichen Geistes*), in der er das Unglück der Menschheit auf Unwissenheit zurückführte (die den Menschen in der Regel von Königen, Priestern oder bestimmten Interessengruppen auferlegt war). Der Fortschritt der Vernunft dagegen führe zu einer unvergleichlich tieferen Erkenntnis der Naturgesetze und damit zu größerer technologischer Kontrolle über die Kräfte der Natur, zur Aufdeckung von Irrtümern und zur Ausrottung gesellschaftsfeindlicher Ideen. Die menschliche Natur sei weder allein durch die Moralgesetze noch allein durch die Naturwissenschaften erklärbar. Beide müssten vielmehr zu einer umfassenden Wissenschaft von der menschlichen Natur zusammengefügt werden. Condorcet legte damit die Grundlagen der modernen Soziologie, die in der heutigen Wirtschaftswissenschaft eine so bedeutende Rolle spielt. Condorcets Gedanken spiegeln auch vieles von der Welt, in der wir heute leben. Unsere Träume (und unsere Albträume) sind in diesem allumfassenden Fortschrittsbegriff unschwer wiederzuerkennen.

Condorcets ökonomische Theorie ist in seine Ideen vom Fortschritt eingebettet. Er forderte eine größere wirtschaftliche Gleichheit für alle sowie Rechte zum Schutz der Arbeiter gegen skrupellose Unternehmer. Er entwarf die Grundzüge eines Sozialsystems für bedürftige Arbeiter und forderte staatliche Interventionen zur Zinssenkung, sodass sich mittellose Arbeiter Geld leihen konnten, ohne sich finanziell zu ruinieren. Auch wenn sich Condorcets Wirtschaftstheorie von den Modellen der Physiokraten kaum unterscheidet, liegt deren Bedeutung doch darin, zukunftsweisende Akzente gesetzt zu haben. Fortschritt – das war eine neue und machtvolle Idee und gab Grund zum Optimismus. Adam Smith hatte seine Gedanken noch vor dem Hintergrund einer statischen Wirtschaft dargelegt. Die in Großbritannien stattfindende industrielle Revolution räumte mit dieser Vorstellung auf. Der Fortschritt war jetzt kein theoretisches Konzept mehr; seine praktischen Auswirkungen waren unübersehbar. Die mit der industriellen Revolution in Gang gesetzten sozialen Umwälzungen boten für die Mehrheit der Bevölkerung wenig Grund zum Optimismus. Die Französische Revolution hatte noch stärkere gesellschaftliche Umwälzungen zur Folge gehabt, die zumindest anfangs Hoffnung auf sozialen und wirtschaftlichen Fortschritt weckten. Der Gedanke des wirtschaftlichen Fortschritts gab Condorcet Anlass zum Optimismus. In Frankreich glaubte man an die Mechanik des Fortschritts (einen Maschinenmonarchen und ähnliches), in Großbritannien verfügte man über Maschinen, die in den Fabriken die Arbeit verrichteten.

Condorcet musste sich in einem Haus südwestlich von Paris verstecken, kam aber bald zu der Überzeugung, dass er bespitzelt wurde, und floh in den nahe gelegenen Wald von Meudon. Nach drei Tagen wagte er sich in der Dämmerung des 27. März 1794 völlig erschöpft nach Clamart. Sein zerlumptes Aussehen führte schon bald zu seiner Verhaftung. Zwei Tage später wurde er in seiner Zelle tot aufgefunden. Die Umstände seines Todes sind bis heute ungeklärt. Vielleicht wurde er vergiftet (oder er vergiftete sich selbst), wahrscheinlich aber starb er an Entkräftung.

Jenseits des Ärmelkanals, in England, führte zur selben Zeit einer der maßgeblichen Wirtschaftstheoretiker jener Epoche das angenehme Leben eines jungen Universitätsdozenten in Cambridge. Doch trotz aller Behaglichkeit und aller Privilegien entwickelte er eine Theorie, die von tiefstem Pessimismus geprägt war, und Visionen, die weit schrecklicher waren als die Exzesse der Französischen Revolution und der Schreckensherrschaft eines Robespierre. Bis zum heutigen Tag bleibt das malthusianische Bevölkerungsgesetz die schrecklichste Vision von der Zukunft der Menschheit.

Robert Malthus wurde 1766 als Sohn eines reichen, exzentrischen Landedelmannes unweit von Guildford im Süden Englands geboren. Sein Vater, Squire Malthus, hatte Condorcet gelesen und hegte wirre utopische Ideen über den Fortschritt der Menschheit. Er beschloss, seinen Sohn Robert selbst zu erziehen, schickte ihn später aber zu einem ihm gleichgesinnten Tutor in den Norden Englands (der wenig später als Anhänger der Französischen Revolution inhaftiert wurde). Trotz seiner unkonventionellen Erziehung schaffte es Malthus, zur Universität Cambridge zugelassen zu werden, wo er Mathematik und Naturwissenschaften studierte und in beiden Fächern glänzte. Der gut aussehende junge Mann war ein geselliger Bursche und ein leidenschaftlicher Sportler. Mit seiner langen goldblonden Lockenpracht widersetzte er sich der zu jener Zeit üblichen, strengen Haartracht, wie sie etwa Lord Nelson trug: das zum Pferdeschwanz gebundene Haar leicht mit weißem Puder bestäubt, damit es einen vornehmen gräulichen Schimmer bekam. Malthus dagegen puderte seine goldenen Locken extravagant in rosarot. Von seinem exzentrischen Vater hatte er auch eine Gaumenspalte geerbt, weshalb ihm das Sprechen schwer fiel und seine Stimme nasal klang. Nach dem Universitätsabschluss trat er als Dozent in das Jesus College ein und erhielt die Priesterweihe. Reverend Malthus wurde jedoch kein frommer, wohltätiger Geistlicher. Er widersprach entschieden den philanthropischen Ansichten seines Vaters. Der zentrale Punkt ihrer Auseinandersetzungen war die Frage, ob es möglich sei, das Los der Armen zu mildern. Reverend Malthus war zutiefst davon überzeugt, es sei nicht möglich, und er betrieb aufwändige Studien, um dies zu beweisen. Das Ergebnis war eine umfangreiche Schrift mit dem Titel *An Essay on the Principle of Population, as it Affects the Future Improvement of Society, with Remarks on the Speculations of Mr. Goodwin, M. Condorcet, and Other Writers.* Malthus' Vater zeigte sich von der Brillanz des Aufsatzes derart beeindruckt, dass er ihn auf eigene Kosten drucken ließ – auch wenn er weiterhin an seinem Standpunkt festhielt. Die Schrift war eine Sensation und etablierte seinen Verfasser als einen maßgeblichen Denker seiner Zeit.

Malthus schrieb seinen *Essay on Population (Das Bevölkerungsgesetz)* mehrmals um, doch im Kern blieb seine Theorie unverändert. Er erteilte den hochfliegenden Fortschrittshoffnungen eines Condorcet eine schroffe Absage. Malthus zufolge wuchs die Bevölkerung stets schneller als die Mittel zu ihrer Ernährung: »Die Vermehrungskraft der Bevölkerung ist unbegrenzt größer als die Kraft der Erde, Unterhaltsmittel für den Menschen hervorzubringen.« Die Folge sei »Elend«, das heißt Unterernährung, Krankheit und vorzeitiger Tod. Die Menschheit, so Malthus werde von zwei unwiderstehlichen Kräften vorwärts getrieben: dem Bedürfnis nach Nahrung und einem unstillbaren Geschlechtstrieb. Die Folge sei, dass die Bevölkerung in geometrischer Progression (das heißt 1, 2, 4, 8, 16, 32 und so fort) wachse, die Nahrungsmittel dagegen nur in arithmetischer Progression (das heißt 2, 4, 6, 8, 10 und so fort).

Malthus war entschlossen, das Wolkenkuckucksheim der Ideen seines Vaters durch die nüchternen Wahrheiten der Realität zu ersetzen. Die Ökonomie, so forderte er, sollte eine empirische, keine spekulative Wissenschaft sein. Sie sollte darauf abzielen, Ursachen und Folgen mathematisch streng zu beschreiben. Malthus' Theorie des geometrischen Bevölkerungswachstums und des arithmetischen Ressourcenwachstums entsprach dieser Anforderung. Leider war seine Verwendung der Statistik alles andere als wissenschaftlich. Eines der Hauptwerke, auf die er sich in seiner Beweisführung stützte, waren die *Observations concerning the Increase of Mankind* des großen amerikanischen Wissenschaftlers und Diplomaten Benjamin Franklin. Franklin behauptete, die amerikanische Bevölkerung würde sich alle 25 Jahre – in manchen isolierten Siedlungen sogar bereits alle 15 Jahre – verdoppeln. Was Malthus übersah, war die Tatsache, dass diese Zahlen sowohl die Eingewanderten *als auch* die in Amerika Geborenen umfassten.

Die industrielle Revolution begann unterdessen bereits das Gesicht Großbritanniens zu verändern. Es war die Zeit, in der Manchester »verrückt nach Dampfmaschinen« war und die Straßen der wie Pilze aus dem Boden geschossenen Städte sich mit einer neuen Schicht von Armen bevölkerten. Vorher hatte man die Bevölkerung eines Landes als maßgeblich für den Wohlstand und die Stärke einer Nation angesehen. Je größer die Bevölkerung eines Landes war, desto mehr Arbeiter und Soldaten standen zur Verfügung. Jetzt begann man daran zu zweifeln. Was geschah eigentlich genau? Niemand wusste es zu sagen. Die erste Volkszählung in Großbritannien wurde erst im Jahr 1801 durchgeführt. Vorher hatte es lediglich Schätzungen der Bevölkerungszahlen gegeben. Lokal begrenzte Schätzungen wie beispielsweise Graunts Berechnung der Londoner Bevölkerung im 18. Jahrhundert erwiesen sich zwar als relativ exakt. Aber Schätzungen der Gesamtbevölkerung führten zu sehr unterschiedlichen Ergebnissen. Vor der Volkszählung von 1801 schwankten die Bevölkerungszahlen für Großbritannien (ohne Irland) zwischen 9 und 12,5 Millionen (die Volkszählung ergab dann die Zahl von 10,4 Millionen).

Die Leute waren beunruhigt, und zwar zu Recht. Nach Malthus'

Aufsatz würde es auf der Welt irgendwann zu einer Bevölkerungsexplosion kommen. Auch wenn er sich in einzelnen Details irrte, so war (und ist teilweise bis heute) seine Beweisführung doch zwingend logisch. Die Weltbevölkerung würde früher oder später so groß sein, dass sie nicht mehr zu ernähren wäre. Aber das war noch nicht alles. Alle Bemühungen, den Lebensstandard der Armen zu verbessern, wie Condorcet es vorgeschlagen hatte, würden die Katastrophe nur noch beschleunigen. Je mehr sich die Lage der Armen verbesserte, desto mehr Kinder setzten sie in die Welt, und damit würde sich ihre Armut nur noch verschlimmern. Sozialer Fortschritt würde also das allgemeine Elend nur verschlimmern. Dasselbe galt für die Mildtätigkeit, befand der christliche Geistliche Malthus. Es war dieser unerbittliche Pessimismus, der den schottischen Denker Thomas Carlyle zu dem berühmten Ausspruch über die politische Ökonomie als »trostlose Wissenschaft« (»dismal science«) veranlasste – ein diskreditierendes Etikett, das ihr bis zum heutigen Tag anhaftet. Meist sind sich diejenigen, die sich dieser Formulierung bedienen, gar nicht bewusst, auf welche pessimistische Theorie sie sich ursprünglich bezog.

Die Bevölkerung, so Malthus weiter, werde stets bis an ihre Höchstgrenze wachsen – bevor dann ausgleichende Schranken (*positive checks*) wirksam würden, die im Nachhinein zu einer Anpassung der Bevölkerung an die zur Verfügung stehenden Subsistenzmittel führen würden: Hungersnöte, Seuchen, Krankheiten, Katastrophen und so weiter – altbewährte Standards aus der misanthropischen Mottenkiste. Inzwischen hatte Malthus die Empirie längst verlassen und bewegte sich nun auf dem Feld der reinen Spekulation, gestützt nur auf die windigsten Argumente, auf Gemeinplätze und historisch begründete Rückschlüsse: »Die Folgen der schrecklichen Londoner Pestepidemie im Jahr 1666 waren 15 oder 20 Jahre später nicht mehr zu erkennen.« – »Die Spuren der verheerendsten Hungersnöte in China und Indien waren allen Berichten zufolge sehr bald verwischt.« Doch trotz dieser unbekümmerten Handhabung seiner »empirischen Wissenschaft« hatte Malthus einen wesentlichen Punkt formuliert, und das wusste er. Was also war zu tun? Im Kern seiner Theorie war Malthus seiner

Zeit voraus. Mit den Maßnahmen, die er vorschlug, mit seinen sozialen und moralischen Verhaltensvorschriften und mit seiner Einstellung gegenüber den Armen nahm er die repressive Moral der viktorianischen Epoche vorweg (die erst 1837, vier Jahre nach seinem Tod, begann). Der einzige Weg, eine Bevölkerungskatastrophe zu vermeiden, bestand Malthus zufolge in sexueller Enthaltsamkeit und später Heirat. Er schlug sogar vor, bei der Eheschließungszeremonie eine Proklamation zu verlesen, die die Paare darauf hinwies, dass sie die finanziellen Lasten und Folgen ihrer Leidenschaft selbst zu tragen hätten. Malthus zweifelte dennoch an der Fähigkeit der Menschheit, ihr unstillbares Verlangen nach sexueller Befriedigung zu beherrschen. Die Bevölkerung würde weiter wachsen. Es war schlicht und einfach unmöglich, den wirtschaftlichen Wohlstand der Nation zu verbessern.

Malthus' *Essay on Population* traf einen Nerv. Der Aufsatz wurde Gegenstand heftiger Debatten und hatte schon bald Auswirkungen auf die Praxis. Der Optimismus, der vor allem in der Mittel- und Oberschicht durch die industrielle Revolution ausgelöst worden war, erfuhr jetzt eine ernüchternde Neubewertung. Manche Unternehmer betrachteten Malthus' Theorie als Rechtfertigung der Theorie der Subsistenzlöhne, der zufolge die Löhne nicht höher sein sollten als das Existenzminimum (obwohl Adam Smith die Kurzsichtigkeit dieser Theorie verurteilt hatte). Warum sollte man den Arbeitern mehr als das absolute Minimum zahlen, wenn man auf diese Weise ihr Elend nur verschlimmerte. Mit demselben Argument rechtfertigte man die Weigerung, Almosen zu geben – und konnte dabei ein reines Gewissen behalten. Aber auch auf politischer Ebene zeigte Malthus' Theorie Wirkung. Der britische Premierminister William Pitt der Jüngere war bis dahin bemüht gewesen, Armut zu lindern. Die Armengesetze gewährleisteten, dass Arbeiter, deren Lohn unter dem Existenzminimum lag, Zuwendungen erhielten. An der Wende zum 19. Jahrhundert wurde fast ein Siebtel der Gesamtbevölkerung in irgendeiner Form unterstützt. Durch lokale Vermögenssteuern wurden zu diesem Zweck 4,5 Millionen Pfund aufgebracht. Es herrschte die Überzeugung, dass die Armengesetze nicht nur Elend linderten, sondern auch dem Kinderreichtum förderlich waren, was wiederum zum Wohlstand der Nation beitrug. Zwei Jahre nach Erscheinen des *Essay on Population* zog Pitt, überzeugt von Malthus' Argumenten, seine Unterstützung der Armenfürsorge zurück.

Die Armengesetze standen jetzt im Ruf, die Mobilität der Arbeiter einzuschränken, indem sie die Familien an die Pfarreien banden, von denen sie die Zuwendungen erhielten. Auch die Entstehung kinderreicher Familien wurde jetzt kritisch betrachtet. Malthus zeigte sich »überzeugt davon, dass die gesamte Summe des Glücks für das einfache Volk viel größer gewesen wäre, als sie gegenwärtig ist, wenn es die Armengesetze niemals gegeben hätte«. Die Logik von Malthus' Beweisführung leuchtete vielen ein. Andere wollten seiner Argumentation nicht folgen. Nach Ansicht von Robert Southey, einem späteren Hofdichter, war Malthus nur ein »boshafter Schwachkopf«. Solche extremen Reaktionen waren verständlich. Denn Reverend Malthus' Mitgefühl hatte einen schalen Beigeschmack. Seiner Ansicht nach sollte »der großen Not« der Arbeitslosen »eine gewisse Erleichterung« verschafft werden, allerdings nicht in Form von »bequemen Zufluchtsstätten«, sondern von Armenhäusern. Bei karger Kost sollten alle, die dazu in der Lage wären, arbeiten müssen. Das Ziel war, diese Leute zu ermutigen, eine Arbeit zu finden. Aber was, wenn es gar keine Arbeit gab? Was, wenn diese Leute nicht aus eigenem Verschulden arbeitslos waren, sondern deshalb, weil neue Maschinen eingeführt wurden, die ihre Arbeitskraft entbehrlich machten? Derartige Fragen spielten in Malthus' Konzept keine Rolle.

Zum Glück hat sich Malthus' »unanfechtbare Logik« als falsch erwiesen – zumindest in Westeuropa und in Nordamerika, Regionen mithin, auf die er am häufigsten Bezug nahm. Hier führte der zunehmende wirtschaftliche Wohlstand nicht zu einer Bevölkerungsexplosion. Malthus' Theorie bedurfte der wirtschaftlichen Stagnation, damit die Katastrophe vermieden wurde. Doch zu Beginn des 19. Jahrhunderts war das ökonomische Wachstum sehr viel unausweichlicher als seine »unanfechtbare Logik«. Dieses Wachstum brachte den einen Fortschritt und den anderen Elend und Not. Auch die Fortschritte im Bereich der Medizin sowie die Empfängnisverhütung zog Malthus nicht in Betracht, denn mit der Steigerung des Lebensstandards sank die Sterblichkeit und stieg die Geburtenrate. Das Wachstum der gesunden Bevölkerung ging einher mit einer Agrarrevolution ungeahnten Ausmaßes. Von der griechischen Antike bis 1700 war die landwirtschaftliche Produktivität in Europa nahezu unverändert geblieben. Im Jahrhundert vor der Veröffentlichung des *Essay on Population* verdoppelte sie sich. Auch diese Entwicklung ließ Malthus unberücksichtigt.

Andererseits besitzt Malthus' Bevölkerungsgesetz außerhalb Westeuropas und Nordamerikas bis heute eine erschreckende Relevanz. In Afrika sowie in anderen Teilen der Dritten Welt ist die Bevölkerung stärker gestiegen als die Nahrungsmittelproduktion. Nur in Westeuropa kam es aufgrund der gesteigerten landwirtschaftlichen Produktion bereits hundert Jahre, bevor Malthus seine »harschen, aber unumgänglichen« Ideen zu Papier brachte, nicht mehr zu Hungersnöten. (Auch während der Hungersnot in Irland 1845-49, der einzigen Ausnahme, produzierte Irland genügend, um seine Bevölkerung ernähren zu können. Die Hungersnot war vielmehr eine Folge der durch Großbritannien erzwungenen Nahrungsmittelexporte.) Aber die Weltbevölkerung wächst noch immer alarmierend schnell. Sechs Milliarden waren es an der Wende zum 21. Jahrhundert, und im Jahr 2010 sollen es sieben Milliarden sein. Heißt das, Malthus' Bevölkerungsgesetz besitzt auf globaler Ebene nach wie vor Geltung und wird bald auch wieder für Westeuropa zutreffen – wie seinerzeit im Mittelalter? Werden die technologischen Möglichkeiten genügen, um uns in ausreichendem Maße mit Nahrung zu versorgen?

Vor 30 Jahren stimmte der US-amerikanische Biologe Paul Ehrlich, Verfasser des Buches *The Population Bomb* (*Die Bevölkerungsbombe*), Malthus' Theorie zu. Das Ende sei nahe. Energie und Rohstoffe würden immer knapper werden und die Preise dementsprechend steigen. Der US-amerikanische Ökonom Julian Simon widersprach dieser These 1980 und bot Ehrlich eine berühmt gewordene Wette an. Ehrlich sollte sich beliebige Rohstoffe im Wert von 1 000 Dollar aussuchen. Sollten deren Preise innerhalb von zehn Jahren steigen (was auf eine Verknappung hindeuten würde), so würde Simon ihm den Differenzbetrag bezahlen. Im umgekehrten Fall sollte Ehrlich den Differenzbetrag an Simon zahlen. Ehrlich nahm die Wette an und kaufte fünf Metalle im Wert von 1 000 Dollar. Im Jahr 1990 waren diese nur noch 424 Dollar wert, und der optimistische Simon hatte 576 Dollar gewonnen. Gewiss, die Weltbevölkerung war stark gestiegen. Aber dieser Anstieg war durch andere Faktoren mehr als ausgeglichen worden. Große neue Erdölfelder waren entdeckt worden, und viele Länder der Dritten Welt konnten dank einer neuen Agrarrevolution ihre Bevölkerung ernähren; die zur Neige gehenden Metalle waren durch synthetische Stoffe wie zum Beispiel Plastik ersetzt worden.

Bis in die jüngste Zeit gab es in Indien, China und Afrika immer wieder Hungersnöte. Heute ist dieses Übel weitgehend auf Afrika beschränkt und wird bis zum Jahr 2010 vielleicht auch hier verbannt sein. Die Wahrscheinlichkeit ist groß, dass sich die Weltbevölkerung bis dahin stabilisiert hat, wie es in Westeuropa und in Nordamerika der Fall ist. Globale Ressourcen stehen zwar nicht in unbegrenztem Maße zur Verfügung, aber wir haben die vorhandenen Reserven noch längst nicht ausgeschöpft. Und trotz der chronischen Überbevölkerung der Städte sind große Teile unseres Planeten noch immer unbewohnt.

Nachdem Malthus jahrelang gegen das Übel der Ehe zu Felde gezogen war, unterlag er schließlich selbst dem Schicksal der von einer »Leidenschaft zwischen den Geschlechtern« getriebenen Menschheit. Im Alter von 37 Jahren heiratete er die siebenundzwanzigjährige Harriet Eckersal. Viele waren schockiert, da sie den Schöpfer des malthusianischen Bevölkerungsgesetzes als überzeugten Frauenhasser betrachtet hatten. Ein zeitgenössischer Bekannter beschrieb Malthus jedoch als einen »gutmütigen Mann, der einer Dame gegenüber höflich ist, wenn er keine Anzeichen einer bevorstehenden Fruchtbarkeit an ihr entdeckt«. Trotz dieser Umstände brachte Harriet Malthus drei Kinder zur Welt.

Malthus war mit seinem *Essay* inzwischen auch weit über Großbritannien hinaus berühmt. 1805 wurde er Dozent am College der Ostindischen Gesellschaft außerhalb von London, wo junge Verwaltungsbeamte für den indischen Kolonialdienst ausgebildet wurden. Malthus wurde zum Professor für Geschichte und politische Ökonomie ernannt und war damit der erste Lehrstuhlinhaber für Ökonomie überhaupt. Damals lernte Malthus David Ricardo kennen, den zweiten führenden Wirtschaftstheoretiker Großbritanniens zu jener Zeit. In vielen Wirtschaftsfragen uneinig, wurden sie dennoch gute Freunde. 1820 veröffentlichte Malthus seine *Principles of Political Economy Considered with a View to Their Practical Application.* Der eifrige Ricardo schrieb dazu 220 Seiten Anmerkungen, in denen er die Fehler des Textes korrigierte und anmerkte, dass »kaum eine Seite fehlerlos« sei. Trotzdem hatte Malthus auch hier etwas Wichtiges zu sagen. Adam Smith konnte zwar darlegen, wie Gewinn erzielt wurde und wovon dessen Schwankungen abhingen, aber eine allgemeine Theorie des Gewinns hatte er nicht vorgelegt. Die Wirtschaftswissenschaft begann sich damals erst ganz allmählich von der unmittelbaren faktischen Realität des Handels zu lösen. Malthus rechtfertigte den Gewinn damit, dass er ihn als Ertrag der Investition und als Ausgleich für das unternehmerische Risiko begriff – zwei wesentliche Kennzeichen der Rolle des Kapitalisten im Produktionsprozess. Wenn er sein Kapital in Werkzeug und Maschinen investierte, steigerte er die Produktivität seiner Arbeiter – und somit stand ihm auch mehr Gewinn zu.

Am wichtigsten ist jedoch Malthus' Analyse der allgemeinen Überproduktion und Absatzstockung (*general glut*), die die ganze Wirtschaft zum Stillstand bringt. Ein gewagter Vorstoß, denn der herrschenden ökonomischen Lehre jener Zeit zufolge war ein solcher Fall unmöglich. Nach Ansicht des zeitgenössischen französischen Ökonomen Jean-Baptiste Say konnte das kapitalistische System nicht zusammenbrechen, weil es sich immer wieder selbst ins Gleichgewicht brachte. Von ihm stammt das noch heute bekannte Saysche Theorem, das mehr als hundert Jahre lang das marktwirtschaftliche Denken beherrschte. Vereinfacht gesagt,»schafft sich jedes Angebot langfristig seine eigene Nachfrage«. Mit anderen Worten: Der Wert aller produzierten Güter wird dem Wert aller gekauften Güter stets gleich sein. Damit konnte es niemals einen Überschuss und folglich auch keine allgemeine Absatzstockung auf dem Markt geben. (Diesen Zustand bezeichnen wir heute als Depression oder Baisse – der Markt wird von zu vielen Gütern überschwemmt, die niemand kauft.) Freilich konnte es einen »partiellen Überschuss« geben, Say jedoch war der Ansicht, dass jede partielle Absatzstockung durch die Kräfte des Marktes reguliert wird, indem beispielsweise der Verkäufer den Preis senkt, um noch unverkaufte Waren abzusetzen. Malthus widersprach dieser These, indem er behauptete, es könne in jedem Wirtschaftssystem zu einer periodischen Absatzstockung kommen, die im schlimmsten Fall zu einer »allgemeinen Absatzstockung« führe. Die Preise würden steigen, wenn die Nachfrage steigt, und sie würden fallen, wenn die Nachfrage zurückgeht. Doch man könnte sich zur Marktbereinigung nicht immer auf die Preise verlassen, insbesondere dann nicht, wenn die Verbraucher über zu wenig Geld verfügten. Dann wäre die Folge eine allgemeine Überproduktion und Absatzstockung. Um Abhilfe zu schaffen, schlug Malthus eine Intervention des Staates bei der Einkommensverteilung vor. Grundbesitzer sollten mehr, Kapitalisten weniger Einkommen erhalten, und damit würden die Kapitalisten aufhören, zu viel zu produzieren. Die Grundbesitzer wiederum würden dann ihr überschüssiges Einkommen für Bedienstete und Luxusgüter ausgeben und damit der Arbeitslosigkeit entgegenwirken und die Nachfrage steigern. Malthus schlug weiterhin vor, »die Armen im Straßenbau und bei öffentlichen Arbeiten einzusetzen«. Dadurch würde mehr Einkommen geschaffen und die Konsumfreude gesteigert. Mit anderen Worten: Der Weg aus der Depression war der Konsum. Diese große (und für Malthus so untypisch humane) Einsicht sollte bis weit ins 20. Jahrhundert hinein unbeachtet bleiben, bis Keynes sie als Maßnahme zur Bekämpfung der großen Depression vorschlug.

Malthus' Behandlung dieses Problems der Überproduktion und

Absatzstockung war auch in einer anderen Hinsicht seiner Zeit voraus. Nicht nur wies er einen Weg zur Bekämpfung des Problems, er verwies auch auf einen entscheidenden Fehler des kapitalistischen Systems selbst. »Erstmals«, schrieb der Ökonom Eric Roll im 20. Jahrhundert, »wurde hier eingeräumt, dass Krisen aus Ursachen entstehen konnten, die dem kapitalistischen System inhärent waren«. Ricardo entdeckte zahllose Fehler in Malthus' Werk – aber den größeren machte Ricardo selbst, als er sich weigerte, solche Systemmängel, ja sogar die Existenz einer Überproduktion überhaupt anzuerkennen. 14 Jahre nach Veröffentlichung seines zweiten Hauptwerks starb Malthus im Alter von 67 Jahren. Von den einen verehrt, von den anderen dämonisiert, blieb der »unbarmherzige Pfaffe« umstritten bis zum Schluss. »Zu Malthus' Begräbnis«, schrieb der moderne amerikanische Ökonom Todd G. Buchholz, »kamen die einen, um zu trauern, die anderen, um sich zu vergewissern, dass er tatsächlich tot sei«. Aber er war nicht tot. Noch im Jahr seines Dahinscheidens wurde ein neues Armengesetz verabschiedet, das in Einklang mit Malthus' ökonomischer Theorie stand. Es schrieb vor, dass körperlich gesunde Arbeiter, die für sich und ihre Familien nicht aufkommen konnten, nur dann Unterstützung erhielten, wenn sie sich in die Armenhäuser begaben. Hier wurden die Familien auseinander gerissen, die Lebensbedingungen waren absichtlich hart und ein sadistisches Personal griff zu demütigenden Strafmaßnahmen. Die Insassen bekamen nur Wassersuppe und Knochen. Mütter und Kinder mussten Werg zupfen, und körperlich gesunde Männer hatten zusammen mit Kriminellen und Geisteskranken Knochen für Tierfutter zu zermahlen.

Zwar war der unmittelbare Einfluss, den Malthus mit seinem Werk ausübte, durchaus unselig, die späteren Folgen jedoch waren es keineswegs. 1838 las Darwin Malthus' *Essay on Population* und berichtete: »Mir wurde sofort deutlich, dass unter solchen Bedingungen vorteilhafte Variationen eher erhalten bleiben und unvorteilhafte eher vernichtet werden.« Malthus hatte exakt die Bedingungen beschrieben, unter denen die Tüchtigsten überlebten. Was Malthus beschrieben hatte, war in der Tat das Tierreich vor dem Auftreten der zivilisierten Menschheit.

David Ricardos Sicht der Gesellschaft war nicht weniger pessimistisch als die seines Freundes und Sparring-Partners Malthus. Auch Ricardo betrachtete besorgt die »satanisch finstren Räderwerke« der industriellen Revolution, die sich jetzt »auf Englands frischen Auen« ausbreiteten. (In den 50 Jahren, die Ricardos Lebenszeit umfasste, verdreifachte sich die Einwohnerzahl Manchesters auf rund 200 000.) Er stimmte Malthus' Ansichten über die Bevölkerung zu, und er war es, der das eherne Lohngesetz formulierte: Jeder Versuch, das Los der Arbeiter zu verbessern, war nutzlos, und deshalb müsse der Lohnsatz langfristig dem Existenzminimum entsprechen. Seine gründliche Analyse der Gesellschaft führte Ricardo zu nicht minder düsteren Schlussfolgerungen als Malthus. Die Gesellschaft war keine große Familie, kein alles übergreifender Mechanismus und auch nicht der Schauplatz eines erbitterten Überlebenskampfes – sie war vielmehr die Arena eines grausamen Kampfes zwischen zwei mächtigen Klassen um die Vorherrschaft: Die alte etablierte Klasse der Grundbesitzer stand der neuen aufstrebenden Klasse der Kapitalisten gegenüber, und in diesem Kampf wurde die Arbeiterklasse einfach niedergetrampelt.

Wie wir jedoch noch sehen werden, war Ricardo nicht ganz so pessimistisch, wie es auf den ersten Blick scheint. Seine Analyse der Gesellschaft und ihrer Mechanismen war die tiefgreifendste seit Adam Smith, und es war Ricardo, der die Ökonomie als systematische Wissenschaft begründete. Smith hatte die Wirkungsweise der Wirtschaft entdeckt, Ricardo blickte unter die Oberfläche. Er erkannte die Gesetze, die diesen Mechanismen zugrunde lagen. Ricardo besaß die Fähigkeit, von der Realität in einem Maße zu abstrahieren, wie es zuvor nur auf dem Gebiet der Physik gelungen war – oder im Talmud.

Und hier lag der Schlüssel. Ricardo gehörte jener Generation von Juden an, mit der eine neue geistige Blütezeit in Europa ihren Anfang nahm. Langsam begannen die Juden in der Gesellschaft ihren Platz zu finden, und nachdem sie sich aus den Zwängen der subtil-verzwickten Talmud-Interpretation befreit hatten, konnten sie sich der ver-

gleichsweise einfachen intellektuellen Herausforderung der sozialen
Realität zuwenden. Es war die Zeit der Rothschilds, Europas führen-
der Bankiersfamilie, sowie des Philosophen Moses Mendelssohn, des
Dichters Heinrich Heine, des Komponisten Felix Mendelssohn-Bar-
tholdy und des ersten jüdischen Premierministers Großbritanniens,
Benjamin Disraeli.

David Ricardo wurde 1772 in London geboren. Sein Vater, ein se-
phardischer[1] Jude, war aus Holland nach Großbritannien ausgewan-
dert und hatte eine Börsenmaklerfirma gegründet. Zu jener Zeit waren nur ein Dutzend »jüdische Broker« an der Börse zugelassen, und
sie waren auf ein Stockwerk begrenzt, den so genannten Jews' Walk.
Trotz dieser Beschränkungen machte Ricardo senior schon bald ein
Vermögen. Sein Sohn David wuchs in einer kultivierten jüdischen Familie auf, erhielt aber keine formale Ausbildung. Im Alter von 14 Jahren trat er in die väterliche Firma ein. Es gibt Wunderkinder auf dem
Gebiet der Mathematik oder der Musik, Ricardo war demgegenüber
ein Finanzgenie. Sein junger, noch ungeformter Geist erfasste selbst
die komplipziertesten Finanztransaktionen und -strategien. David
wurde bald zum ganzen Stolz seines Vaters.

Dann geschah das Unglück. Im Alter von 21 Jahren verliebte sich
David, konvertierte zum Christentum und heiratete das Mädchen, eine
hübsche und intelligente Quäkerin. Mit meisterlichem Understatement
hieß es, Ricardos Mutter sei »... nicht in der Lage gewesen, diese Situation zu akzeptieren, und auch Ricardo selbst befand es für notwendig,
die väterliche Firma zu verlassen«. Aber der mittellose Ricardo war
jetzt frei, und er konnte sich selbstständig machen, ohne länger den Beschränkungen unterworfen zu sein, die den Juden auferlegt waren.
Aufgrund seiner guten Beziehungen an der Londoner Börse brachte er
800 Pfund zusammen – keine geringfügige Summe in einer Zeit, da
man für 1 000 Pfund ein Landgut erwerben konnte. Fünf Jahre später

---

1 Das Sephardische bezeichnet das von den ursprünglich in Spanien und
nach ihrer Vertreibung ab 1492 auch im Exil gebrauchte Spanisch der Juden.

war Ricardo finanziell unabhängig und hatte genügend Geld und Muße, um seinen wissenschaftlichen Neigungen nachzugehen. Er war jetzt wohlhabend genug, um das Leben eines englischen Gentleman zu führen, er las, baute sich ein eigenes naturwissenschaftliches Labor und sammelte Mineralien. Im Alter von 27 Jahren fiel ihm, gelangweilt von den Ferien in Bath, »zufällig« Adam Smiths *The Wealth of Nations* in die Hände, und er wusste sofort, dass er hier sein Thema gefunden hatte. In den nachfolgenden zehn Jahren widmete er sich nach einem anstrengenden Tag an der Börse mit wachsendem Sachverstand seinem Hobby. 1809 endlich schrieb er einen Brief an den *Morning Chronicle*, in dem er seine Vorschläge zur Beilegung der Goldkrise darlegte. Man erkannte sofort die Originalität und Brillanz seiner Ideen, und bald verfasste er regelmäßig Beiträge für den *Morning Chronicle*. Auf der Grundlage dieser Artikel entstand ein Jahr später sein erstes Werk, *The High Price of Bullion, a Proof of the Depreciation of Banknotes*.

Siebzehn Jahre lang hatte Großbritannien gegen Napoleon Krieg geführt, um dessen Vorherrschaft in Europa zu brechen. Die finanziellen Belastungen dieses Krieges waren jetzt deutlich zu spüren. Als Maßnahme gegen die Erschöpfung der britischen Goldreserven hatte die Regierung 1797 beschlossen, die Bank von England dürfe im Austausch gegen Banknoten kein Gold mehr ausgeben. (Britische Banknoten, beispielsweise die von der Bank von England herausgegebene Zehn-Pfund-Note, trugen noch immer den Text: »Ich verspreche, dem Besitzer auf Verlangen die Summe von 10 Pfund zu bezahlen.« Dieses Versprechen wurde 1797 erstmals gebrochen, und in den nachfolgenden 200 Jahren druckte die Bank von England mehr Lügen als jedes Boulevardblatt.) Befreit von der Verpflichtung, ihre Banknoten einlösen zu müssen, reagierte die Bank wie jeder, der eine Lizenz zum Gelddrucken besitzt. Der Überschuss an Banknoten bedeutete auch, dass die Bank von England jetzt noch mehr Geld verleihen konnte. Als die Preise stiegen und der Wert des Pfunds fiel, hielt die Bank beharrlich daran fest, dass es zwischen ihren Maßnahmen und den nachfolgenden Ereignissen keinerlei Zusammenhang gebe. Ricardo dagegen behauptete lakonisch, es bestehe ein solcher Zusammenhang. Ja, er ging noch weiter und stellte das Selbstverständnis des Bankwesens generell in Frage: Was genau war eine Zentralbank? Wozu war sie da und was war ihre Aufgabe? Ricardo zufolge war die Bank von England verpflichtet, ihre Geldpolitik auf die herrschenden wirtschaftlichen Bedingungen abzustimmen. Die Menge der im Umlauf befindlichen Banknoten hatte, so Ricardo, tatsächlich Auswirkungen auf die Preise (es stand zwar mehr Geld zur Verfügung, aber es gab nicht entsprechend mehr Waren zu kaufen). Und dies wiederum hatte Auswirkungen auf die Wechselkurse, denn im Ausland wurde tatsächlich oft die Bezahlung in Gold gefordert. Das Verhalten der Bank war somit für den weiteren Abbau der wertvollen Goldreserven des Landes verantwortlich. Die Regierung machte sich Ricardos Auffassung zu Eigen und leitete entsprechende Maßnahmen ein.

Im Verlauf dieser Ereignisse gewann Ricardo drei Freunde, die für sein Denken eine maßgebliche Rolle spielten. Er lernte den Philosophen Jeremy Bentham kennen, den Begründer des Utilitarismus, einer Moralphilosophie, der zufolge der Einzelne stets so handeln soll, dass daraus das größtmögliche Glück für die größtmögliche Zahl von Menschen resultiert. Nicht weniger bedeutend für Ricardo war der schottische Denker James Mill (der Vater des zweiten maßgeblichen utilitaristischen Philosophen John Stuart Mill). James Mill hatte enge Verbindungen zu den führenden radikalen Politikern jener Zeit und war Ricardos politische Leitfigur. Zur selben Zeit lernte Ricardo auch Robert Malthus kennen. Der Geistliche, Professor für Ökonomie, und der erfolgreiche junge Finanzfachmann erkannten sogleich die überragende Begabung des jeweils anderen. Es gab keine anderen zeitgenössischen Denker mit einem so tiefen Verständnis für die Probleme der Ökonomie. Doch beide verfolgten einander diametral entgegengesetzte Methoden. Malthus gründete seine Theorie auf die Erfahrung (oder glaubte es zumindest). Ricardos Stärke war das abstrakte Denken, die Fähigkeit, Theorien aufzustellen – die, wie wir gleich sehen werden, dem gesunden Menschenverstand und den Erfahrungstatsachen widersprachen. Die beiden wurden gute Freunde, besuchten sich gegenseitig und standen in regelmäßigem Briefwechsel. Ihre Korrespondenz ist eine seltene Mischung aus freundschaftlicher Auseinandersetzung und aufrichtiger Verbundenheit. Wie Malthus sagte: »Meine Zuneigung zu dir wäre auch dann nicht größer, wenn du mit mir einer Meinung wärst.« Ihre Freundschaft war von zahlreichen Widersprüchen geprägt. Der Jude vom europäischen Festland war in der englischen Gesellschaft ein geachteter Mann, während der englische Pfarrer ein Stein des Anstoßes war und mit Vorurteilen bedacht wurde. Und es war der Theoretiker Ricardo, der dem Empiriker Malthus praktische Ratschläge erteilte. Nur ein Beispiel: Wenn Ricardo Aktien kaufte, zeichnete er auch einige in Malthus' Namen. Wenn er später mit Gewinn verkaufte, schickte er Malthus den ihm zustehenden »Anteil« am Gewinn. Wenn es um Ökonomie ging, war Malthus ein unerbittlicher Pessimist. Drehte es sich um Finanzgeschäfte, war Ricardo der kühl Berechnende, Malthus dagegen eher ängstlich. 1815, am Vorabend der Schlacht von Waterloo, verlor Malthus die Nerven und schrieb an Ricardo einen Brief, in dem er ihn bat, alle Aktien, die er in seinem Namen erworben hatte, zu verkaufen. Malthus befürchtete nämlich einen Sieg Napoleons und einen Einbruch im Aktienmarkt. Ricardo tat, wie befohlen, und verkaufte Malthus' Aktien mit geringem Gewinn. Er selbst behielt seine Papiere, deren Wert sich nach Wellingtons Sieg verdoppelte.

Hierher gehört auch die Geschichte einer der großen Legenden des Finanzbetriebs. Zu Ricardos jüdischen Kollegen an der Londoner Börse zählte Nathan Rothschild. Im Jahr 1815 war das internationale Spionagenetzwerk der Rothschilds außerordentlich effizient. So erfuhr Nathan vom englischen Sieg bei Waterloo schon mehrere Stunden bevor Wellingtons offizieller Gesandter London erreichte. Rothschild betrat die Börse mit finsterer Miene und fing an, Aktien zu verkaufen. Seine schlauen und aufmerksamen Kollegen schlossen daraus, dass die Schlacht von Waterloo verloren sei, und die Preise stürzten in den Keller, als alle es ihm gleichtun wollten. Rothschild hatte verdeckte Agenten, die die angebotenen Aktien billig aufkauften. Als dann die Nachricht von Wellingtons Sieg offiziell verkündet wurde, stiegen die Kurse. Ein beträchtlicher Teil des Rothschild-Vermögens jener Zeit soll aus diesem geschickten Manöver stammen.

Das Jahr 1814 brachte auch Kontroversen um die Corn Laws, die Korngesetze, die den Import von Getreide nach Großbritannien mit hohen Einfuhrzöllen belegten. Die französische Blockadepolitik gegen Großbritannien während der napoleonischen Kriege hatte dazu geführt, dass die Getreidepreise Schwindel erregende Höhen erklommen hatten. Nach der Niederlage Napoleons wurde billiges Getreide vom europäischen Festland importiert, und die Getreidepreise fielen. Das Parlament erhöhte daraufhin die Zölle auf importiertes Getreide, was einen Sturm der öffentlichen Entrüstung auslöste. Wie Adam Smith war auch Ricardo ein überzeugter Befürworter des Freihandels, was er in seinem *Essay on the Influence of a Low Price of Corn on the Profits of Stock* darlegte. In diesem Meisterwerk der ökonomischen Analyse erläuterte Ricardo, was längst Realität war. Die Erhöhung der Zölle auf Getreideimporte begünstigte die Großgrundbesitzer, die für ihre Erzeugnisse höhere Preise erzielten. Der Brotpreis stieg, und in der Folge mussten den Arbeitern höhere Löhne bezahlt werden. Das wieder hatte zur Folge, dass der Gewinn der Kapitalisten sank, die diese Löhne zu bezahlen hatten. Folglich floss ihnen weniger Geld zu, das sie in ihre Fabriken investieren konnten, und damit wiederum wurde das Industriewachstum gebremst. Mit Ricardos Worten: »Das Interesse der Grundbesitzer steht dem Interesse aller anderen gesellschaftlichen Klassen entgegen.« Doch die etablierte Klasse der Grundherren beherrschte das Parlament, in dem die neuen Kapitalisten unterrepräsentiert waren, und somit hatten die Korngesetze mehr als 30 Jahre lang Bestand. Durch seine Fähigkeit, wirtschaftliche Auswirkungen zu durchschauen, gewann Ricardo viele Freunde und die Achtung sogar seiner Feinde.

Dann zog sich Ricardo aus dem Geschäftsleben zurück. Er war zwar erst knapp über 40 Jahre alt, hatte aber ein Vermögen im Wert von mehr als einer Million Pfund angesammelt und zählte damit zu den 100 reichsten Männern Großbritanniens. Trotz seiner Verachtung für die Grundbesitzer hatte er selbst in großem Stil Grundbesitz gekauft. Das größte Anwesen war Gatcombe Park in Gloucestershire, wo er sich niederließ. (Heute ist dies die Residenz von Prinzessin Anne, der Tochter der Queen.) Ermutigt von seinem politischen Mentor James Mill wurde Ricardo 1819 Mitglied des Parlaments. Nach den Gepflogenheiten jener Zeit kaufte er sich einen Parlamentssitz – und zwar den von Portarlington, einer Kleinstadt im Herzen des ländlichen Irland, was ihm nicht möglich gewesen wäre, wenn er nicht zum Christentum konvertiert wäre. Bekennende Juden waren bis 1858 aus dem Parlament ausgeschlossen; doch bereits zehn Jahre später wurde ein weiterer Konvertit, Benjamin Disraeli, zum Premierminister ernannt.

Der neue Parlamentsabgeordnete für Portarlington meldete sich jedoch nicht regelmäßig im Unterhaus zu Wort. Durch einen leichten Sprachfehler klang seine Stimme leicht näselnd, ähnlich wie die seines Freundes Malthus – eine Gemeinsamkeit, die für ihre Freundschaft eine nicht unbedeutende Rolle gespielt haben könnte. Trotz des ihm attestierten Charmes im gesellschaftlichen Umgang scheint Ricardo ein eher zurückgezogenes Leben geführt zu haben. Seine überragende Sachkompetenz wurde im Parlament zwar sogar von den Grundbesitzern geschätzt, für die er selbst so geringe Wertschätzung hegte, aber er äußerte seine Ratschläge nur, wenn er unbedingt musste.»Wenn ich meine Stimme höre, habe ich keine Hoffnung, das Entsetzen bezwingen zu können, das mich in diesem Augenblick erfasst.« Wenn nur alle»Experten« eine solche Bescheidenheit an den Tag legen würden.

Derweil hatte James Mill Ricardo dazu gebracht, seine Überlegungen zum Wirtschaftsgeschehen zu Papier zu bringen. So entstanden die *Principles of Political Economy and Taxation* (1817; *Über die Grundsätze der Politischen Ökonomie und Besteuerung*). Ricardos maßgeblichster und bleibender Beitrag war wohl das Gesetz des komparativen Vorteils. Fast alle wirtschaftlichen Gesetze basieren letztlich auf dem gesunden Menschenverstand, doch Ricardos Gesetz stellt eine bemerkenswerte Ausnahme dar. Ricardo geht von Adam Smiths Betonung der Effizienz der Arbeitsteilung aus, treibt diesen Gedanken aber auf die Spitze. Der Kern von Ricardos Gesetz kann an einem einfachen Beispiel erläutert werden: Zwei Matrosen, die Schiffbruch erlitten haben, bewohnen eine einsame Insel. Popeye kann Spinat anbauen und Schnaps brennen, Barnacle Bill hat mit beidem seine Schwierigkeiten. Dem gesunden Menschenverstand zufolge müsste es Popeye auf seinem Teil der Insel eigentlich besser gehen als Barnacle Bill, der mehr schlecht als recht vor sich hin wurstelt. Doch Ricardo zeigte, dass diese Schlussfolgerung falsch ist.

Nehmen wir einmal an, in diesem spezifischen Wirtschaftssystem sei ein Barrel Schnaps genauso viel wert wie ein Barrel Spinat. Wenn Popeye seine Zeit gleichmäßig zwischen der Produktion des einen und des anderen aufteilt, kann er in einer Woche zwei Barrel Schnaps und vier Barrel Spinat erzeugen, Barnacle Bill dagegen bei gleichem Aufwand nur die Hälfte. Wenn Popeye in dieser Abgeschiedenheit weiterlebt, hat er pro Woche insgesamt sechs Barrel produzierte Waren, Barnacle Bill dagegen nur drei. Die gesamte Wochenproduktion für die gesamte Insel beläuft sich also auf neun Barrel. Nehmen wir jetzt einmal an, Popeye konzentriere seine Aktivitäten auf das, was er am besten kann, und überlässt Barnacle Bill das, was dieser bei all seiner Unfähigkeit noch am besten beherrscht. Mit anderen Worten, jeder spezialisiert sich auf die Tätigkeit, die ihm relativ gesehen die größten Vorteile (oder relativ gesehen die geringsten Nachteile) bringt. Die wöchentlichen Produktionszahlen lauteten dann folgendermaßen: Popeye produziert acht Barrel Schnaps (worauf er sich spezialisiert hat) und Barnacle Bill vier Barrel Spinat. Die Gesamtproduktion der Insel erhöht sich damit von neun auf zwölf Barrel.

Übertragen wir dieses Beispiel auf eine andere Ebene und nehmen anstelle von Popeye und Barnacle Bill zwei Länder. Sofort wird deutlich, dass Isolationismus ineffizient ist und allein der Freihandel eine Produktionssteigerung bringt. Ricardos Gesetz des komparativen Vorteils gilt auch unter den komplexeren Bedingungen der modernen Weltwirtschaft, also in Situationen, in denen mehr als zwei Länder beteiligt sind, sowie für den Handel mit mehr als zwei Produkten. Einem Land geht es wirtschaftlich immer dann besser, wenn es sich auf den Bereich spezialisiert, in dem es einen komparativen Vorteil (oder den geringsten Nachteil) hat. In der realen Welt ergeben sich aus dieser Überlegung auch Situationen, die dem gesunden Menschenverstand zuwiderlaufen. Einem Land geht es nicht immer dann am besten, wenn es das produziert, was es am besten kann (was nicht immer notwendigerweise das ist, was es am wenigsten schlecht kann). Die Stärke der britischen Wirtschaft lag in der Produktion von Schiffen, aber irgendwann beherrschte dies die japanische Wirtschaft besser. Deshalb war Großbritannien gut beraten, seine Kräfte auf etwas anderes zu konzentrieren als das, was es am besten konnte – nämlich auf Aktivitäten, die ihm einen komparativen Vorteil brachten, wie etwa die Herstellung von Überschallflugzeugen oder von Marmelade. Auch Japan muss heute diese Lektion lernen. Mit zunehmender Effizienz der südkoreanischen Schiffsbauindustrie konzentrieren sich die Japaner auf Investitionen in internationale Unternehmen. Direkt oder indirekt finanzieren sie damit jetzt genau die Werften, die ihre Schiffsbauindustrie aus dem Geschäft drängen. Und Ricardo zufolge tun sie damit genau das Richtige. Sie mögen gegenüber den Koreanern größere Erfahrungen im Schiffsbau haben, aber ihr komparativer Vorteil gegenüber den Koreanern liegt in der Finanzierung. (Dies gilt freilich nur für die so genannte *wirtschaftliche* Gleichung. Der damit verbundene menschliche Faktor wird nicht in Betracht gezogen. Welche Rolle der menschliche Faktor in der wirtschaftlichen Gleichung überhaupt spielen sollte, ist nach wie vor Gegenstand heftiger Diskussionen – oder liegt im Ermessen der jeweiligen demokratisch gewählten Regierung.)

Mehr als 150 Jahre nach seiner Formulierung durch Ricardo bildet das Gesetz des komparativen Vorteils immer noch die Grundlage des internationalen Handels, ja es gilt weithin als eine der wesentlichsten Einsichten in die Funktionsweise der Wirtschaft. Spezifische Anwendungen dieses Gesetzes bilden heute die Ausgangsbasis zahlreicher internationaler und multinationaler Wirtschaftsstrategien. Und trotz der Tatsache, dass Ricardos Gesetz eine kategorisch andere Sicht der Ökonomie zugrunde liegt, lässt sich hier bereits erstmals der Minimax-Ansatz erahnen, der von Neumanns Anwendung der Spieltheorie auf die Wirtschaft prägen sollte: Diejenige Option sollte gewählt werden, bei der der größte Verlust so klein wie möglich ausfällt. Ricardo führte auch Gedanken weiter, die er erstmals in seiner Schrift über die Korngesetze formuliert hatte. Er war auf der Suche nach einem Prinzip, das Aufschluss darüber geben könnte, wie das »Sozialprodukt« unter den »drei Klassen der Gesellschaft« aufgeteilt werden sollte. Diese drei Klassen waren die Grundbesitzer (die Bodenrente bezogen), die Arbeiter (die einen Lohn erhielten) und die Kapitalbesitzer (die Profit erzielten). Hier lag der Hauptkonflikt der Gesellschaft. Wie wir gesehen haben, ging der Gewinn der Grundbesitzer zu Lasten der beiden anderen Klassen – und damit zu Lasten der Gesellschaft insgesamt. Wenn die Kapitalisten größere Profite erzielten, konnten sie diese investieren, um zu expandieren und mehr Arbeitsplätze zu schaffen. Das kam zwei Klassen zugute und damit der Gesellschaft insgesamt. Wurden auf der anderen Seite den Arbeitern höhere Löhne gezahlt, sank der Gewinn der Kapitalisten. Dies führte (Malthus' Bevölkerungsgesetz zufolge, von dessen Richtigkeit Ricardo überzeugt war) auch zu einem Bevölkerungswachstum, zu einem Anstieg der Nahrungsmittelpreise, zu größerem materiellem Elend und so weiter. Aus diesen Überlegungen heraus formulierte Ricardo sein ehernes Lohngesetz, demzufolge der Arbeitslohn dem Existenzminimum entsprechen müsse. Das sei zum Wohl der Arbeiter und der Gesellschaft insgesamt. Diese Forderung ist weder so anstößig noch pessimistisch, wie es auf den ersten Blick erscheinen mag. Adam Smith hatte seine Theorie der Subsistenzlöhne abgemildert, indem er zeigte, dass die Löhne am besten auf ein Niveau angehoben werden, auf dem ein Arbeiter in der Lage ist, sich und seine Familie zu ernähren. Ricardo ging einen Schritt weiter und behauptete, das Existenzminimum und damit der Subsistenzlohn definiere sich »im Wesentlichen aus den Sitten und Gebräuchen der Bevölkerung«. Mit der Steigerung des Lebensstandards stieg auch der Subsistenzlohn. Sozialhilfe wird heute nach dem bemessen, was die moderne Gesellschaft als Existenzminimum definiert. Noch vor wenigen Generationen galten Elektrizität, ein Bad und sanitäre Anlagen, Fernsehen und ein einfaches Auto als absoluter Luxus. In der heutigen westlichen Welt werden diese Dinge als lebensnotwendig betrachtet. Ricardos Verweis auf die Sitten und Gebräuche einer Gesellschaft milderte jedenfalls sein ehernes Gesetz ab. Damit untergrub er jedoch zugleich dessen Gültigkeit als starres und unveränderliches Prinzip. Dieses Prinzip versuchte Ricardo mit seiner Wertlehre zu formulieren. Dieser Theorie zufolge »berechnet sich der Tauschwert dieser Güter nach zwei Kriterien: ihrer Knappheit und dem Aufwand an Arbeit, um diese Güter zu erwerben«. Überraschenderweise vernachlässigte Ricardo das Kriterium der Güterknappheit und beschränkte die Gültigkeit seiner Theorie auf Waren, die keine Manufakturgüter waren und nicht reproduziert werden konnten – wie alte Münzen, Ölgemälde und Ähnliches. Diese waren für die Produktion der Gesellschaft in der Tat irrelevant, und damit blieb die zur Herstellung eines Produkts aufgewendete Arbeit die zentrale Größe. Diese im Wesentlichen richtige Auffassung – die so genannte Arbeitswerttheorie – steht in einer langen philosophischen Tradition; sie entstand bereits im 13. Jahrhundert mit Thomas von Aquin. Doch seit der vergleichsweise einfachen Wirtschaftsweise des Mittelalters waren 500 Jahre vergangen. Ricardo musste die Veränderungen im Zuge der industriellen Revolution mit einbeziehen. An die Stelle von Adam Smiths Stecknadelfabrik waren jetzt riesige Textilfabriken getreten, in denen Maschinen standen (beispielsweise die neuesten Webstühle, die von dreizehnjährigen Mädchen bedient wurden und die Arbeit von 20 gelernten Webern verrichteten). Ricardo unterschied zwischen direkter und indirekter Arbeit. Die indirekte Arbeit war die der Maschinen. Da diese Maschinen selbst Manufakturgüter waren, konnte auch ihr Wert durch die Unterscheidung zwischen direkter und indirekter Arbeit berechnet werden, die zu ihrer Herstellung erforderlich war. Mittels weiterer Analyse dieser indirekten Arbeit konnte man den Aufwand an direkter Arbeit zur Herstellung aller Manufakturgüter errechnen.

Doch wie gesagt, war diese Werttheorie mit einem grundlegenden

Fehler behaftet. Sogar in der vergleichsweise statischen Wirtschaft des Mittelalters wäre sie durch den Mechanismus von Angebot und Nachfrage außer Kraft gesetzt worden. Mit anderen Worten: Die Arbeitswerttheorie beschrieb die Verhältnisse so, wie wir sie gern hätten, aber nicht so, wie sie waren. Wie es bei so vielen Theorien nicht nur im Bereich der Ökonomie der Fall ist, zerrinnen auch ihre Postulate bei genauerer Betrachtung wie Sand zwischen den Fingern. Eine Marktwirtschaft funktioniert einfach nicht ohne Angebot und Nachfrage. Dieses Problems war sich Ricardo natürlich bewusst, doch er tat es als »vergleichsweise belanglos« ab. Anfangs räumte er ein, dass die Arbeitswerttheorie »nicht strikt wahr ist, sondern der Wahrheit nur am nächsten kommt«. Später sprach er die Überzeugung aus, dass seine neue wissenschaftliche Ökonomie auf eine Wahrheit gegründet werden müsse, die tatsächlich strikte Gültigkeit besitzt. Bis an sein Lebensende, als ihm die letzten Sandkörnchen zwischen den Fingern zerrannen, bemühte er sich vergeblich, eine Theorie des »absoluten Werts« aufzustellen, die ein solches Fundament für die Ökonomie sein könnte.

Das Ende kam schnell und unerwartet. 1823 zog sich Ricardo aus gesundheitlichen Gründen aus dem Parlament zurück. Er kehrte mit der Kutsche in sein geliebtes Anwesen Gatcombe Park zurück (die erste Eisenbahnstrecke wurde von George Stephenson erst zwei Jahre später eröffnet). Ende des Jahres war er tot. Er wurde 51 Jahre alt. In seinem Testament bedachte er auch seinen alten Freund und Rivalen Malthus. Malthus schrieb: »Selbst in meiner eigenen Familie habe ich niemanden so geliebt.«

Ricardo war der brillanteste Wirtschaftstheoretiker seit Adam Smith, und er brachte dessen Ideen mit großer theoretischer Klarheit auf den Punkt. Die Begründung der Ökonomie als wissenschaftliche Disziplin ist David Ricardos Verdienst.

6

Schöne neue Welten

Im Jahr 1815, mitten in der Debatte um die Korngesetze, erklärte ein Mitglied des Londoner Parlaments mit scharfsichtigem Zynismus: »Der Arbeiter interessiert sich nicht für die Frage, ob der Preis 84 oder 105 Schilling pro Quarter beträgt, er bekommt im einen wie im anderen Fall trockenes Brot.« Der Mann hieß Alexander Baring und war der Sohn des Gründers der exklusiven Barings Bank, des einzigen ernsthaften Konkurrenten der Rothschilds in der Londoner City. (Fünfundsiebzig Jahre später gerieten die Barings in eine Liquiditätskrise, und die Bank von England verhinderte den Zusammenbruch, indem sie für die Schulden in Höhe von 21 Millionen Pfund bürgte. Das Bankhaus konnte seine führende Rolle auf dem englischen Kapitalmarkt weiter behaupten und baute sie sogar weiter aus. Weitere 100 Jahre später tat sich ein »schwarzes Schuldenloch« auf – verursacht durch Inkompetenz und durch den betrügerischen Broker Nick Leeson. Diesmal lehnte es die Bank von England ab, erneut öffentliche Gelder zu verschwenden – einer der Berater der Bank von England soll Alexander Barings harschen Satz zurückgegeben haben: »Die Bank von England interessiert sich nicht für die Frage, ob die Schulden von Barings 21 Millionen oder 21 Milliarden betragen – im einen wie im anderen Fall bekommt Barings trockenes Brot.« Barings ging pleite: Hochmut kommt vor dem Fall.)

Zu Beginn des 19. Jahrhunderts jedoch waren viele nicht bereit, so lange auf die Gerechtigkeit zu warten. Auch wenn die Armen trockenes Brot essen mussten, so hatten sie doch durchaus ein Interesse an den wirtschaftlichen Abläufen. Die Wirtschaftswissenschaft entwickelte sich weitgehend unabhängig weiter. Smith, Ricardo und andere hatten scharfsichtige Theorien über die Mechanismen der Ökonomie und deren Verbesserung entwickelt, unter ihnen die unsichtbare Hand, der Freihandel und die komparativen Vorteile. Aber sie konnten keinen zwingenden Grund nennen, warum sich die Wirtschaft tatsächlich in dieser Weise weiterentwickeln sollte. Die industrielle Revolution hatte vielen Menschen Armut und Not gebracht und nur einigen wenigen unverhältnismäßig große Reichtümer beschert. In den Bergwerken zogen zerlumpte Frauen und Kinder Kohlewagen und schufteten auf allen Vieren in der stickigen Dunkelheit der engen unterirdischen Schächte. Währenddessen empfing der Prinzregent in dem mit orientalischen Exotica eingerichteten Royal Pavilion am Meer unweit Brightons Mrs. Fitzherbert und Beau Brummel zu einem fünfzehngängigen Dinner – Himmel und Hölle einer Welt, wie sie von Charles Dickens eindrucksvoll beschrieben wurde. Es musste doch bessere Wege geben, um den Lauf der Welt zu gestalten. Jetzt begannen sich Wirtschaftstheoretiker über Alternativen Gedanken zu machen, die teils praktikabel, teils aber auch schlichtweg verrückt waren.

Als Mensch kam Saint-Simon der letztgenannten Kategorie gefährlich nahe. Andererseits waren seine Gedanken zur Ökonomie zum größten Teil originell und human. Saint-Simons unsystematische Methode ließ Spielraum für die unterschiedlichsten Deutungen. Nicht zu Unrecht wurde er als rationalistischer Denker und Vater des Sozialismus und damit als Vater der sozialistischen Wirtschaftstheorie bezeichnet, aber auch als der Mitbegründer der Soziologie und des philosophischen Positivismus. Mit gleichem Recht nannte man ihn einen Mystiker, einen totalitären Denker und Kapitalisten. Aber was war er wirklich? Allgemein gesprochen könnte man sagen, dass Saint-Simon versuchte, die christliche Weltsicht mit modernen wissenschaftlichen Anschauungen in Einklang zu bringen, damit die Menschheit auf menschenwürdige Weise in eine industrialisierte Zukunft voranschreiten konnte.

Claude-Henri de Rouvroy, Comte de Saint-Simon, wurde 1760 als

letzter Spross einer verarmten Familie des französischen Hochadels geboren. Die Rouvroys behaupteten, von Karl dem Großen abzustam-
men – ein unhaltbarer Anspruch, den Saint-Simon nichtsdestotrotz
gern weiterverbreitete. Unbestreitbar war allerdings die Verwandtschaft
mit seinem berühmten Namensvetter, dem Duc de Saint-Simon aus dem
18. Jahrhundert, der mit seinen posthumen Memoiren das Hofleben
in Versailles zur Zeit des Sonnenkönigs Ludwigs XIV. in schonungs-
loser Offenheit beschrieben hatte.

Alles fing ganz vernünftig an: Erziehung durch Privatlehrer, Eintritt
in die Armee mit 17 Jahren. 1781 überquerte er mit Lafayettes Frei-
willigenverbänden den Atlantik, um auf Seiten der amerikanischen
Kolonisten für die Unabhängigkeit von den Engländern zu kämpfen.
Der junge Graf machte rasch militärische Karriere. Als Kommandant
von 166 Artilleristen spielte er bei der erfolgreichen Belagerung von
Yorktown, die für die Briten das bittere Ende markierte, eine entscheidende Rolle. Zum Dank erhielt er von George Washington einen
persönlichen Brief, und er war der letzte Franzose, dem der Cincinna-
tus-Orden verliehen wurde. Saint-Simon war besonders beeindruckt
von der amerikanischen Armee, die auch ohne aristokratische Offi-
ziere effizient agierte, auch wenn es noch eine Weile dauern sollte, ehe
er die ganze soziale Tragweite dieses Umstands begriff.

Saint-Simon ging von Nordamerika aus nach Mexiko, von wo aus
er den Vizekönig für einen ehrgeizigen Plan zu gewinnen suchte – den
Bau eines Kanals zwischen dem Atlantik und dem Pazifik. Aber aus
der Idee wurde nichts. Anschließend schiffte er sich nach Spanien ein,
wo er mit dem Projekt eines Kanals zwischen Madrid und Sevilla, der
die Hauptstadt über den Fluss Guadalquivir mit dem Meer verbinden
sollte, mehr Anklang fand. Für die Grabungsarbeiten des über 375
Kilometer langen Kanals über Gebirgskämme von mehr als 1 200
Metern Höhe wurden 6 000 Mann abkommandiert. Doch dann
stellte sich heraus, dass Saint-Simons »weit reichende Pläne« im Stadium der Idee stecken geblieben waren. Deshalb konnte er auch
rechtzeitig zum Beginn der Französischen Revolution wieder in
Frankreich sein. Der aristokratische Comte de Saint-Simon wandelte

sich in kürzester Zeit zu einem »Citoyen Bonhomme«. Damit die Bauern das Land, das sie bebauten, in Besitz nehmen konnten, begannen die Revolutionsbehörden, die Kirche und aristokratische Grundherren zu enteignen und deren Land zu verkaufen. Der Citoyen Bonhomme lieh sich Geld von einem Freund und kaufte damit ausgedehnte Güter zu günstigen Preisen. Dann wählte ihn seine Heimatstadt in die Nationalversammlung in Paris, wo er sich um den Kauf des Daches der Kathedrale Notre Dame bemühte, auf dessen Blei er es abgesehen hatte. Diese (und vermutlich noch einige weitere) Transaktionen führten schließlich zu Beginn von Robespierres Schreckensherrschaft zu seiner Verhaftung. Unter diesem Terrorregime wurden 300 000 Menschen verhaftet und knapp ein Zehntel von ihnen hingerichtet. Ein Jahr lang führte der inhaftierte Saint-Simon unter täglicher Todesdrohung ein äußerst entbehrungsreiches Dasein. Dann war der Terrorspuk vorbei und die Gefängnistore öffneten sich. Jetzt bezogen der gestürzte Robespierre und seine Anhänger die Verliese, um auf ihre Hinrichtung zu warten. Die Revolution hatte eine neue Etappe erreicht: Der Weg war offen für Napoleon.

Als Saint-Simon aus dem Gefängnis kam, stellte er fest, dass er ein reicher Mann war. Nach dem Zusammenbruch der Revolutionswährung waren die Bodenpreise in Schwindel erregende Höhe gestiegen. (Die Behörden hatten den Fehler gemacht, einige von John Laws Ideen umzusetzen.) Noch im Gefängnis hatte Saint-Simon einen Traum gehabt, in dem ihm Karl der Große erschien und verkündete: »Mein Sohn, dein Ruhm als Philosoph wird dem Ruhm gleichkommen, den ich als Feldherr und Staatsmann errang.«

Saint-Simon beschloss, sein Vermögen in die Umsetzung dieses lohnenden Projekts zu investieren. Er kaufte sich ein Haus in Paris unweit der renommierten École Polytechnique, so dass er die dortigen öffentlichen Vorlesungen besuchen konnte. Er war inzwischen 35 Jahre alt und bemühte sich nach besten Kräften, die vertane Zeit nachzuholen. Seine erklärte Absicht war es, sich Wissen aus allen möglichen Disziplinen anzueignen; dann würde er sich als der Karl der Große unter den Philosophen einen Namen machen. Abends lud er die führenden Philosophen, Mathematiker und Politiker in sein Haus ein – zu feinster Küche und erlesenen Weinen. Politiker und Wissenschaftler wurden gebeten, als Gast in seinem Hause zu verweilen und ihn zu unterrichten. Nach den Jahren der Zecherei in Armeebaracken wollte er nun sein Leben in vollen Zügen genießen. Sein Herrenhaus wurde zu einem Mittelpunkt der feinen Lebensart und anspruchsvoller Diskussionen (andere sahen es eher als Mittelpunkt zügelloser Ausschweifungen). Ein Porträt Saint-Simons aus jener Zeit zeigt einen modisch gekleideten Mann mit rundlichem Gesicht und markanter Nase, aber einem ansonsten eher unauffälligen, seltsam nichts sagenden Äußeren. Der Mann hatte noch nicht zu sich gefunden.

Nach seinen extremen Erfahrungen auf dem Schlachtfeld, in der Nationalversammlung und in den Verliesen beschloss Saint-Simon, ein ganz normales Leben zu führen. Er heiratete, ergriff aber die Vorsichtsmaßnahme, den Ehevertrag auf drei Jahre zu begrenzen. Bereits nach einem Jahr jedoch kam er zu dem Schluss, dass seine Frau nur ein eitles Plappermaul war (das ihn kaum einmal zu Wort kommen ließ), und die Gäste, die sie einlud, nur dumme Großmäuler (im Gegensatz zu seinen eigenen intellektuellen Freunden). Er gab das Experiment auf, ein normales Leben zu führen, und ging 1802 nach Genf. Er wollte Madame de Staël heiraten, die als eine der geistreichsten Frauen Europas galt. Ihre Schriften waren eine aufregende Mischung aus Rousseaus romantischem Enthusiasmus und Montesquieus scharfem Rationalismus, wie es bereits im Titel ihres Hauptwerks anklang: *Über den Einfluss der Leidenschaften auf das Glück des Einzelnen und der Völker.* Mit den Worten des Historikers Robert Escarpit »... trug sie dazu bei, dass das beginnende 19. Jahrhundert sich seiner selbst bewusst wurde«. Madame de Staëls Salon wurde von einigen der größten Denker Europas besucht, jetzt auch von Saint-Simon. Auch er wollte im neuen Jahrhundert eine Rolle spielen. (Erstaunlicherweise sollte ihm dies tatsächlich gelingen, allerdings erst viel später.) Nachdem er sich seiner Gastgeberin vorgestellt hatte, erklärte er ihr: »Madame, Sie sind die außergewöhnlichste Frau der Welt und ich

bin der außergewöhnlichste Mann. Wir beide könnten ein noch au-
ßergewöhnlicheres Kind haben.« Dieser Vorschlag stieß jedoch nicht
auf Gegenliebe, und Saint-Simon musste seine Hoffnungen begraben.

Aber es war ausgerechnet dieser possenhafte Besuch in Genf, der
den Anlass zu Saint-Simons erstem größerem Werk bildete, den *Lett-
res d'un habitant de Genève à ses contemporains* (*Briefe eines Gen-
fers an seine Zeitgenossen*). Die Originalität und zugleich Praxisferne
seiner Ideen wird hier unmittelbar deutlich. Saint-Simon rief zu einer
grundlegenden Neuorganisation der Gesellschaft auf. Zwar sei der
Adel in Frankreich entmachtet worden und eine neue Land besitzende
Klasse sei an seine Stelle getreten. Doch, so Saint-Simons Forderung,
auch diese Gesellschaftsklasse müsse ersetzt werden, da sie den sozialen Fortschritt behindere. »Der Mensch muss arbeiten«, erklärte
Saint-Simon (der selbst nicht gerade viel Zeit seines Lebens der Arbeit
gewidmet hatte). Die Gesellschaft könne den Verlust von 30 000
Grundbesitzern, Richtern und Staatsministern leicht verschmerzen,
denn diese seien nur Dekor. Doch schon der Verlust von 3 000 Ge-
lehrten käme einer Katastrophe gleich. Die Gesellschaft brauche
Ärzte, Apotheker, Mathematiker, Physiologen und Ingenieure. Eine
neue »Newtonsche Religion« müsse gestiftet werden, in der die Wissenschaftler die Rolle von Priestern übernähmen. Trotz seiner Originalität ist Saint-Simons Denken ein Spiegel seiner Zeit. In Frankreich
hatte die Revolution stattgefunden, und viele glaubten, dass sie bald
ganz Europa ergreifen würde. Hier lag eine große Chance, denn jetzt
konnte die Zivilisation auf eine ganz neue Grundlage gestellt werden.
Alles stand zur Disposition, und der Aufbau einer auf Vernunft gegründeten Gesellschaft rückte in greifbare Nähe. Die Theorie der politischen Ökonomie konnte komplett neu geschrieben werden, um
den nationalen Reichtum gerecht zu verteilen.

Saint-Simon schickte ein Exemplar seiner *Briefe* an Napoleon, der
dem Werk jedoch keine große Beachtung schenkte. In den Jahren zuvor, als Napoleon in ganz Europa als Volksbefreier angesehen worden
war, wäre er möglicherweise für solche Gedanken aufgeschlossen gewesen. Aber jetzt schrieb man das Jahr 1803. Napoleon hatte mit

Papst Pius VI. ein Konkordat unterzeichnet, in dem sich die Revolution mit der Kirche aussöhnte, und ein Jahr später erklärte er sich zum Kaiser (was Beethoven veranlasste, die Widmung seiner Symphonie *Eroica* an Napoleon zu widerrufen – eine typische Reaktion eines enttäuschten europäischen Intellektuellen).

Binnen zwei Jahren hatte Saint-Simon sein gesamtes Vermögen durchgebracht. Der Mann, der die Welt verändern wollte, war zum armen Schlucker geworden. Saint-Simon fand eine Beschäftigung als einfacher Angestellter in einem staatlichen Pfandleihhaus (Mont-de-Piété; am Eingang des Gebäudes befindet sich heute eine Tafel, die an die Schande erinnert, die dieser »außergewöhnliche Denker« zu erdulden hatte). Zum Glück begegnete Saint-Simon seinem alten Diener Diard, der von der Not seines einstigen Herrn so erschüttert war, dass er ihm Unterkunft und Essen gewährte. Jetzt begann Saint-Simon erneut, die Welt mit Abhandlungen zu beglücken, in denen er seine Vorstellungen darlegte.

Seine Ideen waren unsystematisch und unzusammenhängend, bewiesen aber eine erstaunliche prophetische Kraft und prägen bis heute unser Verständnis der Gesellschaft. Saint-Simon war überzeugt, dass die strengen wissenschaftlichen Grundsätze der Ökonomie, die Smith und Ricardo entdeckt und dargelegt hatten, durch die nicht weniger wissenschaftlichen Grundsätze eines rationalen Humanismus abgemildert werden mussten. Begeistert machte er sich den Fortschrittsgedanken zu Eigen, den wenige Jahre zuvor Condorcet propagiert hatte. Saint-Simon zufolge war die Welt unterwegs in ein neues Industriezeitalter, in dem soziale Probleme durch Wissenschaft und Technologie, das heißt durch das wissenschaftliche Studium der Gesellschaft, gelöst werden konnten. Einzig die Wissenschaft und die Anwendung wissenschaftlicher Methoden konnte dieses Utopia Wirklichkeit werden lassen, deren eigentlicher Kern die Wirtschaft war.

In dieser idealen Welt funktionierte die Gesellschaft wie eine gigantische Werkstatt. Jedem Mitglied war eine bestimmte Aufgabe zugeteilt, und die Verantwortlichen garantierten einen produktiven Arbeitsablauf. Der Staat kümmerte sich um die Wirtschaft und nicht mehr um die Politik und war auf Effizienz statt auf Herrschaft über die Menschen bedacht. Der Ursprung heutiger Entwicklungen ist hier unschwer zu erkennen.

Die *materiellen* Bedingungen, die in den entwickelten Industrienationen der Welt von heute herrschen, wären Saint-Simon als die Erfüllung seiner wildesten utopischen Träume erschienen. Seine Kritiker verlachten ihn jedoch als weltfremden Fantasten. Allerdings fehlte es Saint-Simon – wie schon bei seinem Panamakanal-Projekt – auch hier an konkreten Vorschlägen zur Umsetzung seiner Ideen, die zumeist vage blieben. Man mag seine Vision einer wissenschaftlichen Welt als totalitären Albtraum ansehen – oder als den Traum vom Sozialismus. Im Sowjetkommunismus des 20. Jahrhunderts wurden Traum und Albtraum eins.

Im Gegensatz zu vielen anderen sah Saint-Simon mit der Industrialisierung das goldene Zeitalter der Menschheit anbrechen. Wissenschaft als Religion, Technologiegläubigkeit, Anbetung des Fortschritts – all diese Vorstellungen finden sich bereits bei Saint-Simon. Er war womöglich der Einzige, der erkannte, welch wichtige Rolle die Wirtschaft in Zukunft spielen würde. Vor ihm glaubte niemand, dass der wirtschaftliche Fortschritt die Welt grundlegend verwandeln würde.

Saint-Simons Vision war nicht die einer egalitären Utopie, sondern eher die einer hierarchisch strukturierten sozialistischen Gesellschaft. Die treibende Kraft dieser Gesellschaft waren die Wissenschaftler, die gleichzeitig als Unternehmer agierten. Im Nachhinein erkennen wir, dass er zwei getrennte Funktionen verwechselte: Die Wissenschaftler entdecken und entwickeln die Technologie; ihre Aufgabe liegt im Bereich der Produktion. Die Unternehmer dagegen ermöglichen die Produktion und gewährleisten, dass das Produkt auf den Markt kommt. Saint-Simons Originalität liegt in der Erkenntnis, dass Wissenschaft und kommerzielles Unternehmertum die Speerspitzen einer zukünftigen industrialisierten Gesellschaft seien.

Um sich seinen Lebensunterhalt zu sichern, gab Saint-Simon mehrere Zeitschriften heraus, die jedoch zumeist nach wenigen Jahren eingingen. Die Beiträge, die sich hauptsächlich mit Politik, Wirtschaft und Philosophie beschäftigten, verfasste Saint-Simon selbst unter Mithilfe seines jungen, mittellosen Assistenten Auguste Comte, der sich später selbst als Philosoph einen Namen machte. Allerdings nahm Comtes Leben einen tragischen Verlauf. Er litt unter notorischem Geldmangel. Heirat mit einer Prostituierten, Impotenz, Anwandlungen von Geisteskrankheit, öffentliche Verspottung seines Lebenswandels und seiner Ideen, Selbstmordversuch – das waren die Lebensstationen eines der größten Genies des 19. Jahrhunderts. Als Saint-Simon 1817 den neunzehnjährigen Comte kennen lernte, war er bereits 57 Jahre alt. Doch die Begegnung bedeutete einen wichtigen Einschnitt im Leben dieser beiden außergewöhnlichen Denker. Sie entdeckten bald ihr gemeinsames Interesse an Condorcet, verfassten Artikel unter dem Namen des jeweils anderen und entwickelten ihre Ideen in enger Zusammenarbeit. Saint-Simon war zwar Comtes Mentor, aber zweifellos hatte Comte entscheidenden Anteil an diesem dialektischen Prozess, in dessen Verlauf Saint-Simon größere Klarheit über seine eigenen Ideen gewann. So entstanden die Grundzüge der Soziologie. Die »Wissenschaft von der sozialen Organisation« wurde als eine »positive Wissenschaft« betrachtet. Dieses Diktum stammte zwar von Madame de Staël, doch es war Saint-Simon, der es praktisch umsetzte, indem er streng aus Beobachtung und Erfahrung abgeleitete Gesetzmäßigkeiten formulierte. In diese neue Philosophie, die Saint-Simon als »Positivismus« bezeichnete, sollten nur Tatsachen Eingang finden.

Saint-Simons Vorstellungen zufolge sollte es dieser positiven Wissenschaft mithilfe der Mathematik möglich sein, »alle zukünftigen Entwicklungen« vorherzusagen. Die bisherige Geschichte der Wissenschaften habe gezeigt, dass der Fortschritt der prognostischen Kraft der Gesellschaft unauflöslich mit dem »Fortschritt des menschlichen Geistes« verknüpft sei. Die Menschheit hatte schon in früheren Zeiten gelernt, die Bewegung der Sterne vorherzusagen, doch die Astronomie hatte erst wissenschaftlichen Gebrauch von diesen Erkenntnissen machen können, nachdem sie sich von der Astrologie losgesagt hatte. In ähnlicher Weise hatte auch die Chemie – ein Bereich, in dem Prognosen schwieriger waren – erst Fortschritte gemacht, nachdem sie ihren Glauben an die Alchimie abgelegt hatte – eine weitere Etappe auf dem Weg der Geistesgeschichte. Noch komplizierter verhielt es sich mit der Physiologie, die sich von bestimmten Vorstellungen der »Philosophen, Moralisten und Metaphysiker« erst noch befreien musste. Doch Saint-Simon war davon überzeugt, dass eine Zeit anbrechen würde, in der Vorhersagen über »alle zukünftigen Entwicklungen« der Gesellschaft getroffen werden könnten. Die deterministische Kraft der Wissenschaft und der Ökonomie würde sich dann offenbaren, und an der Spitze der neuen wissenschaftlichen Gesellschaftsordnung stünden deren aufgeklärteste Mitglieder. Diese »genialen Männer« seien natürlich die Wissenschaftler, an vorderster Stelle die Mathematiker.

Bevor wir dieses Denken als elitär von der Hand weisen, sollten wir die historische Situation näher betrachten, in der Saint-Simon lebte. Im Zuge der Französischen Revolution hatte Frankreich neben seiner gesamten herrschenden Klasse auch Gelehrte und Wissenschaftler wie Condorcet und Lavoisier, den Newton der Chemie, verloren. Die stärkste politische Kraft war das Volk gewesen, das Männer wie Robespierre (den zu hassen Saint-Simon allen Grund hatte) und später Napoleon an die Macht gebracht hatte (dessen wachsenden Größenwahn und Militarismus Saint-Simon verabscheute). Der blutrünstige, ungebildete Pöbel und seine Wortführer flößten Saint-Simon wenig Zuversicht ein. Allein die Wissenschaft würde die Menschheit zivilisieren – und damit hat er größtenteils Recht behalten. Obwohl es in der Wissenschaft immer wieder Fehlentwicklungen gab, so hatte doch deren Anwendung auf die zivile Technologie und die Wirtschaft positive Folgen. Wir verhalten uns zivilisiert, nicht weil wir moralisch überlegen wären, sondern weil wir wissen, dass wir andernfalls zu viel verlieren würden. Hier liegt der Wesenskern der Ökonomie, in dem wir erneut Anklänge an die Spieltheorie entdecken: Wir entscheiden uns für den geringstmöglichen Maximalverlust. Die Zivilisation ist ein Minimax-Phänomen.

Es war Auguste Comte, der Saint-Simons Ideen weiterentwickelte. Comte gilt heute als der Begründer des Positivismus, der Religion, Metaphysik und Aberglauben als überholt und vorwissenschaftlich ablehnt. Die Menschheit, so Comte, sollte die Welt auf positive wissenschaftliche Weise betrachten – unter Anwendung ausschließlich rationaler und empirischer Methoden. Saint-Simons Ideen blieben zu seinen Lebzeiten weitgehend unbeachtet, was ihn tief kränkte. Im Jahr 1823 unternahm er im Alter von 63 Jahren einen Selbstmordversuch. Er jagte sich sechs Kugeln in den Kopf, verlor aber nur ein Auge. Krank und völlig mittellos lebte er noch zwei Jahre. In seinen Schriften rückte jetzt das spirituelle Element mehr in den Mittelpunkt, das in seinem Denken stets latent vorhanden gewesen war. Der Bruch mit Comte wurde für Saint-Simon unvermeidlich. 1825 verfasste Saint-Simon die Schrift *Nouveau Christianisme* (*Neue Christenheit*), in der er seinen Traum einer urchristlichen sozialistischen Gesellschaft darlegte: Sozialismus und Christentum, so Saint-Simon, seien im Wesentlichen identisch, da es beiden letztlich um Hilfe für die Unterdrückten und Armen ging. Noch im selben Jahr starb Saint-Simon im Alter von 64 Jahren – hoffnungslos gescheitert und nur von wenigen getreuen Anhängern geachtet.

Erst nach seinem Tod wurde ihm das Ansehen zuteil, das er zu Lebzeiten ersehnt hatte. Seine Anhänger verbreiteten seine Lehre von der neuen »industriellen Religion« und füllten damit das spirituelle Vakuum des soeben angebrochenen Maschinenzeitalters. Es entstanden Gemeinschaften im Geiste Saint-Simons, die auf Privateigentum verzichteten. Zwei Bankiers, überzeugte Saint-Simonisten, kauften den *Globe*, eine einflussreiche Zeitung jener Epoche. Diejenigen unter Saint-Simons Anhängern, die die spirituellen Aspekte der Lehre ihres Meisters betonten, gründeten die Religion des Saint-Simonismus, die sich bald in ganz Frankreich, aber auch in Deutschland und England verbreitete. Marx und Engels fanden hier Anregungen für ihre Ideen. In England war der Einfluss auf John Stuart Mill und Thomas Carlyle groß, und sogar Napoleon III. zählte zu Saint-Simons Bewunderern.

Saint-simonistische Ideen waren offen für alle möglichen wider-

sprüchlichen Deutungen, und einige dieser Widersprüche waren vom
Meister selbst vertreten worden. Der Begründer einer neuen Religion
wurde auch zum Begründer des französischen Sozialismus. Einige
saint-simonistische Gemeinschaften teilten allen Besitz und auch die
Frauen (und vermutlich auch die Männer) miteinander, andere legten
ein Keuschheitsgelübde ab, und viele kleideten sich in ein blaues Ge-
wand und eine rote Mütze. Dem amerikanischen Wirtschaftshistori-
ker Robert Heilbroner zufolge trugen manche sogar »ein besonderes
Wams, das ohne fremde Hilfe weder an- noch ausgezogen werden
konnte und das so die Abhängigkeit eines jeden von seinem Bruder
betonte«. Andere, die eher kapitalistisch ausgerichtet waren, erkannten eine Marktnische und wandten Saint-Simons Ideen auf das Bankgeschäft an. 1848 wurde der Crédit Mobilier gegründet. Wie der
Name sagt, war es das Ziel dieser Bank, rasch verfügbare Kredite zur
Finanzierung neuer Wirtschaftsunternehmen bereit zu stellen. Das
Projekt wurde ein durchschlagender Erfolg und förderte den Eisenbahnbau in ganz Europa. Es wurden Aktien ausgegeben, aber als Kre-
ditunternehmen verfügte die Bank nur über beschränkte Finanzmittel.
1865 war der Kapitalbedarf so gewachsen, dass die Bank langfristige
Schuldverschreibungen ausgab – nach dem Prinzip des nicht durch
Metall gedeckten (fiduziären) Notenumlaufs. Die Regierung erkannte
rasch die Ähnlichkeit mit Laws Bankmethoden und stoppte die Ausgabe der Obligationen. Ein Jahr später kam es zum Konkurs, und der
Eisenbahnbau zwischen Bulgarien und der Schweiz geriet ins Stocken.

Auf Saint-Simon gehen mehrere konstruktive Ideen in der Geschichte des ökonomischen Denkens zurück, doch er leistete keinen
Beitrag zur Analyse des Wirtschaftsgeschehens. Saint-Simon ist ein ty-
pisches Beispiel einer zwischen zwei Epochen zerrissenen Existenz
(des Ancien Régime und der etablierten französischen Republik). In
solchen Zeiten des Umbruchs erscheint alles als möglich. Smith und
Ricardo hatten lediglich ihr Entsetzen zum Ausdruck gebracht angesichts der sozialen Ungerechtigkeiten, die das Wirtschaftssystem
schuf, Saint-Simon und Comte hingegen versuchten, eine Lösung zu
finden. Ihr unsystematischer Glaube an den Fortschritt und den Posi-

tivismus führte zur Entstehung zahlreicher neuer Lösungsansätze. Es gelang ihnen nicht, die Hölle des Industriezeitalters in ein technologisches Paradies zu verwandeln, aber ihre Ideen stärkten die Zuversicht, dass es möglich sei, mehr soziale Gerechtigkeit zu erreichen. Der Gedanke des Mitgefühls, der in Saint-Simons christlich-sozialistischen Ideen steckte, trug zur Entstehung des Sozialstaates bei. Von nun an hatten die Wirtschaftswissenschaften auch einen moralischen Zug. Erneut stand französischem visionärem Denken britischer Pragmatismus gegenüber. Robert Owen, der als Begründer des britischen Sozialismus gilt, war in vieler Hinsicht das Gegenstück zu Saint-Simon. Im Unterschied zu diesem formulierte er jedoch nur wenige theoretische Ideen. Sein Anliegen war vielmehr die praktische Wirtschaftspolitik. Ähnlich wie Saint-Simons Gedankengut in Frankreich, zogen Owens Bemühungen in Großbritannien einen grundsätzlichen Gesinnungswandel nach sich. Unter seinem Einfluss milderte sich der erbarmungslos harte ökonomische Kampf zu einem mehr auf Ausgleich bedachten Prozess. Laisser-faire war schön und gut, aber es konnte dennoch nicht angehen, dass die Wirtschaft einige wenige begünstigte und die Mehrheit benachteiligte.

Robert Owen, 1771 geboren, wuchs in der Kleinstadt Newtown in den nordwalisischen Bergen auf. Sein Vater war Sattler, und Robert war das sechste seiner sieben Kinder. In der Schule lernte er wenig; sein Lehrer war ein gewisser Mr. Thickness, der allem Anschein nach seinem Namen alle Ehre machte. Mit sieben stieg Owen selbst zum Lehrer auf – und damit gab es für ihn überhaupt nichts mehr zu lernen. Als Zehnjähriger verließ er die Schule und machte sich wenig später mit der Kutsche nach London auf, um dort sein Glück zu suchen. Seiner Autobiografie zufolge (die er mehr als 70 Jahre später schrieb) lebte er bei seinem Bruder und nahm verschiedene Gelegenheitsjobs an. Owen lernte schnell, nach welchen Regeln das Geschäftsleben funktionierte, aber er war wohl kein so außergewöhnlicher Geschäftsmann, wie er es im Rückblick darstellt. Allerdings verfügte er über zwei außerordentliche Fähigkeiten, die ihm sein Leben lang gute Dienste leisteten. Er war belesen, und er konnte seine Vorgesetzten mit seinem Charme für sich gewinnen. Laut seiner Autobiografie gelangte er durch eifrige Lektüre im Alter von zehn Jahren zu dem Schluss, dass »an allen Religionen grundsätzlich etwas nicht stimmte«. Trotzdem bewahrte er sich ein tiefes, nahezu religiöses Mitgefühl für seine Mitmenschen. Im Alter von 19 Jahren wurde er Aufseher in einer neuen Baumwollspinnerei in Manchester. Er verhehlte nicht, dass er für diese Tätigkeit keinerlei Erfahrung mitbrachte, aber er machte diesen Mangel rasch wett und lernte schnell. Innerhalb weniger Jahre stieg er zum Leiter einer der größten Baumwollspinnereien Manchesters auf, und durch Fleiß und innovative Ideen wurde er bald zum Teilhaber des Unternehmens.

Seine Geschäftsreisen führten ihn auch nach Glasgow, wo er David Dale kennen lernte, einen führenden schottischen Bankier und Industriellen, der sich gleichfalls für Baumwollverarbeitung interessierte. Dale besaß eine Baumwollspinnerei in dem Dorf New Lanark, das inmitten malerischer Hügel und Wälder 40 Kilometer flussaufwärts am Clyde lag. Dale war ein Philanthrop, der Waisenkinder aus den Armenhäusern Glasgows als Arbeiter in seine Spinnerei geholt hatte. Dales Ideen erschienen Owen wie die Verwirklichung seines eigenen Traums. Nach Manchester zurückgekehrt, erlangte er die Zustimmung seiner Mitinhaber, die Fabrik in New Lanark zu kaufen. Den Respekt einflößenden Robert Dale dazu zu bringen, sich von seiner Fabrik zu trennen, war jedoch keineswegs einfach. Dale mochte Engländer nicht. Als Owen darauf verwies, dass er Waliser sei, tat Dale dies als unmaßgeblich ab. Aber der siebenundzwanzigjährige Freidenker Owen wollte nicht nur Dales Spinnerei kaufen. Er besaß auch die Kühnheit, Dale zu sagen, er habe sich in dessen Tochter verliebt. Es zeugt von Owens Charme, dass er am Ende das Herz des Vaters und das der Tochter gewann. Nach seiner Heirat 1799, mit der er seinen Ersparnissen im Wert von 3 000 Pfund eine ebenso hohe Mitgift hinzufügte, zog Owen nach New Lanark, entschlossen, Gewinn bringend zu wirtschaften und seinen Traum zu verwirklichen: Er wollte aus dem schottischen Dorf eine Gemeinschaft machen, die nach ebenso humanen wie produktiven Grundsätzen funktionierte, und eine Wirtschaftsweise etablieren, von der alle profitierten, die in dieser Gemeinschaft lebten.

Alle 2 000 Einwohner von New Lanark waren von der Fabrik abhängig. 500 von ihnen waren Waisenkinder aus den Glasgower Armenhäusern, die älter als sechs Jahre waren und 13 Stunden täglich arbeiten mussten. Dales Philanthropie hatte ihre Schattenseiten. Ganze Familien lebten in steingebauten Reihenhäusern mit nur einem einzigen Zimmer und ohne sanitäre Anlagen. Die kopfsteingepflasterten Straßen starrten vor Schmutz und Unrat. Die nächste Einkaufsmöglichkeit lag mehrere Kilometer entfernt, und deshalb mussten die Bewohner alle Lebensmittel in dem Laden des Unternehmers kaufen, der die Preise nach Belieben festlegte, sodass ein Großteil der von Dale bezahlten Löhne wieder an ihn zurückfloss. Unter solchen Lebensbedingungen machten sich schon bald Verzweiflung und Hoffnungslosigkeit breit – mit bekannten sozialen Missständen wie Alkoholismus, Diebstahl und Gewalttätigkeiten. Es wurde von Sonnenaufgang bis weit nach Sonnenuntergang gearbeitet, es gab keine medizinische Versorgung und keine Schulen. (Zu Dales Entschuldigung muss gesagt werden, dass die Zustände andernorts noch weitaus schlimmer waren.)

Owen ließ die Häuser umbauen und aufstocken und besorgte Lebensmittel besserer Qualität (vorher hatte man Waren minderer Qualität zum Verkauf angeboten), die mit geringem Gewinn zu niedrigen Preisen verkauft wurden. Der Verkauf von Alkohol wurde strikt beschränkt. Seinem guten Vorbild folgend, hielten die Dorfbewohner jetzt ihre Straßen sauber. Die anfängliche Feindseligkeit der Arbeiter gegenüber dem neuen Leiter wich einem von argwöhnischer Wachsamkeit geprägten Burgfrieden.

1807 verhängte Amerika ein Embargo gegen die Baumwollexporte nach Großbritannien. Da es keine Rohbaumwolle gab, musste die Fabrik für vier Monate schließen. Owen bemühte sich verzweifelt um neue Erwerbsquellen, während er den Arbeitern gleichzeitig den vollen Lohn weiterzahlte. Seine Miteigentümer in Manchester waren empört, aber jetzt begriffen die Arbeiter, dass es Owen tatsächlich gut mit ihnen meinte. Die größte Verbesserung jedoch war die Eröffnung einer Schule, die mit den Gewinnen des Ladens finanziert wurde. Kinder unter elf Jahren durften nicht in der Fabrik arbeiten, sondern mussten die Schule besuchen. Owens Frau sowie andere Frauen aus nahe gelegenen Dörfern betätigten sich als Lehrerinnen, und ein ehemaliger Soldat brachte den Buben militärischen Drill bei. Owen lag insbesondere die Schulbildung am Herzen. Er war überzeugt, dass eine frühzeitige Schulbildung und Ausbildung der geistigen Kräfte den Charakter des Kindes prägten, dessen Lebenseinstellung langfristig bestimmten und positive Verhaltensweisen förderten, die ein Leben lang beibehalten wurden. Owen zufolge war »der Mensch ein Produkt der Umstände«. 1816 eröffnete er den ersten Kindergarten (Infant School) in England, in den bereits Einjährige aufgenommen wurden. Für die Kleinkinder standen körperliche Ertüchtigung, Tanz und Gesang im Mittelpunkt, später lernten sie Lesen und Schreiben, aber auch einfache Rechenaufgaben sowie selbstständiges Denken und ein Verständnis der Welt, in der sie lebten (und das in einer Zeit, in der Kinder als kleine Erwachsene behandelt wurden, eine angemessene Erziehung und Bildung nur Kindern der oberen Schicht zuteil wurde und man zwischen Umwelt und Charakter keinen Zusammenhang sah).

Obwohl Owen stark auf Kredite, insbesondere von seinem Schwiegervater, angewiesen war, erwirtschaftete die Fabrik dennoch Gewinn, nicht zuletzt weil ein Großteil der Arbeiter ihn begeistert unterstützte und für Gewinn bringende Neuerungen offen war. Trotzdem wurde er von seinen Miteignern unter Druck gesetzt, denn die Gewinne fielen nicht so hoch aus wie erwartet und Owens philanthropisches Experiment wurde nicht von allen gutgeheißen. Im Einklang mit den pessimistischen Ideen von Malthus und Ricardo waren viele der Überzeugung, dass derartige Praktiken nur ins Unglück führen konnten. Owen war entschlossen, das Gegenteil zu beweisen, in einer Schrift sein Experiment darzulegen und praktisch nachzuweisen, wie ein Unternehmen Gewinn bringend und human geführt werden konnte. Seine Absicht war es, konkurrierende Unternehmer davon abzubringen, die Preise zu unterbieten, indem sie ihre Arbeiter ausbeuteten und Kinder beschäftigten. Owen wollte zeigen, dass es einen anderen, humaneren Weg gab. Im Unterschied zu Saint-Simon war bei ihm das moralische Element in der Wirtschaft mehr als nur eine utopische Zukunftsvision.

1813 veröffentlichte Owen zwei Aufsätze, die ein Jahr später in sein Buch *A New View of Society: or, Essays in the Principle of the Formation of the Human Character* (*Eine neue Auffassung von der Gesellschaft. Essays über das Prinzip der Charakterbildung*) Eingang fanden. In Worte gefasst, erscheinen Owens Ideen plump und unbeholfen. Er war überzeugt, dass »... jeder beliebige Charakter, der beste wie der schlechteste, der unwissendste wie der intelligenteste, jeder Gemeinschaft, ja der ganzen Welt aufgeprägt werden kann, wenn man gewisse Mittel anwendet, die in bedeutendem Maße den Regierenden der Nationen zur Verfügung stehen oder ohne Schwierigkeiten verschafft werden können«. Die gesellschaftlichen Übel hatten ihm zufolge ihre Ursache einzig und allein in der Durchsetzung individueller charakterlicher Eigenheiten. Dies musste auf der Ebene der »großen Masse der Bevölkerung« verhindert werden. Den freien Willen bezeichnete Owen als »eine Hydra des menschlichen Unglücks, der jedes vernünftige Prinzip zum Opfer fällt«. Die Menschen strebten, so Owen weiter, nach »dem Glück des eigenen Ich«, das aber »nur durch ein Verhalten erreicht werden kann, durch das auch das Glück der Gemeinschaft gefördert wird«. Hier drückt sich der Glaube an eine technokratische Steuerung der Gesellschaft in ihrer extremsten und autoritärsten Form aus. Die Erfahrungen des Faschismus und Kommunismus im 20. Jahrhundert haben uns gelehrt, solchen Ideen wachsam und kritisch zu begegnen. Zweifellos hatte Owen das Herz am rechten Fleck. Seine praktischen Bemühungen zielten unmittelbar auf eine Verbesserung der konkreten Situation und nicht auf die Verwirklichung eines utopischen Traums. Er wollte der Gesellschaft keine Zwangsjacke anlegen.

Das zeigen seine praktischen Ratschläge. Owen ging es um die Lösung des Problems, dass der wachsende Reichtum, der im Zuge der industriellen Revolution entstand, mit Armut und Not für die Mehrzahl einherging. Neue wissenschaftliche Entdeckungen hatten zu einer stärkeren Mechanisierung geführt, die wiederum eine Steigerung der Produktivität mit sich brachte, aber die Folge dieser Entwicklung war zunehmende Arbeitslosigkeit und Verelendung. Im Jahr 1811 kam es zu den Ludditen-Unruhen (benannt nach ihrem Anführer Ned Ludd), als unzufriedene Arbeiter die Fabriken stürmten und die Maschinen zerstörten, die ihnen die Arbeit wegnahmen. Die Unruhen wurden vom britischen Premierminister Lord Liverpool mit repressiven Maßnahmen bekämpft. 1813 kam es in York zu einem Massenprozess. Zahlreiche Arbeiterführer wurden gehängt, Hunderte andere zur »Deportation jenseits der Meere« (das heißt in die menschenfeindliche, abgelegene Strafkolonie Botany Bay in Australien) verurteilt.

Owen verlangte, dass die Mechanisierung, auch wenn sie die Produktion steigerte, nicht »zu einem ungünstigen Missverhältnis zwischen Nachfrage nach Arbeit und Angebot von Arbeit führen« dürfe. Dies sei kontraproduktiv, denn es führe nur zu Arbeitslosigkeit und zu einem Rückgang des Konsums und erzeuge somit einen Teufelskreis, dessen Folge eine noch höhere Arbeitslosigkeit sei. Notwendig, so Owen, sei »ein profitabler Markt«, der nur dadurch geschaffen werden könne, dass die Arbeit »den ihr zukommenden natürlichen Wert« erhielt, »der mit dem Fortschritt der Wissenschaft steigen« werde. Dazu bedurfte es einer Arbeitswertlehre, bei der der Preis der Waren entsprechend dem Aufwand an Zeit und Arbeitskraft für ihre Produktion bemessen wurde.

Owens Geschäftspartner hatten unterdessen zwar die Geduld verloren, aber die Kunde von Owens philanthropischem Experiment hatte sich verbreitet, und Owen fand Förderer, die ihn beim Kauf von New Lanark unterstützten. Die neuen Anteilseigner des Unternehmens, zu denen auch Ricardos Mentor, der Philosoph Jeremy Bentham, gehörte, verlangten lediglich 5 Prozent Rendite für ihre Investition. In den nachfolgenden Jahren wuchs die Aufmerksamkeit für

Owens Experiment in New Lanark. In den zehn Jahren nach 1815 besuchten mehr als 20 000 Menschen New Lanark, unter ihnen der Erzherzog Maximilian von Österreich und der spätere russische Zar Nikolaus I.

1815 setzte sich Owen im britischen Parlament für ein Fabrikgesetz ein. Er argumentierte, Fabriken seien mehr als nur Mittel zur Schaffung von Reichtum. Die Bedingungen, die dort herrschten, spielten vielmehr eine entscheidende Rolle für die Charakterbildung der dort Beschäftigten. Mit anderen Worten: Diese Fabriken schufen nicht nur Reichtum, sondern formten auch Menschen. Aber die Zeiten waren für Reformen noch nicht reif. 1816, nach dem Ende der napoleonischen Kriege, geriet Großbritannien in eine schwere Wirtschaftskrise. Der Staat benötigte jetzt keine Güter mehr, die während des Kriegs gegen Frankreich noch gefragt gewesen waren. Die Folge war Arbeitslosigkeit, und in vielen Teilen des Landes mussten die Menschen hungern. Aus dem Militärdienst entlassene Soldaten bevölkerten die Straßen und drängten auf den Arbeitsmarkt. Mit der sinkenden Nachfrage sanken auch die Löhne in der Landwirtschaft um 50 Prozent, und zeitgenössischen Statistiken zufolge war die Hälfte der Bevölkerung völlig mittellos. Aufstände brachen aus, Angst machte sich breit. Hatte man die Französische Revolution nur deshalb besiegt, damit sie nun im eigenen Land ausbrach? Durch brutale Unterdrückungsmaßnahmen gelang es der Regierung, die Unruhen niederzuschlagen, und schließlich kam die Wirtschaft langsam wieder in Schwung.

Nun endlich zeigte sich die Regierung für Reformen aufgeschlossen. 1819 wurde ein Fabrikgesetz verabschiedet, in dem viele Vorschläge Owens, wenngleich in verwässerter Form, umgesetzt wurden. Die Arbeitszeit für Kinder wurde begrenzt, jedoch nur in bestimmten Produktionszweigen. Dennoch wurden hier entscheidende Weichen für die Zukunft gestellt. Erstmals formulierte der Staat Regelungen für die Führung eines Unternehmens; und der Staat übernahm erstmals Verantwortung für diejenigen, die zu schwach waren, um sich selbst zu schützen.

Owen konzentrierte sich jetzt auf das anhaltende Problem der Arbeitslosigkeit und machte einige höchst interessante Vorschläge zu deren Bekämpfung. Statt Almosen und milde Gaben zu verteilen, sollte der Staat die Gründung von »Genossenschaftsdörfern« (villages of cooperation) finanzieren. In jedem dieser Gemeinwesen sollten rund 1 000 Arbeitslose auf 1 000 bis 1 500 Acres unterkommen. Sie würden sich selbst versorgen und Waren für ihren eigenen Lebensunterhalt herstellen. Das Geld für Waren, die sie nicht selbst erzeugen konnten, sollte aus dem Verkauf der von der Dorfgemeinschaft produzierten überschüssigen Waren fließen. Wären die ersten Kooperativen gegründet, so würde deren Nutzen rasch allen einleuchten. In ganz Großbritannien, ja sogar in anderen Ländern, würden dann weitere solcher Dörfer aufgebaut werden, später dann »föderativ miteinander verbundene Dörfer – Zusammenschlüsse von zig, Hunderten und Tausenden«.

Unschwer lassen sich hier die Wurzeln des realen Sozialismus und die Ursprünge des Genossenschaftswesens erkennen. Owens Zeitgenossen aber sahen die Dinge anders. Widerstand aus allen politischen Lagern schlug ihm entgegen. Viele Sozialreformer kritisierten Owens Vorschläge als bequeme Art und Weise, sich der Armen zu entledigen, indem man sie in »Armendörfer« verfrachtete; die Konservativen sahen darin einen gefährlichen Präzedenzfall für die Autonomie der Arbeiterklasse. Aus heutiger Sicht mögen diese Genossenschaftsdörfer hoffnungslos idealistisch und unpraktikabel erscheinen, aber das ist eine Fehleinschätzung. Im israelischen Kibbuz-System haben Owens Ideen beinahe unversehrt überlebt.

1824 beschloss Owen, der empört war über die mangelnde Handlungsbereitschaft der Regierung, dass es an der Zeit sei, seine Ideen in die Praxis umzusetzen. Er verkaufte seinen Anteil an New Lanark und schiffte sich nach Amerika ein. Am Ufer des Wabash River in Indiana kaufte er 30 000 Acres Land. Am 4. Juli 1826 gründete er dort das Dorf New Harmony und gab seine »Geistige Unabhängigkeitserklärung« heraus, in der er die Unabhängigkeit von Privateigentum, von den Fesseln der vernunftwidrigen Religion und der Ehe erklärte.

In Owens Augen war die Ehe ein»... unnatürliches Verbrechen, das die vornehmsten Gefühle und die besten Kräfte der Gattung zerstört, indem es Aufrichtigkeit, Freundlichkeit, Zuneigung, Sympathie und reine Liebe in Täuschung, Neid, Eifersucht, Hass und Rache verwandelt. Sie ist ein Werk des Teufels«. Dennoch scheint seine eigene Ehe durch und durch konventionell gewesen zu sein, mit allen traditionellen Merkmalen dieses dauerhaften Bundes. Owens Biografin Margaret Cole zufolge hatte seine Frau»in mittleren Jahren nur einen halben Ehemann und ... Owen war nicht so sehr nachlässig ihr gegenüber, aber bisweilen vergaß er, dass sie überhaupt da war«. Er hatte schlichtweg Wichtigeres zu tun, beispielsweise seine Ansichten über den»sklavischen Aberglauben« der Ehe zu verbreiten.

Innerhalb weniger Monate strömten 800 Siedler nach New Harmony. Bedauerlicherweise erwies sich das Dorf jedoch, um mit John Kenneth Galbraith zu sprechen, als»Anziehungspunkt für einige der übelsten Drückeberger der amerikanischen Republik«. Keiner wollte die Drecksarbeit machen, und viele waren überhaupt nicht bereit, zu arbeiten. Bald gab es in der Gemeinschaft»idealistische Dispute« darüber, wie das Gemeinwesen organisiert werden und wer dessen Leitung übernehmen sollte; man stritt über brisante Themen wie Politik, Sexualität, Religion und anderes mehr. Derweil eignete sich ein geschäftstüchtiges Mitglied der Gemeinschaft ein Stück Land an und baute eine Schnapsbrennerei auf, deren Geschäft bald florierte. Binnen kurzer Zeit konnte sich die tausendköpfige Gemeinschaft nicht mehr selbst versorgen, und ihre Mitglieder waren kaum noch in der Lage, ihren Unterhalt selbst zu verdienen.

Nach zwei Jahren hatte Owen genug von New Harmony. Er übergab den gesamten Besitz – mehr als 80 Prozent seiner Ersparnisse – seinen drei Söhnen und einem seiner Partner und kehrte in seine Heimat zurück. In Großbritannien hatten seine Anhänger unterdessen drei weitere solcher Gemeinschaften gegründet: eine im englischen Queenswood, eine im irischen Ralahine und eine im schottischen Orbiston, die aber binnen weniger Jahre allesamt scheiterten. Owen selbst sah sich jedoch nicht als Versager, und er wurde auch von anderen nicht als solcher betrachtet. Trotz seiner persönlichen Erfahrungen mit der Ehe und anderen enttäuschenden menschlichen Verhaltensweisen blieb er von Selbstzweifeln unangefochten. Bei seiner Rückkehr aus Amerika wurde er als Kämpfer für die Sache der Arbeiter begrüßt. Seine inzwischen als »Owenismus« bekannten Ideen hatten sich innerhalb der Arbeiterschaft verbreitet. Die Genossenschaftsdörfer waren zwar gescheitert, aber die Ideen, die dahinter steckten, erwiesen sich durchaus als lebendig. Überall wurden selbst verwaltete Werkstätten und Kooperativen gegründet. Um diese Werkstätten miteinander zu vernetzen und einen Absatzmarkt für ihre Produkte zu schaffen, wurde eine Arbeitsbörse (National Labour Exchange) mit Zweigstellen und Läden im ganzen Land gegründet. Hier lag der Grundstein für einen noch weitaus ehrgeizigeren Plan: den Versuch, Geld zu vergesellschaften, indem man es direkt an die Arbeit band. Die Arbeitsbörse gab eine Arbeitswährung (Labour Notes, »Arbeitsnoten«) im Wert von ein, zwei oder fünf Stunden Arbeit heraus, die gegen Waren und Kleidung in so genannten Exchange Stores in den meisten größeren Städten eingetauscht werden konnten. Die Güter hatten keinen Marktwert mehr (der sich in einem Geldwert ausdrückte), sondern einen Arbeitswert. Dieses revolutionäre Konzept entsprach der Gleichung »Arbeit = Geld = Waren«. Preisschwankungen wurden, so schien es, auf diese Weise ausgeglichen oder sogar verhindert. Allerdings: Trotz aller guten Absichten war dies im Wesentlichen Tauschhandel – nicht ein kleiner Schritt in eine bis dahin unbekannte Welt, sondern ein großer Rückschritt für die Menschheit.

1833 begann Owen eine Kampagne für die Einführung des Achtstundentags, was zu Wut und Empörung in jener Klasse führte, die überhaupt nicht arbeitete. In den nachfolgenden Jahren gründeten Owens Anhänger die Grand National Consolidated Trades Union und riefen damit die Gewerkschaftsbewegung ins Leben, der sich bald überall im Land Arbeiter anschlossen. Owen trat für eine Mischung aus idealistischen, humanitären und vielfach unrealistischen Reformen ein, doch lieferte er auch einige bedeutsame ökonomische Einsichten. Wie bereits Smith dargelegt hatte, stellte in einer kapitalistischen Marktwirtschaft die Arbeitskraft selbst einen Kapitalwert dar. Owen führte diese Erkenntnis logisch konsequent weiter: Wenn dies der Fall war, sollten die Arbeiter wie andere Anlagegüter auch gepflegt werden.

Ein Jahr nach ihrer Gründung hatte die Grand National Consolidated Trades Union bereits mehr als 500 000 Mitglieder – eine gewaltige Zahl, die fast ein Zehntel der gesamten Arbeiterschaft umfasste. Doch der Bewegung fehlte es an Zusammenhalt. Die Erwartungen waren hoch gesteckt, oft unrealistisch und widersprüchlich. Die lokalen Gewerkschaftsverbände waren nicht in der Lage, die Aktionen ihrer Mitglieder unter Kontrolle zu halten. Spontane Streiks schadeten der Stellung der zentralen Gewerkschaftsleitung, die sich bald zersplitterte. Christliche Mitglieder waren empört über Owens Atheismus und über seine Ansichten zur Ehe. Seine Forderung nach Abschaffung des Privateigentums wurde von vielen als Aufruf zur Revolution angesehen. Die einen waren dafür, die anderen dagegen – aber beide Seiten hatten Owen missverstanden, der sein Leben lang allmähliche, stufenweise Veränderungen verfochten hatte. Radikale soziale Reformen sollten schrittweise durchgeführt werden. Andere riefen zur Revolution auf und verfassten hitzige Pamphlete, Owen dagegen wollte ausprobieren, wie seine Ideen praktisch umgesetzt werden konnten. Das Paradoxe lag darin, dass seine geschäftlichen Unternehmungen erfolgreich waren, seine politischen Vorstöße jedoch scheiterten.

Die Gewerkschaftsbewegung erlitt schwere Rückschläge. 1834 hatten sechs schlecht bezahlte Landarbeiter in dem Dorf Tolpuddle in Dorset die Unverfrorenheit, eine eigene Gewerkschaftsgruppe zu gründen. Sie wurden deswegen vor Gericht gestellt und zu sieben Jahren »Deportation jenseits der Meere« verurteilt. Die Behandlung dieser »Märtyrer« löste überall im Land Demonstrationen aus; später wurden die Urteile aufgehoben.

Dasselbe Jahr brachte für Owens Anhänger eine weitere Katastrophe. Aufgrund wachsender Meinungsverschiedenheiten trat Owen im Sommer 1834 aus der Grand National Consolidated Trades Union aus, und einen Monat später brach die Organisation auseinander – und mit ihr die Arbeitsbörse, die Exchange Stores und der Plan, Geld zu »vergesellschaften«. Damit war das Ende der ersten Gewerkschaftsbewegung besiegelt. Die Schlacht war verloren, nicht aber der Krieg. Die jungen Männer, die sich der Bewegung angeschlossen hatten, wurden die Anführer eines zweiten Anlaufs, des Chartismus. Owen bereiste derweil das ganze Land, hielt Vorträge über Bildung, rationales Denken und die Reform der Ehe. Für die Arbeiterklasse blieb er eine zwielichtige Figur: Er setzte sich zwar für die Arbeiter ein, aber er war nicht einer von ihnen. Einerseits propagierte er einen grundlegenden sozialen Wandel, andererseits war er gegen Revolution und drängte zur Mäßigung. In vieler Hinsicht blieb er der despotische Patriarch, der New Lanark geleitet hatte, ein eifriger Prediger gegen die Ehe, der seine eigene Ehe mit Gleichmut führte. Am Ende wurde er – typisch viktorianisch – zu einer nationalen Institution. 1839 wurde er durch den Premierminister Lord Melbourne Königin Viktoria vorgestellt. (Empört über Melbournes Vorhaben, forderte der Bischof von Exeter vom Premierminister die Zusicherung, »... dass er seine Monarchin und sich selbst nicht dem Vorwurf aussetze, die besten, höchsten und hochheiligsten Interessen der Menschheit verraten zu haben«.)

1844, im Alter von 75 Jahren, stattete Owen seiner Familie in New Harmony einen längeren Besuch ab. Seine Söhne hatten aus dem Dorf inzwischen ein funktionierendes Gemeinwesen gemacht. (New Harmony blieb bis in die Gegenwart eine nach Owens Vorstellungen geführte Gemeinschaft.) Owens Sohn John hatte in der Nähe von Memphis, Tennessee, eine ähnliche Gemeinschaft für befreite Sklaven gegründet. Als Owen nach Amerika zurückkehrte, war sein Sohn John soeben als Vertreter Indianas in den Kongress gewählt worden, wo er Vorschläge zur Beilegung des Grenzstreits zwischen den Vereinigten Staaten und Großbritannien bezüglich Oregon in Kanada machte. Zu der Zeit umfasste das umstrittene Territorium Oregon den gesamten Nordwesten der heutigen USA (einschließlich der heutigen Staaten Washington und Oregon, eines beträchtlichen Teils von

Idaho, Montana und Wyoming) sowie einen Großteil des heutigen westlichen Kanada. Nach England zurückgekehrt, konnte Robert Owen die Regierung bewegen, John Owens Vorschlag zuzustimmen. Dank der Owens gingen damit etwa ein Zehntel des US-amerikanischen Festlands und fast die Hälfte des nördlichen Grenzgebiets zwischen den Großen Seen und dem Pazifik an die Vereinigten Staaten. Im Alter von 80 Jahren wandte sich Owen dem Spiritismus zu. Er kämpfte zwar weiterhin für soziale Reformen, für »die Morgenröte der Vernunft ... und die Wiedergeburt des menschlichen Geistes«, abends jedoch hielt er Zwiesprache mit den Geistern Benjamin Franklins, Shelleys und des Herzogs von Kent. In seinen letzten Lebensjahren zog er sich in seine Heimatstadt Newtown in den walisischen Bergen zurück und schrieb seine Autobiografie. Er starb 1858 im Alter von 87 Jahren.

Mit Owen fand die Ökonomie eine humane Antwort auf den Laisser-faire-Pessimismus von Malthus und Ricardo. Zwar erwiesen sich die meisten seiner Pläne letztlich als unpraktikabel, aber sie gaben vielen Hunderttausenden, die am Rande der Verzweiflung standen, Hoffnung und Zuversicht. Die sozialistische Tradition Großbritanniens, die zur Entstehung des weltweit ersten Sozialstaats führte, geht unmittelbar auf Owens Ideen zurück. Sein Experiment in New Lanark vermittelte ihm eine praktische Vorstellung davon, was Ökonomie bedeutet. Mit seiner Idee, die Arbeitskraft als wertvolles Kapital zu betrachten, war er seiner Zeit weit voraus. Moral und produktiver Kapitalismus stehen nicht im Widerspruch zueinander. Erst in der heutigen Zeit sind die Folgerungen dieses Konzepts tiefgreifender erforscht worden. Dem indischen Wirtschaftstheoretiker Amartya Sen, der 1998 den Nobelpreis für Wirtschaftswissenschaften erhielt, wurde zu Beginn seines Studiums empfohlen, sich mit solchem »ethischen Unsinn« nicht aufzuhalten. Sen ignorierte diesen Ratschlag und zeigte, wie durch Erziehung und Bildung der Bevölkerung das Vermögen einer Nation gesteigert und damit deren Kapitalwert erhöht werden kann. Er zeigte auch, dass derartige Überlegungen keineswegs auf die Dritte Welt begrenzt sind. Ethik und kommerzieller Wert der Arbeit sind eng miteinander verknüpft. Dies wird besonders im Hinblick auf die Arbeitslosigkeit deutlich. Der Empfang von Sozialhilfe demütigt den Arbeitslosen und verschwendet darüber hinaus auch noch das Kapital eines Landes. Der Arbeitslose benötigt nicht einfach nur Unterstützungsgeld, er muss in die Gesellschaft integriert werden, damit er sein Selbstwertgefühl zurückerlangt. Dieses Selbstwertgefühl ist Bestandteil des Kapitals einer Nation. Zerstörte Menschenleben sind der Ruin eines Landes. Das sind keine Metaphern. Sen hat diese Zusammenhänge in nüchterner ökonomischer Begrifflichkeit dargelegt. In ihrer Anfangszeit erstrebte die Gewerkschaftsbewegung bessere Lebensbedingungen für ihre Mitglieder. In der monetaristischen Ära des 20. Jahrhunderts wurden die Gewerkschaften selbst »monetaristisch«: Sie führten größtenteils einen Kampf um mehr Geld. Sens Ideen knüpfen unmittelbar an die ökonomischen Einsichten jener Frühzeit der Gewerkschaftsbewegung an. Auch ihm geht es um die Entwicklung des Humanpotenzials, das zu allgemeinem Wohlstand führt. Der richtige Weg zu ökonomischem Wachstum ist Sen zufolge die Ausbildung der Fähigkeiten des Menschen. Einem Historiker ist dies unmittelbar einleuchtend. Ökonomen tun sich noch immer schwer damit.

7

Das Lustprinzip

All dies führt uns zu der Frage nach dem menschlichen Glück. Was ist Glück? Und welche Bedeutung kommt ihm im ökonomischen Denken zu? Im frühen 18. Jahrhundert hatte Adam Smiths Lehrer Hutcheson das Prinzip vom »größten Glück der größten Zahl« geprägt. Ein halbes Jahrhundert später machte der englische Denker Jeremy Bentham diesen Satz zur Grundlage eines ganzen philosophischen Systems, des Utilitarismus.

Jeremy Bentham wurde 1748 in London geboren und schon früh als Wunderkind erkannt. Er konnte die Buchstaben des Alphabets schreiben, noch bevor er richtig sprechen konnte. Sein Vater, ein wohlhabender Rechtsanwalt, beschloss, seinen Sohn zu fördern und durch Geschenke anzuspornen. Als Jeremy mit fünf Jahren Latein lernte, erhielt er zur Belohnung eine rosarote Weste. Die Methode fruchtete bei ihm und blieb nicht ohne Einfluss auf sein Denken. Mit 16 Jahren schloss Bentham sein Studium in Oxford ab und studierte anschließend Rechtswissenschaften. Der ehrgeizige Bentham senior sah seinen Sohn schon als Lordkanzler, den höchsten Justizbeamten Großbritanniens. Aber Bentham wollte kein Anwalt werden, er vertiefte sich lieber in seine Bücher. Bald konzentrierte er sich auf Philosophie und Sozialreform. 1776 veröffentlichte er *A Fragment on Government*, das erste Werk des philosophischen Radikalismus in englischer Sprache. Darin befürwortete er Maßnahmen wie die Geburtenkontrolle, die Legalisierung der Gewerkschaften und das allgemeine Wahlrecht (auch für Frauen). Fast alle diese Reformen wurden erst zu Beginn des 20. Jahrhunderts verwirklicht.

Im Unterschied zu den visionären Träumereien Robert Owens stützen sich Benthams Ideen auf eine vernunftgeleitete Moral- und Sozialphilosophie. Diesen Utilitarismus nannte Bentham »geheiligte Wahrheit«. »Das größte Glück der größten Zahl«, so Bentham, »ist die Grundlage der Moral und der Gesetzgebung«. Sein Ziel war es, die Prinzipien der Sozialwissenschaften und damit auch der Ökonomie so streng zu fassen wie die Gesetze der Naturwissenschaften. Der Utilitarismus und das darin formulierte Lustprinzip sollten die neuen Grundpfeiler der Moral werden, und Bentham selbst wurde zum Newton der Sozialphilosophie. Sein Hauptargument lautete: »Die Natur hat die Menschheit unter die Herrschaft zweier souveräner Meister, *Leid* und *Lust* (pain and pleasure), gestellt.« Dieses »utilitaristische Prinzip« stellte zugleich ein moralisch-ethisches Prinzip dar. Alles, was uns Lust bereitet, ist gut, und alles, was uns Leid bereitet, schlecht. Doch damit ein solches Prinzip als moralisch gelten konnte, musste es gesellschaftlich eingebunden sein. Was richtig ist, maximiert die Lust aller, was falsch ist, verursacht den Schmerz und das Leid aller. Bei schwierigen Entscheidungen müssen wir die Lust, die uns entsteht, gegen das mögliche Leid abwägen.

Hier zeigt sich jedoch die Hauptschwierigkeit des Utilitarismus. Wie kann man die Lust messen – auf individueller wie auf kollektiver Ebene? Bentham erörtert dieses Problem ausführlich und führt das Prinzip des »hedonistischen Kalküls« zur Messung der negativen beziehungsweise positiven Größe ein. Er nennt sieben verschiedene Dimensionen der Lust, darunter deren Dauer und die Anzahl der Individuen, denen sie zuteil wird. Er führt sodann 14 verschiedene Arten der einfachen Lust an, darunter Macht, Reichtum, Fertigkeit, Reputation und (last but not least) Boshaftigkeit; und er zählt ein Dutzend »einfache Arten des Leids« auf, darunter Enttäuschung und Sehnsucht (eine Kategorie, die aus den meisten Menschen Masochisten macht). Aber es ist eine schlichte Tatsache, dass sich Lust, sei sie die des Individuums oder die der Gesellschaft, nicht exakt bemessen und quantifizieren lässt. Das ist heute nicht anders, obwohl wir Lust auf biologischer Ebene durchaus genauer bestimmen können. Es gibt keine verbindliche Messlatte, anhand derer die Intensität eines Reizes und die sich aus diesem Reiz ergebende Lust gemessen werden kann. Einem indischen Fakir können ein scharfes Currygericht oder ein Nagelbett höchsten Genuss bereiten, einem Dänen dagegen unerträglich sein.

Aber was hat Lust mit Wirtschaft zu tun? Für jene, die unter ihr zu leiden haben, herzlich wenig. Im Gefolge des Utilitarismus wurde »Nutzen« (utility) zu einem zentralen Begriff des ökonomischen Denkens. Vor Bentham hatten Ökonomen diesen Begriff in einem allgemeinen Sinn gebraucht, oft mit Bezug auf die »Erwünschtheit« von Gütern oder Dienstleistungen. Bentham dagegen fasste den Begriff des »Nutzens« als eine exakt messbare Größe, und damit fand er Eingang in die ökonomische Terminologie. Obwohl bis heute diskursiv und in exakten Formeln verwendet, mangelt es diesem Begriff nach wie vor an Präzision. Nutzen wird heute als »das Maß der Bedürfnisbefriedigung« definiert, »die ein Konsument durch den Konsum von Gütern erzielt«; er kann anhand der Präferenzen der Konsumenten gemessen werden und steigt mit der Menge des Konsums. Doch auch hier ist die Quantifizierung eine relative und keine absolute, messbare Größe. Das Problem bleibt bestehen, dass sich menschliche Emotionen nicht exakt messen lassen.

Trotzdem wurde Benthams Analyse zur Grundlage für ein bedeutendes ökonomisches Werkzeug, das vor allem im Rahmen der öffentlichen Haushalte angewandt wird: die Kosten-Nutzen-Analyse. Nach Benthams Ansicht sollte der *Nutzen*, der sich aus den Ausgaben eines Staatshaushalts ergibt, gegen die *Kosten* der schweren Steuerlasten aufgerechnet werden. Die Kosten-Nutzen-Analyse wird heute als ein systematisches Verfahren mit komplizierten grafischen Darstellungen angewandt (wobei die Kosten, dieses Verfahren zu verstehen, höher sind als der Nutzen, der sich aus diesem Verständnis ergibt). Doch auch bei diesem mathematisch exakten Verfahren ist die Schwierigkeit dieselbe. Der »Nutzen« muss auf konkrete Güter oder Dienstleistungen reduziert werden, die kein exaktes Maß für das Glück abgeben.

Bentham war ein Gelehrter und Bücherwurm, der die Einsamkeit der Lektüre der menschlichen Gesellschaft vorzog. Von seinem ererbten Vermögen konnte er ein sorgloses Leben führen, ohne einem Brotberuf nachgehen zu müssen. Er schrieb viel, veröffentlichte aber nur wenig. Obwohl er so zurückgezogen lebte, galt Bentham als Wortführer der radikalen Philosophen (Philosophic Radicals), die Reformen befürworteten und auf das Parlament Druck ausübten. Der Utilitarismus lieferte einen einfachen Test für jedes neue Gesetzesvorhaben: Würde das neue Gesetz der größten Zahl das größte Glück bringen? Handelte die Regierung zum Wohl der Allgemeinheit oder nur zum Wohl ihrer eigenen, gut getarnten Interessen? Die radikalen Philosophen spielten bei der Verabschiedung des großen Reformgesetzes 1832 eine maßgebliche Rolle. Mit diesem Gesetz stieg die Zahl der Wahlberechtigten um 50 Prozent und die alten »rotten boroughs« (Parlamentssitze wie der von Ricardo, die man sich kaufen konnte) wurden abgeschafft. Dennoch hatte auch jetzt noch immer lediglich ein Drittel der Bevölkerung das Wahlrecht. Das Bemühen der radikalen Philosophen um soziale Gerechtigkeit war nur der Anfang eines langen, mühseligen Kampfes um politisches Mitspracherecht.

Benthams Interesse an Politik bedeutete auch, dass er nicht so zurückgezogen leben konnte, wie er es gern gehabt hätte. Er lernte Ricardo kennen, dessen scharfes Urteilsvermögen er bewunderte. Als Owen Bentham dazu überreden wollte, einen Anteil an den Baumwollfabriken von New Lanark zu kaufen, konsultierte dieser zunächst Ricardo. Ein paar Jahre lang war Ricardos Freund und Mentor James Mill Benthams Assistent und wurde von ihm großzügig unterstützt. James Mills Sohn John Stuart Mill interessierte sich für den Utilitarismus, und im Alter von 19 Jahren gab er einen großen Teil von Benthams Schriften in einer fünfbändigen Ausgabe mit dem Titel *On Evidence* heraus.

Benthams vergleichsweise schmales veröffentlichtes Werk wurde in alle wichtigen Sprachen übersetzt. Es behandelte Themen wie Philosophie und Politik, Staatsverfassungen und Gefängnisse, stets mit der Betonung des Nützlichkeitsprinzips, der praktischen Durchführbar-

keit und der Reform. Sein Einfluss war jedoch in Kontinentaleuropa
sowie in Nord- und Südamerika stärker als in seiner Heimat Großbritannien. Der französische Staatsmann Talleyrand stattete ihm einen
Besuch ab; sein Verfassungskodex wurde für das unabhängig gewordene Griechenland herangezogen; Simon Bolivar, der Befreier Süd-
amerikas von der spanischen Herrschaft, war während seines Aufenthalts in London voll des Lobes über Bentham – auch wenn er dessen
Schriften vorsichtshalber verbot, als er Präsident von Kolumbien
wurde.

Der scheue, zurückgezogene Bentham war aber nicht frei von Eitelkeit. Bevor er 1832 starb, gab er genaue Anweisungen, wie er gekleidet und aufrecht in einem Glaskasten sitzend für die Nachwelt konserviert werden müsse. Bis zum heutigen Tag ist sein mumifizierter
Leichnam im University College in London ausgestellt – ein makabres
Schaustück.

Kurz nach der Veröffentlichung von Benthams *On Evidence* erlitt
der neunzehnjährige John Stuart Mill einen Nervenzusammenbruch,
der nicht allein auf seine Tätigkeit als Herausgeber Tausender dicht
bekritzelter Seiten zurückzuführen war. Der Kollaps ging vielmehr in
erster Linie auf das Konto seines Vaters. James Mill, Ricardos Mentor, Malthus' Freund und Benthams Vertrauter, der für seine humanen, einfühlsamen philosophischen und ökonomischen Ansichten berühmt war, gebärdete sich in der Familie als typisch viktorianischer
Tyrann. Mill senior wollte, genau wie Benthams Vater vor ihm, aus
seinem Sohn ein Genie machen und setzte ihn frühzeitig unter Druck.
Im Alter von drei Jahren begann John Stuart, Altgriechisch zu lernen,
mit sieben war er bereits mit den Dialogen Platons vertraut und mit
dreizehn hatte er, um mit seinen eigenen Worten zu sprechen, »einen
vollständigen Kurs in politischer Ökonomie« absolviert. Das war
durchaus keine Übertreibung. Er nahm jetzt an den Diskussionen
zwischen seinem Vater und Ricardo teil und lernte dadurch die neuesten wirtschaftstheoretischen Ideen kennen. 1821 las der Fünfzehnjäh-
rige Benthams *Treatise on Morals and Legislation* (*Einführung in die
Prinzipien der Moral und Gesetzgebung*). Nach der Lektüre dieses

dreibändigen Werks war er »ein anderer Mensch«. Seine Bewunderung für Bentham und dessen utilitaristische Ideen war grenzenlos. »Von nun an hatte ich das, was man ein Lebensziel nennt: Ich wollte die Welt verändern.« Drei Jahre später begann er mit der Herausgabe von Benthams *On Evidence*.

Doch etwas stimmte nicht mit dem jungen Mann: Eine solche erzwungene Frühreife war unnatürlich und musste früher oder später ihren Tribut fordern. Wie Mill später in seiner Autobiografie schrieb: »Ich war nie ein Kind.« Ferien gab es nicht, »damit die Gewöhnung an die Arbeit nicht gestört und nicht Gefallen am Müßiggang gefunden würde«. Die väterliche Gehirnwäsche war dermaßen erfolgreich, dass das Gefühlsleben des Zwanzigjährigen vollständig von der Vernunft gesteuert wurde. Er erlaubte sich keine Abweichung von der Tyrannei seines indoktrinierten Geistes. Auch scheint er sich seiner eigenen Begabung gar nicht recht bewusst gewesen zu sein, die er als »unter- und nicht überdurchschnittlich« einstufte. »Was ich tat, konnte mit Sicherheit jeder Junge und jedes Mädchen mit durchschnittlichen Fähigkeiten leisten.« Doch mit der Zeit wuchs das Selbstbewusstsein dieses jungen Mannes, der nie ein Kind gewesen war. 1826, an einem nebelverhangenen, trüben Londoner Herbsttag, hielt er inne und fragte sich: »Angenommen, alle Ziele, die du dir im Leben gesetzt hast, würden erfüllt ... wäre das eine große Freude und ein großes Glück für dich?« »Mein nicht unterdrückbares Selbstbewusstsein gab mit aller Entschiedenheit zurück: ›Nein!‹«

John Stuart Mill erlitt einen Nervenzusammenbruch. Typischerweise scheint er über seinen Zustand mit niemandem gesprochen zu haben. Und noch typischer ist, dass offenbar weder seine Mutter noch sein Vater bemerkten, wie es ihrem Sohn ging. Doch der innere Aufruhr bewirkte eine grundlegende Veränderung. Mill begann, die romantischen Gedichte von Wordsworth und die Schriften irrationaler Denker wie Saint-Simon zu lesen. Dann, eines Tages, entdeckte er »zufällig« die *Mémoires* des sentimentalen französischen Dichters Jean-François Marmontel. Als er zu der Stelle gelangte, wo der Dichter den Tod seines Vaters beschreibt, brach er in Tränen aus. Er selbst sagte, er sei von seiner eigenen »lebhaften Fantasie« erschüttert worden, verschwieg jedoch, was in dieser Szene des Buches genau beschrieben wurde. Dass es sich um den unterdrückten Wunsch handelte, sein eigener Vater möge sterben – diese Mutmaßung lag in jener vorfreudianischen Epoche außerhalb jeder Vorstellungskraft. Mill beschloss, er sei nun geheilt: »Der bedrückende Gedanke, jedes Gefühl in mir sei tot, war verflogen.« John Stuart Mill widmete sich von nun an den humanen Aspekten der politischen Ökonomie.

Bentham, der Schöpfer des Utilitarismus, hatte die Anwendung des »hedonistischen Kalküls« auf die Sozialphilosophie gefordert. Mill dehnte diese unpräzise Auffassung auf alle Tätigkeitsbereiche des menschlichen Lebens aus. Er leistete bedeutende Beiträge auf dem Gebiet der Logik und der politischen Theorie, der Philosophie und der Gleichberechtigung der Frau. Am wichtigsten aber: Seine utilitaristisch geprägten Überlegungen fanden Eingang in einen Bereich, in dem bis dahin der Begriff der Moral kaum eine Rolle gespielt hatte: die politische Ökonomie. Bereits Adam Smith hatte auf die Ungerechtigkeiten des Wirtschaftsgeschehens hingewiesen. Robert Owen hatte auf dem freien Markt ein Vermögen gemacht und dann versucht, die Prinzipien der Humanität praktisch umzusetzen. Mill sollte zeigen, wie das Lustprinzip auf den herrschenden Kapitalismus selbst angewandt werden konnte.

Mills Hauptwerk zur Ökonomie waren seine *Principles of Political Economy* (*Grundsätze der politischen Ökonomie*), das erste allgemein anerkannte Lehrbuch der Wirtschaftstheorie, das in der zweiten Hälfte des 19. Jahrhunderts eine bedeutende Rolle spielte. In diesem Werk bezog sich Mill – oft ohne Nennung seiner Quelle – auf die Schriften eines anderen außergewöhnlichen Denkers jener Zeit: Charles Babbage. Heute gilt Babbage als verkannter Pionier, der mit seiner hochkomplizierten »Differenzmaschine« den heutigen Computer um 150 Jahre vorwegnahm. Babbage war Professor für Mathematik in Cambridge, ein Lehrstuhl, den vor ihm beziehungsweise nach ihm berühmte Denker wie Isaac Newton und Stephen Hawking innehatten. 1832 veröffentlichte Babbage *On the Economy of Machinery and Manufactures.* In diesem Werk legte er die technologischen Erkenntnisse dar, die er durch Besuche in Fabriken gewonnen hatte, um sich Kenntnisse im Maschinenbau anzueignen und die erste rein *mechanische* (das heißt nicht elektrische) Rechenmaschine zu bauen. Adam Smith hatte die Landwirtschaft in den Mittelpunkt der Nationalökonomie gestellt; Ricardos großes Anliegen war der Getreidehandel gewesen. Babbage war der Erste, der begriff, dass nunmehr die Fabrik die treibende Kraft der Wirtschaft darstellte. Bei seinen Fabrikbesuchen erkannte der aufmerksame Mathematiker aus Cambridge, worum es im Handel ging – Grundlagen, die einem Wirtschaftstheoretiker, der sich in seiner Untersuchung auf die Schilderung einer Stecknadelfabrik stützt oder der in Anwesenheit seines genialen Sohnes mit einem plutokratischen intellektuellen Finanzfachmann seine neuesten Ideen erörterte, nicht unbedingt immer vor Augen standen. Babbage revidierte Smiths Vorstellung von der Arbeitsteilung und versöhnte sie mit der Praxis der spätindustriellen Revolution. Seine Analyse der wesentlichen Komponenten einer Fabrik und des Zusammenwirkens dieser Teile bildete den Ausgangspunkt einer Reihe von Untersuchungen zu Zeit und Bewegung. Babbage beschrieb die Maschine in ökonomischer Begrifflichkeit und unterstrich die entscheidende Bedeutung von Erfindungen. Von der Fabrikproduktion, so Babbage, »profitierten ferne Königreiche«. Der technologische Fortschritt und die Ausbreitung der Industrie seien weltumspannend, und diese Entwicklung würde, so Babbage, der ganzen Welt nützen. Babbages Werk spielte für das Denken sowohl von Mill als auch von Marx eine große Rolle, obgleich diese beiden zu völlig unterschiedlichen Schlussfolgerungen gelangten.

In seinen *Grundsätzen der politischen Ökonomie* folgte Mill den wirtschaftstheoretischen Prinzipien, die von Smith erstmals aufgestellt und von Ricardo weiterentwickelt worden waren. Damit stand er in der Tradition der »klassischen Ökonomie«. Doch Mill machte auch eine Reihe von Entdeckungen, die die klassische Tradition entscheidend verändern sollten. Er erkannte, dass die Gesetze der Wirtschaft mit der Produktion und nicht mit der Verteilung zusammenhängen. Der Ertrag der Arbeit, des Bodens und der Maschinen kann mehr oder weniger effizient nach bestimmten objektiven Gesetzen organisiert werden. Diese Gesetze sind durch bestimmte Faktoren beeinflusst, so beispielsweise durch die Natur (Überschuss oder Hungersnot) und die Produktivität (der Arbeitskraft und der Maschinen). Wohlstand wird also nach bestimmten Gesetzmäßigkeiten und objektiven Faktoren erzeugt, die es uns ermöglichen, dessen Umfang zu maximieren. Jedoch gibt es keine Möglichkeit, die Verteilung dieses Wohlstands zu »maximieren«.

Ricardo, Malthus und ihre Nachfolger hatten sich von jeder Verpflichtung entbunden, wenn es um die Folgen der wirtschaftlichen Gesetzmäßigkeiten ging, die sie entdeckt hatten. Die freie Marktwirtschaft folgte ihren eigenen, »natürlichen« Gesetzen, die als unverrückbar galten. Bei Überproduktion und Überschuss fielen die Preise und damit zwangsläufig auch die Löhne. Wurde das Ackerland knapp, stieg die Bodenrente. So einfach war es – unabhängig von dem dadurch verursachten Elend. Mills Trennung von Produktion und Verteilung bedeutete das Ende dieser »natürlichen« Gesetze. Ist der Wohlstand produziert und kommen die Güter auf den Markt, »... kann die Menschheit – ihre einzelnen Glieder oder das Kollektiv – damit machen, was ihr gefällt. Sie kann sie demjenigen zur Verfügung stellen, der ihr gerade behagt, und zu allen möglichen Bedingungen.« Die Verteilung der Güter folgt keiner »natürlichen« Gesetzmäßigkeit. Sie »... hängt vielmehr von den Gesetzen und Bräuchen der Gesellschaft ab. Über die Regeln, nach denen sich diese Verteilung richtet, entscheiden die Ansichten und Empfindungen der herrschenden Schicht einer Gemeinschaft. Sie sind zu verschiedenen Zeiten und in verschiedenen Ländern ganz unterschiedlich, und sie könnten noch größere Unterschiede aufweisen, wenn die Menschheit das wollte.« Mit der Frage der Verteilung des Wohlstands kam die Moral ins Spiel. Endlich hatte die Ethik in die kapitalistische Wirtschaftstheorie Eingang gefunden. Owen hatte der Moral dadurch Geltung verschaffen wollen, dass er die Ökonomie in ein sozialistisches System verwandelte. Mill hatte sie in den Kapitalismus selbst eingeführt.

Für Mill war die Verteilung der Güter ein Prozess, in dem utilitaristische Prinzipien Anwendung finden konnten. Doch Mill zog daraus nicht die egalitäre Schlussfolgerung, dass das Lustprinzip für Arbeiter genauso gelten müsse wie für die Besitzenden. Mill hielt sich vielmehr an Ricardos klassische liberale Wirtschaftsauffassung, das Laisserfaire. Er glaubte, dass »… mit Ausnahme des Wettbewerbs unter den Arbeitern jeder andere Wettbewerb den Arbeitern selbst zugute kommt, weil dadurch die Waren, die sie konsumieren, billiger werden«. Dies entsprach auch seiner Überzeugung von uneingeschränkter individueller Freiheit. Mit einer einzigen Bedingung: »Die Freiheit des Individuums muss so beschränkt werden, dass es anderen nicht schadet.« Habgierige Fabrikbesitzer, die ihren Arbeitern das Existenzminimum zahlten und sie in Slums unterbrachten, fielen offenbar nicht in diese Kategorie.

Mills zweites großes Verdienst waren seine Überlegungen zum wirtschaftlichen Wachstum. Das ist umso erstaunlicher, wenn man seine Sicht des Wachstums betrachtet. Mill glaubte nämlich, dass wirtschaftliches Wachstum nur ein vorübergehendes Phänomen sei, eine Laune der Geschichte im Zuge der industriellen Revolution. Wenn dieser Schluckauf vorüber und ein bestimmtes Maß an Wohlstand erreicht wäre, würde die Wirtschaft wieder wie im Mittelalter in den glorreichen Zustand der Stagnation zurückfallen. Statt ihre Zeit mit der Jagd nach immer mehr Geld zu vergeuden, konnten die Menschen dann endlich erwachsen werden und sich den eigentlich wichtigen Dingen des Lebens zuwenden – beispielsweise der Verwirklichung von Freiheit und sozialer Gerechtigkeit. Es scheint jedoch, dass nur die alten Griechen in der Lage waren, diesem hohen Ideal entsprechend zu leben – in einer Zeit, in der Wirtschaft nichts anderes hieß als nachzusehen, wo die Hühner in der Küche ihre Eier gelegt hatten. Mill zufolge würde das wirtschaftliche Wachstum zum Stillstand kommen, sobald die industrielle Revolution ihre technologischen Ziele erreicht und die ultimative Feinspinnmaschine, die perfekte Dampfmaschine, ein vollständiges Schienennetz und so weiter geschaffen waren. Eine solche Sicht der Entwicklung erscheint nur im

Nachhinein betrachtet ziemlich verschroben. Die erste Eisenbahnlinie auf einer 20 Kilometer langen Strecke zwischen Stockton und Darlington im Norden Englands wurde im Jahr 1825 eröffnet. Im Jahr 1841 hatte das gesamte Schienennetz in Großbritannien eine Länge von rund 2 000 Kilometer. Ein Ende dieser Expansion war durchaus abzusehen.

Es gab jedoch Anzeichen für ein weitaus dramatischeres Bild des Wachstums im westeuropäischen Wirtschaftsraum jener Epoche. Groben Schätzungen zufolge kam es hier in den folgenden Zeiträumen jeweils zu einer Verdoppelung des Wirtschaftswachstums:

500 bis 1500: das Jahrtausend von der griechischen Antike bis zur Renaissance
1500 bis 1700: die 200 Jahre von der Renaissance bis zum Beginn der industriellen Revolution
1700 bis 1800: die 100 Jahre der frühindustriellen Revolution
1800 bis 1850: die 50 Jahre der spätindustriellen Revolution

Mills Prognose für das wirtschaftliche Wachstum war von Grund auf falsch, seine Analyse des Wachstums jedoch absolut korrekt. Smith hatte Wachstum als etwas Positives betrachtet, das größere Handelsfreiheit und größeren Reichtum bringt. Malthus (wie auch Ricardo, wenngleich widerstrebend) hatte nur die apokalyptischen Konsequenzen dieser Entwicklung gesehen: Überbevölkerung und Hungersnöte. Mill zufolge konnte das Zusammenwirken dieser Kräfte eine Reihe von positiven Ergebnissen bringen. Er war der erste Wirtschaftstheoretiker, der erkannte, dass wirtschaftliche Prognosen niemals sicher sind. Die Ökonomen können anhand bestimmter Informationen allenfalls mögliche Entwicklungen skizzieren.

Selbst heute, angesichts verlässlicher Daten und leistungsfähiger Computer, sind wirtschaftliche Prognosen niemals zuverlässig. Schuld daran ist die Tatsache, dass die Wirtschaft den Gesetzen der Chaostheorie folgt, dass also der Flügelschlag eines Schmetterlings im brasilianischen Regenwald zu einem Tornado in Kansas führen kann. Im Wirtschaftsleben hatte ein Kursverlust des thailändischen Baht an der

Börse in Bangkok an einem Sommernachmittag des Jahres 1997 einen finanziellen Wirbelsturm zur Folge, der die gesamte fernöstliche Wirtschaft zerstörte und auf den Weltmärkten eine Spur der Verwüstung hinterließ. Die Wirtschaft unterliegt deshalb der Chaostheorie, weil sie nicht-linear verläuft – das heißt, ihre Variablen wachsen derart disproportional, dass Vorhersagen unmöglich werden. Es lässt sich leicht benennen, was die Wirtschaftstheorie *nicht* leisten kann. Aber was kann sie leisten? In seiner Schrift *On the Definition of Political Economy* untersucht Mill das Problem der Methodik der Wirtschaftswissenschaft mit philosophischer Strenge. Er legt dar, warum die Wirtschaftstheorie ähnlich wie andere Wissenschaften, die sich mit menschlichem Verhalten und mit der Moral beschäftigen, sich niemals mit exakten Naturwissenschaften wie der Physik und der Chemie messen kann. Mill zufolge ist es in der Wirtschaftstheorie unmöglich, sinnvolle kontrollierte Experimente durchzuführen. Ursache und Wirkung können nicht genau gemessen, geschweige denn vorherbestimmt werden. So ist es beispielsweise unmöglich, in der Wirtschaft zwei Situationen zu finden, die *bis auf einen einzigen Faktor* absolut identisch sind. Trotz alledem beharrte Mill darauf, dass die Naturwissenschaften das »geeignete Modell« für die Wirtschaftswissenschaft sein sollten. Hier zeigt sich ein entscheidendes Dilemma der Wirtschaftstheorie: Sie ist zwar keine Naturwissenschaft, muss aber versuchen, sich wie eine solche zu verhalten. Angesichts der unbeherrschbaren Komplexität des Wirtschaftsgeschehens können wir nicht einfach resignieren oder aufhören, die Wirtschaftswissenschaften ernst zu nehmen, nur weil wir nicht genau wissen, wie wir die Situation in den Griff bekommen. Die Ökonomie ist weniger wissenschaftlich als die Physik, aber sie ist es in größerem Maße als die Astrologie. Die Situation der Wirtschaftstheorie lässt sich treffend mit einem Ausspruch des österreichisch-amerikanischen Ökonomen Joseph Schumpeter beschreiben: »Jede fragwürdige Methodologie ist gegenstandslos, wenn man auf sie verzichten kann, ohne auf die Analyseergebnisse verzichten zu müssen, die mit ihr in Zusammenhang stehen.« Wenn es nur immer so wäre! Dann lägen wir niemals falsch, egal, was wir tun. Kein Wunder, dass so viele Ökonomen überzeugt sind, Recht zu haben – obwohl schon so oft das Gegenteil bewiesen wurde.

8

Proletarier aller Länder, vereinigt euch!

Zur selben Zeit, als Mill seine einflussreichen *Principles of Political Economy* veröffentlichte, erschien auch Karl Marx' erstes *Kommunistisches Manifest*. Man schrieb das Jahr 1848, und überall in Europa, von Sizilien bis Warschau, brachen Revolutionen aus. In Paris führten die Unruhen zum Sturz der Monarchie des Hauses Orléans. Der österreichische Kanzler Metternich musste sich verkleiden und flüchten »wie ein Verbrecher«. Nach einem erfolglosen Aufstand in Prag begab sich Bakunin, der Anführer der russischen Anarchisten, nach Dresden, wo er mit dem jungen Komponisten Richard Wagner Freundschaft schloss. Ein Jahr später nahmen sie gemeinsam an dem gescheiterten Aufstand in Dresden teil. (Siegfried, der Held von Wagners Ring-Zyklus, trägt übrigens Bakunins Züge.) Als sächsische und preußische Truppen den Aufstand gewaltsam niederschlugen, gelang es Wagner und Bakunin, im Schutze der Dunkelheit zu fliehen und damit ihr Leben zu retten.

Zweifellos hätte es John Stuart Mills Vorstellungsvermögen überstiegen, in welchem Maße Karl Marx die Wirtschaft gleichzeitig falsch und richtig deutete. Der Kommunismus, den Marx als Alternative zum Kapitalismus vorschlug, erwies sich zwar als letztlich nicht praktikabel, aber viel von seiner scharfsichtigen Kritik am Kapitalismus ist bis heute unwiderlegt, und das zu jener Zeit drängende Problem der sozialen Gerechtigkeit ist nach wie vor ungelöst. Das Nebeneinander von Luxus und bitterstem Elend in Städten wie Bombay oder Rio de Janeiro wäre für Karl Marx, der im London eines Charles Dickens lebte, ein durchaus vertrautes Bild. In Amerika, dem Land der unbegrenzten Möglichkeiten, treten in den Gettos von Chicago und Los Angeles die »Widersprüche« des Kapitalismus deutlich zutage, ebenso aber auch in den Wirtschaftswüsten Nordostenglands oder Neapels. Der Kapitalismus ist zur weltweiten Erfolgsstory geworden, die ihren Preis gefordert hat. Marx und vielen seiner Zeitgenossen erschien dieser Preis unannehmbar hoch.

Wie alle Revolutionäre der Extraklasse bis hin zu Jean-Paul Sartre und Che Guevara stammte auch Karl Marx aus einer gutbürgerlichen Familie. Sein Vater war ein wohlhabender Rechtsanwalt, ein Onkel von ihm gründete den holländischen Industriegiganten Philips. Karl Marx wurde am 5. Mai 1818 in Trier an der Mosel unweit der luxemburgischen Grenze geboren. Trier, inmitten einer ländlich geprägten Region gelegen, in dem die industrielle Revolution noch kaum Spuren hinterlassen hatte, war kurz zuvor unter die repressive Herrschaft Preußens geraten.

Karls Eltern waren Juden, die aus sozialen und beruflichen Gründen zum Protestantismus übergetreten waren. Karls Vater besaß neben seiner Anwaltskanzlei mehrere Weinberge und verstand sich als gebildeter Liberaler. Er las Voltaire und war Mitglied eines Klubs, der eine Verfassung für den autokratischen preußischen Staat forderte.

Als Heranwachsender teilte Karl Marx seine Zeit zwischen Bibliothek und Kneipe auf. Seine Zechereien und Raufereien führten dazu, dass er von einem preußischen Kadetten zum Duell gefordert wurde; doch zum Glück kam er mit einer kleinen Verletzung am Auge davon. 1835 ging er zum Studium an die Universität Bonn, wo er viel las und sich – den Worten seines verzweifelten Vaters zufolge – durch »wildes Treiben« hervortat. Ein Jahr später wechselte er an die Universität Berlin, offiziell um Jura zu studieren, aber in Wahrheit, um sich der Philosophie zu widmen. Hier in der preußischen Hauptstadt, weitab vom weinseligen Rheinland, war das Studentendasein eine ernsthaftere Angelegenheit. Hier hatte der große Hegel bis zu seinem Tod fünf Jahre zuvor Philosophie gelehrt; hier gaben Hegels Anhänger, die Junghegelianer, den Ton an und entwickelten die Ideen des großen Philosophen weiter.

Marx besuchte zwar eifrig die Vorlesungen über die Hegelsche Philosophie, erlitt aber dann einen physischen Zusammenbruch. »Ein Vorhang war gefallen, mein Allerheiligstes zerrissen, und es mussten neue Götter hineingesetzt werden«, schrieb er später. Dennoch war der Einfluss Hegels auf Marx von entscheidender Bedeutung. In Hegels Philosophie bilden die Welt und die Geschichte ein großes und allumfassendes, sich ständig weiterentwickelndes System. Die Gesetze seiner Bewegung sind der Widerspruch und die dialektische Auseinandersetzung zwischen diesen Widersprüchen. Jeder Begriff trägt sein Gegenteil in sich. So impliziert der Begriff des »Seins« den Begriff des »Nicht-Seins« oder des Nichts. Aus diesen gegensätzlichen Begriffen (These und Antithese) ergibt sich eine Synthese, das »Werden«. In Hegels alles umfassendem dialektischem System entwickelt sich aus dieser Synthese eine neue These, die wiederum eine neue Antithese hervorbringt und so weiter. Dieser dynamische Prozess vollzieht sich bei allen Ideen, in der Geschichte und in der gesamten Wirklichkeit bis hinauf zur höchsten Stufe des über sich selbst reflektierenden absoluten Geistes.

Bedeutenden Einfluss auf Marx übte auch Ludwig Feuerbach aus, der sich von der Theologie abgewandt hatte, um bei Hegel zu studieren. Feuerbach zufolge war Gott lediglich die Projektion des menschlichen Wesens auf einer bestimmten Stufe seiner Entwicklung. Ausgehend von Hegel transformierte er den Hegelianismus. Nicht die Materie, so Feuerbach, ist vom Geist abhängig, wie Hegel gemeint hatte, sondern umgekehrt.

Bald schon entwickelte Marx seine eigene Philosophie, indem er versuchte, diese beiden Richtungen miteinander in Einklang zu bringen: Hegels dialektische Vorstellung, dass sich alles aus sich selbst generierenden Widersprüchen heraus entwickelte, und Feuerbachs Materialismus, der die Ideen als bloße Spiegelung der materiellen Bedingungen der Menschheit verstand. Doch in jugendlichem Überschwang überhöhte Marx diese Ideen zu heroischen Konzepten. In seiner Doktorarbeit verklärte er den antiken griechischen Helden Prometheus, der den Göttern das Feuer stahl und es der Menschheit auf die Erde brachte. Zur Strafe wurde Prometheus an einen Felsen im Kaukasus geschmiedet, wo ein Adler jeden Tag ein Stück seiner Leber fraß, die sich ständig erneuerte. Marx identifizierte sich sein Leben lang mit diesem antiken Helden, der das Schicksal von Marx und seinen Ideen auf geradezu gespenstische Weise verkörpert. Im Griechischen bedeutet Prometheus soviel wie »der, welcher die Zukunft sieht oder denkt«.

Nach seinem Abschluss an der Universität Berlin hoffte Marx, an eine kleinere deutsche Universität berufen zu werden. Doch nachdem sein junghegelianischer Mentor Bruno Bauer an der Berliner Fakultät auf Druck der preußischen Behörden überraschend seines Postens enthoben worden war, musste Marx seinen Traum von einer akademischen Karriere begraben. Er fand eine Stelle als Mitarbeiter der neu gegründeten, linksliberalen *Rheinischen Zeitung* in Köln und wurde ein brillanter Journalist, der in seinen Artikeln einprägsame, griffige Wendungen fand. Ein Jahr später wurde er Chefredakteur der Zeitung. Der idealistische, trinkfeste und hart arbeitende junge Marx war bei seinen nicht minder idealistischen, trinkfesten und hart arbeitenden jungen Mitarbeitern äußerst beliebt. Aufgrund seiner dunklen Hautfarbe und seines tiefschwarzen Barts gaben sie ihm den Spitznamen »Mohr«. Die *Rheinische Zeitung*, deren Leserschaft sich unterdessen verdreifacht hatte, war der preußischen Regierung schon bald ein Dorn im Auge; das Blatt war die meistgelesene Zeitung Preußens. Marx' gesellschaftliche und politische Beziehungen entwickelten sich von nun an in beinahe dialektischer Weise. Nach seinen vernichtenden Angriffen auf die Obrigkeit nahm er sich zunächst die liberale Opposition vor, deren Wirkungslosigkeit er kritisierte. Dann wandte er sich gegen seine linksgerichteten Berufsgenossen – allesamt theoretische Revolutionäre – und verwarf die ganze Idee der Revolution als einen praxisfernen, unausgereiften Wunschtraum. Trotzdem wurde die *Rheinische Zeitung* 1843 von den Behörden verboten.

Wie immer voller Widersprüche, beschloss Marx, nach Paris zu gehen, dem Zentrum subversiver Aktivitäten und Anziehungspunkt für angehende Revolutionäre aus ganz Europa. Doch bevor er nach

Frankreich aufbrach, löste der Dreißigjährige sein Eheversprechen ein. Sieben Jahre lang war er mit dem »schönsten Mädchen von Trier« verlobt gewesen, einer »verwunschenen Prinzessin«, um mit den Worten zweier seiner Rivalen zu sprechen. Jenny von Westphalen, vier Jahre älter als Marx, war die Tochter des Barons Ludwig von Westphalen, der einer Offiziersfamilie entstammte und hoher Beamter der preußischen Provinzregierung war. Jenny war intelligent, geistreich und schön, doch das erstarrte Trierer Gesellschaftsleben langweilte sie maßlos. Ihre Ehe mit Karl Marx bedeutete für sie eine romantische Befreiung aus dieser Enge.

Mit seiner jungen Ehefrau brach Marx also nach Paris auf, um sich der revolutionären Bewegung anzuschließen. Er wurde Kommunist und nahm an den Zusammenkünften der französischen Arbeiter teil. Auch hier zeigte sich die Dialektik von Marx' inneren Widersprüchen. Sein akademisch gebildeter Geist empfand die bei diesen Treffen geäußerten Gedanken als »zusammengesetzten Unsinn«, sein subversives Temperament jedoch erkannte durchaus an, dass die Brüderlichkeit unter den Menschen bei ihnen kein bloßes Hirngespinst, sondern eine Lebenstatsache war. Der individualistische Intellektuelle und der ungestüme und mitreißende populistische Journalist verbanden sich zum Revolutionär. Und der überzeugte, aber unbeholfene Revolutionär erkannte, dass zwar die Zeit zum Handeln gekommen war, ein geistiges Programm jedoch fehlte. Wie sollte die Revolution herbeigeführt werden? Wenn die politischen Verhältnisse verändert werden sollten, galt dasselbe auch für die wirtschaftlichen Verhältnisse. Marx verschlang die Werke von Adam Smith und Ricardo und machte sich mit den Ideen und Vorstellungen der klassischen Ökonomie systematisch vertraut. Um sich seinen Lebensunterhalt zu verdienen, wurde er Herausgeber der in Paris erscheinenden Zeitschrift *Deutsch-Französische Jahrbücher.*

Im Zuge dieser Tätigkeit lernte er Friedrich Engels kennen, einen Gesinnungsgenossen, der für Marx' Zeitschrift Beiträge verfasste und dessen Vater Baumwollwebereien im Rheinland und ein Zweiggeschäft im englischen Manchester besaß. Der dreiundzwanzigjährige

Engels hatte in den vorausgegangenen zwei Jahren im Familienunternehmen gearbeitet, widmete sich abends jedoch seinen revolutionären Idealen. Er pflegte enge Beziehungen zu den Chartisten und den Anhängern Robert Owens und besuchte die Zusammenkünfte der Kommunisten. Im Unterschied zu Marx lebte Engels seine Widersprüche offen aus. Er war ein Rebell, der dennoch in das väterliche Geschäft eintrat. Zwar hatte er mit 17 die Schule verlassen, eignete sich aber Grundkenntnisse von 24 Sprachen an. Er war ein geachteter Geschäftsmann und Mitglied der Baumwoll-Börse in Manchester, lebte aber mit seiner Freundin Mary Burns, einer rothaarigen Irin, die weder lesen noch schreiben konnte und aus der Arbeiterschaft stammte, ungeniert zusammen. Mary war es auch, die ihn durch die irischen Slums unweit der Oxford Road führte, wohin sich sonst kein Außenstehender verirrte. Hier lernte Engels das Elend kennen, das er in seinem bahnbrechenden Werk *Die Lage der arbeitenden Klasse in England* eindringlich beschrieb.

Engels schilderte die Zustände in den Slums etwa ein Jahr *vor* der Kartoffelmissernte in Irland, die eine Million Menschen in den Hungertod trieb und weit mehr dazu zwang auszuwandern. In Großbritannien und Nordamerika gründeten sie »Little Irelands«, in denen erbärmliche Zustände herrschten. Doch als Engels eines Tages im Gespräch mit einem Geschäftsmann darauf hinwies, dass diese Slums eine Schande für Manchester seien, hörte der andere höflich zu und meinte dann nur: »Und doch wird hier eine Menge Geld gemacht. Guten Tag, Herr Engels!«

Die subversive Kraft von Engels' Artikeln für die *Deutsch-Französischen Jahrbücher* beeindruckte Marx auf Anhieb. Auf der Heimreise von England in die Ferien traf sich Engels mit ihm in Paris. Der kommunistische Bonvivant und der schmuddelige, Zigarren rauchende Journalist stellten bald fest, dass sie sehr viel mehr verband als ihr struppiger Bart. Während Engels' zehntägigem Besuch in Paris schloss er mit Marx eine lebenslange Freundschaft. Engels war der Einzige, mit dem Marx niemals in Streit geriet. Engels wiederum brachte Marx größte Bewunderung, ja Verehrung entgegen. Er op-

ferte viel Zeit und Geld, um ihn zu unterstützen, ganz zu schweigen
von der psychischen und physischen Kraft, die ihn diese Lebensauf-
gabe kostete. Marx war zwar verheiratet und hatte ein Töchterchen,
aber er führte nach wie vor eine ärmliche studentische Existenz – und
das sollte sich lebenslang nicht ändern. Der Grund dafür lag aber keineswegs allein in finanziellen Nöten. Der Verzicht auf gesellschaftliches Ansehen und damit verbundener sozialer Verantwortung scheint
für Marx ein geradezu psychologisches Bedürfnis gewesen zu sein.
Marx blieb sein Leben lang arm, wenn auch nie so arm wie die Arbeiter jener Zeit, die in bitterster Not vegetierten, wie Engels in Manchester mit eigenen Augen gesehen hatte. Marx' Armut war tatsächlich eher die des ewigen Studenten – aber gleichzeitig auch die des
verarmten vornehmen Herrn.

1845 druckte Marx die *Lobgesänge* ab, in denen Heinrich Heine
einen weiteren hoch angesehenen Deutschen satirisch verspottete, der
mit seiner schwarzhaarigen irischen Geliebten zusammenlebte: König
Ludwig von Bayern. Die *Deutsch-Französischen Jahrbücher* wurden
daraufhin verboten und Marx aus Frankreich ausgewiesen. Er ging
mit seiner Familie nach Brüssel, wo Jenny ihr zweites Kind zur Welt
brachte, einen Sohn.

Engels folgte Marx nach Brüssel, wo sie sich beide dem Bund der
Kommunisten anschlossen. Aufgrund ihrer journalistischen Erfahrung
wurden sie damit beauftragt, ein Programm zu verfassen. So entstand
das erste *Manifest der Kommunistischen Partei*, das von Anfang an
eine irreführende Bezeichnung trug. Denn eine »Kommunistische Partei« existierte gar nicht. Der Bund der Kommunisten war lediglich eine
von mehreren Gruppierungen, die sich allesamt Kommunisten nannten. Auch die Idee, ein Manifest zu verfassen, entstammte nicht dem
Wunsch, kommunistische Grundsätze und Strategien zu propagieren,
sondern vielmehr eine solche Strategie überhaupt erst zu entwerfen.
Die Mitglieder des Bundes der Kommunisten vertraten ein breites
Spektrum idealistischer und utopischer Ideen, vom revolutionären Sozialismus bis zum Anarchismus. Marx und Engels sollten diesen un-
ausgegorenen und disparaten Gedanken Form und Gestalt geben. Das

gelang ihnen in einem Maße, das die kühnsten Erwartungen ihrer Auftraggeber weit übertraf. Das *Kommunistische Manifest* (wie es heute allgemein genannt wird) wurde neben der Bibel und den Dramen Shakespeares zum Weltbestseller. Das 40 Seiten starke Dokument ist tatsächlich ein Meisterwerk.

Schon die ersten Zeilen sind von höchster Dramatik:»Ein Gespenst geht um in Europa – das Gespenst des Kommunismus.« In einem frühen Entwurf definierte Engels den Kommunismus als»die Lehre von den Bedingungen der Befreiung des Proletariats ... derjenigen Klasse der Gesellschaft, welche ihren Lebensunterhalt einzig und allein aus dem Verkauf ihrer Arbeit ... zieht«. Diese Befreiung werde erreicht»durch die Aufhebung des Privateigentums, an dessen Stelle die Gütergemeinschaft tritt«. Marx zufolge, dessen prägnante Formulierungen sich im *Manifest* durchsetzten, ist»die Geschichte aller bisherigen Gesellschaft ... die Geschichte von Klassenkämpfen«. Diese Klassenkämpfe reichten von der Sklavenzeit über die Feudalzeit bis zur modernen bürgerlichen Gesellschaft, wo die Kapitalisten das Proletariat beherrschen, weil sie über die Produktionsmittel (Maschinen und Fabriken) verfügen. Überraschenderweise ist Marx der Erste, der die unvergleichlichen Leistungen des bürgerlichen Zeitalters anerkannte. Die Bourgeoisie habe zuerst gezeigt, was der Mensch hervorbringen kann – Leistungen, die über den Bau der ägyptischen Pyramiden, die römischen Aquädukte und die gotischen Kathedralen weit hinausgehen. Sie habe, so Marx, Expeditionen durchgeführt, die alle vorhergegangenen Aufbrüche von Völkern und alle Kreuzzüge in den Schatten stellten. Jedoch – und hier wird die Vehemenz von Marx' Analyse deutlich – hat

die Bourgeoisie, wo sie zur Herrschaft gekommen, ... alle feudalen, patriarchalischen, idyllischen Verhältnisse zerstört. Sie hat die buntscheckigen Feudalbande, die den Menschen an seinen natürlichen Vorgesetzten knüpften, unbarmherzig zerrissen und kein anderes Band zwischen Mensch und Mensch übrig gelassen als das nackte Interesse, als die gefühllose»bare Zahlung«. Sie hat die heiligen Schauer der frommen Schwärmerei, der ritterlichen Begeisterung, der spießbürgerlichen Wehmut in dem eiskalten Wasser egoistischer Berechnung ertränkt. Sie hat die persönliche Würde in den Tauschwert aufgelöst und an die Stelle der zahllosen, verbrieften und wohl erworbenen Freiheiten die *eine* gewissenlose Handelsfreiheit gesetzt.

Der menschliche Reichtum der mittelalterlichen Welt (wie er in Städten wie Trier, die von der Industrialisierung nicht erfasst worden waren, noch sichtbar war) hatte dem Albtraum des Industriezeitalters Platz gemacht, den man in Berlin und Paris mit eigenen Augen sehen konnte. Die Menschheit hatte ihre Menschlichkeit verloren. Die individuellen Freiheiten waren dem freien Handel geopfert worden – jenem Faktor, der es Adam Smith zufolge der unsichtbaren Hand des Marktes ermöglichte, zum Nutzen aller wirksam zu werden. Marx und Engels legten erstmals eine präzise Analyse vor, die der klassischen Ökonomie entschieden widersprach. Der Sieg des Proletariats würde die klassenlose Gesellschaft hervorbringen. Diese große Zukunftsvision hatte Ähnlichkeit mit den Utopien eines Saint-Simon und eines Robert Owens. Doch die »Sozialutopien« dieser sozialistischen Träumer waren Hirngespinste »reaktionärer Sekten« geblieben. Sie zogen sich aus der kapitalistischen Gesellschaft zurück und verzichteten damit darauf, sie zu stürzen. Und Reformen, die darauf abzielten, die Mängel des Kapitalismus zu beheben, waren schlichtweg der falsche Weg. Der Kapitalismus konnte nicht vor seinem unvermeidlichen Zusammenbruch bewahrt werden.

Dennoch schlagen Marx und Engels in ihrem *Manifest* verschiedene Reformen vor: progressive Einkommensteuer, Abschaffung der Fabrikarbeit für Kinder sowie kostenlose Schulbildung – Errungenschaften, die für uns heute selbstverständlich sind. Andere Vorschläge wie beispielsweise das Staatsmonopol im Bereich des Bankwesens, der Kommunikationsmittel, des Transports und der Produktionsmittel wurden ausprobiert, sind aber gescheitert – meist mit katastrophalen Folgen. Das *Manifest* endet mit dem berühmten Aufruf:

> Die Kommunisten verschmähen es, ihre Ansichten und Absichten zu verheimlichen. Sie erklären es offen, dass ihre Zwecke nur erreicht werden können durch den gewaltsamen Umsturz aller bisherigen Gesellschaftsordnung. Mö-

gen die herrschenden Klassen vor einer kommunistischen Revolution zittern. Die Proletarier haben nichts in ihr zu verlieren als ihre Ketten. Sie haben eine Welt zu gewinnen.

Proletarier aller Länder, vereinigt euch!

Marx schrieb die endgültige Version des *Manifests* im Januar 1848 hastig nieder. Zwar blieb es ohne Auswirkungen auf die »Revolutionsjahre«, aber Marx hatte die Stimmung der Zeit sehr genau erfasst.

Im selben Monat kam es in Sizilien zu einem Aufstand, im Februar folgte die Revolution in Paris, die rasch auf Deutschland und auf das festländische Italien übergriff. Viele (nicht nur die Revolutionäre) waren überzeugt, dass das Zeitalter des Kapitalismus zu Ende ging.

Nachdem Marx und Engels dem dankbaren Bund der Kommunisten ihren leidenschaftlichen revolutionären Aufruf übergeben hatten, wandten sie sich vom Klassenkampf ab. Marx musste Belgien verlassen, und beide kehrten ins Rheinland zurück. Marx wurde Herausgeber der *Neuen Rheinischen Zeitung*, die vom lokalen Bürgertum finanziert wurde. In seinen Leitartikeln lehnte er die Revolution ab und befürwortete eine Zusammenarbeit zwischen der Arbeiterklasse und dem demokratischen Bürgertum. Doch bald zeigte sich, dass Marx' taktischer Strategiewechsel nicht die erhoffte Wirkung zeigte. Im September 1848 löste König Friedrich Wilhelm IV. die preußische Nationalversammlung in Berlin auf. Das war zu viel für Marx, der jetzt zum bewaffneten Widerstand gegen diese Suspendierung der demokratischen Rechte aufrief. Er wurde verhaftet, hielt aber vor Gericht eine bravouröse Verteidigungsrede. Er legte den Geschworenen dar, er habe nicht zur Revolution aufgerufen, sondern lediglich zum Schutz des Reiches. Der König selbst sei der Anstiftung zur Rebellion schuldig geworden. Marx wurde einmütig freigesprochen und verließ den Gerichtssaal mit dem Dank der Geschworenen und unter dem stürmischen Beifall der Zuschauer.

Unterdessen hatten die ängstlichen bürgerlichen Anteilseigner ihre Unterstützung für die *Neue Rheinische Zeitung* zurückgezogen, Marx gelang es jedoch, eine letzte Ausgabe zu publizieren. Sie wurde in

leuchtend roten Buchstaben gedruckt, und in seinem Leitartikel
schrieb Marx, sein »letztes Wort wird überall und immer sein: *Eman-
zipation der arbeitenden Klasse!*« Es kam zum erwarteten Aufruhr.
Marx wurde aus Preußen ausgewiesen.

Im August 1849 traf er mit seiner Familie – drei kleinen Kindern
und einer erneut schwangeren Jenny – völlig mittellos in London ein.
Um ihre Solidarität zu bekunden, traten er und Engels erneut dem
Bund der Kommunisten bei, dessen internationale Zentrale in London war.

Seit Anfang des 19. Jahrhunderts war London die reichste Stadt
der Welt, zugleich herrschte dort jedoch größeres Elend als irgendwo
sonst auf der Welt. Bereits 1812 war die Gasbeleuchtung der Straßen
eingeführt worden, und 30 Jahre später baute Brunel den ersten
Themsetunnel. Doch auf den Straßen, die von diesen Neuerungen
profitierten, herrschten Zustände, wie sie Charles Dickens eindringlich beschrieb: Kinderbanden wurden zum Diebstahl abgerichtet,
Schuldner wurden in das berüchtigte Newgate Gaol geworfen, und
Sträflinge lagen auf verrottenden Schiffen an der Themsemündung in
Ketten und warteten auf ihre Deportation.

Nach ihrer Ankunft in London lebten Marx und seine Familie fast
ein Jahr lang von der Hand in den Mund. In dem heruntergekomme-
nen Viertel rund um den Leicester Square, wo sich viele politische Exilanten vom europäischen Festland niedergelassen hatten, wechselten
sie von einer Wohnung in die andere. Am 5. November 1849, dem
Abend des Guy Fawkes Day, als das Feuerwerk entzündet wurde,
brachte Jenny Marx ihr viertes Kind zur Welt, einen Sohn. Marx gab
ihm den Namen Guldo (Spitzname »Fawksey«) nach dem Verschwö-
rer, der versucht hatte, 1605 das Parlamentsgebäude in die Luft zu
sprengen. Wenige Monate später wurde die Familie Marx mit ihren
wenigen Habseligkeiten auf die Straße geworfen und nur durch die
Hilfe eines anderen Exilanten gerettet: Engels, der seine journalistischen Bestrebungen aufgegeben hatte, gewährte der Familie jetzt regelmäßige finanzielle Unterstützung. Er arbeitete zumindest zeitweilig
wieder in der väterlichen Firma in Manchester. Anfang 1851 fand die

Familie eine dauerhafte Bleibe in zwei Zimmern im obersten Stock der Dean Street 28 in Soho (einem Gebäude, in dem sich heute eines der beliebtesten Restaurants Londons befindet). Dies war der Beginn eines Jahrzehnts, in dem Marx mehr und mehr in Vergessenheit geriet. Geistig und politisch isoliert, war er von Engels' finanziellen Zuwendungen abhängig, der 250 Kilometer weit entfernt in Manchester lebte. Trost fand Marx nur beim Bund der Kommunisten. Mit seiner charismatischen und sympathischen Persönlichkeit sowie seiner beeindruckenden intellektuellen Kraft war er der geborene Anführer. Am besten vermochte sich Marx jedoch in kleineren Gruppen zu artikulieren, etwa in der Redaktion einer Zeitung oder bei den Versammlungen des Bundes der Kommunisten. Er verabscheute öffentliche Auftritte sowie Zusammenkünfte und Auseinandersetzungen mit Leuten, die sich intellektuell mit ihm messen wollten. Der Bund der Kommunisten jedoch löste sich unter Zänkereien und gegenseitigen Vorwürfen bald auf.

Marx' Wohnung in der Dean Street wurde von preußischen Polizeispitzeln überwacht; einem von ihnen gelang es sogar, sich Zutritt zu der Wohnung zu verschaffen. Sein Bericht vermittelt uns ein eindrucksvolles Bild von Marx' Leben zu jener Zeit:

Er führt ein wahres Zigeunerleben. Waschen, Kämmen, Wäschewechseln gehört bei ihm zu den Seltenheiten. Er berauscht sich gern. Oft faulenzt er tagelang, hat er aber viel Arbeit, dann arbeitet er Tag und Nacht mit unermüdlicher Ausdauer fort; eine bestimmte Zeit zum Schlafen und Wachen gibt es bei ihm nicht; sehr oft bleibt er ganze Nächte auf, dann legt er sich wieder mittags, ganz angekleidet, aufs Kanapee und schläft bis abends, unbekümmert um die ganze Welt, die bei ihm frei aus- und eingeht ... Wenn man bei Marx eintritt, werden die Augen vor dem Steinkohlen- und Tabaksqualm derart umflort, dass man im ersten Augenblick wie in einer Höhle herumtappt, bis sich der Blick mit diesen Dünsten allmählich befreundet und man wie im Nebel einige Gegenstände ausnimmt. Alles ist schmutzig, alles voll Staub; mit dem Niedersitzen ist es eine wahrhaft gefährliche Sache. Da steht ein Stuhl nur auf drei Füßen, dort spielen die Kinder und machen ihre Küche auf einem andern Stuhl, der zufällig noch ganz ist.

Der Gerechtigkeit halber muss gesagt werden, dass diese chaotische Lebensweise nicht zuletzt der Tatsache zuzuschreiben ist, dass sich Marx mit seiner Frau, den Kindern und der deutschen Haushälterin Lenchen Demuth mit zwei kleinen Zimmern begnügen musste. Trotzdem begab sich Marx jeden Tag in den Lesesaal des Britischen Museums, um zu lesen und zu recherchieren. Nach der gescheiterten Revolution von 1848 waren in Europa die politischen Repressionen so unerträglich geworden, dass viele Radikale regelrecht verzweifelten. Aber Marx blieb geduldig und beharrlich. Er wollte warten, bis seine Zeit gekommen war, und unterdessen seine revolutionären Ideen über die politische Ökonomie zu Papier bringen. 1859 hatte er sein erstes umfangreiches Werk mit dem Titel *Zur Kritik der politischen Ökonomie* vollendet. Ausgangspunkt ist die Notwendigkeit eines grundlegenden Gesinnungswandels gegenüber der traditionellen Philosophie wie auch gegenüber der klassischen politischen Ökonomie. »Die Philosophen«, hatte er viele Jahre zuvor geschrieben, »haben die Welt nur verschieden interpretiert, es kommt darauf an, sie zu verändern.« Ersetzen wir die Philosophen durch die Ökonomen, dann haben wir den Ausgangspunkt für Marx' wirtschaftstheoretischen Ansatz. Die Entwicklung, so Marx, sei falsch gelaufen; es sei höchste Zeit, dass die Menschen ihr Schicksal selbst in die Hand nehmen. Trotz solcher Äußerungen war Marx jedoch durchaus kein Empiriker. Wahres Wissen beruhte ihm zufolge nicht auf Erfahrung, sondern konnte nur durch Kritik der Ideen erreicht werden. Diese philosophische Einstellung war ein Erbe Hegels. In der Tat stammten Marx' Grundkonzepte größtenteils von anderen Denkern. In der Ökonomie stützte er sich vor allem auf Smith, Ricardo und Mill. Radikal und eigenständig war jedoch seine Kritik dieser Konzepte.

Marx' politisches und ökonomisches Denken gründet auf der folgenden Analyse: Das gesellschaftliche Leben basiert auf der ökonomischen Struktur, auf der Art und Weise der gesellschaftlichen Produktion. Die sozialen Beziehungen beruhen also auf den wirtschaftlichen Beziehungen. Auf dieser Basis, der bestimmte gesellschaftliche Bewusstseinsformen entsprechen, erhebt sich der rechtliche und politische Überbau, in dem sich die ökonomische Struktur der Gesellschaft widerspiegelt. Somit wird das ideologische und geistige Leben einer Gesellschaft von der Art und Weise bestimmt, in der die Menschen ihre Güter produzieren. Mit Marx' Worten: »Die Produktionsweise des materiellen Lebens bedingt den sozialen, politischen und geistigen Lebensprozess überhaupt. Es ist nicht das Bewusstsein der Menschen, das ihr Sein, sondern umgekehrt ihr gesellschaftliches Sein, das ihr Bewusstsein bestimmt.«

Im Jahr 1859 erschien auch Darwins Hauptwerk *Von der Entstehung der Arten*. Der Gedanke der Evolution lag also in der Luft. Marx entwarf das Konzept einer philosophischen Evolution des Bewusstseins, das sich jedoch auf dialektische Weise entwickelt – und nicht durch den Sieg des Stärkeren. Ursprünglich, so Marx, lebt der Mensch im Einklang mit der Natur (These). Erst indem er sich der Natur entgegenstellt, erkennt er sich als menschliches Wesen (Antithese). Aus diesem Kampf entsteht das menschliche Bewusstsein (Synthese). Auch die weitere Entwicklung des menschlichen Bewusstseins geschieht Marx zufolge durch Kampf und Auseinandersetzung, doch jetzt wurde eine Endstufe erreicht. Adam Smith hatte (am Beispiel der Stecknadelfabrik) seine Skepsis gegenüber der Arbeitsteilung zum Ausdruck gebracht, aber er betrachtete diese Arbeitsteilung als eine unabdingbare Voraussetzung für wirtschaftlichen Fortschritt und Produktivität. Marx dagegen sah die Arbeitsteilung als eine Gefahr für alle Betroffenen. Reduziert auf die Ausführung einer einzigen, geistlosen Aufgabe, hat der Arbeiter keinen sinnvollen Bezug mehr zu dem Endprodukt, an dessen Entstehung er beteiligt ist. Er verliert den Stolz auf seine Arbeit und wird ihr »entfremdet«. Eine solche Tätigkeit macht den Menschen zum Sklaven der Arbeit – entfremdet von seinen Arbeitskollegen, von der Gemeinschaft, in der diese Produkte verkauft werden, ja selbst von seiner Familie, die diese Produkte kauft. Es gibt kein einziges Produkt, auf das der Arbeiter stolz sein könnte, weil er es selbst hergestellt hat, und mit dem er sich identifizieren könnte. Der Arbeiter ist somit seinem »wahren« sozialen Wesen entfremdet.

Das Privateigentum, das für die vom Markt bestimmte Produktion eine so entscheidende Rolle spielt, verstärkt dieses Phänomen:

Das Privateigentum hat uns so dumm und einseitig gemacht, dass ein Gegenstand erst der *unsrige* ist, wenn wir ihn haben, er also als Kapital für uns existiert oder von uns unmittelbar besessen, gegessen, getrunken, an unserm Leib getragen, von uns bewohnt etc., kurz *gebraucht* wird ... An die Stelle *aller* physischen und geistigen Sinne ist daher die einfache Entfremdung *aller* dieser Sinne, der Sinn des *Habens* getreten.

Anstelle von Befriedigung auf individueller wie gemeinschaftlicher Ebene erhält der Arbeiter lediglich Geld im wörtlichen und metaphorischen Sinn: klingende Münze. Marx zufolge liegt »... die Verkehrung und Verwechslung aller menschlichen und natürlichen Qualitäten, die Verbrüderung der Unmöglichkeiten – die *göttliche* Kraft – des Geldes ... in seinem *Wesen* als dem entfremdeten, entäußernden und sich veräußernden *Gattungswesen* der Menschen. Es ist das entäußerte *Vermögen der Menschheit.*« Werden Produktion und Vermarktung von Waren allein durch den Profit angetrieben, werden soziale Gerechtigkeit, ja selbst die grundlegenden menschlichen Bedürfnisse außer Acht gelassen. In einer solchen Wirtschaftswelt, die ihre einzige Berechtigung im Profit findet, kann es nur grotesk verzerrte soziale Beziehungen geben. Von dieser Grundgegebenheit sind alle menschlichen Beziehungen beeinflusst. Das politische, geistige, künstlerische und spirituelle Leben wird von dieser Produktionsweise geprägt, die durch keinen anderen gesellschaftlichen Nutzen außer dem finanziellen Gewinn gerechtfertigt ist. Dies wirft ein völlig neues Licht auf die Geschichte. Die Moral, die Gesetze, ja sogar die Religion entwickeln sich nicht mehr nach ihrer eigenen Logik. Das individuelle wie das kollektive Bewusstsein wird von der Wirtschaft diktiert, von dem, was Marx »historischen Materialismus« nennt. Das materielle Sein bestimmt unser Bewusstsein, nicht umgekehrt.

Die Geschichte des 20. Jahrhunderts sollte zeigen, wie katastrophal falsch Marx' Lösungsvorschläge für diese Probleme waren. Privateigentum, Geld, Gewinn als Motor sowie Entfremdung sind für die heutige Entwicklungsphase der Wirtschaft offenbar von fundamentaler Bedeutung. Wir bedienen uns ihrer – so wie sie sich unserer bedienen. Andererseits reicht Marx' Analyse weit über die frühviktorianische Zeit hinaus, in der sie entstand. Seine Kritik an der Vergötterung des Geldes, dem Privateigentum, dem Konsumverhalten und dem Streben nach Gewinn um seiner Selbst willen hat ihre volle Berechtigung in einer Zeit des Abbaus von Arbeitsplätzen, der Währungskrisen, des Schwindel erregenden Anstiegs und Zusammenbruchs von Hightech-Aktien und einer Unternehmenskultur, die als Aktivposten alles berücksichtigt außer den eigenen Arbeitnehmern. Die Vergötterung dieses Strebens nach Gewinn als Lustprinzip im Freudschen wie auch im wörtlichen Sinne wird wohl am besten durch die Tatsache veranschaulicht, dass der Mensch in die tiefsten Tiefen der Erde vorgedrungen ist (3 840 Meter tief in der südafrikanischen Mine Western Deep Levels), einzig und allein um Gold zu gewinnen.

Doch selbst unter den Bartträgern des viktorianischen London stach Marx aus der Masse heraus – nicht nur durch seinen ausgeprägten deutschen Akzent, den abzulegen er sich keine Mühe gab. Die schlechte Ernährung mit Brot und Kartoffeln, die billigen Zigarren, die seinen Bart gelb färbten und seinen Lungen schadeten, Bewegungsmangel und Alkoholkonsum forderten bald ihren Tribut. Marx begann unter schmerzhaften Karbunkeln zu leiden, und zwar bis an sein Lebensende. Zwei weitere seiner Kinder starben noch im Säuglingsalter. Immer wieder stand die Familie ohne einen Pfennig Geld da.

Als ob das alles nicht genug gewesen wäre, hatte Marx auch noch eine Affäre mit dem Dienstmädchen Lenchen Demuth, die schwanger wurde. Engels, der häufig zu Besuch kam, übernahm die Verantwortung für dieses Kind. Als Lenchen von einem dunklen und stark behaarten Sohn entbunden wurde, kamen Jenny Zweifel, die sie aber der Familie zuliebe für sich behielt. Jahre später, auf dem Totenbett, gestand Engels Marx' Tochter Eleanor (»Tussy«) die Wahrheit. Aus Freddy Demuth jedoch wurde ein echter Proletarier; er arbeitete in einer Maschinenfabrik im Bezirk Hackney im East End, dem Arbeiterviertel Londons. In hohem Alter erlebte er, wie die Ideen seiner beiden »Väter« mit der russischen Oktoberrevolution und der Gründung der Sowjetunion Wirklichkeit wurden. Freddys Geschwister hatten weniger Glück. Auf jenen Marx-Kindern, die nicht schon im Kindsbett starben, schien ein Fluch zu lasten. Laura, die Älteste, beging gemeinsam mit ihrem Ehemann, einem Anarchisten, mit dem sie unter ärmlichen Bedingungen in Paris lebte, Selbstmord; ebenso Marx' Lieblingskind Tussy, nachdem ihr Liebhaber sie sitzen gelassen hatte. Der verabreichte ihr sogar das Mittel, Blausäure, das ihr einen qualvollen Tod bereitete.

Doch es gab auch unbeschwerte Zeiten im Hause Marx. An sonnigen Sonntagen fuhr die Familie nach Hampstead Heath, um zu picknicken und anschließend an Bockspringen und anderen Gesellschaftsspielen teilzunehmen. Erhalten ist sogar die Beschreibung einer Sauftour, die Marx mit einigen deutschen Freunden unternahm und die mit studentischen Streichen endete: Sie zerstörten mehrere Gaslaternen mit Steinwürfen und flohen dann durch die nächtlichen Straßen vor den sie verfolgenden »Bobbys«. Marx war im Hinblick auf sein Temperament tatsächlich ein ewiger Student.

In den fünfziger Jahren des 19. Jahrhunderts übernahm er eine Stelle als Londoner Korrespondent des *New York Daily Tribune*, der damals auflagenstärksten Zeitung der Welt. Alle zwei Wochen musste er einen Kommentar über Ereignisse in Großbritannien und im Britischen Empire abliefern, den allerdings nicht selten Engels schrieb, weil Marx sich schwer tat, Termine einzuhalten. Obwohl Marx nun über regelmäßige Einkünfte verfügte, bat er Engels in seinen Briefen ständig um Geld, klagte über den Gerichtsvollzieher und darüber, dass die Familie Hunger litt. Marx diskutierte seine Ideen offen mit Engels, und diese Vertrautheit erstreckte sich auch auf private Dinge. Marx klagte nicht nur über Geldnot, sondern zögerte auch nicht, Engels von einem Furunkel auf seinem Penis zu berichten oder davon, dass er beschlossen hatte, auf alles zu pfeifen und zu Hause zu bleiben, weil er seine einzige Hose für Zigarren verpfändet hatte. Karl Marx oder Groucho Marx? Das ist manchmal schwer zu sagen. Statistischen Erhebungen zufolge – auf die sich Marx in seinen Werken so gern bezog – erhielt er von Engels 150 Pfund im Jahr und für jeden Artikel im *New York Daily Tribune* 2 Pfund. Selbst in finanziellen Notzeiten verfügte er stets über mindestens 200 Pfund jährlich – während das Gehalt eines Angestellten jener Zeit 75 Pfund betrug. Dabei hielten sich Marx' fixe Kosten durchaus in Grenzen. Die Jahresmiete für die Wohnung in der Dean Street betrug ganze 22 Pfund, und Lenchen standen 20 Pfund Jahreslohn zu, die sie aber nie erhielt. Die restlichen 178 Pfund gingen auf im Tabaksqualm der Zigarren, während Marx in der Unterhose am Fenster saß und sich sonnte.

Trotz ihrer Armut hatten die Marxens immer ein Dienstmädchen. Lenchen, ein Bauernmädchen aus dem Rheinland, war von Jennys aristokratischen Eltern nach England geschickt worden. Trotz ihrer unkonventionellen Lebensweise wollten Karl und Jenny auf bestimmte Privilegien nicht verzichten. Marx war nicht bereit, die Mühsal eines regelmäßigen Broterwerbs auf sich zu nehmen, er schrieb lieber über das Thema – was seine Mutter zu der wütenden Bemerkung veranlasste, was für eine Schande es sei, dass Karl zwar über das Kapital schrieb, aber selbst keines verdiente. Jenny Marx wollte ihrerseits auf ihren Titel Baroness von Westphalen nicht verzichten – eine Tatsache, die in den späteren sowjetischen und chinesischen Hagiografien über Marx geflissentlich unterschlagen wurde.

Nachdem die Marxens von Jennys Familie eine kleine Erbschaft erhalten hatten, zogen sie von der Dean Street in das vornehmere Viertel Grafton Terrace im Norden Londons. Marx war zwar weiterhin nicht bereit, mit seiner Hände Arbeit für das materielle Wohlergehen seiner Familie zu sorgen, aber er war dennoch ein liebevoller Familienvater, den alle nur den »Mohren« nannten. Besucher trafen ihn an, wie er auf allen Vieren »Elefantenreiten« spielte, wobei sich seine Kinder quietschend vor Vergnügen auf seinen Rücken setzten und sich an seinen Haaren und seinem Bart festklammerten. In dieser Zeit wurden Marx' Haar und Bart immer länger, sodass er äußerlich immer mehr einem Prometheus glich. Er schrieb jetzt nach eigenem Bekunden »über die Zukunft«. Offenbar hatte er auch eine Lösung für den Lebensunterhalt seiner Familie gefunden. Als Jenny eine weitere kleine Erbschaft erhielt, schrieb er in einem Brief an einen Freund:

Ich habe, was dich nicht wenig wundern wird, spekuliert, teils in Amerikanischen funds [Staatspapieren], *namentlich* aber in den englischen Aktienpapieren, die wie Pilze in diesem Jahr hier aus der Erde wachsen (für alle möglichen und unmöglichen Aktienunternehmungen), zu einer gewissen unvernünftigen Höhe getrieben werden und dann meist zerplatzen. Ich habe in dieser Art über 400 Pfund gewonnen und werde jetzt, wo die Verwicklungen der politischen Verhältnisse neuen Spielraum bieten, von neuem anfangen. Diese Art von Operationen nimmt nur wenig Zeit fort, und man kann schon etwas riskieren, um seinen Feinden das Geld abzunehmen.

Da dies die einzige Erwähnung ist, die Marx von seinem neuen Hobby machte, dürfen wir davon ausgehen, dass es beim folgenden Mal nicht der »Feind« war, der sein Geld verlor. Jedenfalls widmete sich Marx jetzt mit neuer Kraft der radikalen Analyse des Kapitalismus.

Die vielen Stunden im Lesesaal des Britischen Museums trugen Früchte und führten zur Entstehung des *Kapitals*, dessen erster Band 1867 veröffentlicht wurde – Marx' Meisterwerk und eine Analyse des Wirtschaftsgeschehens, wie sie vor ihm nur Adam Smith und nach ihm John Maynard Keynes vorlegten. *Das Kapital* untersucht den Mechanismus der Ökonomie vor dem Hintergrund Großbritanniens in der Mitte des 19. Jahrhunderts, also eines Landes mit dem damals modernsten industrialisierten Wirtschaftssystem der Welt, das den Weg in die Zukunft zu weisen schien. In seiner Leistungskraft und Effizienz war die britische Industrie allen anderen haushoch überlegen.

Dennoch waren die Lebensbedingungen der britischen Arbeiter katastrophal. Ein Armenarzt aus Bradford stellte eine Liste auf (die ins *Kapital* aufgenommen wurde), aus der hervorgeht, dass seine Patienten durchschnittlich zu zwölft in einem Zimmer lebten, manchmal mussten sich auch doppelt so viele Bewohner einen Raum teilen. In einer Straße mit mehr als 100 Häusern gab es nicht einmal 40 primitive Außentoiletten. Die Menschen, die unter diesen Bedingungen lebten, arbeiteten viel und hart. Ein gelernter Fabrikarbeiter in Nordirland musste Montag bis Freitag von 6 Uhr morgens bis 11 Uhr abends arbeiten. »Für diese Arbeit bekomme ich 10 Shilling 6 d [52 Pence] pro Woche«, erklärte der Arbeiter dem Fabrikinspekteur. Sämtliche Statistiken, die Marx verwendete, entnahm er den offiziellen staatlichen Dokumenten im Britischen Museum: Das kapitalistische System stellte das Beweismaterial zu seiner Entlarvung freiwillig zur Verfügung. Wie dieses System funktionierte, hatten bereits Smith und Ricardo dargelegt. Marx kam zu dem Schluss, dass es so nicht weitergehen konnte. Wie das statistische Datenmaterial im Britischen Museum verwendete Marx auch Texte von Smith und Ricardo, um die Mängel des von ihnen beschriebenen Systems zu belegen. Smith war davon ausgegangen, dass im Kapitalismus mit seinem freien Markt das Interesse der Kapitalisten mit dem der Gesellschaft zusammenfiel. Die unsichtbare Hand gewährleistete, dass die Wirtschaft letztlich dem Nutzen aller diente. Das war offenkundig nicht der Fall. Marx wies auch darauf hin, dass die klassische Nationalökonomie Smiths und Ricardos »... vom Faktum des Privateigentums ausgeht. Sie erklärt uns dasselbe nicht.« Das Privateigentum war aber, wie der Blick auf die geschichtliche Entwicklung verdeutlicht, keineswegs der Urzustand.

Die erste Form war das »Stammeigentum«, die zweite das Gemeinde- und Staatseigentum, die dritte das feudale oder ständische Eigentum (das seinem Besitzer einen »sozialen Status« einbrachte); hieraus entwickelte sich die bürgerliche Vorstellung des Privateigentums. Aber was lag dieser gesellschaftlichen Entwicklung zugrunde? Marx betrachtete die Geschichte als eine Geschichte von Klassenkämpfen. In der antiken Gesellschaft kämpften die Sklaven gegen die Freien; später kämpften die römischen Plebejer gegen die Patrizier; dann die Leibeigenen gegen die Grundherren, die mittelalterlichen Handwerksgesellen gegen die Zunftbürger – ein Kampf, der jedesmal entweder mit der revolutionären Umgestaltung der Gesellschaft oder mit dem Niedergang der beiden widerstreitenden Klassen endete. Historischer Fortschritt vollzog sich also auf dialektische Weise. Jede

Epoche brachte ihre eigenen Widersprüche hervor, die jeweils mit der Synthese eines neuen Gesellschaftssystems aufgelöst wurden. Der Kapitalismus war nur eine Phase in diesem historischen Entwicklungsprozess. Auch der Kapitalismus schuf Widersprüche. Ein freier Markt führte zu einem gesteigerten Wettbewerb. Um sein Unternehmen wirtschaftlich und Gewinn bringend zu betreiben, investierte der bürgerliche Kapitalist in neue Maschinen. Kleinere Unternehmen konnten sich solche Investitionen nicht leisten und wurden daher an die Wand gedrückt. Dieser sich verschärfende Wettbewerb förderte das Wachstum von Unternehmen, die den Markt beherrschten, bis schließlich ein Monopol entstand. Daher führte der Wettbewerb zu einem Widerspruch in Form des Monopols. Mit der Einführung von Maschinen wuchs die Arbeitslosigkeit. Dies wiederum führte zu einer Schrumpfung des Marktes, da die Arbeitslosen kein Geld für den Kauf von Waren hatten. Die gesteigerte Leistungsfähigkeit führte jedoch gleichzeitig dazu, dass immer mehr Waren produziert wurden. Mehr Waren, schrumpfende Märkte, schrumpfende Gewinne – damit entstanden weitere Widersprüche innerhalb des Systems.

Wenn es andererseits einen Boom gab, der zu Vollbeschäftigung führte, stiegen entsprechend dem Gesetz von Angebot und Nachfrage auch die Arbeitslöhne. Es gab keine Arbeitslosen, die zu einem geringeren Lohn eingestellt werden konnten. Höhere Löhne wiederum verringerten den Gewinn. In beiden Fällen verringerte sich notwendigerweise der Gewinn des Kapitalisten.

Diese inneren Druckverhältnisse des Kapitalismus waren eine Folge seiner eigenen logischen Entwicklung, und die Folge waren immer wiederkehrende und immer tief greifendere Krisen, die am Ende zum Zusammenbruch des gesamten kapitalistischen Systems führen würden.

Marx zufolge war der Kapitalismus von Grund auf ungerecht, weil er auf der Ausbeutung der Arbeiter basierte und die Kapitalisten über die Produktionsmittel – Maschinen, Werkzeuge etc. – verfügten. Aus einem Ballen Baumwolle, der in die Fabrik geliefert wurde, wurden

Kleidungsstücke angefertigt, die zu einem höheren Preis verkauft werden konnten. Diesen Mehrwert der Ware schuf der Arbeiter in der Fabrik, aber er bekam keineswegs den vollen, von ihm hinzugesetzten Wert als Lohn. Vielmehr wurde er meist mit einem Subsistenzlohn abgespeist, während der Fabrikbesitzer den Überschuss als Gewinn einstrich. Marx zufolge war dies nichts anderes als Ausbeutung.

Marx glaubte fest an die Arbeitswertlehre: Ein Produkt besitzt einen *realen* Wert, und dieser konnte anhand des für die Herstellung benötigten Arbeitsaufwands berechnet werden. Wurden bei der Produktion Maschinen verwendet, so wurde der Arbeitsaufwand zur Herstellung dieser Maschinen gleichfalls berücksichtigt. Wie wir gesehen haben, ist die Arbeitswerttheorie nicht mit dem vom Markt diktierten Produktwert zu vereinbaren, der sich aus Angebot und Nachfrage ergibt. In ähnlicher Weise beruhte Marx' Analyse des Produktionsprozesses auf einer gravierenden Fehlbeurteilung der Rolle des Kapitalisten. Denn er ist es, der das Kapital aufs Spiel setzt, wenn er sein Unternehmen gründet, und er will dafür eine Gratifikation, die seine Investition lohnend macht. Dies ist die treibende Kraft des Kapitalismus: Unternehmungsgeist – Fantasie und Risiko. Wie Mandeville gezeigt hat, sind die Motive des Unternehmers wie jedes wirtschaftliche Motiv nicht christlich geprägt. Mit diesem Aspekt der Habgier finden wir uns ab. Niemand lässt sich auf das Wagnis eines Unternehmens ein, wenn er sich keinen Gewinn davon verspricht und nur Verlust riskiert. So ist die menschliche Natur.

Marx' Analyse weist weitere Mängel auf. Der Mehrwert, den sich der Kapitalist von den Arbeitern aneignet, ist nicht gleichbedeutend mit reinem Gewinn. Gewiss, Marx berücksichtigt durchaus die Kosten für die verschleißenden Maschinen, aber er streift nur beiläufig den Faktor, den er zuvor als dem Kapitalismus inhärent bezeichnet hatte: die Expansion. Wenn sich der Kapitalist in einem von Wettbewerb geprägten Markt behaupten will, muss er expandieren. Auch das muss er von dem Mehrwert bezahlen.

Das ausbeuterische Verhalten der kapitalistischen Klasse – die verteufelte »Bourgeoisie« – im viktorianischen Großbritannien war tatsächlich oft grotesk. Ebenso ihre Einstellung gegenüber der entsetzlichen Armut des Proletariats, an der sie die Schuld trug (»Guten Tag, Herr Engels«). Nach Ansicht von Marx konnte soziale und ökonomische Gerechtigkeit erst dann erreicht werden, wenn die Produktionsmittel in die Hände des Staates übergingen. Das bürgerliche Privateigentum an den Produktionsmitteln, so seine Forderung, sollte verstaatlicht werden. Dies geschah in der Sowjetunion und in der gesamten kommunistischen Welt. An die Stelle des freien Unternehmertums trat die staatliche Planung: der Fünfjahresplan, der große Sprung nach vorn und so fort. Unter günstigen Bedingungen könnte man den Eindruck gewinnen, dass diese Entwicklung nur vernünftig und gerecht ist. Doch der Mensch hat im Laufe seiner individuellen wie gesellschaftlichen Entwicklung bestenfalls nach Vernunft und Gerechtigkeit *gestrebt* – erreicht hat er sie so gut wie nie. Eine staatlich gelenkte Wirtschaft macht vielleicht gelegentlich einen großen Sprung nach vorn, ein Silicon Valley wird sie niemals zustande bringen. Solche Sprünge schafft die individuelle Fantasie, nicht aber ein nüchternes Planungskomitee.

Zahlreiche Elemente von Marx' Analyse haben zwar auch heute nichts von ihrer Gültigkeit verloren, aber wir ziehen es vor, uns nicht näher damit zu befassen. Die Helden der Arbeiterklasse, die der moderne Kapitalismus hervorgebracht hat, haben nur scheinbar dem System entgegengewirkt. Unsere Rockmusiker, Fußballmillionäre und ideenreichen Jungstars verfügen nicht über die Produktionsmittel. Wie gewonnen, so zerronnen – die Eigentümer der Produktionsmittel streichen nach wie vor den Mehrwert ein. (Die Filmstars von Hollywood haben dies bereits 1919 kapiert, als Chaplin, Fairbanks und andere die United Artists gründeten, um in eigenen Studios die Verteilung des Gewinns kontrollieren zu können.)

Doch Marx war davon überzeugt, dass sich nicht alle Widersprüche innerhalb des Kapitalismus negativ auswirkten. Das Proletariat, wie er es definierte, war zwar von den Subsistenzlöhnen abhängig und nicht in der Lage, Ersparnisse oder Kapital anzuhäufen. Doch in den Fabriken des Kapitalismus wurden aus den Mitgliedern der seit jeher ausgebeuteten Klasse allmählich disziplinierte Facharbeiter, die auf der nächsten Stufe der dialektischen historischen Entwicklung eine wichtige Rolle spielen konnten. Wenn der Kapitalismus infolge seiner inneren Widersprüche zusammenbrach, würde es zur Revolution kommen, und das Proletariat würde sich die Produktionsmittel aneignen. Daraus sollte die »Diktatur des Proletariats« entstehen. Marx zufolge endet mit dieser Entwicklung die Prähistorie der Gesellschaft.

Für Marx war die Diktatur des Proletariats allerdings nur die erste Stufe, auf die eine sozialistische Utopie folgte, die den verschwommenen Visionen eines Saint-Simon nicht unähnlich war. An die Stelle des unentwegten Klassenkampfes während der Prähistorie sollte die klassenlose Gesellschaft treten. Der Staat würde »absterben«, die alte Marktwirtschaft verschwinden, das Geld abgeschafft werden und jeder seinen gerechten Lohn bekommen. Nicht mehr: Jeder nach seinen Fähigkeiten, sondern: Jeder nach seinen Bedürfnissen. Bis auf diese wenigen theoretischen Überlegungen führte Marx seine sozialistische Utopie inhaltlich jedoch nicht weiter aus. Selbst Saint-Simon war konkreter.

Die Diktatur des Proletariats und die Aneignung der Produktionsmittel durch den Staat führten im 20. Jahrhundert zu einer Diktatur, die mit den Vorstellungen von Karl Marx nicht viel gemein hatte. Der Staat starb nicht ab, sondern expandierte zu einem allmächtigen Ungeheuer, das weder durch den Wettbewerb noch durch eine Opposition kontrolliert wurde. Marx hatte nicht erkannt, dass die inneren Widersprüche des Kapitalismus nicht zu dessen Zerstörung, sondern zu dessen Weiterentwicklung führen würden. Er war jedoch nicht der Einzige, der den Kapitalismus falsch einschätzte. Keiner der großen Geister jener Zeit von Mill bis Nietzsche hatte einen Schimmer, in welcher Weise der Kapitalismus aufblühen würde. Was Marx als die Agonie des Kapitalismus ansah, waren in Wirklichkeit seine Geburtswehen.

Karl Marx starb 1883 im Alter von 64 Jahren. Ein Dutzend Freunde und Anhänger gaben ihm an jenem kalten Märzmorgen das

letzte Geleit und hörten im Highgate-Friedhof die Grabrede von
Friedrich Engels, der prophezeite:»Sein Name wird durch die Jahrhunderte fortleben und so auch sein Werk.« Das klang damals wie
eine maßlose Übertreibung.

Kaum 70 Jahre später berief sich ein Drittel der Staaten der Welt
auf die Ideen von Karl Marx. Das Experiment ist zwar gescheitert,
aber die Kraft der Marxschen Ideen sollte nicht unterschätzt werden.
Sie boten zahllosen Menschen Hoffnung auf»Gerechtigkeit im Dies-
seits«, auch wenn sie nicht daran glaubten, dass dieser Traum einmal
Wirklichkeit werden könnte. Dem Marxismus verwandte Ideen wurden zumindest zeitweilig von großen Denkern des 20. Jahrhunderts
wie Einstein, Bertrand Russell, Wittgenstein, Tolstoi, Gandhi und
Nelson Mandela vertreten. Wirtschaftstheoretiker halten das von
Marx entwickelte Denken heute für irrelevant. Seine Kritik, so sagen
sie, treffe im Detail nur auf die Wirtschaft Mitte des 19. Jahrhunderts
zu, seine Analyse sei zudem nicht immer korrekt. Doch das Gesamt-
bild hat sich entsprechend seiner wesentlichen These verändert. Das
Wirtschaftsgeschehen vollzieht sich nicht auf einer einsamen Insel,
sondern mitten in der Gesellschaft. Wozu dient die Wirtschaft? Wie
können ihre Vorteile in gerechter Weise allen zugute kommen? Diese
Fragen, die Marx an die Wirtschaftstheorie stellte, sind bis heute ak-
tuell. Wir stehen am Beginn eines Jahrhunderts, in dem sich die Kluft
zwischen der Ersten und der Dritten Welt weiter vertieft und die Kluft
zwischen Arm und Reich selbst in der Ersten Welt immer größer wird.
In einer Welt, deren Ressourcen irgendwann einmal zur Neige gehen,
muss nicht nur der Wohlstand gerechter verteilt werden. Marx ging es
darum, den Markt zu kontrollieren. Die freie Marktwirtschaft wird
sich jedoch auch in Zukunft nur dann behaupten, wenn sie sich weiterentwickelt und sich Selbstkontrollen auferlegt. Deshalb ist die
Wirtschaftstheorie trotz all ihrer Fehler und Mängel für unser Überleben von wachsender Bedeutung. Die Demonstranten bei der Konferenz der Welthandelsorganisation in Seattle in den letzten Tagen des
Jahres 1999 waren keineswegs allesamt marxistische Extremisten
oder stammten aus den Armengettos Amerikas. So umstritten ihre

Ideen auch sind, so werden sie doch von einem Gespür für Gerechtigkeit beflügelt und von dem Bewusstsein angetrieben, dass andere, die ohnmächtig und weniger vom Glück begünstigt sind als sie selbst, zu wenig erhalten. Wie uns Marx gezeigt hat, lassen wir diese Tatsache außer Acht – zu unserem eigenen Schaden.

9

Maß für Maß

Indes vollzog sich im ökonomischen Denken des 19. Jahrhunderts eine weitere, nicht minder revolutionäre Entwicklung – im Unterschied zum Marxismus jedoch innerhalb des klassischen ökonomischen Denkens in der Tradition von Adam Smith, David Ricardo und John Stuart Mill. Diese Neuerung bestand in der Einführung mathematischer Verfahren in die Wirtschaftstheorie und der Suche nach mathematischen Gesetzmäßigkeiten, getrieben von dem Wunsch, die die Ökonomie zu einer ebenso exakten Wissenschaft wie die Newtonsche Physik zu machen.

Die im 17. Jahrhundert von John Graunt entwickelte statistische Methode verband sich bald mit der von de Moivre und anderen aufgestellten Wahrscheinlichkeitstheorie. Einen bedeutenden Schritt nach vorn vollzog das Wunderkind Gauß, der neben Archimedes und Newton als einer der größten Mathematiker aller Zeiten gilt. Carl Friedrich Gauß wurde 1777 in Braunschweig geboren. Sein Vater war bäuerlicher Herkunft, seine Mutter konnte weder lesen noch schreiben. Die ersten konkreten Hinweise auf die geniale Begabung des Jungen zeigten sich, als er sieben Jahre alt war. Gauß' Klasse mit 100 ungebärdigen Braunschweiger Knaben wurde von einem Lehrer namens J. H. Büttner unterrichtet, einem groben Kerl. Er lief zwischen den Tischen entlang und schwenkte seinen Rohrstock, von dem er bei der geringsten sich bietenden Gelegenheit mit größter Begeisterung Gebrauch machte. Entgegen dem damals verbreiteten Glauben war diese Erziehungsmethode derart ineffektiv, dass die Schüler aus Angst sogar ihren Namen vergaßen. Eines Nachmittags, zweifellos erschöpft von

der Strenge des morgendlichen Unterrichtens, stellte Büttner der
Klasse eine mühevolle Rechenaufgabe, die die Schüler nicht nur für
geraume Zeit beschäftigt hielt, sondern die auch eine gute Ausbeute
tadelns- und bestrafenswerter Antworten erbringen würde: Sie sollten
– ein sinnloses Unterfangen – alle Zahlen zwischen 1 und 100 addie-
ren. Die Köpfe senkten sich, die Griffel kratzten über die Schieferta-
feln. Nur Gauß schrieb nach kurzem Stirnrunzeln das Ergebnis nieder. Und erstaunlicher noch: Es war richtig. Die Zahl lautete 5 050.
Büttner wollte wissen, wie er so schnell zu dem Ergebnis gekommen
sei. Gauß erklärte, er habe zwei Zahlenfolgen zwischen 1 und 100 genommen – eine in aufsteigender und eine in absteigender Reihenfolge
– und diese sodann addiert:

1	2	3	...	98	99	100
100	99	98	...	3	2	1
101	101	101	...	101	101	101

Die Summe jeder der Zahlenpaare aus den zwei Zahlenreihen ist 101.
Auf diese Weise erhält man 100 Summen. Die Multiplikation mit 100
(101 x 100) ergab 10 100. Halbierte man diese Zahl, so erhielt man
das korrekte Ergebnis: 5 050.

Tief beeindruckt besorgte Büttner seinem Schüler daraufhin auf ei-
gene Kosten die besten damals erhältlichen mathematischen Lehrbü-
cher. Mit 18 machte Gauß bedeutende mathematische Entdeckungen,
unter anderem fand er die »Methode der kleinsten Quadrate«, die de
Moivres Normalverteilung und die Glockenkurve weiterentwickelte.
Bei experimentellen Beobachtungen sind Fehler unvermeidlich. Mit
Gauß' Methode lassen sich die Auswirkungen solcher Fehler auf das
Ergebnis minimieren. Gauß fand heraus, dass die wahrscheinliche
Genauigkeit der Durchschnittszahl proportional zur Quadratwurzel
der Anzahl der Beobachtungen steigt.

Gauß' erste öffentliche Demonstration der Methode der kleinsten
Quadrate wurde zu einer Sensation. Am 1. Januar 1801 hatte der ita-
lienische Astronom Giuseppe Piazzi einen neuen Planeten entdeckt,
Ceres, der heute als der größte bekannte Asteroid gilt. Nach wenigen

Tagen jedoch »verlor« Piazzi den Planeten und musste seine Him-
melsbeobachtungen abbrechen. Monatelang suchte er vergeblich den
Lichtpunkt des winzigen, weit entfernten Himmelskörpers am Nacht-
himmel. Dann beschloss Gauß, seine Methode der kleinsten Quadrate auf den Bereich am Himmel anzuwenden, wo Piazzi Ceres beobachtet hatte. Es gelang ihm, die Umlaufbahn von Ceres mit großer
Genauigkeit zu bestimmen, und exakt ein Jahr nach dessen Entdeckung, am 1. Januar 1802, wurde der Asteroid »wieder entdeckt«.
Gauß war ein schwieriger, unnahbarer Charakter. Als er 1855 starb,
hinterließ er zahlreiche Notizhefte mit unveröffentlichten mathematischen Entdeckungen. Viele davon hatte er in einer eigentümlichen Ver-
schlüsselung niedergeschrieben. Zum Beispiel:

$$Num = \Delta + \Delta + \Delta$$

Die Symbole bedeuten, dass jede positive Zahl als die Summe von drei
triangulären Zahlen dargestellt werden kann – etwa als 0, 1, 3 (in drei-
eckiger Form als $\therefore$ dargestellt), 6 (dargestellt als $\therefore\therefore$), 10 (als eine
weitere Reihe von vier Punkten unterhalb des Dreiecks für 6) und so
weiter. Die Entzifferung der Notizhefte ergab, dass Gauß mehrere mathematische Entdeckungen gemacht hatte, die erst in jüngerer Zeit von
Mathematikern »wiederentdeckt« wurden. Einige dieser kodierten
Formeln konnten jedoch bis heute nicht entziffert werden; sie enthalten womöglich mathematisches Wissen, das uns noch verborgen ist.

Mehrere Jahrzehnte vergingen, bis man die Bedeutung des Gauß-
schen Verfahrens für die Wirtschaftswissenschaften erkannte. Es
sollte die Genauigkeit der Wirtschaftsstatistik beim Sammeln und
Auswerten von Daten in der zweiten Hälfte des 19. Jahrhunderts entscheidend verbessern. Erst Ende des 19. Jahrhunderts wurden die
Schwachstellen dieser Methode offenbar. Das Gaußsche Verfahren
nährte nämlich die Überzeugung, dass Abweichungen von der normalen Verteilung nur ungenauer oder mangelnder Beobachtung geschul-
det seien. Abweichungen von der Normalverteilung lassen sich jedoch
keineswegs immer so einfach erklären und als irrelevant beiseite tun.
Bisweilen erweist es sich als nützlich, sie genauer zu untersuchen.

Die zweite mathematische Entdeckung, die für die Wirtschaftstheorie des späten 19. Jahrhunderts Bedeutung gewann, geht auf die Arbeiten von Francis Edgeworth zurück. Der 1845 geborene Sohn reicher englisch-irischer Grundbesitzer wurde Professor für Ökonomie in Oxford. Zeitgenössischen Schilderungen zufolge war er in seinen Vorlesungen stets völlig in sich versunken. Einer seiner Studenten berichtete: »Wenn er nach Stunden ... endlich so weit war, dass sich die Angebotskurve mit der Nachfragekurve schnitt ..., wusste man, dass ein großer Augenblick gekommen war. Er schüttelte den Kopf und murmelte unverständliche Sätze in seinen Bart. Er schien in einer Art Ekstase.« Edgeworth war krankhaft schüchtern, weshalb er auch wider Willen Junggeselle blieb.

Dem Vorbild von Adam Smith folgend, handelte Edgeworths erstes größeres Werk von der Ethik; er versuchte, ethische Sachverhalte durch Berechnung der Variablen mathematisch exakt darzustellen. Die unanfechtbare mathematische Logik sollte über wahr und falsch entscheiden. Edgeworth stützte sich bei seinen Berechnungen auf das von Bentham und Mill aufgestellte utilitaristische Prinzip, demzufolge gut ist, was der größten Zahl von Menschen Lust und Vergnügen bereitet. Edgeworth betrachtete den Menschen als eine »Lustmaschine«, die größtmögliche Lust zum Ziel hat – eine Variante von Benthams »hedonistischem Kalkül«. Bentham hatte die Theorie des *kardinalen Nutzens* formuliert, der zufolge jeder Sache eine eindeutig messbare individuelle Lust oder ein eindeutig messbarer individueller Nutzen zugeschrieben werden kann. Um ein modernes Beispiel zu geben: Unter der Voraussetzung sonst gleicher Umstände kann der Kauf einer bescheidenen Honda-Limousine einem Konsumenten 20 Lust- oder Nutzeneinheiten verschaffen, während der Kauf eines Honda-Motorrads der $1\,000$-cm^3-Klasse zum selben Preis 100 Lusteinheiten erbringt. Die Wahl dieses Konsumenten ist offenkundig. Aber auch hier besteht die Schwierigkeit, wie man »Lusteinheiten« oder Gefühle messen kann. Edgeworths Lösung bestand im Konzept des *ordinalen Nutzens*. Statt jedem Gut einen messbaren Nutzen in Form von »Lusteinheiten« zuzuschreiben, wurde der Konsument gebeten, die Güter miteinander zu vergleichen und im Sinne von »besser« oder »schlechter« in eine Rangordnung zu bringen. Mit einem Schlag ergab sich aus dieser Vorgehensweise nicht nur eine realistische Liste relativer Präferenzen. Jetzt war es auch möglich, die Güter im Rahmen eines kompletten Wirtschaftssystems zueinander in Beziehung zu setzen. Edgeworth hoffte von Anfang an, mathematische Methoden für die Ökonomie nutzbar machen zu können. In der Mathematik lag seines Erachtens der Schlüssel für viele der bis dahin ungelösten Schwierigkeiten der Wirtschaftswissenschaften. Jedes Problem sollte mittels unwiderlegbarer Definitionen und mathematischer Axiome formuliert und in der Art eines euklidischen Beweises gelöst werden. So konnte man das Problem Schritt für Schritt behandeln und einer präzisen Lösung zuführen. Auf diese Weise würden die ökonomischen Gesetze mathematisch beweisbar – und zwar mit zwingender, unwiderlegbarer Logik. Edgeworth war fest davon überzeugt, dass die Mathematik die »kleinen Rinnsale der Gefühle und die geheimen Quellen der Motive« entschlüsseln konnte, »auf die wir von jeher jede Handlung zurückführen müssen.« Noch mehr als 100 Jahre später jedoch sträubt sich die Psychologie gegen eine solche Mathematisierung – auch wenn die Neurowissenschaft versucht, sie durch die Hintertür einzuführen. Edgeworths reduktionistischer Ansatz jedoch hat sich als wissenschaftlicher Traum bis heute gehalten.

Sein mathematisches Hauptwerk, *Mathematical Psychics (Mathematische Psychologie)*, erschien im Jahr 1881, zwei Jahre, bevor Karl Marx starb. Edgeworth ist neben anderen für die gefürchteten Diagramme und Graphen verantwortlich, die heute das Terrain beherrschen und die Lektüre wirtschaftswissenschaftlicher Texte erschweren. In seiner *Mathematischen Psychologie* entwickelte Edgeworth mehrere graphische Darstellungen, die bis heute gängig sind. Hierzu gehört die so genannte »Indifferenzkurve«, bei der das Konzept des ordinalen Nutzens auf Kombinationen von Gütermengen angewandt wird, die für den Konsumenten alle den gleichen Nutzen stiften; der Konsument bleibt indifferent, wenn es darum geht, sich für eines dieser Güterbündel zu entscheiden. Im Klartext: Angenommen, der Konsument hätte Schinken mit Ei zur Auswahl; Konsument A ist es gleichgültig, ob er zwei Eier und eine Scheibe Schinken oder ein Ei und zwei Scheiben Schinken bekommt. In anderen Fällen dagegen ist er keineswegs indifferent und hat durchaus seine Präferenzen, und zwar in der Rangordnung des ordinalen Nutzens. Edgeworth erarbeitete weiterhin den Gedanken der »Kontraktkurve«, bei der die Indifferenzkurven zweier Konsumenten miteinander in Beziehung gesetzt werden und die zeigt, in welchem Verhältnis die Konsumenten ihre Waren tauschen können, ohne dass sich dadurch ihr individuelles Nutzenniveau ändert.

Der Erste, der die Mathematik in umfassender Art und Weise auf die Wirtschaftstheorie anwandte, war der Franzose Léon Walras. Sein Denken führte die Tradition der französischen Rationalisten ins Extrem und blieb, wie manche Kritiker meinen, viel zu theoretisch. Doch wie es Schumpeter später einmal ausdrückte, war »... die Wirtschaftswissenschaft ein großer Omnibus mit vielen Passagieren an Bord, die alle inkommensurable Interessen und Fähigkeiten haben. Doch im Bereich der reinen Theorie ist Walras meines Erachtens der größte Wirtschaftswissenschaftler überhaupt.« Was reine Theorie und praktische Ökonomie miteinander zu tun haben war von Anfang an Gegenstand heftiger Debatten. Bereits 1874 erklärte die dänische wirtschaftswissenschaftliche Vereinigung die mathematische Ökonomie »offiziell für ungültig«.

Léon Walras wurde 1834 in Evreux, einem Provinznest in der Normandie, geboren. Sein Vater arbeitete im staatlichen Erziehungswesen und flüchtete sich aus der Monotonie seiner Tätigkeit in die Wirtschaftstheorie. Er setzte große Erwartungen in seinen Sohn, doch der junge Léon fiel bei der Aufnahmeprüfung zur Eliteuniversität École Polytechnique in Paris durch – und zwar ausgerechnet wegen seiner Leistungen im Fach Mathematik. Léon besuchte daraufhin die Bergbauschule, um Ingenieur zu werden. Es war die Epoche Baudelaires, des ersten Dichters des modernen großstädtischen Individuums. Léon war fasziniert vom Glanz und Elend des modernen Paris mit seinen gasbeleuchteten Straßen. Er ließ sich einen Bart und schulterlanges

Haar wachsen und hängte das Ingenieursstudium zugunsten der Literatur an den Nagel, für die er ein gewisses Talent hatte. Mit 24 Jahren veröffentlichte er einen Roman. In jenem Sommer, in den Ferien in der Provence, beschwor ihn sein Vater, seine romantischen Vorstellungen aufzugeben. Auf einem Spaziergang entlang eines Gebirgsbachs legte Walras seinem Sohn dar, Schriftsteller gebe es wie Sand am Meer; der wahre Roman sei aber die Wissenschaft, der die Zukunft gehöre. Eine der größten Aufgaben, die im 19. Jahrhundert gelöst werden müssten, sei die Umwandlung der Wirtschaftstheorie in eine wissenschaftliche Disziplin.

Walras junior leuchtete das ein. Sein Leben in Paris war jedoch recht unkonventionell. Er teilte sich ein winziges Apartment mit seiner Geliebten, von der er zwei Kinder hatte, und seinen Lebensunterhalt verdiente er sich mit schlecht bezahlter journalistischer Arbeit. Doch jetzt richtete sich sein intellektuelles Streben und Trachten auf die politische Ökonomie im engeren Sinn. Tief enttäuscht vom reaktionären politischen Klima in Europa nach dem Scheitern der Revolution von 1848, wandte er sich dem utopischen Sozialismus zu. Als ihn jedoch die Saint-Simonisten aufforderten, sich ihrer Bewegung anzuschließen, lehnte Walras ab. Offensichtlich widerstrebte es ihm, sich in ein Wams einschnüren zu lassen, das er nur in gemeinschaftlicher Anstrengung ausziehen konnte. Zur Begründung erklärte er ihnen, ihr Sozialismus sei schlichtweg »unwissenschaftlich«. Zusammen mit dem Enkel des bedeutenden Ökonomen Jean-Baptiste Say (Saysches Theorem) gründete Walras eine Genossenschaftsbank, deren Direktor er drei Jahre lang war, bevor das Unternehmen bankrott ging. (Dieses Desaster kurierte Say zwar vom Sozialismus, nicht aber von seinen finanzpolitischen Ambitionen. Er wurde zu einem fanatischen Gegner der Sozialisten und verursachte später als französischer Finanzminister einen Staatsbankrott.)

Walras schrieb weiterhin Artikel zu wirtschaftlichen Fragen, allerdings mit geringem Erfolg. Im Jahr 1860 nahm er an einer Tagung zu Steuerfragen in Lausanne teil. Die Originalität seines Vortrags gefiel einem Mitglied der schweizerischen Bundesversammlung. Sie blieben in Kontakt, und zehn Jahre später wurde Walras auf den neu gegründeten Lehrstuhl eines Professors für Ökonomie an der Universität Lausanne berufen. Zu diesem Zeitpunkt war er 36 Jahre alt und völlig mittellos. Der idealistische junge Romantiker war einsam und verbittert geworden und litt an eingebildeten Krankheiten. Er musste sogar um einen Gehaltsvorschuss bitten, um die Zugfahrkarte von Paris nach Lausanne bezahlen zu können. Während des langjährigen Aufenthalts in Lausanne verschlechterte sich sein Zustand. Seine Geliebte starb, und er heiratete eine reiche Witwe, doch er litt unter einem Verfolgungswahn und an »nervöser Erschöpfung«. In dieser Zeit jedoch entstand sein Hauptwerk.

1877 trat Walras mit seinen *Eléments d'économie politique pure* an die Öffentlichkeit, einem Werk, das sich mit einem bis dahin ungelösten Problem auseinander setzte. Adam Smiths freier Markt war für die klassische Tradition der Wirtschaftstheorie ein unumstößlicher Glaubensgrundsatz gewesen. Walras jedoch wollte wissen: »Wie konnten diese Ökonomen beweisen, dass die Resultate des freien Wettbewerbs nutzbringend und vorteilhaft waren, wenn sie diese Resultate gar nicht kannten?« Um eine Antwort zu finden, unterzog Walras das allgemeine wirtschaftliche Gleichgewicht einer umfassenden Analyse. Die Ergebnisse seiner Überlegungen wurden von zentraler Bedeutung für das gesamte ökonomische Denken. Einfach gesagt, wird auf einem Markt dann ein Gleichgewicht erreicht, wenn die Menge der Produkte, die die Verkäufer auf den Markt bringen, genauso groß ist wie die Menge, die die Konsumenten zum gängigen Preis zu kaufen bereit sind. Mit anderen Worten, wenn sich Angebot und Nachfrage ausgleichen. Das *allgemeine* Gleichgewicht ist dann erreicht, wenn dieses Gleichgewicht auf allen Märkten aller Volkswirtschaften zur gleichen Zeit zustande kommt, das heißt wenn sämtliche Märkte geräumt sind.

Walras verglich diesen Vorgang gern mit einer Versteigerung, bei der alle Produzenten ihre Waren zum Verkauf anbieten und alle Konsumenten bereit sind zu kaufen. Die Produzenten teilen dem Auktionator nacheinander den gewünschten Preis für ihre Waren mit, und die Käufer bieten jeweils für eine bestimmte Menge der Waren. Übersteigen die Gebote die verfügbare Warenmenge, so hebt der Auktionator den Preis in der nächsten Runde an; im umgekehrten Fall senkt er den Preis, um die Warenbestände abzubauen. Aber genau wie Edgeworth hatte Walras begriffen, dass alle Märkte miteinander verbunden sind. Wenn auf dem einen Markt zu viel Geld ausgegeben wird, so fehlt es auf einem anderen Markt. Wenn also der Preis für ein bestimmtes Gut festgelegt ist, muss der zuvor vom Auktionator ausgerufene Preis für ein anderes Gut berichtigt werden. Dieser Anpassungsmechanismus erlaubt ein *tâtonnement* (wörtlich »Herantasten«) an den allgemeinen Gleichgewichtszustand. Walras gelang es, diesen sich ständig wiederholenden Prozess in präzise algebraische Gleichungen zu fassen. Damit vollbrachte er das Wunder, Adam Smiths »unsichtbare Hand« in eine mathematische Form zu bringen, und »bewies« damit, dass der freie Markt tatsächlich funktionierte. Das glaubte er jedenfalls.

Walras hatte für ein komplexes ökonomisches System eine komplexe mathematische Formel gefunden. Er behauptete, dass sich in seinem System »kein Grashalm bewegen konnte, ohne dass sich die Position der Sterne änderte«. Seine vertrackte Mathematik konnte bei der Betrachtung von zwei Märkten im Wesentlichen auf vier Gleichungen mit vier Unbekannten reduziert werden – die Preise der Waren sowie die hergestellten und verkauften Mengen im Zustand des Gleichgewichts. Doch Walras' Annahme, dass das gesamte Einkommen ausgegeben wird, bedeutete, dass eine fünfte Gleichung ins Spiel gebracht werden musste. Algebraisch betrachtet muss allerdings die Anzahl der Gleichungen genauso groß sein wie die Anzahl der Unbekannten, da die Gleichungen sonst unlösbar sind. Trotz seiner untadeligen mathematischen Berechnungen gelang es Walras also nicht, aus seinen brillanten Gleichungen präzise Ergebnisse abzuleiten. Die unbekannten Quantitäten blieben unbekannt, es sei denn, man setzte sie in Relation zueinander. Walras gelang es, diese Schwierigkeit zu überwinden, indem er als Bezugsgröße ein bestimmtes Gut nahm, relativ zu dem die Preise aller anderen Güter festgesetzt werden konnten. Das bedeutete, dass es auch in Walras' rein theoretischer Ökonomie keine absolute Preise gab. Es war unmöglich, genau zu sagen, warum ein Fass Fondant de Sion 10 Schweizer Franken kostete, auch wenn man mit Bestimmtheit sagen konnte, warum dieser Wein zehnmal so viel wert war wie ein Rad Gruyère-Käse.

Walras' Analyse wurde durch eine andere wesentliche Voraussetzung bestimmt. Wie das allgemeine Marktgleichgewicht in einer Volkswirtschaft beschaffen war, war von der Verteilung von Einkommen und Eigentum bestimmt. Mit anderen Worten: Es gab unterschiedliche »Modi der wirtschaftlichen Organisation«. In einer Gesellschaft konnten Reichtum und Einkommen mehr oder weniger gleichmäßig verteilt sein. Walras zufolge lag die Erörterung dieser Faktoren außerhalb der reinen Wirtschaftstheorie und war damit keine wissenschaftliche Angelegenheit. Trotzdem vertrat er dezidierte Ansichten über die soziale Gerechtigkeit, die weitaus radikaler waren als die der englischen Wirtschaftstheoretiker. Für Walras war die ideale Gesellschaft eine Gemeinschaft kleiner landwirtschaftlicher Grundbesitzer, wie sie auf den Hügeln um den Genfer See bei Lausanne zu finden waren. Eine solche Gesellschaft konnte sehr viel leichter den idealen Zustand eines allgemeinen Gleichgewichts erreichen. Infolgedessen befürwortete Walras als sozialpolitische Strategie die Verstaatlichung von Grundbesitz als Vorbedingung für eine gerechte Umverteilung.

Das allgemeine Gleichgewicht war freilich ein reines Ideal. Es konnte zwar in einzelnen Märkten gelegentlich erreicht werden, doch es galt, dieses Gleichgewicht in einer Volkswirtschaft zu erzielen. Eine Volkswirtschaft bewegte sich entweder auf dieses Ideal eines allgemeinen Gleichgewichts zu oder von ihm weg – und dementsprechend mussten Korrekturen vorgenommen werden. Darin lag der eigentliche Wert von Walras' Analyse. Sein theoretisches Modell veranschaulichte den Kernpunkt des Wirtschaftsprozesses. Die Mikroökonomik, die sich mit dem Verhalten der Konsumenten und der Unternehmen beschäftigt, verfügte nunmehr über ein grundlegendes Konzept, das zeigte, wie der Prozess ablief oder ablaufen sollte. Dasselbe galt für die Makroökonomik; sie beschäftigt sich mit dem gesamtwirtschaftlichen Verhalten ganzer Sektoren, die sich aus den einzelnen wirtschaftlichen Einheiten zusammensetzen – dem Sektor der privaten Haushalte, dem Unternehmenssektor, dem Staat. Walras lieferte eine einheitliche Bezugsgröße für ökonomisches Denken, wies jedoch darauf hin, dass seine Analyse des wirtschaftlichen Gleichgewichts als ein Hilfsmittel gedacht war. Sie beschrieb nicht tatsächliche Sachverhalte oder voraussichtliche Entwicklungen. Das allgemeine Gleichgewicht war ein Ziel, der Entwurf eines optimalen Zustands, dessen algebraische Formeln den Weg wiesen.

Trotzdem weist Walras' Bild der Wirtschaft mehrere entscheidende Nachteile auf. Zum einen ist seine Mathematik ungeheuer schwierig. Seine Formeln sind viel zu kompliziert, um auf konkrete Situationen angewandt zu werden. Eine weitere Schwäche wurde erst rund 60 Jahre später entdeckt – und zwar durch John von Neumann. Unter bestimmten Bedingungen ergaben die Lösungen von Walras' Gleichungen Preise vom Wert Null, in manchen Fällen sogar negative Preise. Mit anderen Worten, die Produzenten würden ihre Waren gratis abgeben oder ihren Kunden sogar dafür Geld bezahlen, dass sie sie ihnen abnahmen! Das legt den Schluss nahe, dass die gesamte Theorie des wirtschaftlichen Gleichgewichts keine praktische Relevanz besitzt. Diese Schwierigkeit wurde von dem amerikanischen Nobelpreisträger Kenneth Arrow überwunden, der wohl als der bedeutendste zeitgenössische Wirtschaftstheoretiker gelten kann. Arrow bewältigte eine mathematische Herausforderung, die sogar Walras unlösbar erschien. Ihm nämlich gelang der Nachweis, dass eine Volkswirtschaft tatsächlich ein allgemeines Gleichgewicht erreichen konnte. Es war nicht nur ein theoretisches Ideal, wie bis dahin angenommen, sondern ein tatsächlich erreichbares Ziel. In der Folge wandten sich Wirtschaftstheoretiker erneut der reinen Theorie zu. Das Ergebnis war das, was die bedeutende Ökonomin Joan Robinson als »Dickicht aus Algebra« bezeichnete.

Seine »nervöse Erschöpfung« zwang Walras im Jahr 1892, seinen Lehrstuhl vorzeitig aufzugeben. Die verbleibenden 18 Jahre seines Lebens verbrachte er in Clarens am Genfer See. Er arbeitete weiterhin im Bereich der Wirtschaftstheorie, widmete sich jetzt aber vermehrt seinen Hobbys, dem Angeln und Münzensammeln – auch im übertragenen Sinn passende Beschäftigungen für einen Wirtschaftswissenschaftler.

Sein Nachfolger auf dem Lehrstuhl für Nationalökonomie in Lausanne wurde Pareto, der für die mathematische Wirtschaftswissenschaft eine bedeutende Rolle spielen sollte. Vilfredo Pareto wurde 1848 als Kind italienischer Eltern in Paris geboren. Sein Vater, ein Patriot, der für die Einigung Italiens kämpfte, hatte sich ins politische Exil nach Frankreich begeben müssen.

Nach dem Abschluss seines Studiums als Hütteningenieur in Turin bereiste Pareto in Ausübung seines Berufes mehrere Jahre lang Europa. In den langen schlaflosen Nächten in einsamen Kleinstadthotels verschlang er alle möglichen Werke über Nationalökonomie. Mit 41 Jahren heiratete er schließlich eine russische Comtesse. Zu diesem Zeitpunkt hatte er bereits mehrere Aufsätze zu wirtschaftlichen Themen veröffentlicht. Paretos außergewöhnliche Fähigkeit, wirtschaftstheoretische Sachverhalte in präzise mathematische Formeln umzusetzen, bewog Walras, ihn 1893 zu seinem Nachfolger auf dem Lehrstuhl in Lausanne vorzuschlagen. Sechs Jahre später erbte Pareto von einem Onkel ein Vermögen von 2 Millionen Lire in Gold, und seine Frau brannte mit einem der neu eingestellten jungen Bediensteten durch. Pareto tröstete sich durch den Erwerb eines Anwesens am Genfer See, dem er den Namen Villa Angora gab. Hier lebte er ein einsames Luxusleben, trank erstklassige Weine und speiste inmitten einer immer größer werdenden Zahl reinrassiger Angorakatzen, an denen sich die Menschheit, wie er meinte, ein Vorbild nehmen sollte. Gleichzeitig führte er einen erbitterten Kampf gegen alle Formen des sexuellen Puritanismus. Die mathematische Wirtschaftstheorie hatte er bereits als hoffnungslos engstirnig und als unanwendbar auf das menschliche Verhalten gebrandmarkt. Sie sei nur »scheinbar logisch«. Dafür entdeckte er jetzt die »Logik der Sinne«, eine vorlogische Logik, die für das menschliche Handeln und die Launen der menschlichen Gefühle verantwortlich sei. Diese nichtlogischen Akte bezeichnete er als »Residuen«, die zwei Merkmale aufweisen: Erstens sind sie

Ausdruck einer diesem Handeln zugrunde liegenden Psychologie und zweitens eine unbestreitbare Tatsache, die nicht weiter erklärt werden kann.

Unklar bleibt, ob Paretos Pessimismus angesichts des menschlichen Verhaltens auf Selbstbeobachtung beruhte, auf der Erfahrung mit seiner Ehefrau oder der Beobachtung der Angorakatzen. Zum Glück beeinträchtigten diese irrationalen, in sich widersprüchlichen Aspekte seines Denkens nicht seine außerordentlichen analytischen Fähigkeiten. Ein Blick in jedes Wirtschaftslexikon zeigt, wie viele ökonomische Ideen bis heute nach Pareto benannt sind. Das »Pareto-Optimum« etwa basiert auf Walras' Idee eines allgemeinen wirtschaftlichen Gleichgewichts. Ausgehend von bestimmten Grundprinzipien behauptete Pareto, dass zwei Individuen nur dann miteinander freien Handel treiben, wenn dieser Tausch beiden etwas einbringt. Wenn nur der eine gewinnt und der andere verliert, wird dieser Handel nicht stattfinden. Pareto-Effizienz oder Pareto-Optimalität ist dann erreicht, wenn es in der gesamtwirtschaftlichen Situation eines allgemeinen Gleichgewichts unmöglich ist, dass ein Individuum seinen Nutzen erhöht, ohne dass ein anderes schlechter gestellt wird. Das Pareto-Optimum beschreibt also eine Situation der vollkommenen wirtschaftlichen Effizienz, die durch nichts mehr zu verbessern ist. Auf die Soziologie übertragen, beschreibt diese Vorstellung den optimalen Gebrauch der Ressourcen einer Gesellschaft. Diese Interpretation ist die zwingende intellektuelle Basis der modernen Wohlfahrtsökonomik.

Am weitreichendsten und umstrittensten ist Paretos Anwendung mathematischer Verfahren bei seinem Gesetz der Einkommensverteilung. Er untersuchte entsprechende Statistiken für Amerika und die europäischen Länder und kam zu dem Schluss, dass es ein bestimmtes Muster der Einkommensverteilung gebe. Erstaunlicherweise schien dieses Muster in allen Ländern und zu allen Zeiten gleich gewesen zu sein. Bis dahin war man davon ausgegangen, dass die Einkommensverteilung von den wirtschaftlichen Gegebenheiten der jeweiligen Gesellschaft abhängig sei, Pareto jedoch zeigte, dass dies nicht zutraf. Das Ergebnis seiner Untersuchung war eine Überraschung. Pareto wies nach, dass entgegen gängigen Erwartungen und Ansichten die Einkommen einer Gesellschaft nicht geradlinig proportional ansteigen, sondern gemäß einer geometrischen Reihe. Betrachtet man Familien mit sehr niedrigem Einkommen, so zeigen sich nur geringe Einkommensdifferenzen, hingegen wachsen die Einkommensdifferenzen in den Regionen, in denen man von Reichtum reden kann, schier ins Unermessliche. Pareto zufolge spiegelte dieses Muster unmittelbar die Verteilung von Intellekt, Talent und Unternehmergeist einer Gesellschaft. Nur sehr wenige verdienen es, reich zu sein, die Mehrheit hat es verdient, arm zu sein. Paretos Zahlen sind größtenteils unwiderlegbar, seine Erklärung dieser Verhältnisse ist es nicht. Diese Einkommensverteilung ist bei uneingeschränkter, freier Marktwirtschaft so gut wie unvermeidlich. Unter diesen Umständen besitzen diejenigen, die über Reichtum verfügen, auch genügend Macht und politischen Einfluss, um alle Versuche einer gerechteren Umverteilung zu hintertreiben. Dies zeigt sich wohl am besten am Beispiel der Einkommenssteuer jener Zeit. In Großbritannien wurde die Einkommenssteuer erst in den achtziger Jahren des 19. Jahrhunderts eingeführt. In den Vereinigten Staaten wurde sie im darauf folgenden Jahrzehnt als *nicht verfassungskonform* abgelehnt. Warum sollten die Reichen für die Armen bezahlen? Diese Einstellung änderte sich erst im Jahr 1913, als man endlich eine Antwort auf die Frage fand, warum die Reichen bezahlen sollten: Sie zogen aus der Gesellschaft größeren Nutzen und sollten deshalb auch einen größeren gesellschaftlichen Beitrag leisten.

Paretos Entdeckung zur Einkommensverteilung ist für die überwältigende Mehrheit von uns, die nicht zu den Superreichen gehören, eher unangenehm und wirft eine Reihe von Fragen über das Wesen der menschlichen Gesellschaft und ihre Entwicklung auf. Ist eine solche wirtschaftliche und politische Ordnung tatsächlich unumgänglich? Pareto war davon überzeugt, dass sich diese Einkommensverteilung unausweichlich zu einer Klassenstruktur verfestigen würde, da die Tüchtigen eine Bestätigung ihrer Überlegenheit durch Privilegien erstrebten. Doch er war auch der Erste, der zugab, dass die Zugehörigkeit zu einer Klasse vergänglich war – man konnte aufsteigen, aber auch zurückfallen. Es vollzog sich eine »Zirkulation der Eliten«, und die Geschichte war »der Friedhof der Aristokratie«. Paretos politische Ansichten spiegelten seine Ansicht über das menschliche Verhalten wider. Gegen alle Vernunft glaubte er zwar an die Staatsgewalt des Gemeinwesens, aber nicht an die Demokratie, die er für einen Luxus hielt, den sich die Gesellschaft kaum leisten konnte. Schließlich war auch die Freiheit – wie die Vernunft – nur eine Illusion. Solche Ideen warfen ihre Schatten auf die Ära des Faschismus voraus und wurden in Italien begrüßt, als Mussolini 1922, ein Jahr vor Paretos Tod, die Macht übernahm. Doch Paretos »pessimistischer Realismus« war eher in mathematischen Sachverhalten verankert als in den Hirngespinsten von einer »Herrenrasse«.

Paretos Verteilungskurve bleibt bis heute eine – wenn auch verstörende – Tatsache. Ihre schlimmsten Auswüchse wurden jedoch im Laufe der Zeit abgemildert. In den Volkswirtschaften der Ersten Welt wurde eine gerechtere Einkommensverteilung erreicht, die dem gesamtgesellschaftlichen Nutzen dient. Paradoxerweise war es ausgerechnet die Idee des Pareto-Optimums, die diese Entwicklung vorangetrieben hat. Eine Volkswirtschaft funktioniert dann besser, wenn alle Akteure davon profitieren. Dennoch lässt sich nicht leugnen, dass Paretos Verteilungskurve auch weiterhin ihre Schatten wirft. Schon in den Industriestaaten gibt es sehr breite Unterschichten, und so mancher Aufsichtsratsvorsitzende eines großen Unternehmens erhält in einem Monat mehr Geld, als viele seiner Arbeiter in ihrem ganzen Leben ausgeben. Doch in weniger entwickelten Volkswirtschaften wie Brasilien oder Indien gilt Paretos Verteilungskurve, als sei sie ein ehernes Gesetz.

Walras war sich durchaus im Klaren darüber, dass die Wahrheiten seiner reinen mathematischen Wirtschaftstheorie nicht der Wirklichkeit entsprachen. Pareto entschied sich für die Zweigleisigkeit. Seine Optimalkalküle sind reine Mathematik, seine Verteilungskurve dagegen beruht auf angewandter Ökonomie und ist aus durchaus wirklichkeitsbezogenen Statistiken abgeleitet – die wiederum die Praktiker leicht dazu verleiten, mit den aus ihnen ersichtlichen Wahrheiten sparsam umzugehen.

Der englische Wirtschaftstheoretiker Jevons wiederum war davon überzeugt, dass seine mathematische Ökonomie nicht nur wahr, sondern von der Wirklichkeit ununterscheidbar sei. William Jevons wurde 1835 in Liverpool geboren; sein Vater war ein reicher Eisenhändler. Jevons senior hatte beim Boom des Eisenbahnbaus ein Vermögen gemacht und eines der ersten Eisenschiffe gebaut, die (zumindest für begrenzte Zeit) nicht untergingen. Die Freuden einer privilegierten Erziehung samt Privatlehrer wurden jedoch durch tragische Familienverhältnisse überschattet. Die Mutter starb, als William zehn Jahr alt war, und zwei Jahre später verlor sein älterer Bruder den Verstand. Dann war der Eisenbahnboom zu Ende, und 1848 ging Jevons' Vater bankrott. William ergatterte einen Platz am University College in London, wo er eine besondere Begabung für Chemie entwickelte. In seinem zweiten Studienjahr ging ihm jedoch das Geld aus, woraufhin er sich zu dem drastischen Schritt entschloss, sich nach Australien einzuschiffen und Prüfer an der Münze in Sydney zu werden.

Es war die Zeit des großen Goldrauschs, der 1849 begonnen hatte, als die ersten Goldgräber voller Hoffnungen nach San Francisco kamen. Als Jevons eintraf, war auch in Australien das Goldfieber ausgebrochen. Die Verstädterung und die Auswanderung nach Amerika und in die von Europäern besetzten Kolonien hatten zu einer neuartigen Entwurzelung geführt. Die europäischen Kolonialmächte hatten auf fast alle großen unerforschten Gebiete des Erdballs ihre Ansprüche angemeldet und versuchten, ihren Einfluss immer weiter auszubauen. Mitte des 19. Jahrhunderts kämpften Briten und Franzosen im Opiumkrieg gegen China, errichteten in der Folge Handelsstützpunkte entlang der chinesischen Küste und zwangen die Chinesen, importiertes Opium zu kaufen. In Europa machte die Wirtschaftstheorie große Fortschritte, während die überseeischen Handelsunternehmen gleichzeitig neue Verkaufsmethoden entwickelten (Kanonenboote, Opium) und immer neue Rohstoffquellen erschlossen (Goldrausch, Mohnfelder).

In den fünfziger Jahren des 19. Jahrhunderts strömten immer neue Massen von Goldsuchern aus aller Herren Länder nach Australien – die Söhne von Adeligen ebenso wie Deserteure von Schiffen und Verkäufer von Schlangenöl.

Fünf Jahre lang ging Jevons seiner Tätigkeit an der Münze von Sydney nach. Nach eigenem Bekunden »fand er in Australien keine Freunde«. Doch es war dennoch keine vertane Zeit. Er las Adam Smiths *Der Wohlstand der Nationen*, das er für ein »ausgezeichnetes, wenngleich ziemlich veraltetes Buch« hielt, machte sich Gedanken über Nationalökonomie und las noch mehr zu diesem Thema. (Ein chauvinistischer britischer Kommentator bezweifelte dies und behauptete, es habe zu jener Zeit gar keine anderen Bücher über Wirtschaftstheorie in Australien gegeben.) Wie auch immer, Jevons' Reflexionen über die politische Ökonomie blieben nicht ohne Wirkung, denn bald war der Zweiundzwanzigjährige überzeugt, einen neuen und originären Beitrag zur Wirtschaftstheorie leisten zu können. Und so war es tatsächlich. Bald legte er neue Ideen zu allen möglichen Themen vor: zum Goldstandard ebenso wie zur Widerlegung der induktiven Beweisführung.

1859 kehrte Jevons nach England und an das University College zurück, diesmal, um Wirtschaftswissenschaften zu studieren. Er beschäftigte sich hauptsächlich mit Ricardo und Mill, deren Schriften er als »außerordentliches Geflecht aus Selbstwidersprüchen« bezeichnete. Zum Glück besuchte er auch die Vorlesungen des brillanten einäugigen Mathematikers Augustus de Morgan, der eine neuartige Logik entwickelte. Nach seinem Abschluss beschäftigte sich Jevons weiterhin mit Morgans »kombinatorischer Logik«, die die Gesetze der Vernunft auf ein paar allgemeine Formeln reduzierte – auf untereinander austauschbare Grundaxiome oder -klassen. Jevons erfasste schnell das zugrunde liegende Prinzip und brachte diese Gesetze in eine vereinfachte algebraische Form. Das war der Beginn der modernen symbolischen Logik. Die neue Algebra konnte besonders leicht mechanisch umgesetzt werden, und Jevons entwarf sogar eine – wie er es nannte – »logische Maschine«, die er der Royal Society vorführte. Sie gilt heute als ein bedeutender Vorläufer des Computers, dessen Grundprinzipien hier bereits teilweise entwickelt sind.

Doch diese ganze Mathematik diente nur einem Zweck: »Es kann kein Zweifel bestehen, dass Vergnügen, Schmerz, Arbeit, Nutzen, Wert, Reichtum, Geld, Kapital und so fort Begriffe sind, die sich quantitativ fassen lassen; ja, alle unsere Handlungen in Industrie und Wirtschaft sind vom Abwägen der Vor- und Nachteile abhängig.« Wenn erst einmal alles in mathematischer Begrifflichkeit dargestellt ist, würden die verschwommenen Vorstellungen, die man bis dahin für ökonomisches Denken gehalten hatte, schlichtweg überflüssig werden. Hatte Walras den Schwerpunkt auf das Gleichgewicht gelegt, so konzentrierte sich Jevons auf den Wert oder den Nutzen. Der zentrale ökonomische Faktor war für ihn der Marktpreis der Güter. Marx und mehr oder minder alle Theoretiker der klassischen Ökonomie hatten den Wert stets auf die Produktionskosten zurückgeführt. Jevons' Ansatz war umgekehrt und damit sehr viel realistischer. Die Waren erhielten ihren Wert auf dem Markt und nicht in der Fabrik. Und was war das Wichtigste auf dem Markt? Doch letztlich der Verbraucher und nicht die Herstellungskosten. Jevons bezog den Wert einer Ware auf deren Nutzen, auf die Befriedigung der Bedürfnisse des Konsumenten. Dieser Nutzen bestimmte den Preis, den der Verbraucher für ein Produkt zu zahlen bereit war. Doch Jevons formulierte auch das Konzept des Grenznutzens. »Nimmt die Verbrauchsmenge eines Gutes zu, beispielsweise der Nahrung, die ein Mensch zu sich nehmen muss, so nimmt der Nutzen oder Vorteil der zuletzt verbrauchten Gütereinheit ab.« Mit anderen Worten: Der Grenznutzen sinkt, wenn der Verbrauch steigt. Der Konsum einer Portion Eiscreme durch einen Verbraucher erbringt einen bestimmten Nutzen, der Konsum von zwei Portionen erbringt proportional weniger, von drei Portionen noch weniger. Der Grenznutzen ist also ein entscheidendes Kriterium für die Messung der Bedürfnisbefriedigung eines Konsumenten, der Nachfrage nach Gütern auf dem Markt und schließlich des Preises für diese Güter. Er ist entscheidend für die Werttheorie. Jevons bezog in die ökonomische Analyse erstmals das Verhalten des Konsumenten als wesentlichen Faktor ein. Im Unterschied zu Walras berücksichtigte er Mathematik *und* Psychologie – deshalb behauptete er auch mit Nachdruck, dass seine Mathematik auf die Wirklichkeit anwendbar sei.

Aber ist das tatsächlich der Fall? Edgeworth schlug relative »Nutzeneinheiten« vor und vertrat damit eine Werttheorie für den gesamten Markt. Doch diese bleibt – im Licht des Grenznutzens gesehen – eindimensional, denn der Grenznutzen berücksichtigt einen Konsumenten, der mehr als eine Einheit desselben Gutes kauft. Die Frage ist folglich: Lässt sich die Grenznutzentheorie auf den gesamten Markt und auf alle Konsumenten anwenden? Die Antwort lautet natürlich nein. Manche Individuen beziehen aus der zweiten Portion Eiscreme oder aus dem zweiten (oder dritten) Glas Bier mehr Befriedigung als andere. Konsumenten sind nicht immer vernünftig oder rational. Es mag unvernünftig sein, sein ganzes Geld für ein paar Biere am Samstagabend auszugeben, aber viele tun es und erachten den Preis dafür nicht als zu hoch. Das Individuum in einer ökonomischen Gleichung hat oftmals wenig mit den widerspenstigen Persönlichkeiten zu tun, die uns im Alltag (oder im Spiegel) begegnen. Genau wie Walras macht auch Jevons einen Schritt vor und einen Schritt zurück. Dem Fortschritt in der Theorie entspricht ein Rückzug aus der Realität.

Jevons wurde schließlich Professor für politische Ökonomie am University College in London. Andere Wissenschaftler erkannten schon bald die Differenziertheit seiner Analyse und bauten darauf auf. Die Wirtschaftstheorie stand jetzt in Gefahr, eine rein akademische Disziplin zu werden, während man in der praktischen Ökonomie damit fortfuhr, den Chinesen Opium zu verkaufen. (Der Opiumhandel stellt in der Tat ein Paradox der Grenznutzenanalyse dar: sinkende Befriedigung durch steigenden Konsum, gleichzeitig aber steigender Bedarf an steigenden Mengen.)

Jevons war ein introvertierter, ungeselliger Mensch. Er hatte zwar Frau und Kinder, war aber auch für seine Angehörigen schwierig im Umgang. In seinem Tagebuch offenbart er sich als manisch-depressiver Charakter, der in wehmütig-ekstatischen Wagneropern Trost suchte. Auch als einsamer Denker war er nicht frei von Exzentrik. So lieferte er eine geniale Erklärung für den Konjunkturzyklus, also für die periodischen Schwankungen zwischen Aufschwung und Rezession in einer Volkswirtschaft. Dieses Thema war bis dahin nur am Rande gestreift worden. Zwar hatte sich bereits Malthus mit dem »Überschuss« (Depression) beschäftigt, doch ein so bedeutender Kopf wie Ricardo hatte schlichtweg geleugnet, dass es solche Phasen überhaupt gibt. Als die britische Wirtschaft in eine Depression geriet, die während der gesamten achtziger Jahre des 19. Jahrhunderts anhielt, sah Jevons die Zeit gekommen, die Mathematik auf dieses Phänomen anzuwenden. Er untersuchte die Daten der vergangenen 150 Jahre und errechnete, dass ein Konjunkturzyklus durchschnittlich 10,46 Jahre dauerte. Dabei fiel ihm etwas auf. Jevons hatte gelesen, dass Sonnenflecken im Durchschnitt alle 10,45 Jahre auftreten. Das konnte kein Zufall sein. Offensichtlich gab es einen Zusammenhang zwischen der ökonomischen Aktivität auf der Erde und den Störungen in der Photosphäre der Sonne. Jevons' Kollegen waren nicht sonderlich begeistert von der Idee, die Wirtschaftswissenschaften in das Reich der Astrologie zu erheben. Dennoch – Jevons unternahm erstmals den ernsthaften Versuch, Konjunkturzyklen zu analysieren.

Er wandte die Methode der mathematischen Analyse auch auf die Kohleindustrie an, den Motor der imperialen Macht Großbritanniens. Wenn Großbritannien weiter in dem Maße wie bisher Kohle verbrauchte, würde, so Jevons, deren Preis bald steigen und das Land in eine Wirtschaftskrise stürzen. Die Energiereserven der Erde würden irgendwann einmal zur Neige gehen, und dann würde es noch schlimmer kommen. Selbst härteste Anstrengungen würden diese verheerende Entwicklung nicht aufhalten können. Mit der Veröffentlichung seines Werks *The Coal Question* im Jahr 1865 wurde Jevons zu einem Begriff. Er übernahm Malthus' Rolle als Prophet des Weltuntergangs. Erdgas wurde bereits seit 1821 industriell genutzt, Stromgeneratoren waren in den meisten europäischen Ländern seit den fünfziger Jahren des 19. Jahrhunderts im Handel, und in den Sechzigern wurde in einem halben Dutzend US-Staaten nach Öl gebohrt. Die Vorstel-

lung, dass die Energieressourcen zur Neige gehen, kam offensichtlich
einem psychologischen Bedürfnis Jevons' entgegen. Von der Idee, das
Papier ginge ihm aus, war er so besessen, dass er es in solchen Mengen kaufte, dass seine Familie noch 50 Jahre nach seinem Tod über
Papiervorräte verfügte, die er gehortet hatte. Jevons starb bereits mit
46 Jahren beim Schwimmen im Meer vor der Küste von Devon. Er
fühlte sich physisch und psychisch nicht wohl, und der Arzt hatte ihm
das Schwimmen verboten. In typisch viktorianischer Manier wurde
als Todesursache Herzinfarkt angegeben, doch bis heute hält sich der
Verdacht, dass es Selbstmord war.

10

Moderne Zeiten

Die klassische Ökonomie in der Tradition von Smith, Ricardo und Mill hatte also die Wende zur Mathematik vollzogen. Doch dabei sollte es nicht bleiben. Nun setzte in der alten klassischen Lehre ein Wandel ein, der zur so genannten neoklassischen Ökonomie führen sollte. Als deren Gründervater gilt der Engländer Alfred Marshall, nicht zuletzt deshalb, weil er das Lehrbuch verfasste, welches nachfolgenden Generationen die neoklassische Wirtschaftslehre nahe brachte.

Alfred Marshall wurde 1842 als Sohn eines Angestellten der Bank von England und einer Metzgerstochter geboren. Zeugnissen zufolge war Marshall senior ein noch schrecklicheres Ungeheuer als John Stuart Mills Vater; er befragte seinen Sohn täglich bis elf Uhr nachts über die Feinheiten der hebräischen Grammatik. Die Sommerferien auf dem Bauernhof seines Onkels, wo Alfred sich einen Spaß daraus machte, auf wehrlose Tiere zu schießen, halfen ihm offenbar, bei Verstand zu bleiben. In der Schule legte er einem seiner Lehrer zufolge eine außerordentliche Begabung für Mathematik an den Tag. Marshalls Vater konnte sich für Mathematik nicht erwärmen (ungewöhnlich für den Buchhalter einer Zentralbank). Der frühreife Alfred erhielt jedoch ein Stipendium für Oxford, um dort klassische Philologie zu studieren. Sein Vater hatte ihm die Laufbahn eines Geistlichen zugedacht. Doch um es mit Keynes' emphatischen Worten zu sagen: »Nein! Er wollte nicht in Oxford unter toten Sprachen begraben sein; er lief weg, wurde Schiffsjunge in Cambridge, erkletterte die Takelage der Geometrie und hielt Ausschau nach dem Himmel.« Zum Glück konnte Marshall seinen Onkel, dem das australische Goldfieber ein kleines Vermögen eingebracht hatte, dazu bewegen, ihm die Studiengebühren an der Universität Cambridge zu zahlen, und er verdiente sich ein Zubrot, indem er Kommilitonen Nachhilfeunterricht in Mathematik erteilte.

In Cambridge geriet Marshall unter den Einfluss des Philosophen Henry Sidgwick, der, wie es hieß, den christlichen Tugenden nacheiferte, an ein Leben nach dem Tod glaubte und mit Verstorbenen in Verbindung stand. Allerdings glaubte Sidgwick nicht an Gott und blieb sein Leben lang ein überzeugter Atheist. Diese paradoxe Einstellung muss Marshall an seinen Vater erinnert haben, und Sidgwick wurde für ihn bald zu einer Vaterfigur. Auch Marshall war überzeugt vom Wert der christlichen Tugenden – ausgenommen der Glaube an Gott –, und an dieser Einstellung hielt er bis an sein Lebensende fest. Neben Philosophie begann er bald auch Mathematik zu studieren, wenn auch insgeheim. (Mochte der Gottvater auch nicht existieren, so konnte sich sein Zorn durchaus in Gestalt des realen Vaters manifestieren.) Im Rahmen seiner philosophischen Studien wurde Marshall mehr und mehr von den Problemen der Ethik in den Bann gezogen. Eines Tages wurde er während einer leidenschaftlichen Debatte unter Studenten zurechtgewiesen: »Wenn du dich mit politischer Ökonomie auskennen würdest, würdest du das nicht sagen.« Marshall fing sofort an, Mill zu lesen. Im Unterschied zu Jevons geriet er durch diese Lektüre »ganz aus dem Häuschen« und fing schon bald an, ethische Fragen im Licht der Ökonomie zu betrachten. »In den Semesterferien durchstreifte ich die Slums verschiedener Städte, durchwanderte die Straßen und sah in die Gesichter dieser Ärmsten der Armen.« In den Slums des Londoner East End erschütterte ihn die große Zahl der »armen Teufel«.

Paretos Verteilungskurve war mehr als nur eine Linie auf einem Diagramm, sie dokumentierte die weit verbreitete menschliche Not. Mehrere Jahrzehnte waren vergangen, seitdem Engels die sozialen Verhältnisse in Manchester beschrieben hatte, aber die Lebensbedingungen hatten sich seither kaum geändert. Mit dem Tod von Charles Dickens 1870 geriet das übervölkerte Londoner East End völlig aus dem Blick der so genannten besseren Gesellschaft. Nur gelegentlich verirrte sich ein Schriftsteller aus dem Ausland in die düsteren, von Menschen wimmelnden Gassen dieses Viertels: in den siebziger Jahren des 19. Jahrhunderts die französischen Dichter Rimbaud und Verlaine auf der Suche nach den Opiumhöhlen von Limehouse; in den achtziger Jahren Joseph Conrad auf dem Weg zum East-India-Hafen, wo er auf einem Schiff anheuern wollte; sowie auch Jack London, als Landstreicher gekleidet und einen goldenen Sovereign in die Jackentasche eingenäht – für alle Fälle. Im Jahr 1888 bedurfte es der Gräueltaten von Jack the Ripper, damit diese »träge Flut menschlichen Elends« kurzzeitig ins Bewusstsein der viktorianischen Gesellschaft trat.

Nach all dem, was Marshall gesehen hatte, beschloss er, sein Leben der Ökonomie zu widmen, die er als »das Studium des Menschen in seinen gewöhnlichen Alltagsgeschäften« definierte. Die Wirtschaftswissenschaften, wie wir sie heute kennen, begannen, so könnte man sagen, mit Alfred Marshall. Er machte all jene »einfachen, erklärenden Diagramme« populär, die der Ökonomie so viel Glanz verleihen und viele Konzepte so brillant erscheinen lassen, dass sie das Fassungsvermögen der Entscheidungsträger übersteigen, die sie doch verstehen sollten. Doch seine bedeutendsten Leistungen konnten sich dennoch durchsetzen.

Am deutlichsten wird dies bei Marshalls klassischen Angebots- und Nachfragekurven. Die aufsteigende Angebotskurve illustriert das Gesetz des Angebots: Wenn die Preise steigen, stellen die Unternehmen mehr Güter her. Die fallende Nachfragekurve verdeutlicht das Gesetz der Nachfrage: Wenn die Preise fallen, kaufen die Konsumenten Waren in größeren Mengen. Das Gleichgewicht wird dann erreicht, wenn sich die Angebots- und die Nachfragekurve schneiden. Mit einem Schlag löste Marshall den Konflikt zwischen den beiden rivalisierenden Werttheorien – der klassischen Theorie, die den Wert eines Guts von den Herstellungskosten ableitet, und Jevons' Theorie, die den Zusammenhang zwischen Warenpreis und Grenznutzen, also der Befriedigung des Konsumenten, aufzeigt. Marshall zufolge wird der Wert (Preis) einer Ware durch Angebot und Nachfrage bestimmt, zwei Größen, die man mit den beiden Schneiden einer Schere vergleichen kann. Marshall erweiterte auch die Idee der Gleichgewichtsanalyse. Walras hatte das allgemeine Gleichgewicht analysiert – und zwar auf der Ebene einer ganzen Volkswirtschaft (der Makroökonomie). Marshall führte die partielle Gleichgewichtsanalyse ein, die sich auf einen ganz bestimmten Ausschnitt der Wirtschaft beschränkte. Das konnte ein Industriezweig sein (beispielsweise die Motorradproduktion), eine bestimmte Firma (Harley-Davidson) oder auch ein einzelnes Individuum (der Besitzer einer Harley-Davidson). Die partielle Gleichgewichtsanalyse ermöglichte eine wesentlich detailliertere Untersuchung der unterschiedlichen Faktoren, die den in Frage stehenden Wirtschaftssektor beeinflussen – wie etwa das sprunghafte Wachstum des Markts für Mofas in der Dritten Welt; die Entscheidung, ob Harley-Davidson seine Position auf dem Markt für Luxusmotorräder konsolidieren oder besser in Niedrigpreis-Segmente expandieren sollte; der Kauf auf Raten, durch den sich der Motorradbesitzer verschuldet.

Walras hatte zahlreiche Maßgaben treffen müssen (Vollbeschäftigung; Verbrauch des gesamten erarbeiteten Einkommens); Marshall musste sogar noch mehr voraussetzen. Seine wichtigste Maßgabe lautete: »unter der Voraussetzung sonst gleicher Umstände«. Diese so genannte ceteris-paribus-Klausel bedeutet, dass Faktoren, die außerhalb des betrachteten Ausschnitts der Wirtschaft liegen, dessen Funktionsweise per Definition nicht nachhaltig beeinflussen. Es gibt also in der Partialanalyse schlichtweg keine »Rückkoppelungseffekte« auf die Motorradindustrie – weder aufgrund einer Baisse im Fernen Osten noch dadurch, dass Harley-Davidson einer feindlichen Übernahme zum Opfer fällt, oder dadurch, dass potenzielle Motorradkäufer aufgrund von Kostensenkungsprogrammen ihrer Arbeitgeber ihren Job verlieren. Die Voraussetzung »sonst gleicher Umstände« ist eine unrealistische Annahme, die aber die Ergebnisse der Analyse umso weniger beeinträchtigt, je kleiner der betrachtete Ausschnitt im Verhältnis zur gesamten Volkswirtschaft ist. Auf diese Weise kann der

Wirtschaftswissenschaftler die Unmenge von Faktoren in den Griff bekommen, die das optimale Gleichgewicht, das heißt den effizientesten Zustand der untersuchten wirtschaftlichen Einheit, herbeiführen. Hierzu gehört auch die Möglichkeit, dass Motorradhersteller ihre Produktion in Länder verlagern, in denen die Lohnkosten niedriger sind; dass Harley-Davidson seinen Markennamen auf eine Serie von anspruchsvollen Herrenaccessoires überträgt, anstatt für den Massenmarkt zu produzieren; dass der einzelne Motorradbesitzer beschließt, seine Harley-Davidson zu verkaufen und sich dafür ein billigeres Motorrad zuzulegen.

Die Untersuchung dieser Vielzahl von Faktoren führte Marshall zu der bedeutsamen Theorie der »Elastizität«. Der wissenschaftliche Blick des Wirtschaftstheoretikers ist bemüht, alle Faktoren in ein alles umfassendes Schema von Ursache und Wirkung zu pressen. Elastizität misst diese Kausalitäten. Die geringfügige Zunahme einer Variablen kann eine immense Auswirkung auf alle anderen haben. Ein verhältnismäßig geringfügiger Anstieg der Immobilienpreise hat einen »hochelastischen« Effekt auf die gesamte Wirtschaft, da potenzielle Käufer von Immobilien ihre Ausgaben dementsprechend anpassen müssen. Ist der Effekt hingegen gering, so ist die Beziehung zwischen Ursache und Wirkung beziehungsweise zwischen zwei Variablen »unelastisch«. Marshall betonte die Bedeutung des Preises als entscheidenden Faktor. Für Waren mit niedrigem Preis wie zum Beispiel Bleistifte oder Bier wird sich ein vergleichsweise hoher Preisanstieg nur geringfügig auf den Preis anderer Waren auswirken. Deshalb haben Finanzminister auch keine Skrupel, die Alkoholsteuer zu erhöhen; dagegen schrecken sie vor einer Erhöhung der Steuern, die beim Immobilienkauf anfallen, eher zurück.

Der vielleicht wichtigste Faktor, den Marshall in die Wirtschaftstheorie einführte, war die Zeit. Bis dahin waren Überlegungen zu diesem Thema von einer relativ statischen Situation ausgegangen. Gewiss, Adam Smiths »unsichtbare Hand« tat ihre Wirkung *in* der Zeit, Smith erforschte aber nicht die *Wirkung* der Zeit. Selbst Walras' Gleichgewicht war im Wesentlichen statisch, wie schon der Name sagt. Keynes zufolge sah Marshall das Ganze als ein »kopernikanisches System, bei dem alle Elemente des ökonomischen Universums durch die Kräfte des Gleichgewichts und der Interaktion an ihrem Platz gehalten werden«. Interaktionen und Regulierungen finden in der Zeit statt, *und die Zeit, die dafür benötigt wird, tut ihre Wirkung.* Kurzfristig werden Preisregulierungen durch Angebot und Nachfrage beeinflusst. Der Preis von Laptops sinkt, wenn der Markt mit Laptops überschwemmt wird. Langfristig jedoch werden, so Marshall, die Herstellungskosten bei der Festlegung des Warenpreises eine größere Rolle spielen. Die Kosten für den Bau und den Transport von Laptops wird den Preisrückgang letztlich einschränken. Es ist die Zeit, die bei der Festlegung des Preises den Ausgleich zwischen Angebot/Nachfrage und Herstellungskosten schafft. Die Zeit spielt auch eine wichtige Rolle bei der Elastizität. Bei manchen Preisen dauert es länger, bis sie sich in einem Wirtschaftssystem auswirken. Ein Anstieg des Preises für Kaffeebohnen wird sich erst nach einer gewissen Zeit auf den Preis für Kaffee in den Regalen der Supermärkte auswirken. In anderen Fällen sind die Auswirkungen direkter. Der Anstieg des Kaffeepreises im Supermarkt wirkt sich unmittelbar auf den Verkauf aus.

Marshall erweiterte die ökonomische Analyse auf die konkreten Wirtschaftsprozesse. Studenten, die Vorlesungen bei Marshall und anderen ähnlich denkenden Wirtschaftswissenschaftlern besuchten, beschäftigten sich in ihren Arbeiten mit der realen Wirtschaftswelt, und neoklassische Ideen wurden jetzt zunehmend in die wirtschaftliche Praxis umgesetzt. Unternehmer, Politiker und Beamte, ja sogar Journalisten erkannten schnell die Vorzüge der ökonomischen Analyse. Die Kenntnis der Marktprozesse und das Wissen, wie man darauf am besten reagierte, verschafften Vorteile gegenüber den Konkurrenten. Aber wie sah das im Einzelnen aus?

Wirtschaftstheoretische Aspekte hatten inzwischen in alle Bereiche des menschlichen Handelns Eingang gefunden. Paradoxerweise wurden damit jedoch die ökonomischen Untersuchungen zunehmend theoretisch. Kennzeichnend für diese Entwicklung ist Marshalls Einführung des Zeitfaktors in die ökonomische Gleichung. Diese »Zeit« war abstrakt, es ging ihm nicht um historische oder persönliche Zeit. In der von Marshall beschriebenen Zeit fanden ausschließlich wirtschaftliche Entwicklungen statt. Seit Adam Smith, in dessen Werk *Der Wohlstand der Nationen* historische Entwicklungen ebenso Eingang fanden wie moralische Bedenken, hatte die Wirtschaftstheorie einen weiten Weg zurückgelegt. Wie konnten all die bis dahin gewonnenen Erkenntnisse in die Gleichgewichtsanalyse einfließen? Moral ist schwer zu messen, aber die Tatsache, dass man sie aus der ökonomischen Gleichung ausklammerte, gab nicht nur utopischen Sozialisten und Marxisten Anlass zur Sorge.

Zu jenen, die dieses Problem zur Sprache brachten, gehörte der wenig bekannte exzentrische Schwede Knut Wicksell. Während Marshall an seinen *Principles of Economics* (*Handbuch der Volkswirtschaftslehre*) schrieb, formulierte Wicksell praktische Ideen mit dem Ziel, die neoklassische Wirtschaftstheorie zu »korrigieren«. Zwei Jahre nachdem Karl Marx seinen Platz in der Bibliothek des Britischen Museums endgültig geräumt hatte, bezog Wicksell dort Stellung, um sich ökonomisches Wissen anzueignen. Man schrieb das Jahr 1885, und Wicksell war 34 Jahre alt.

Mit seinen Überlegungen zur Ökonomie war Wicksell seiner Zeit weit voraus, und weit über seine Heimat Schweden hinaus sollten sich seine Ideen als prophetisch erweisen. Wicksell hielt zwar Marx' Platz im Britischen Museum warm, war aber deshalb noch lange kein Marxist. Vielmehr lehnte er die marxistische Gedankenwelt uneingeschränkt ab. Immerhin war der Kapitalismus ein funktionierendes System. Selbst die neoklassische Ökonomie funktionierte bis zu einem bestimmten Grad. Es waren die neoklassischen Ökonomen, die falsch lagen. Sie beschäftigten sich zwar mit einer wachsenden Bandbreite von Aspekten des Wirtschaftslebens, doch die neoklassischen Ideen Marshalls und seiner Anhänger nahmen immer unmenschlichere Züge an. Unverhältnismäßiger Gewinn und unverhältnismäßiges Elend spielten in Walras' Gleichungen und in Marshalls Analysen des partiellen Gleichgewichts keine Rolle. Als Professoren beschäftigten sie sich vorwiegend mit der Wirkung von Ideen auf Ideen, nicht mit der Inhumanität des Menschen gegenüber seinen Mitmenschen. Ihnen ging es um Systeme, nicht um diejenigen, die in diesen Systemen lebten.

Auch als Wicksell schließlich auf einen Lehrstuhl für Wirtschaftswissenschaften an der Universität im südschwedischen Lund berufen wurde, verlor er das reale Marktgeschehen nie aus dem Blick. Er bezog es vielmehr in einem sehr wörtlichen Sinn ein. Auf dem Weg zu seinen Vorlesungen erledigte er auf dem Markt seine Einkäufe. Seine Vorlesungen hielt er mit einer Fischermütze auf dem Kopf, und an seinem Lesepult hingen Taschen mit Gemüse, Fisch, Fleisch und Obst. Die Symbolik war – wie der starke Geruch des Herings – vielleicht nicht beabsichtigt, aber es war klar und deutlich, woher er gerade kam.

Uneingeschränkter freier Wettbewerb, auch wenn er von optimaler Effizienz war, führte nicht zu einer optimalen Verteilung der Ressourcen. Manche wurden zerrieben, andere überreich belohnt. Das war mit Sicherheit ineffizient. Doch die Ursache für diese Ineffizienz lag nicht im System der freien Marktwirtschaft. Wicksell zufolge ging der Kapitalismus davon aus, »... dass alle Menschen von Anfang an gleich sind. Wenn dem so wäre, würden alle über dieselbe Arbeitskraft, dieselbe Bildung und vor allem über dieselben Vermögensbestände verfügen ... dann müsste jeder allein sich selbst die Schuld geben, wenn er keinen Erfolg hat.« Es sei jedoch die Aufgabe des Staates, so Wicksell, diese Ungleichheiten zu beseitigen – zum Beispiel mit den Mitteln der Erbschaftsteuer und der Bildungsgleichheit. Die Einkommensverteilung sollte sich an der Grenzproduktivität orientieren. Mit anderen Worten, je größer der Beitrag des Einzelnen zum gesamtwirtschaftlichen Gewinn ist, desto größer sollte auch sein Einkommen sein. Der freie Markt zwang konkurrierende Unternehmen, mit optimaler Größe zu operieren. Der Staat sollte jeden Markt übernehmen, auf dem konkurrierende Firmen ein Kartell aufgebaut hatten, die Preise künstlich hoch hielten und sich damit einen übermäßigen Gewinn sicherten. Auch jene Firmen sollten verstaatlicht werden, die ein Monopol aufzubauen drohten – Eisenbahnen, Post und Stromerzeuger. Wicksell plädierte für einen Kurs, der zwischen den Klippen des uneingeschränkten Freihandels und der staatlichen Kontrolle lag. Freier Wettbewerb oder Monopol waren nicht die einzigen Optionen. Wicksell legte den Entwurf einer gemischten Wirtschaft vor, in der es sowohl einen Privatsektor als auch verstaatlichte Industriebereiche gibt. Obwohl in den vergangenen Jahrzehnten weltweit verstaatlichte Industriezweige privatisiert wurden, sind die kapitalistischen Wirtschaftssysteme nach wie vor gemischt.

Wicksell richtete sein Augenmerk auf ein weiteres zentrales Problem: das Geld. Was genau ist Geld eigentlich? Was bewirkt es? Hat es einen ultimativen Wert außerhalb seiner Selbst? Ist es Mittel oder Zweck? Bis dahin hatten die neoklassischen Ökonomen das Geld als einen »Schleier« betrachtet, der das eigentliche Geschehen auf den Märkten überdeckte: den Transfer von Gütern vom Verkäufer zum Käufer. Wicksell sah die Dinge anders. Geld und seine Verfügbarkeit beeinflussten die Wirtschaft auf unmittelbare Weise. Die Verfügbarkeit von Geld hängt heute in zunehmendem Maße von den Banken ab. Immer mehr Unternehmen, kleine wie große, nehmen bei ihrer Gründung einen Bankkredit auf. Der Zinssatz, zu dem das Geld verliehen wird, ist also von alles überragender Bedeutung.

Wicksell unterschied zwischen zwei verschiedenen Zinssätzen. Der »Geldzins« wird von der Bank erhoben. Der Unternehmer leiht sich zum Geldzinssatz Kapital von der Bank, um eine neue Fabrik zu gründen, in neue Maschinen zu investieren oder eine größere Zahl von Arbeitskräften einzustellen. Der »natürliche Zins« ist die Gewinnspanne, die er mit dem Geld verdient, das er in die Fabrik, in Maschinen oder Arbeitskräfte investiert hat. Ist der natürliche Zins höher als der Geldzinssatz, erzielt er Gewinn. Wicksell konnte zeigen, dass der Markt dann unkontrolliert expandiert und die Preise steigen, wenn der natürliche Zins höher ist als der Geldzinssatz. Wenn andererseits der natürliche Zins unter den Geldzinssatz fällt, gehen die Investitionen zurück und die Arbeitslosigkeit steigt. Wicksells Analyse zufolge sollte der Geldzinssatz möglichst mit dem natürlichen Zins übereinstimmen, und das sei nur dann möglich, wenn die Regierung oder die Zentralbank diesen Zinssatz festlegt. Die Notwendigkeit einer solchen monetären Instanz lag auf der Hand. Der Staat oder die Zentralbank musste einschreiten, um das reibungslose Funktionieren der Wirtschaft zu garantieren. Wenn die Wirtschaft dem »freien« Spiel der Kräfte überlassen blieb, würde sie ins Stocken geraten. Es war die Pflicht des Staates, in den Wirtschaftsprozess einzugreifen. Diese Erkenntnis setzte sich bei den Zentralbanken durch. Und deshalb legt auch heute noch, im freiesten Wirtschaftssystem der Welt, die US Federal Reserve (unter Führung von Alan Greenspan) die Leitzinsen fest.

Auch in Amerika haben staatliche Eingriffe in die Wirtschaft eine lange und bedeutsame Tradition. Ende des 19. Jahrhunderts waren die Vereinigten Staaten im Begriff, die größte Wirtschaftsmacht der Welt zu werden. Die europäischen Mächte, deren Weltreiche sich auf mehr als drei Viertel des bekannten Erdballs erstreckten, ahnten unterdessen kaum, was sich da anbahnte.

Ab 1856 wurde in Amerika und Australien die Tiefkühlung in großem Stil kommerziell genutzt. Bald schon transportierten Schiffe tief gefrorenes Lammfleisch um den halben Globus von Australien nach Europa. Das Schienennetz erstreckte sich über ganz Europa und Amerika. 1869 wurde mit großem Zeremoniell in Promontory in der Wüste von Utah ein goldener Achsnagel in einen Eisenbahnschlafwagen geschlagen: Die Union Pacific Railway (aus dem Osten) und die Central Pacific Railway (von der Westküste) waren jetzt miteinander verbunden, und das amerikanische Schienennetz erstreckte sich nunmehr von Küste zu Küste. Neben solchen Transportnetzen gab es auch neuartige Kommunikationsverbindungen. Die altmodischen Morse-Telegrafendrähte, die sich längs des Schienennetzes ausgebreitet hatten, wurden schon bald vom Telefon (1876 von Alexander Graham Bell patentiert) abgelöst. 1887 gab es in den Vereinigten Staaten mehr als 150 000 Telefone. Anders als es Jevons im Jahr 1865 prognostiziert hatte, gingen nicht die Energiereserven aus, sondern neue Energiequellen, unter anderem das Erdöl, wurden erschlossen.

1891 führte Paris als erste Stadt die elektrische Straßenbeleuchtung
ein und trug von da an den Beinamen »Stadt des Lichts«. Auf den
Weltmeeren trat die Dampfkraft an die Stelle der Segelkraft. Ab 1893
gab es eine Telefonverbindung zwischen Boston und Chicago. Jetzt
konnten Waren telefonisch bestellt, per Eisenbahn oder Dampfschiff
in kurzer Zeit geliefert und durch Tiefkühlung konserviert werden.
Dank des elektrischen Lichts konnte in den Fabriken die Produktion
auch während der Nacht weitergehen. Das Zeitalter der Massenproduktion hatte begonnen.

Technologischer Fortschritt bedeutete, dass sich die Herstellungskosten stetig verringerten. Auch die Preise sanken, aber in deutlich
langsamerem Tempo. Den Grund dafür hatte niemand vorhergesehen. Neoklassischen Theoriemodellen zufolge würde die Zahl der Firmen mit der sich immer weiterentwickelnden Technologie und den
sinkenden Herstellungskosten schrumpfen. Auf den Märkten sollte es
bald eine gesunde Anzahl von Wettbewerbern geben, von denen keiner den Markt so weit beherrschte, dass er die Preise beeinflussen
konnte. Derartige Prognosen ließen jedoch außer Acht, dass Evolution auch Kooperation bedeuten konnte (obwohl die Regeln dies
nicht zuließen). Es entstanden »Handelsverbände«, die insgeheim das
Ziel verfolgten, die Produktion zu begrenzen, ein bestimmtes Preisniveau zu halten und damit auf Kosten der ahnungslosen Konsumenten
höhere Gewinne zu erzielen.

Im Jahr 1890 verbot die US-Regierung solche Kartellbildungen mit
dem Sherman Antitrust Act, den der jüngere Bruder des gefeierten Se-
zessionskriegsgenerals Sherman in den Kongress eingebracht hatte.
Doch der Sherman Act hatte nicht den erhofften, sondern genau den
gegenteiligen Effekt. Da die Preise freigegeben waren, begannen die
größeren Unternehmen ihre kleineren Konkurrenten zu unterbieten
und kauften sie dann auf. An die Stelle der stillschweigenden Preisab-
sprachen traten harte Tatsachen in Form der so entstandenen Konzerne. Durch Fusionen und Übernahmen entstanden riesige neue
Konzerne, die aufgrund ihrer marktbeherrschenden Stellung die
Preise diktieren konnten. Enorme Gewinne wurden gemacht, und wie

zuvor waren es die Verbraucher, die die Zeche zahlten. Viele der damals entstandenen Industriegiganten gibt es noch heute: Union Carbide, Quaker Oats, Heinz, Eastman Kodak, American Telephone and Telegraph (AT&T), um nur einige zu nennen. Paradoxerweise erreichte der Sherman Act im ersten Jahrzehnt seines In-Kraft-Tretens sein Ziel lediglich gegenüber den neu entstehenden Gewerkschaften, die zu illegalen Kartellen erklärt wurden, welche angeblich die Preise in die Höhe treiben und die Produktion begrenzen wollten. Um die Jahrhundertwende waren lediglich 3 Prozent der US-amerikanischen Arbeiter gewerkschaftlich organisiert. Ungeahnte Reichtümer wurden jetzt in Amerika angehäuft, aber sie konzentrierten sich in den Händen weniger.

Derweil nutzten in Europa die Wirtschaftsverbände ihren Einfluss hinter den Kulissen, um die Verabschiedung von Kartellgesetzen zu verhindern. Die Folge war, dass die kleineren europäischen Unternehmen nicht mehr konkurrenzfähig waren, gegenüber den entstehenden US-amerikanischen Industriegiganten die jetzt in Amerika die Basis für ihre beherrschende Stellung auf dem Weltmarkt legten. Es war die legendäre Zeit, da sich Dinosaurier (im finanziellen wie auch im moralischen Sinn) auf dem US-amerikanischen Markt tummelten, alles niedertrampelten und eine Spur der Verwüstung hinterließen. Der Eisenbahnmagnat J. Pierpont Morgan dominierte das US-amerikanische Schienennetz. Anekdoten über das Ausmaß seiner Macht versetzen noch heute in Erstaunen. Im Jahr 1895 kaufte er Gold, um den US-Dollar auf dem Goldstandard zu halten; zwölf Jahre später wendete er durch persönliches Eingreifen einen Börsenkrach ab. (Erschrocken darüber, dass so viel Finanzgewalt in den Händen eines Einzelnen lag, gründete die US-Regierung die Federal Reserve.) Die unternehmerische Zusammenarbeit zwischen Vater und Sohn Meyer und Daniel Guggenheim führte 1901 zu ihrer beherrschenden Stellung im US-amerikanischen Bergbau und zum Erwerb von Aktienanteilen überall auf der Welt, von bolivianischem Gold bis zu westafrikanischen Diamanten und von kongolesischem Kautschuk bis zu alaskischem Kupfer. Cornelius Vanderbilt (Schiffsbau; »ich werde euch ruinieren«) und Andrew Carnegie (Stahlindustrie; »man achte auf die Kosten, der Gewinn kommt von allein«) spielten in derselben Liga. Diese Männer scherten sich keinen Deut um die Wirtschaftswissenschaften. Sie töteten aus Instinkt und überließen es ihren Buchhaltern, das Blut wegzuwischen. Geld hatte keine Philosophie. Was war Geld letztlich? Hatte es einen Wert an sich? Diese Fragen interessierten diese Leute nicht. In ihren Händen war die Macht des Geldes nicht zu bremsen. Wie J. Pierpont Morgan einem Richter gegenüber erklärte: »Ich weiß nicht, ob ich einen Anwalt brauche, der mir sagt, was ich nicht tun kann. Ich engagiere ihn, damit er mir sagt, wie ich das tun kann, was ich tun will.« Geld war in der amerikanischen Gesellschaft das A und O. Mit Geld konnte man alles erreichen – im Jahr 1919 konnte man damit sogar den Ausgang der US-amerikanischen Baseballmeisterschaft bestimmen – ein unauslöschlicher Moment in der unendlichen Saga von Amerikas verlorener Unschuld.

War die Unschuld auch verloren, die wirtschaftliche Kontrolle war es keineswegs. Das Beispiel von John D. Rockefeller, des größten aller Räuberbarone, zeigt dies deutlich. 1863 baute der dreiundzwanzigjährige Rockefeller seine erste Erdölraffinerie inmitten der damals boomenden Ölfelder von Cleveland, Ohio. Zwei Jahre später gründete er Standard Oil, eine Firma, die bereits 1872 sämtliche Ölraffinerien in Cleveland kontrollierte. Acht Jahre später beherrschte Standard Oil 95 Prozent der gesamten US-amerikanischen Ölproduktion. Die mit dieser größenwahnsinnigen Expansion verbundenen üblen Tricks hinterließen einen Haufen zerstörter Hoffnungen. Doch 1892 wurde Rockefeller (»Gott gab mir mein Geld«) aufgrund des Sherman Antitrust Act unter Anklage gestellt. Neunzehn lange Jahre verteidigte er sich mit Zähnen und Klauen, verlegte sein Unternehmen von einem Staat in den anderen und setzte alle Hebel in Bewegung. Doch 1911 wurde er schließlich rechtlich belangt. Standard Oil musste sich von nicht weniger als 33 seiner Ölgesellschaften trennen. Einige von ihnen existieren bis heute unter dem Namen Mobil, Standard Oil, Exxon und Chevron. Der Kapitalismus im Land der Freien hatte überlebt, weil er sich Selbstkontrollen auferlegte und gesetzlichen Regelungen unterwarf. Das war nicht nur gut für den Markt, sondern für alle Akteure dieses Marktes. Paradoxerweise wuchs Rockefellers Vermögen auch nach der Zerschlagung von Standard Oil weiter. Zu Beginn des 21. Jahrhunderts wiederholt sich diese Geschichte. Multinationale Konzerne wachsen heute in einem Maße, dass sie schon bald den Regierungen großer Staaten die Stirn bieten können. Vorerst versuchen sie noch, ihre Ziele auf Schleichwegen zu erreichen – mit einer beachtlichen Ausnahme. Während ich mit Hilfe meiner Windows-Software diese Worte in meinen PC tippe, sitzt Microsoft, ähnlich wie Rockefeller im Jahr 1892, auf der Anklagebank. Rockefeller war reicher als Bill Gates, doch die Regierung besaß den Willen und die Zähigkeit, 19 Jahre lang nicht locker zu lassen. Wir werden sehen, wie die US-amerikanische Regierung im 21. Jahrhundert verfährt.[2] Der Kapitalismus überlebt nur, indem er sich dem freien Markt anpasst. Paradoxerweise überlebt der freie Markt nur, weil seine Freiheiten kontrolliert werden.

1929 ging als das Jahr des Börsenkrachs in die Geschichte ein. Die Frage, wie ein solcher Zusammenbruch des Kapitalismus zu erklären war, sollte nachhaltigen Einfluss auf das ökonomische Denken nehmen. Anzeichen für die Krise hatte es durchaus gegeben. Den frühen Wirtschaftstheoretikern war aufgefallen, dass gelegentlich »ein partieller Überschuss« auf dem Markt herrschte, wenn es zu viele Waren und nicht genügend Käufer gab. Doch dem Sayschen Theorem zufolge »schuf sich jedes Angebot seine Nachfrage«. Am Ende würde

---

2 Im Februar 2003 waren diverse Kartellverfahren gegen Microsoft im Gange. So untersuchten die Europäische Union und einige Bundesstaaten der USA, ob Microsoft wegen Verstößen gegen die Regeln des fairen Wettbewerbs belangt werden kann. Im Januar 2003 hatte die Firma durch einen Preisnachlass auf überteuerte Microsoft-Produkte die Beilegung einer Kartell-Sammelklage im US-Bundesstaat Kalifornien erwirkt. Im Februar 2003 endete eine Auseinandersetzung zwischen Microsoft und der taiwanesischen Kartellbehörde mit der Zusicherung des Software-Giganten, seine Preise in Taiwan um durchschnittlich 26,7 Prozent zu senken. (Anm. der Redaktion)

der Markt sich selbst wieder ins Gleichgewicht bringen. Says Zeitgenosse Malthus hatte dieser Ansicht widersprochen. »Partielle Überschüsse« werde es so lange geben, so Malthus, bis es zu einem »allgemeinen Überschuss« komme, der die Wirtschaft zum Stillstand bringe. Ökonomen hatten die Konjunkturzyklen des Marktes genau beobachtet. Jevons' Untersuchung der Konjunkturzyklen und der Sonnenflecken war nur in ihren Schlussfolgerungen exzentrisch gewesen. Seine Erforschung der Ökonomie der Konjunkturzyklen und ihrer Wirkung wies den Weg in die Zukunft.

Die erste umfassende Analyse der Konjunkturzyklen stammt von Joseph Schumpeter, einem amerikanischen Ökonomen österreichischer Herkunft. Schumpeter wurde am 8. Februar 1883 in einer österreichischen Provinzstadt in Mähren geboren; sein Vater war Besitzer einer Tuchfabrik. Der junge Joseph besuchte das Wiener Elitegymnasium Theresianum und später die Universität Wien, wo damals die führenden Wirtschaftswissenschaftler Europas lehrten. Von Anfang an machte Schumpeter aus seinen Bestrebungen keinen Hehl. Er wollte »der größte Nationalökonom der Welt, der größte Reiter in Österreich und der größte Liebhaber in Wien« werden. Dieser Aufgabe widmete er sich mit aristokratischer Pose, die er angenommen hatte, um seine kleinbürgerlichen Unsicherheiten zu kaschieren. Nach Abschluss der Universität ging er als Vermögensverwalter einer ägyptischen Prinzessin nach Kairo und schrieb sein erstes Buch, *Das Wesen und der Hauptinhalt der theoretischen Nationalökonomie*, eine Studie zur ökonomischen Methodologie. Auf praktischem wie theoretischem Gebiet war er äußerst erfolgreich. Die Vermögenseinkünfte der Prinzessin verdoppelten sich; sein Erstling wurde als Meisterwerk anerkannt und brachte ihm einen Ruf an die Universität Graz ein. In den nachfolgenden zehn Jahren eignete er sich ein breites theoretisches Wissen an, heiratete eine Engländerin und wurde berühmt dafür, dass er seine Vorlesungen im Reiterkostüm hielt.

Mit dem Ende des Ersten Weltkriegs war der Zusammenbruch der österreichisch-ungarischen Monarchie, der größten in Europa, besiegelt. Sie zerfiel in mehr als ein halbes Dutzend Nationalstaaten. Rest-

Österreich wurde von Inflation und wirtschaftlicher Misere heimgesucht. Es gab nur eine Hoffnung. Der beste Wirtschaftstheoretiker des Landes, der sechsunddreißigjährige Schumpeter, wurde zum Finanzminister berufen. Er kaufte sich ein Schloss und eine Pferdekoppel und fing zahlreiche Liebschaften an (ein Jahr später folgte die Scheidung von seiner Frau). Doch es wartete auch viel Arbeit auf ihn. Jetzt hatte er die Chance, seine breiten theoretischen Kenntnisse in die Praxis umzusetzen. Zur allgemeinen Überraschung trat Schumpeter jedoch schon nach sieben Monaten zurück. Als Grund gab er an, er »habe keine Lust, Finanzminister eines Landes zu bleiben, das vor dem Bankrott steht«. Eine Volkswirtschaft zu lenken war doch etwas anderes als ein paar Reisfelder am Nil zu verwalten. Nachdem Schumpeter seine Fähigkeit, ein ganzes Land in den Bankrott zu führen, unter Beweis gestellt hatte, berief man ihn umgehend zum Präsidenten einer Wiener Privatbank. Wenige Jahre später erlitt die Bank das gleiche Schicksal wie die österreichische Volkswirtschaft. Schumpeter, der sich große Geldsummen geliehen und mit hoch riskanten Aktien spekuliert hatte, war jetzt tief verschuldet. Doch dieser finanzielle Schiffbruch war kein Problem für die Universität Bonn, die ihn bald darauf auf den Lehrstuhl für Wirtschaftswissenschaften berief und es ihm so ermöglichte, das Land zu verlassen. Wie Schumpeter gewitzt bemerkte: »Uns allen ist ein geistsprühender Irrtum lieber als eine banale Wahrheit.« In Bonn war die geistsprühende Autorität seines ökonomischen Denkens so groß, dass er schließlich von Harvard abgeworben wurde, wo er zu höchsten akademischen Ehren gelangte. Schumpeter blieb bis zu seinem Tod im Jahr 1950 Professor für Wirtschaftswissenschaften in Harvard, er heiratete noch zweimal und hielt sich einen Stall reinrassiger Pferde.

Seine Person ist das ideale Demonstrationsobjekt für die zyklischen Schwankungen der wirtschaftlichen Prozesse. Wenn Schumpeter über Konjunkturzyklen schrieb, hatte man das Gefühl, dass er sehr genau wusste, wovon er sprach. Seine Analyse war zwar nicht originell, aber doch von niederschmetternder Klarsichtigkeit. Schumpeter unterschied drei Konjunkturzyklen. Der erste war der Kitchin-Zyklus, benannt nach dem südafrikanischen Bergbauunternehmer, der diesen Zyklus entdeckt hatte. Dieser Zyklus dauerte etwa 40 Monate. Sein Motor war die Beurteilung zukünftiger Absatzperspektiven. Zunächst wurden die Lager aufgestockt, um für den steigenden Verkauf gewappnet zu sein. Sobald sich das Wachstum verlangsamte, wurde die Produktion gedrosselt, um nicht auf großen Mengen unverkäuflicher Ware sitzen zu bleiben. Sobald sich das Wachstum wieder beschleunigte, wurde die Produktion gesteigert, und der Zyklus begann von neuem.

Der zweite Zyklus war der so genannte Juglar-Zyklus, benannt nach dem französischen Arzt und Wirtschaftstheoretiker, der die Existenz dieses Zyklus als Erster wissenschaftlich überzeugend nachgewiesen hatte. Juglar zufolge war der Kreislauf des Wirtschaftsgeschehens mit dem menschlichen Blutkreislauf vergleichbar. Der Juglar-Zyklus dauerte neun bis zehn Jahre und wird heute gemeinhin als der wichtigste der drei Konjunkturzyklen angesehen. Wenn wir heute von Konjunkturzyklen sprechen, ist in der Regel der Juglar-Zyklus gemeint. Der Zyklus beginnt mit der Expansion von Unternehmen, die Kapital in die Modernisierung von Fabriken investieren. Diese Phase dauert vier bis fünf Jahre. In der zweiten Zyklushälfte gibt es keine weitere Expansion oder Investition mehr, und die Fabrik und die Gerätschaften verschleißen. Vier bis fünf Jahre später beginnt der Zyklus von vorne, da die verschlissenen Maschinen durch neue ersetzt werden müssen.

Der dritte Konjunkturzyklus heißt Kondratieff-Zyklus nach dem russischen Wirtschaftsgenie Kondratieff. Kondratieff wurde mit 25 Jahren Vizeminister für Lebensmittel in Kerenskis kurzlebiger liberaler Regierung, die 1917 zwischen dem Sturz des Zaren und der bolschewistischen Revolution an der Macht war. Später war er Wirtschaftsberater der Regierung im neuen Russland, verschwand aber spurlos während der stalinistischen Säuberungen der dreißiger Jahre. Der Kondratieff-Zyklus dauert 50 bis 60 Jahre und wird durch neue Erfindungen und Innovationen in der Industrietechnologie ausgelöst. In Zeiten des wirtschaftlichen Abschwungs sind die Unternehmen nicht bereit, unerprobte Methoden anzuwenden. Erfindungen und Innovationen werden deshalb ignoriert und akkumulieren sich über mehrere Jahrzehnte hinweg. Mit dem wirtschaftlichen Aufschwung werden die Unternehmen offen für Neuerungen, neue Erfindungen werden in der Praxis angewandt und ein neuer Kondratieff-Zyklus beginnt. Schumpeter zeichnete die Entwicklung des Kondratieff-Zyklus in der europäischen Wirtschaft in den vergangenen zweieinhalb Jahrhunderten nach. Ein solcher Zyklus begann demnach mit der frühindustriellen Revolution Ende des 18. Jahrhunderts. Erfindungen wie die Feinspinnmaschine und die vielfältigen neuen Anwendungsmöglichkeiten für die Dampfkraft waren der Auslöser. Weitere Kondratieff-Zyklen setzten Mitte des 19. Jahrhunderts mit dem Boom im Eisenbahnbau, sodann im frühen 20. Jahrhundert mit den Automobilen, der Elektrizität und neuen Technologien in der Chemieindustrie ein. Die Jahre vor dem Ersten Weltkrieg waren eine Zeit des Wohlstands. In den zwanziger Jahren kam dann die Rezession und in den dreißiger Jahren die Große Depression. Verfolgen wir die Entwicklung weiter, sehen wir den Beginn eines neuen Kondratieff-Zyklus um 1957, gleichlaufend mit dem Wirtschaftswachstum der frühen fünfziger und sechziger Jahre und der Massenproduktion von Haushaltsgeräten wie Kühlschrank, Waschmaschine und Fernsehgerät. Fünfzig Jahre später begann mit der Einführung des Computers und der Revolution im Telekommunikationsbereich eine neue Phase des wirtschaftlichen Wachstums. Solche Auf- und Abschwünge lassen sich jedoch unterschiedlich interpretieren. Die Depression, die dem idealtypischen Muster zufolge in den neunziger Jahren hätte auftreten sollen, nahm tatsächlich einen anderen, weitaus mäßigeren Verlauf als die der dreißiger Jahre. Viele Wirtschaftstheoretiker gehen sogar so weit, die Existenz des Kondratieff-Zyklus zu leugnen. Der renommierte amerikanische Ökonom Paul Samuelson sprach in Bezug auf den Kondratieff-Zyklus sogar von absolutem Unsinn. Doch der zehnjährige Juglar-Zyklus – heute der Einfachheit halber Konjunkturzyklus genannt – spielt in der ökonomischen Analyse nach wie vor eine bedeutende Rolle.

Bis zu Beginn des 20. Jahrhunderts stuften orthodoxe Ökonomen die Bedeutung des Unternehmers als zweitrangig ein. Er folge, so glaubten sie, lediglich herrschenden Trends und bediene sich der Ressourcen, um die Nachfrage der Konsumenten zu befriedigen. Für Schumpeter dagegen waren die Unternehmer die treibende Kraft des Kapitalismus. Sie trugen das Risiko und kurbelten das Wachstum an. Sie waren es aber auch, die den Markt *schufen*. Schumpeter stellte die verblüffende Behauptung auf, die meisten Veränderungen der Konsumgewohnheiten seien »dem Verbraucher aufgezwungen« worden. Anfangs widerstrebend, unterlagen die Konsumenten schließlich »dem raffinierten Feuerwerk der Werbung«.

Schumpeter war und blieb unberechenbar. In den schlimmsten Jahren der Großen Depression begann er mit der Niederschrift eines Werks über das Ende des Kapitalismus (*Kapitalismus, Sozialismus und Demokratie*). Im Widerspruch zu dem, was er jenseits der Umzäunung seiner Reiterstallungen beobachten konnte, behauptete er, der Kapitalismus werde sich nicht einfach totlaufen. Er würde auch nicht an seinen eigenen inneren Widersprüchen zugrunde gehen, wie es Marx prognostiziert hatte und viele damals glaubten. Im Gegenteil, so Schumpeter, er würde sich durch seinen Erfolg selbst zerstören. Die gegenwärtige Rezession sei lediglich eine »notwendige kalte Dusche«, in deren Verlauf nicht mehr zeitgemäße kommerzielle Praktiken ausgemustert würden. Seiner Analyse der Konjunkturzyklen zufolge war dies nur der Auftakt zu einem Umschwung, der eine vollständige Neustrukturierung der Industrie und eine revolutionäre Bandbreite von Innovationen bringen würde. Auf lange Sicht jedoch würde der Kapitalismus das Opfer seines eigenen Erfolgs werden. Ein Heer von Intellektuellen würde entstehen, die das Ende der himmelschreienden Ungerechtigkeiten des freien Marktes und der Konjunkturzyklen forderten. Sie würden aus moralischen Gründen eine umfassende Kontrolle des Kapitalismus verlangen, und die Folge wäre die Einführung des Sozialismus. Wie der Wirtschaftswissenschaftler Todd Buchholz meinte, erschien diese Entwicklung in der Zeit der sozialen Unruhen der sechziger Jahre als eine durchaus realistische Möglichkeit. Ähnliche Kräfte sind zu Beginn des 21. Jahrhunderts auf den Plan getreten, wie die Proteste bei der Konferenz der Welthandelsorganisation in Seattle und die fortwährenden »antikapitalistischen« Demonstrationen zeigen. Es erscheint jedoch höchst unwahrscheinlich, dass dies zum Sozialismus führen wird. Der Kapitalismus wird sich erneuern und seine moralischen Grundsätze und kommerziellen Praktiken neu überdenken müssen. Auf diese Weise könnte ein neuer Konjunkturzyklus entstehen – ein Zyklus von Konvergenz und Divergenz. Moral und wirtschaftliche Praktiken konvergieren selten für lange Zeit, doch auch ihre Divergenz ist nicht für alle Ewigkeit festgeschrieben.

Trotz der eigenwilligen Ideen der Ökonomen rückte jetzt die Wirtschaftstheorie immer näher an die wirtschaftliche Praxis heran.

11
Der rechte Mann
zur rechten Zeit

Schumpeters allgemeiner Konjunkturzyklus schien im Großen und Ganzen geeignet, die Entwicklung des Wirtschaftsgeschehens in der ersten Hälfte des 20. Jahrhunderts hinreichend zu beschreiben. Der Erste Weltkrieg, die russische Oktoberrevolution, der Börsenkrach und die Große Depression fügten sich allem Anschein nach mehr oder weniger gut in Schumpeters Konzept ein. Bedeutete dies nun, dass all diesen Ereignissen rein wirtschaftliche Ursachen zugrunde lagen? Hätten sie alle mit den Mitteln der Wirtschaftswissenschaften vorhergesagt werden können? Die Historiker sind sich darüber bis heute uneinig, auch wenn es schwer fällt zu glauben, dass alle diese geschichtlichen Einschnitte tatsächlich unter rein wirtschaftlichen Aspekten zu erklären sind. Die Historiker vernachlässigen die Ökonomie oft sträflich, aber auch das Umgekehrte gilt.

Das Ereignis jedoch, das den gesamten Welthandel in die Knie zwang, hatte tatsächlich rein wirtschaftliche Ursachen. Heute sind sich alle Experten einig, dass sich das Desaster des New Yorker Börsenkrachs 1929 deutlich angekündigt hatte. Doch im Nachhinein ist man immer schlauer. Die Betroffenen, auch die Fachleute unter ihnen, sahen den Zug erst, als er unaufhaltsam auf sie zuraste.

Kein Geringerer als John Kenneth Galbraith hat es so formuliert: »Niemand, und sei er auch noch so klug, wusste oder weiß, wann eine Depression fällig oder überfällig ist.« Das gilt heute genauso wie 1929. Im Sommer jenes Jahres sahen die wirtschaftlichen Indikatoren viel versprechend aus. Die Wirtschaft florierte, und in der Industrie gab es noch freie Kapazitäten. Die Gewinne waren hoch, die Produktionskosten und Löhne niedrig. Der neu gewählte US-Präsident Herbert Hoover hatte versprochen, »die Armut aus dem Leben der Bevölkerung zu verbannen«. Die wachsende Zuversicht hatte zu einem Boom an der New Yorker Börse geführt. Die Aktienkurse waren seit über einem Jahrzehnt fast kontinuierlich gestiegen, was zu einer beispiellosen Hausse geführt hatte. Die Menschen investierten ihre Ersparnisse – und mehr als das – in Aktien. Billige Kredite waren leicht zu haben. Hier wurde das große Geld verdient, und darauf waren alle aus – ehrgeizige Finanziers ebenso wie Taxifahrer, Hotelbesitzer ebenso wie Hotelportiers. An den Wochenenden des langen und heißen Sommers 1929 führten die Gatsbys von Long Island ein offenes Haus. Die Ära des Jazz war auf ihrem Höhepunkt.

Doch aufmerksame Investoren hatten bemerkt, dass die US-Wirtschaft den Gipfel des Zyklus erreicht hatte. Die Phase der Abschwächung stand bevor. Die Aktienkurse stiegen jetzt zwar langsamer, aber sie stiegen immer noch. Mit Galbraiths Worten stiegen »... die Preise, weil den privaten Investoren oder Anlegern und deren Beratern eingeredet wurde, sie würden noch weiter steigen, und diese Einflüsterungen sorgten dann tatsächlich für den Anstieg«. Die Aktienkurse waren also weiter auf dem Höhenflug. Selbst Irving Fisher, der maßgebliche Wirtschaftsguru jener Zeit, erklärte: »Die Aktienkurse sind offenbar auf einem permanenten Höhepunkt angelangt.« Große und kleine Investoren drängten weiterhin auf den Markt und kauften, was sie kriegen konnten. Man kaufte Aktien, und diese Aktien stellten die Sicherheit für den Kauf weiterer Aktien dar. Es entstanden immer neue Holdings und Kreditgesellschaften, die Käufe von Aktien auf Kredit häuften sich, Anleihen wurden herausgegeben – es türmte sich eine wachsende Kreditpyramide auf.

Im September erreichten die Aktienkurse ihren Höchststand und begannen anschließend leicht zu sinken. Die Abwärtsbewegung begann. Das Vertrauen in die weitere Entwicklung begann zu bröckeln, und das führte zu weiterem Vertrauensschwund. Der leichte Abwärtstrend verstärkte sich. Panik brach aus. Plötzlich wollten alle ihre Aktien loswerden. Am Donnerstag, den 24. Oktober, wurden 13 Millionen Aktien an der Börse gehandelt. Die New Yorker Banker sahen sich derselben Situation gegenüber wie John Law 200 Jahre zuvor in Paris, und sie reagierten auch genauso. Doch ihre Beschwichtigungen schürten die Ängste nur noch mehr. Es verbreitete sich das Gerücht, dass die Banker mit ihren Verlautbarungen nur den Markt beruhigen wollten, um die eigenen Aktienbestände zu verkaufen, bevor die Kurse weiter einbrachen. Nach einem Wochenende wilder Gerüchte und Spekulationen wurde aus der Hausse eine Baisse. Am Dienstag, den 29. Oktober, wurde die Rekordzahl von 16 Millionen Aktien gehandelt. Es war der schwärzeste Tag in der Börsengeschichte. 300 Millionen Aktien waren auf Kredit gekauft worden, und plötzlich wurde die Rückzahlung eines enormen Berges von Schulden eingefordert. Tausende privater Investoren waren am Ende; aus ihren Ersparnissen war über Nacht ein bodenloses Schuldenloch geworden. Geldgeber waren ruiniert, Wertpapierhändler begingen Selbstmord. In US-amerikanischen Cartoons tauchte jetzt das neuartige Bild des Wirtschaftstycoons auf, der im Begriff ist, sich aus dem Fenster seines Büros im oberen Stock eines Wolkenkratzers zu stürzen. Jetzt stellte man fest, dass die enormen Aktienspekulationen und die daraus resultierenden Gewinne auf ungesicherten Krediten beruhten. Angesehene Banker landeten im Gefängnis.

1929 war ein schlechtes Jahr. Dann begann sich der Markt allmählich zu erholen. Das Schlimmste schien vorbei. Doch dann brach der Markt erneut zusammen. Bis 1932 sanken die Kurse an der New Yorker Börse auf 20 Prozent ihres früheren Niveaus. 40 Milliarden Dollar lösten sich in nichts auf. Fast 90 000 Unternehmen waren am Ende. Von den 25 000 US-amerikanischen Banken gingen 11 000 bankrott und rissen die Ersparnisse zahlloser Kleinanleger mit in den Abgrund. Die Industrieproduktion ging um 50 Prozent zurück, die Einkommen halbierten sich, und ein Drittel der Arbeiter verloren ihre Beschäftigung. Die dürren Zahlen vermitteln jedoch nur ein schwaches Bild von der Not und Verzweiflung von Millionen Menschen, deren Existenzgrundlage mit einem Schlag vernichtet war. Die fahlen, verzweifelten Gesichter der Bettler am Straßenrand und die abgezehrten, von Demütigung gezeichneten Menschen in den Schlangen vor den Suppenküchen kündeten von den enttäuschten Hoffnungen im Land der unbegrenzten Möglichkeiten. Der Präsident, der versprochen hatte, die Armut aus Amerika zu verbannen, stand nun für die Slums Pate, die überall am Rand der Städte entstanden: Sie hießen Hoovervilles. Viele Familien verloren das Dach über dem Kopf und landeten auf der Straße. Wie John Steinbeck in seinem Roman *Früchte des Zorns* beschreibt, machten sich nicht wenige ins gelobte Land Kalifornien auf, nur um dort erneut enttäuscht zu werden. Kein Landstrich blieb von der Großen Depression verschont.

Die Ereignisse in den USA hatten weltweite Auswirkungen. Nach dem Ersten Weltkrieg hatten sich die Vereinigten Staaten als die führende Industrienation der Welt etabliert – im positiven wie im negativen Sinn. Der wirtschaftliche Wiederaufschwung in Europa war zum größten Teil mit Hilfe US-amerikanischer Investitionen zustande gekommen. Und so blieb die dortige Finanzkrise nicht ohne Folgen für Europa. Im Jahr 1931 brach die Credit-Anstalt, die größte Bank Österreichs, zusammen. Deutschland, das noch unter der Hyperinflation der zwanziger Jahre litt, stürzte erneut in eine schwere Krise. Die Arbeitslosigkeit stieg auf 25 Prozent. Großbritannien verlor seine einstige Kontrolle über die Weltbörsen. Amerika war nicht bereit, in die Bresche zu springen, und in der Folge gerieten die Wechselkurse aus dem Lot. In einem verzweifelten Versuch, sich vor der weltweiten Finanzkrise zu schützen, erlegten sich viele Länder eine wirtschaftliche Quarantäne auf und erließen Schutzzölle. Bis zum Jahr 1933 ging der Welthandel um fast 70 Prozent zurück. Der Freihandel und die liberale Demokratie schienen gescheitert. Eine starke Medizin wurde benötigt. Nationale Führer traten auf den Plan und versprachen Rettung. In Mussolinis Italien und im Hitler-Deutschland – später auch in Griechenland und Spanien – setzten sich Faschismus und Nationalsozialismus durch. Andere Länder sahen im Kommunismus die einzige Lösung. Mittels politischer Säuberungen und Schauprozessen gewann in Russland Josef Stalin die Oberhand.

Die Wirtschaftswissenschaftler waren entsetzt. Was war schief gelaufen? Die Große Depression dauerte nun schon vier, fünf, sechs Jahre, ohne dass ein Ende abzusehen war. Das widersprach allen wirtschaftlichen Gesetzmäßigkeiten. Dem Sayschen Theorem zufolge »schafft sich das Angebot seine eigene Nachfrage«. Wo war die unsichtbare Hand des Marktes geblieben? Nach Adam Smith und der neoklassischen Theorie würde sich der Markt von allein wieder einpendeln. Und was war mit dem Konjunkturzyklus? Hatte Marx also doch Recht? Würde der Kapitalismus an seinen eigenen inneren Widersprüchen zugrunde gehen? In London erklärte Keynes:

»Wir erleben heute die größte wirtschaftliche Katastrophe – die größte Katastrophe, die fast ausschließlich wirtschaftliche Ursachen hat – der modernen Welt ... in Moskau ist man der Ansicht, dies sei die letzte und endgültige Krise des Kapitalismus, die unsere bestehende Gesellschaftsordnung nicht überdauern wird.«

Wie konnte der Kapitalismus gerettet werden? Von allen, die sich über dieses Problem den Kopf zerbrachen, war es schließlich Keynes, der eine Antwort fand. Theoretisch wie praktisch spielte er für die Rettung der Welt, wie wir sie heute kennen, die entscheidende Rolle. Er allein konnte Adam Smith und Karl Marx das Wasser reichen.

John Maynard Keynes wurde 1883 in Cambridge geboren. Sein Familienstammbaum geht zurück bis William de Cahagnes, der im Jahr 1066 mit Wilhelm dem Eroberer nach England gekommen war. Wie im Fall von Mill und Walras war auch Keynes' Vater ein Ökonom, der eine gewisse Originalität besaß; er lehrte politische Ökonomie an der Universität Cambridge. Seine Mutter, eine starke Persönlichkeit, übernahm als erste Frau das Bürgermeisteramt in Cambridge. Der junge Maynard wurde im traditionellen, viktorianisch strengen Geist erzogen – in einer Atmosphäre, die ihn jedoch keineswegs zu ersticken schien. Er war ein frühreifes Kind, das sich bald eigene Gedanken machte, diese aber für sich behielt. Diese geistige Unabhängigkeit bewahrte sich Keynes sein Leben lang. Mit 13 Jahren kam er nach Eton, die vornehmste Eliteschule in einer von Standesdünkel geprägten Gesellschaft. Er war ein eher hässlicher junger Mann mit wulstiger, vorstehender Unterlippe, fliehendem Kinn und sanften Augen, die jedoch eiskalte Missbilligung ausdrücken konnten. Groß gewachsen und schlaksig, war er ein guter Ruderer. Auch zeigte er eine außergewöhnliche Begabung für Mathematik und klassische Sprachen, und sein natürlicher Charme und seine rasche Auffassungsgabe machten ihn überall beliebt. Er ließ sich einen schmalen Schnurrbart stehen und erhielt ein Stipendium in Cambridge, wo er Mathematik und Moralwissenschaften (Philosophie) studierte. Angeregt durch diese Kombination aus ethisch-moralischer Hinterfragung und mathematischer Präzision, besuchte er wirtschaftswissenschaftliche Vorlesungen bei Alfred Marshall, dem großen alten Mann der Wirtschaftstheorie. Keynes war fasziniert, und bald zerbrach auch er sich den Kopf über die Probleme von Angebot und Nachfrage.

Trotz seines sagenhaften Arbeitspensums, das er sein Leben lang beibehielt, fand Keynes noch Zeit, sich zu amüsieren. (Auf die Frage, was er am meisten bedaure, antwortete er gegen Ende seines Lebens, dass er »zu wenig Champagner getrunken« habe.) Während der Studienzeit in Cambridge befreundete sich Keynes mit Lytton Strachey, E. M. Forster und Leonard Woolf, dem späteren Ehemann von Virginia Woolf an. Um diesen Kreis herum bildete sich die Bloomsbury Group, ein enger Kreis von Künstlern und Intellektuellen, die sich um Wahrheit, Ruhm und um einander bemühten. Der Bloomsbury-Kreis sollte in den folgenden 20 Jahren auf Keynes großen Einfluss ausüben. In mehrfacher Hinsicht stellte er ein gesundes Gegengewicht zur viktorianischen Spießigkeit und Konformität dar, doch aus der Distanz eines Jahrhunderts betrachtet, erscheint er selbst als skurril und typisch englisch. Die »Bloomsberries«, wie ihr Spitzname lautete, waren sexuell freizügig und gleichzeitig ungeheuer klatschsüchtig, freidenkerisch und sektiererisch in ihren intellektuellen Moden, liberal und elitär, gesellschaftlich und intellektuell avantgardistisch und dennoch unverbesserlich snobistisch. Lytton Strachey und Keynes erkannten bald, dass sie einen beißenden Witz und homosexuelle Neigungen miteinander gemein hatten. Später stellten sie den jüngeren,

gut aussehenden Mitgliedern des Bloomsbury-Kreises nach. Als sein
Studium in Cambridge dem Ende entgegenging, erklärte Keynes bei-
läufig:»Ich möchte eine Eisenbahngesellschaft leiten oder einen Trust
organisieren.« Bedauerlicherweise war für den Dreiundzwanzigjähri-
gen weder als Eisenbahnmagnat noch als Finanztycoon eine Stelle frei.
Deshalb absolvierte Keynes die anspruchsvolle Prüfung zum Staatsdienst. Er wurde nur Zweitbester, was vorrangig seinem schlechten
Abschneiden im wirtschaftswissenschaftlichen Teil zuzuschreiben war.
»Offensichtlich wusste ich besser über Ökonomie Bescheid als meine
Prüfer«, schrieb er an Lytton Strachey – ein arroganter Kommentar,
der jedoch mehr als nur ein Körnchen Wahrheit enthielt.

Keynes bekam einen Posten im Indien-Ministerium (India Office)
in Whitehall, langweilte sich dort aber zu Tode. Seine erste Aufgabe,
die monatelange Schreibtischarbeit erforderte, bestand darin, den
Kauf von zehn Zuchtbullen und deren Verschiffung nach Bombay zu
organisieren. Der enttäuschte junge Industriekapitän tröstete sich
durch ausgedehnte Wochenendwanderungen mit seinen Bloomsbury-
Freunden und nächtliche Streifzüge durch die Straßen Londons. Diese
disparaten gesellschaftlichen Unternehmungen trug er penibel genau
in sein Tagebuch ein:»In Burley Hill Lytton besucht.« –»Einen Jungen in Vauxhall aufgegabelt.« Letzteres bewies einen gewissen Mut.
Homosexualität war zu jener Zeit nach wie vor strafbar, und seit Os-
car Wildes öffentlicher Ächtung und Verurteilung zu zwei Jahren
Zuchthaus waren erst zehn Jahre vergangen. In dieser Zeit schrieb
Keynes eine brillante Abhandlung über die Wahrscheinlichkeit, in der
er die Arbeiten von de Moivre, Gauß und Edgeworth kritisierte und
weiterentwickelte.

Keynes nahm kein Blatt vor den Mund. Die von diesen großen
Denkern entwickelte Wahrscheinlichkeitstheorie war rein mathematisch ausgerichtet und hatte, ähnlich wie die Wirtschaftswissenschaften, kaum einen Bezug zur Realität. Die mathematische Wahrscheinlichkeit beanspruchte Objektivität und gab vor, zutreffende Aussagen
zu machen, zum Beispiel:»Dieses Ereignis geschieht mit neunzigpro-
zentiger Wahrscheinlichkeit.« Warum? Weil es in 90 000 von 100 000

Fällen geschehen ist. Keynes lehnte dieses so genannte »Gesetz der großen Zahl« ebenso ab wie den Ausdruck »Ereignis«. Die Zukunft ist und bleibt unsicher. Es gibt keine *Ereignisse*, so Keynes. Die Wahrscheinlichkeitstheorie ist lediglich der Ausgangspunkt für unsere Beurteilung der Wahrscheinlichkeit und unseren Glauben an die Zukunft. Zur Einschätzung unserer Lage bedienen wir uns der Logik, der Vernunft und der Intuition. »Wahrscheinlichkeit« und »Gewissheit« bezeichnen für Keynes unterschiedliche Grade »des vernunftmäßigen Fürwahrhaltens« – und damit wird unsere Überzeugung von dem, was geschehen wird, ausgesprochen subjektiv. In welchem Maße wir etwas für wahr halten, »hängt von der Beschaffenheit des menschlichen Geistes« und damit von unserer »subjektiven Einsicht« ab. Auch wenn die Wahrscheinlichkeit, dass etwas Bestimmtes geschieht, 99 Prozent beträgt, bleibt doch immer das Element der Unsicherheit bestehen. Selbst der absolute Außenseiter in einem Derby hat eine Hand voll Anhänger. Warum auch nicht? Wenige Jahre, bevor Keynes seine Abhandlung zur Wahrscheinlichkeit schrieb, hatte Signorinetta das Derby gewonnen, obgleich die Wetten bei 1 zu 100 gestanden hatten.

Unsicherheit war der entscheidende Faktor, der Aussagen über die Zukunft von anderen Aussagen unterscheidet. Dieser Unsicherheitsfaktor sollte in Keynes' ökonomischer Lehre später eine entscheidende Rolle spielen. Alle Aspekte der Wirtschaftstheorie waren von Unsicherheit gekennzeichnet – angefangen von dem Kapitalisten, der mit einem neuen Unternehmen sein Geld riskiert, bis hin zu der mittellosen Familie, die sich entscheiden muss, wofür sie ihr Geld ausgibt. Wie viele Leute, die sich einen Lotterieschein kaufen, können sich das eigentlich gar nicht »leisten«? Menschliches Verhalten als rational zu bezeichnen ist falsch. Die Antriebskräfte unseres Handelns sind »tiefere und blindere Leidenschaften«. Das wirtschaftliche Verhalten ist zutiefst menschlich und damit irrational.

Die frühe Fassung seines *Treatise on Probability* (*Über die Wahrscheinlichkeit*) brachte Keynes 1908 die Berufung nach Cambridge auf einen Lehrstuhl für Wirtschaftswissenschaften – ein ungewöhnlicher Vorgang, wenn man bedenkt, dass Keynes gar keinen akademischen Titel in diesem Fach hatte. Doch der große Marshall war davon überzeugt, dass Keynes eines Tages in seine Fußstapfen treten würde. Ironischerweise wandte sich Keynes aber jetzt von Marshalls Theorie des Gleichgewichts ab und entwickelte neue Ideen, die zu der gesamten neoklassischen Ökonomie in Widerspruch traten.

Beim Ausbruch des Ersten Weltkriegs 1914 erklärte sich Keynes in Übereinstimmung mit den Grundsätzen der Bloomsbury Group zum Kriegsdienstverweigerer aus Gewissensgründen – ein mutiger Akt. Doch die Ironie der Geschichte wollte es, dass er bei den britischen Kriegsbemühungen eine maßgeblichere Rolle spielte als so mancher General. 1915 wurde er nämlich ins britische Schatzamt berufen, wo er mit dem wichtigen Bereich der britischen Devisenreserven befasst war – eine Aufgabe, die er erfolgreich bewältigte. Freilich machte er sich durchaus Gedanken über die Zweischneidigkeit seiner Position: »Ich bin für eine Regierung tätig, die ich wegen ihrer kriminellen Machenschaften verachte.« Seine Erfolge im Finanzministerium erzielte er jedoch nicht zuletzt durch seinen Einfallsreichtum. Als Frankreich seine Schulden nicht zurückzahlen konnte, schlug er vor, das Land solle sie in Form von Kunstwerken begleichen. Im Krieg war der Preis für Kunst gesunken, und mit Hilfe seiner kunstverständigen Freunde aus dem Bloomsbury-Kreis sicherte er Großbritannien auf diese Weise eine Anzahl moderner Kunstschätze zu einem günstigen Preis. Hierzu zählten Meisterwerke von Delacroix, Gauguin und Monet, die bis heute zu den Kleinodien der britischen Staatssammlungen zählen. Obendrein erwarb Keynes für sich privat einen Cézanne zum Schnäppchenpreis.

1919 nahm Keynes als Unterhändler des britischen Finanzministeriums an den Friedensverhandlungen in Versailles teil. Eines der Ziele der Konferenz war die Festlegung der Reparationszahlungen des besiegten Deutschlands an die Alliierten. Mit wachsender Fassungslosigkeit beobachtete Keynes das Verhalten der Verhandlungsführer. Der britische Premierminister Lloyd George ließ gegenüber den anderen Delegierten seinen walisischen Charme spielen und beeindruckte mit seinen öffentlichen Verlautbarungen gleichzeitig das Wählervolk zu Hause in Großbritannien. Keynes charakterisierte ihn folgendermaßen:»Wenn er allein in seinem Zimmer ist, ist keiner da.«Sein Urteil über den amerikanischen Präsidenten Wilson war kaum wohlwollender:»Genau wie Odysseus sah der Präsident klüger aus, wenn er saß.« Und über den französischen Ministerpräsidenten Clemenceau schrieb er:»Er hatte eine Illusion – Frankreich; und eine Desillusion – die Menschheit.« Clemenceau wollte möglichst hohe Reparationszahlungen aus Deutschland herauspressen. Dem Rat der britischen Bankiers folgend, verlangte jetzt auch Lloyd George die Zahlung von sage und schreibe 24 Milliarden Pfund – ein Großteil davon sofort zahlbar und mit einer Restzahlung binnen vier Jahren. Keynes war entsetzt. Aber er war nur ein unmaßgeblicher Delegierter, der auf den Verhandlungsverlauf keinen Einfluss hatte. Er wusste, dass Deutschland realistischerweise 2 Milliarden Pfund zahlen konnte, und auch das nur über mehrere Jahre verteilt. Wie es Keynes formulierte:»Wenn Deutschland ›gemolken‹ werden soll, darf es nicht ruiniert werden.« Er sah die verheerenden Folgen einer solchen Politik voraus und prophezeite»die Verwüstung Europas«. Schon die ersten Reparationszahlungen aus Deutschland würden Preissteigerungen in den Empfängerländern und einen Rückgang der Exporte zur Folge haben. In Deutschland aber würden die mit den Zahlungen verbundenen Lasten zu Rezession und Panik und damit zum Zusammenbruch führen.

In Versailles erkrankte Keynes vor Sorge und Stress, weil er die Katastrophe nicht abwenden konnte, die offenbar sonst niemand kommen sah. Schließlich trat er empört von seinem Posten ab kehrte nach London zurück und machte seinem Ärger in einem hastig niedergeschriebenen, jedoch präzise argumentierenden Buch Luft, das Ende 1919 unter dem Titel *The Economic Consequences of Peace (Die wirtschaftlichen Folgen des Friedensvertrages)* erschien. Das Buch war eine Sensation und machte Keynes mit einem Schlag berühmt. Weltuntergangsvisionen genießen ja häufig große Popularität, aber Keynes ging es nicht um apokalyptische Schwarzseherei. Er prognostizierte vielmehr eine Depression in Europa, die in einigen Ländern, insbesondere in Deutschland, zur Hungersnot führen würde. Doch er warnte: »Die Menschen sterben nicht immer leise.« Hunger führe zu Hysterie und Verzweiflung. Er schlug Reparationszahlungen vor, die Deutschland verkraften konnte, sowie die Gründung einer europäischen Freihandelszone, damit sich die Wirtschaft auf dem gesamten Kontinent erholen konnte. Keynes sollte Recht behalten. In Deutschland folgte eine Wirtschaftskrise auf die nächste. Nach der Hyperinflation der zwanziger Jahre (als die Arbeiter mit Schubkarrenladungen Papiergeld bezahlt wurden) kam Anfang der dreißiger Jahre eine neue Finanzkrise, die Hitler an die Macht brachte. Auch wenn die Belastung durch die Zahlungsverpflichtungen nicht der einzige Grund für diese Entwicklung war, so trug sie doch zu deren Verschärfung bei. (Am 30. Januar 1933 ernannte Reichspräsident Hindenburg Hitler zum Reichskanzler, obwohl dieser bei den Wahlen nur 37 Prozent der Stimmen erhalten hatte.) Nach der Veröffentlichung von *The Economic Consequences of Peace* galt Keynes als Prophet der wirtschaftlichen Entwicklung. Er wurde von allen führenden Zeitungen Englands eingeladen, Artikel zu schreiben – nur nicht von der *Times*, dem Bollwerk des Establishments. Whitehall – der Staatsdienst und die Regierung – verziehen Keynes seinen »Verrat« nie.

In den zwanziger Jahren entwickelte Keynes seine wirtschaftstheoretischen Überlegungen mit zunehmender Innovationskraft weiter. Er beschäftigte sich mit der Frage nach den wahren Ursachen für die steigende Arbeitslosigkeit in Großbritannien ebenso wie mit der Währungsreform. Man hörte ihm in London zwar zu, ignorierte ihn in der Praxis aber geflissentlich. Wie Keynes an einen seiner Bloomsbury-Freunde schrieb: »Mit einem Wirtschaftsredakteur die Geldreform zu diskutieren ist wie die Erörterung des Darwinismus mit einem Bischof vor 60 Jahren.« In Cambridge, wo man nach wie vor an der neoklassischen Ökonomie festhielt, kamen seine Ideen auch nicht viel besser an. Keynes schien nicht in der Lage, seine Überlegungen in einen umfassenden theoretischen Rahmen zu stellen, geschweige denn, Marshalls altehrwürdige Theorien logisch einwandfrei zu widerlegen.

Obwohl Keynes ungeheuer fleißig war, gab er sich stets den Anschein kühler Lässigkeit. Doch die Wirklichkeit sah weniger ent-

spannt und rosig aus. Als der große Berater in Wirtschaftsfragen ein
paar tausend Pfund erbte (damals entsprachen zwei Pfund dem Lohn
eines Arbeiters), beschloss er, sein Vermögen auf dem Aktien- und De-
visenmarkt zu investieren, doch er hatte kein Glück. Ein mitfühlender
Bankier stand ihm bei, und bald schon hatte er selbst den Dreh heraus
und gewann in den folgenden Jahren 500 000 Pfund. Ein Mann wie
Keynes hatte freilich Insiderinformationen über den Markt. Zu jener
Zeit war das ganz legal, ja derartige Strukturen bildeten gewissermaßen das Rückgrat der Börse. Auf diese Weise verdienten die Wertpapierhändler ihr Geld – Praktiken, die heutzutage natürlich unvorstellbar sind.

Abends ging Keynes mit seinen Freunden aus dem Bloomsbury-
Kreis ins Theater, um den neuesten Shaw zu sehen, oder zum Ballett
ins Alhambra. Diaghilews *Ballet Russe* wurde auf der ganzen Welt ge-
feiert. Nach der Vorstellung waren Diaghilew, Picasso, Strawinsky
und die wichtigsten Tänzer bei dem einen oder anderen Mitglied des
Bloomsbury-Kreises am Gordon Square eingeladen. Bei einer solchen
Party lernte Keynes die russische Ballerina Lydia Lopokova kennen.
Zur Überraschung seiner Kollegen in Cambridge und zum Erschre-
cken seiner Bloomsbury-Freunde verliebte er sich in die Tänzerin. Er
war über 40, sie knapp über 20. Lydia hatte die Ballettschule besucht
(also praktisch keine Ausbildung), aber sie soll von »natürlicher Intelligenz und einem freien Geist« gewesen sein. In Wahrheit beherrschte
sie nicht einmal die englische Sprache besonders gut. Einer aus dem
Bloomsbury-Kreis meinte: »Anfangs habe ich ihr geistiges Alter auf
acht geschätzt.« Doch niemand konnte bezweifeln, dass Keynes in sie
verliebt war und sie in ihn. In den akademischen Kreisen von Cam
bridge wunderte man sich, was um alles in der Welt ihn an einem
»Showgirl« faszinierte; andere fragten sich, warum er sich plötzlich
für Mädchen interessierte. 1925 heiratete Keynes Lydia Lopokova.
Bloomsbury nahm es gelassen; doch Keynes' Welt und Interessen
reichten jetzt weit über diesen engen, fest gefügten Kreis hinaus. Seine
Homosexualität schien nur eine »Phase« gewesen zu sein – eine Phase
allerdings, die über 20 Jahre gewährt hatte. Maynard und Lydia blie-

ben einander lebenslang verbunden, obwohl sie keine Kinder hatten. Waren sie getrennt, schrieb er ihr Liebesbriefe und erklärte ihr mit einfachen Worten, aber ohne Herablassung, womit er sich gerade beschäftigte. Ihre Briefe an ihn zeugen von Verständnis für seine Ziele und sind von ungeheurer Zärtlichkeit. Sie pflegte ihn, wenn er kränkelte, war ihm uneingeschränkt treu, sorgte für die häusliche Ruhe, die er offenbar brauchte, und vertrat ihn bei gesellschaftlichen Anlässen, wenn er beschäftigt war.

Vier Jahre später brach die New Yorker Börse zusammen, und der kluge Mann, der seine Finger am Puls der Weltwirtschaft hatte, machte erneut finanzielle Verluste. (Einer der wenigen, die es noch rechtzeitig geschafft hatten, seine Schäfchen ins Trockene zu bringen, war Joseph Kennedy, der seine Millionen jetzt in sicherere Projekte wie den Alkoholschmuggel investierte und damit ein Vermögen schuf, das John F. Kennedy eines Tages die Präsidentschaft ermöglichte. Glück, Gaunerei und Ehrgeiz, das ist der Stoff, aus dem Legenden sind.) Keynes wurde durch den Börsenkrach finanziell schwer getroffen. Er erwog sogar, sein Lieblingsbild von Matisse und ein paar weitere Impressionisten zu verkaufen, die bei ihm zu Hause an der Wand hingen. Es kam zu einer weltweiten Wirtschaftskrise und zur Großen Depression. Guter Rat war teuer. Die Wirtschaftsfachleute hielten stur an ihren alten Laisser-faire-Konzepten fest und beharrten darauf, diese aktuelle Entwicklung sei Teil eines Konjunkturzyklus und der Aufschwung werde bald kommen. Am Ende würden die Arbeitslosen einsehen, dass sie nur dann eine Stelle fanden, wenn sie bereit waren, für einen geringeren Lohn zu arbeiten. Auch die Unternehmen würden zur Besinnung kommen und die Preise senken, um den Verkauf anzukurbeln. Alles, so die Überzeugung, hing von den Unternehmern und den Arbeitern ab. Ein Eingriff in den natürlichen Lauf der Dinge würde alles nur noch schlimmer machen. Keynes schrieb: »Ich weiß nicht, was einen Menschen konservativer macht – nur die Gegenwart oder nur die Vergangenheit zu kennen.« Doch die Befürworter der freien Marktwirtschaft ließen sich nicht beirren. Im Augenblick sei es zwar schlecht bestellt, aber auf lange Sicht würde sich alles von selbst wieder einrenken. Keynes meinte lapidar: »*Auf lange Sicht* sind wir alle tot.«

Er legte ein Werk vor, das den Ausweg aus der aktuellen Weltwirtschaftskrise zeigte; es lieferte nicht nur eine theoretische Begründung der vorgeschlagenen Maßnahmen, sondern wies einen völlig neuen Weg des ökonomischen Denkens. Keynes entwickelte einen makroökonomischen Ansatz, der zwischen der Promiskuität von Adam Smith und dem Puritanismus von Karl Marx einen eigenen moralisch begründeten Kurs einschlug.

The General Theory of Employment, Interest and Money (*Allgemeine Theorie der Beschäftigung, des Zinses und des Geldes*) erschien im Jahr 1936. Dem amerikanischen Wirtschaftstheoretiker Paul Samuelson zufolge, einem der größten Bewunderer von Keynes, »... ist es ein schlecht geschriebenes, kaum gegliedertes Buch ... Es ist arrogant, schlecht gelaunt, polemisch und nicht besonders großzügig mit den Danksagungen. Es enthält jede Menge Windeier und Unklarheiten ... Kurzum, es ist das Werk eines Genies.« Zum Glück war die zentrale Botschaft der *Allgemeinen Theorie* unmissverständlich deutlich. Wie sah die Situation aus? In einem Hit von Yip Harburg von 1932 heißt es:

> Brother, can you spare a dime? ...
> Once I built a building, now it's done.
> Once I built a railroad, made it run.
>
> (Bruder, hast du mal ein paar Groschen?
> Einst hab ich ein Haus gebaut, jetzt steht es.
> Einst hab ich eine Eisenbahn gebaut, jetzt läuft sie.)

Dieses Lied handelt von der Arbeitslosigkeit: Es gab keine Eisenbahnen mehr zu bauen; es gab keine Investitionen zur Errichtung neuer Wolkenkratzer. (Das Empire State Building wurde 1931 fertig gestellt und blieb bezeichnenderweise bis 1954 das höchste Gebäude der Welt.) Und was war mit dem Heer von Arbeitslosen, die ihre Hände nach ein paar Dimes, Pennys, Centimes oder Groschen ausstreckten? Keynes' Vorschlag war nur teilweise ironisch gemeint: »Wenn das

Schatzamt alte Flaschen mit Banknoten füllen und sie in geeigneten Tiefen in verlassenen Kohlebergwerken vergraben würde, sie dann bis zur Oberfläche mit städtischem Kehricht füllen würde und es dem privaten Unternehmergeist nach den erprobten Grundsätzen des *laissez-faire* überlassen würde, die Noten wieder auszugraben ... brauchte es keine Arbeitslosigkeit mehr zu geben...« Auf diese Weise könnten Arbeitsplätze geschaffen werden, es gäbe Geld für den Konsum und die Wirtschaft würde wieder in Schwung kommen.

Und was war sein neuartiges Rezept zur Bewältigung der Depression? Geld ausgeben, was das Zeug hält. Die Schaffung von Arbeitsplätzen. Ohne private Investitionen konnte dies nur mit Hilfe des Staates erreicht werden. Anstatt sich Sorgen um das Haushaltsdefizit zu machen, sollte die Regierung Geld in öffentliche Bauprojekte investieren. Statt das Geld in Flaschen zu füllen und zu vergraben, sollten Straßen, Schulen und Krankenhäuser gebaut werden. Der neu gewählte amerikanische Präsident Franklin Delano Roosevelt, der bedeutendste Präsident, den das Land jemals hatte, setzte mit dem New Deal diese Forderungen in die Praxis um. Mit dem Programm seiner Work Projects Administration (WPA) erhielten sogar die Schriftsteller Arbeit, die man damit betraute, die Geschichte der einzelnen Regionen des Landes zu erzählen. Dieses scheinbar nutzlose Projekt sollte Amerika zum Bewusstsein seiner eigenen Identität verhelfen. Roosevelts Politik des New Deal begann 1933. In Zeitungsartikeln, Vorlesungen und Aufsätzen in wissenschaftlichen Zeitschriften hatte Keynes solche Maßnahmen seit langem propagiert. Sein neues Buch sollte für diese revolutionären Ideen jetzt die Begründung liefern und zeigen, wie und warum diese Maßnahmen praktikabel waren. Hier lagen die Anfänge der später als keynesianisch bezeichneten Wirtschaftstheorie.

Im ersten Kapitel der *Allgemeinen Theorie* schrieb er: »Die Eigenheiten des von der klassischen Theorie vorausgesetzten Sonderfalls weichen ... von denen unserer gegenwärtigen wirtschaftlichen Verhältnisse ab, und ihre Lehren werden daher irreführend und verhängnisvoll, wenn wir versuchen, sie auf die Tatsachen der Erfahrung zu übertragen.« Im Mittelpunkt der neoklassischen Theorie stand bekanntlich das Saysche Gesetz, demzufolge sich das Angebot seine Nachfrage schafft. Eine schwere wirtschaftliche Depression hielt man für unmöglich. Keynes verwies darauf, dass in Wirklichkeit genau das Gegenteil des Sayschen Gesetzes zutraf: Die Nachfrage schafft sich ihr Angebot. Sobald die Nachfrage schwindet, sind die Produzenten gezwungen, ihre Erzeugung zu drosseln und Arbeiter zu entlassen. Mit weit reichenden Konsequenzen. Die Entlassung eines einzigen Arbeiters bedeutet notgedrungen Konsumverzicht für eine ganze Familie. Dies bekommen die Läden zu spüren, in denen diese Familie bisher einkaufte, was dazu führen kann, dass eine weitere Arbeitskraft entlassen wird. Die anfängliche Ursache wirkt wie ein Multiplikator. Wenn hingegen investiert wird, wirkt der Multiplikatoreffekt in die entgegengesetzte Richtung. Wird eine neue Maschine gekauft, so wird ein neuer Arbeiter eingestellt, um sie zu bedienen; die Läden vor Ort verzeichnen einen Verkaufszuwachs, ein neuer Verkäufer wird eingestellt und so weiter.

Keynes zufolge war der entscheidende Faktor der Wirtschaft die »Gesamtnachfrage«. Wie wir gesehen haben, hing diese von der Konsumbereitschaft und von den Investitionen ab. Die Konsumbereitschaft wiederum hing von psychologischen Faktoren ab. Angst vor Arbeitsplatzverlust, vor der gesamtgesellschaftlichen Entwicklung oder allgemein vor der Zukunft dämpften die Konsumbereitschaft. Die Leute legten dann ihr Geld »für schlechte Zeiten« zurück. Die Folgen waren verheerend. Wenn die Gesamtnachfrage nach Gütern und Dienstleistungen niedriger war als das Gesamteinkommen, kam es zur Rezession. Nicht alles floss sofort in den Wirtschaftskreislauf zurück. Aber die Ersparnisse blieben jetzt nicht mehr im Sparstrumpf, sondern wurden auf die Bank gebracht und konnten von der Bank als Darlehen für Investitionen oder zum Aktienkauf verwendet werden. Das Geld zirkulierte zwar immer noch, aber kurzfristig bedeuteten diese Ersparnisse dennoch eine Verringerung der Nachfrage nach Konsumgütern. Damit blieben die Waren liegen, Arbeitskräfte wurden entlassen und solcherart hatten diese Ersparnisse einen multiplikatorischen Effekt. Die Zukunftsaussichten waren düster, und das Vertrauen in geschäftliche Unternehmungen schwand. Wenn mehr gespart wurde als die Unternehmen investieren wollten, waren Rezession und Arbeitslosigkeit die unausweichliche Folge.

Das Vertrauen des Konsumenten konnte wie der Mensch selbst nicht mathematisch berechnet werden. Es war nicht rational. Dafür gibt es in neuerer Zeit jede Menge Beispiele. 1978 führte die Diktatur General Videlas zum wirtschaftlichen Zusammenbruch. Dann gewann Argentinien die Fußballweltmeisterschaft und das nationale Selbstbewusstsein erreichte einen Höhepunkt. Der nachfolgende Konsumboom rettete die Wirtschaft des Landes – und den verhassten Videla. Aber auch das Umgekehrte kann der Fall sein. 1999 zeigte die japanische Wirtschaft Anzeichen eines beginnenden Aufschwungs. Um die Wirtschaft anzukurbeln, versprach die Regierung jedem, der mindestens 100 Pfund für Haushalts- oder Elektrowaren ausgab, einen Gutschein im Wert von 100 Pfund. Diese Gutscheine konnten nicht gespart werden, sondern mussten innerhalb eines bestimmten Zeitraums ausgegeben werden. Das schien ein noch besserer Gag zu sein als Keynes Vorschlag mit den Flaschen. Doch verhältnismäßig wenige ließen sich auf dieses Angebot ein, und die wirtschaftliche Gesamtnachfrage blieb niedrig. Das Vertrauen der Japaner in die Wirtschaft ihres Landes war durch die Krise erschüttert worden. Dieses Vertrauen wieder aufzubauen würde lange dauern. Die Leute sparten weiter.

Die konkreten Maßnahmen zur Stärkung des Vertrauens der Konsumenten sind im Normalfall weit weniger abenteuerlich. Eine beliebte Methode ist die Zinssenkung. Dadurch werden Kredite billiger, und die Konsumenten sind eher geneigt, größere Anschaffungen zu tätigen, etwa ein Auto oder ein Haus zu kaufen. Steuersenkungen können einen ähnlichen Effekt haben. Aber Keynes ließ keinen Zweifel, dass dies nicht die entscheidenden Faktoren sind, um das Vertrauen der Verbraucher wiederherzustellen. An erster Stelle im Bewusstsein der Leute, so Keynes, stehe das Einkommen. Wenn die Leute ihre Einkünfte steigern können und zuversichtlich sind, dass dies auch in Zukunft so bleiben wird, konsumieren sie mehr und sparen weniger. Doch Keynes entdeckte auch eine »Konsumfunktion«, die ebenfalls Einfluss auf wirtschaftliche Erwägungen hatte. Wenn die Leute mehr verdienen, geben sie auch mehr Geld aus; aber sie geben von ihrem zusätzlichen Einkommen einen *geringeren Teil* aus. Ein Rekrut zum Beispiel, der am Wochenende Urlaub hat, wird sein ganzes Geld – und vielleicht noch mehr – ausgeben. Der Beamte im Verteidigungsministerium hat ein höheres Einkommen und gibt mehr Geld aus als der Rekrut; aber er legt auch einen größeren Teil seines Einkommens auf die hohe Kante. Der Verteidigungsminister verdient noch mehr, gibt noch mehr aus und legt einen noch größeren Teil seines Einkommens auf die Seite. Die Gesamtnachfrage steigt also, wenn das Einkommen steigt, aber sie steigt langsamer als das Einkommen.

Ein weiterer wichtiger Faktor bei der Gesamtnachfrage sind die Investitionen, die stark vom Zinssatz abhängig sind. Wicksell hatte gezeigt, dass ein Unternehmer dann ermutigt wird zu expandieren, wenn Geld, das er sich zu einem Zinssatz von 5 Prozent geliehen und in Fabriken und Maschinen investiert hat, 10 Prozent Gewinn bringt. Auch hier spielen die Zukunftserwartungen eine große Rolle. Fabriken werden nicht über Nacht gebaut und in Betrieb genommen. Wenn ein Unternehmer optimistisch in die Zukunft blickt, ist er zu Investitionen bereit. Unsicherheit führt dazu, dass er abwartet, wie sich die Lage weiterentwickelt. Es kommt zu einem Rückgang der Investitionen und in der Folge zu einer geringeren Gesamtnachfrage. Um solche Schwankungen auszugleichen, schlug Keynes eine »Verstaatlichung der Investition« vor, was als staatliche Investitionskontrolle missverstanden wurde. In der Praxis bedeutete dies, dass der Staat in Zeiten des unternehmerischen Pessimismus mehr Geld ausgeben sollte, um die fehlenden privaten Investitionen auszugleichen, in Zeiten des unternehmerischen Optimismus dagegen weniger, um die Inflation nicht anzuheizen. Roosevelts New Deal zielte unter anderem darauf ab, das Vertrauen in die Zukunft wiederherzustellen und damit private Investoren zu ermutigen, dem Beispiel der staatlichen Investitionen zu folgen.

So wie die »tieferen und blinderen« menschlichen Leidenschaften basierten auch die Investitionen mehr auf vitalen Kräften des Menschen (»animal spirits«) als auf der Vernunft. Der Multiplikator war hier der Herdentrieb. Wenn ein Unternehmer beschloss, in eine neue Fabrik zu investieren, folgten andere seinem Beispiel. Vertrauen erzeugte Vertrauen – das galt auch für die New Yorker Aktienhändler vor dem großen Crash. Dieser Herdentrieb konnte freilich auch in der Gegenrichtung wirksam sein. Deshalb kam es zum Börsenkrach. Keynes' »Verstaatlichung der Investitionen« zielte darauf ab, diesen Herdentrieb zu zügeln und die Verwerfungen des Konjunkturzyklus auszubügeln. Er befürwortete jedoch keineswegs den planwirtschaftlichen Kommunismus. Auf seiner Hochzeitsreise hatte er mit Lydia Russland bereist, um deren Verwandte zu besuchen. Keynes zeigte sich zwar nicht pessimistisch, aber er war nicht sonderlich begeistert von dem, was er sah: »Aus der Grausamkeit und Dummheit des alten Russland konnte nichts je hervorgehen ... unter der Grausamkeit und Dummheit des neuen Russland mag jedoch ein Funke des Ideals verborgen sein.« Er war davon überzeugt, dass »... der klug gehandhabte Kapitalismus effektiver ist als jedes andere ... System, aber ... er ist in vieler Hinsicht extrem anfechtbar« – eine Beurteilung, die bis heute nichts von ihrer Aktualität verloren hat. Doch dieser Kapitalismus, sei es zum Guten oder zum Bösen, beruhte auf der menschlichen Freiheit und Initiative. »Wenn die Unternehmungstätigkeit rege ist, wird Vermögen angesammelt, wie immer die Spartätigkeit beschaffen sein mag. Wenn die Unternehmungstätigkeit träge ist, verfällt das Vermögen, wie immer sich die Spartätigkeit verhalten mag.« Doch letztlich ging es gar nicht um die Ökonomie. »Wir haben gute Haushaltsführung in den Wind geschlagen. Aber wir haben uns gerettet und mitgeholfen, die Welt zu retten.«

Keynes hatte schon einmal mitgeholfen, die Welt zu retten, jetzt war er ein zweites Mal gefordert. Trotz eines schweren Herzinfarkts im Jahr 1937 wurde er im Zweiten Weltkrieg erneut ins britische Schatzamt berufen, diesmal als hochrangiger Berater der Regierung. Der groß gewachsene, etwas nach vorn gebeugte Mann mit dem rundlichen Gesicht und dem graumelierten Schnurrbart über den fleischigen Lippen wurde in den Korridoren der Macht zu einem gewohnten Anblick. Er nahm im engsten Kreis an Besprechungen mit dem Schatzkanzler, dem Gouverneur der Bank von England und dem amerikanischen Botschafter teil. Seit Versailles hatte er es sich zur Gewohnheit gemacht, seine giftigen Bemerkungen über Politikerpersönlichkeiten in sein Tagebuch einzutragen. Er beurteilte den Charakter eines Menschen nach der Form seiner Hände. Besonders angetan war er von seinen eigenen und von Lydias Händen, von denen er Gipsabdrücke anfertigen ließ, die er zur Erheiterung guter Freunde zu Hause aufbewahrte. Wenn er einer Persönlichkeit begegnete, die er noch nicht kannte, richtete er seine ganze Aufmerksamkeit auf die Hände seines Gesprächspartners. Wenn er auf einem Stuhl saß und seine langen Beine von sich streckte, versteckte er seine Hände unter seinen Ärmeln wie ein chinesischer Mandarin.

Keynes wurde während des Krieges immer mehr zum universellen Fachmann der Regierung in Wirtschafts- und Finanzfragen. Als er zum Direktor der Bank von England berufen wurde (die in der City, dem Londoner Finanzdistrikt, unter dem Spitznamen »Old Lady of Threadneedle Street« bekannt ist), kommentierte er: »Ich weiß nicht, wer von uns beiden [durch diese Verbindung] zur ehrbaren Dame gemacht wird.« Zur selben Zeit wurde er Kurator der National Gallery. Im Jahr 1942 wurde er zum Lord geadelt, eine Ehrung, über die er sich in Gegenwart seiner Bloomsbury-Freunde lustig machte, die ihm insgeheim jedoch schmeichelte. Lady Lydia meinte zu ihren Freunden: »Maynard is now a lord and I am a lioness.« (Maynard ist jetzt ein Lord und ich bin eine Löwin.)

Neben seinen zahlreichen Verpflichtungen in hohen Ämtern schrieb er ein Werk über die Finanzierung der britischen Kriegsschulden. Seine Analyse war wie gewohnt rigoros und typisch keynesianisch. Dem Laisser-faire erteilte er erneut eine schroffe Absage. Ohne staatliche Intervention, so Keynes, würde das abnehmende Warenangebot zur Inflation führen. Steuererhöhungen würden andererseits nur die Einkommen verringern und eine Rezession in Gang setzen.

Keynes legte einen Plan für das Zwangssparen vor. Alle Einkünfte, die eine bestimmte Grenze überschritten, sollten auf bestimmte Bankkonten eingezahlt werden. Der Kontoinhaber würde das Geld nur im äußersten Notfall abheben können, doch er würde Zinsen erhalten, so dass genügend Geld im Umlauf und die Gefahr einer Rezession gebannt war. Die Bank konnte das Geld dem Staat leihen, der damit den Krieg finanzierte. Nach dem Krieg sollte das Geld für den Kontoinhaber wieder frei verfügbar sein, und da es direkt in den Konsum fließe, könne eine Große Depression verhindert werden.

Dieser geniale Plan funktionierte zwar in Großbritannien, auf lange Sicht schadete er jedoch dem Ansehen der neuen keynesianischen Ökonomie, die man mit staatlicher Planwirtschaft gleichsetzte. Jetzt wurden kritische Fragen gestellt. Was sei der Inhalt von Keynes' so genannter »allgemeiner Theorie«? Doch nichts anderes als Notfallmaßnahmen für eine ganz bestimmte historische Phase der wirtschaftlichen Krise, nämlich die Große Depression. Es sei gar keine *allgemeine* Theorie. Letztlich, so die Kritik, hätten die neoklassischen Ideen nichts von ihrer Gültigkeit verloren. Der freie Markt, die Schwankungen von Angebot und Nachfrage, uneingeschränkter Wettbewerb, der Zustand des Gleichgewichts, bei dem alle Märkte geräumt sind – darauf käme es doch an. Ein Markt ohne diese Freiheiten sei nichts.

Ja und nein. Keynes beharrte darauf, dass die »stillschweigenden Voraussetzungen« der neoklassischen Wirtschaftslehre »selten oder nie erfüllt sind, mit der Folge, dass sie die wirtschaftlichen Probleme der wirklichen Welt nicht lösen kann«. Doch wie es im Schlusskapitel der *Allgemeinen Theorie* weiter heißt: »Wenn es aber unseren zentralen Leitungen gelingt, eine Gesamtmenge der Erzeugung festzusetzen, die mit Vollbeschäftigung so nah als durchführbar übereinstimmt, wird die klassische Theorie von diesem Punkt an wieder zu ihrem Recht kommen.« Er schien zweigleisig fahren zu wollen. Doch vorerst war sein Ziel die »zentrale Leitung«, und zwar weltweit. Als der Krieg zu Ende ging, überquerte Keynes mehrmals den Atlantik, um beim Aufbau einer stabilen Nachkriegswirtschaft mitzuwirken und nebenbei die Frage der enormen britischen Kriegsschulden zu regeln. Kein Wirtschaftstheoretiker hatte jemals solchen Einfluss erlangt. Als der britische Marinekreuzer *HMS Onslaught* das Linienschiff passierte, auf dem Keynes nach Amerika fuhr, gab der Kapitän den Funkspruch durch: »Viel Glück Ihnen und Ihrem berühmten Passagier.« Keynes galt als der Retter der Welt.

Im Juli 1944 trafen sich Delegierte aus 44 Ländern in Bretton Woods, New Hampshire. Hier erarbeitete Keynes einen internationalen Plan, mit dem eine weitere Große Depression vermieden werden sollte. In den dreißiger Jahren hatten einzelne Länder im Bemühen, die Depression in ihrem Land abzuwenden, »die Arbeitslosigkeit exportiert«. Wenn ein einzelnes Land seine Währung abwertete, um die Güter zu verbilligen und so auf den internationalen Märkten deren Wettbewerbsfähigkeit zu steigern, wurden in den Fabriken des eigenen Landes Arbeitsplätze geschaffen, bei den Konkurrenten im Ausland dagegen gingen Arbeitsplätze verloren. Andere Länder folgten diesem Beispiel der Abwertung, und die Konsequenz aus diesem Handelskrieg war die Verstärkung der Depression und Massenarbeitslosigkeit: Dann konnte niemand mehr Waren kaufen, auch wenn sie noch so billig waren. Damit sich eine solche Katastrophe nicht wiederholte, vereinbarte man eine Reihe von Maßnahmen. Alle Länder verpflichteten sich, ihre Währung an den Goldpreis zu binden. Damit waren die Währungen durch einen festen Wechselkurs miteinander verbunden. (Dieser Wechselkurs unterschied sich ein wenig vom alten Goldstandard, der in den dreißiger Jahren aufgehoben worden war. Vorher stützte jedes Land seine Papierwährung durch Goldreserven. Jetzt kam es auf den Wechselkurs und nicht mehr auf die tatsächlichen Goldreserven an.

Es wurden auch Maßnahmen ergriffen, um ein Ungleichgewicht im Außenhandel zu vermeiden. Wenn ein Land mehr Güter importiert als exportiert, hat es ein Handelsdefizit, das es ausgleichen muss, und damit fließen Devisen ins Ausland ab. Die neuen Maßnahmen sahen Kredite für Länder mit Handelsdefiziten vor, während Länder mit einem Handelsüberschuss bestraft wurden. Dadurch sollten die wirtschaftlich stärkeren Länder angehalten werden, mehr Güter zu importieren und damit eine neue weltweite Depression zu vermeiden. Doch die stärkste Weltwirtschaft, die Vereinigten Staaten, waren damit nicht einverstanden. Ihre Produktionsanlagen waren im Krieg nicht zerstört worden, und die Amerikaner wussten, dass sie einen großen Handelsüberschuss verzeichnen würden, bis der Welthandel wieder auf die Beine kam; und sie waren nicht bereit, Abstrafungen hinzunehmen.

Trotz dieses Rückschlags wurde in Bretton Woods die Gründung der Weltbank und des Internationalen Währungsfonds (IWF) beschlossen, der über die internationalen Geldflüsse wachen und Ländern bei Zahlungsbilanzschwierigkeiten Geld leihen sollte. Damit konnten Handelsdefizite ausgeglichen werden, allerdings nur dann, wenn gleichzeitig geeignete wirtschaftliche Maßnahmen zur Behebung dieses Defizits getroffen wurden. Von nun an sollte der Welthandel kontrolliert werden, um zukünftige Katastrophen zu vermeiden. Die Gründung der Welthandelsorganisation (WTO, World Trade Organization) im Jahr 1995, die die Einhaltung von Zoll- und Handelsabkommen überwacht, ist nur der jüngste Schritt in diesem Prozess weltweiter wirtschaftlicher Zusammenarbeit. Warum hat aber die Welthandelsorganisation heute einen so schlechten Ruf? Warum gibt es bei ihren Konferenzen derart massive Proteste? Die Länder mit der größten wirtschaftlichen Macht haben in diesen internationalen Organisationen damals wie heute das letzte Wort. Und obwohl die Strategien zum Schutz der Interessen großer, starker Volkswirtschaften auch den kleineren, schwächeren Staaten helfen, kommen sie letztlich in weit größerem Maße den Starken zugute oder dienen wenigstens dem Erhalt der bestehenden Machtverhältnisse. Kritiker plädieren für ein System, das die Macht der Starken einschränkt und den Schwachen mehr Hilfe bietet.

Zum Abschluss der Konferenz von Bretton Woods 1944 erhoben sich die Delegierten und sangen Keynes zu Ehren »For he's a jolly good fellow«. Keynes' blasses, von Krankheit gezeichnetes Gesicht soll vor Rührung rosarot geworden sein, aber er wusste nur allzu gut, dass es ihm nicht gelungen war, sich durchzusetzen. Die keynesianische Wirtschaftslehre wurde zwar nun weltweit in die Praxis umgesetzt, aber nach den Vorgaben der Amerikaner. Dasselbe galt für Keynes' Verhandlungen über die Rückzahlung der britischen Kriegsschulden an die USA. Die US-Unterhändler bestanden auf der vollständigen Rückzahlung. Zwar waren die Zahlungsfristen relativ großzügig bemessen, aber Großbritannien war praktisch pleite. Dennoch betrachteten die Vereinigten Staaten Großbritannien nach wie vor als einen starken Konkurrenten im internationalen Handel und wollten keinen Vorteil verspielen. (Heute ist bekannt, dass Keynes' amerikanischer Verhandlungspartner Harry Dexter White ein sowjetischer Agent war. Ein schwaches Großbritannien lag auch im Interesse der Russen.)

Nach Großbritannien zurückgekehrt, wurde er von allen Seiten kritisiert, vor allem vom *Economist*. Ohne die Briten, so die Argumentation, hätten die Nazis den Krieg gewonnen. Großbritannien hatte am längsten und härtesten gekämpft. Moralisch stehe die Welt daher in Großbritanniens Schuld, nicht umgekehrt. Diese Argumentation stieß seinerzeit auf wenig Gegenliebe, doch sie wirft ein tief greifendes Problem auf – nicht nur was die Art und Weise betrifft, wie wir leben, sondern auch, was die wirtschaftlichen Verhältnisse der Welt angeht, in der wir leben. Einerseits werden wir nicht müde zu beklagen, dass heute so gut wie alles in Geldwert bemessen wird. Alles hat seinen Preis. Andererseits beschweren wir uns darüber, dass ein großer Teil wirtschaftlich nützlicher menschlicher Tätigkeit nicht mit Geld entlohnt wird. Kindererziehung und Haushalt – alle so genannten typisch »weiblichen« Tätigkeiten – werden nicht im ökonomischen Zusammenhang gesehen. Die Folge ist, dass insbesondere der Beitrag der Frauen zum Wirtschaftsleben nicht gewürdigt wird. Auch diese Tätigkeit sollte ihren Preis haben. Die »Ehre« Großbritanniens im Krieg hatte keinen Preis, doch bei Verleumdungsklagen wird die Ehre eines Menschen bisweilen mit einem hohen Geldwert veranschlagt. Die Welt hat auch heute noch blinde Flecken, wenn man sie durch die Brille der Ökonomie mit ihren harten Fakten betrachtet.

Die Vereinbarungen der Konferenz von Bretton Woods behielten in den nachfolgenden 25 Jahren ihre Gültigkeit. Zwischen 1945 und 1970 war die Arbeitslosenrate weltweit geringer als in jedem anderen Zeitraum des 20. Jahrhunderts. Gleichzeitig wuchs die Weltwirtschaft in einem noch nie da gewesenen Tempo, und der Wandel, der sich vollzog, war tief greifender als in den acht Jahrzehnten der industriellen Revolution zwischen 1760 und 1840. Die Ära von Bretton Woods endete, als Präsident Nixon im Jahr 1971 den US-Dollar aus dem Goldstandard herauslöste. (Ironischerweise war es ausgerechnet Nixon, der erklärte: »Wir sind heute alle Keynesianer.«) Nixon ließ den Wechselkurs des Dollars gegenüber den anderen Währungen frei floaten, und bald lösten sich auch die anderen Währungen vom Goldstandard. Es gab jetzt keinen absoluten Maßstab mehr: Die Zeit der flexiblen Wechselkurse hatte begonnen.

In gewissem Umfang hat der Dollar die Rolle des Goldes als Maßstab übernommen. Aber der Dollar ist nur *ein*, nicht *der* Maßstab. Pfund und Yen könnten gegenüber dem Dollar eine ähnliche Funktion einnehmen, gleichzeitig könnte aber das Pfund gegenüber dem Yen fallen. In diesem komplizierten System der Schwankungen machten Leute wie der legendäre ungarische Devisenhändler George Soros ein Vermögen. Die Währungen waren jetzt frei, ihren eigenen Wechselkurs zu »finden«. Aber wie? Auf dieselbe Weise, auf die alle anderen Güter auf dem freien Markt ihren Preis finden: durch das Gesetz von Angebot und Nachfrage. Es gibt dann einen »Run« auf den Dollar (das heißt, die Leute verkaufen ihre Dollars, um andere Währungen zu kaufen), wenn er »überbewertet« ist, wenn also der Wechselkurs des Dollars gegenüber anderen Währungen zu hoch ist. Die Folge ist eine unvermeidliche »Korrektur« des Dollarkurses. Extreme Fluktuationen dieser Art können zu einer ernsten Gefahr für die Weltwirtschaft werden. Niemand konnte die Folgen vorhersehen, als die Währungen der »Tigerstaaten« in Fernost 1997 ihren freien Fall begannen, doch die Weltwirtschaft überstand diese Krise. Die neokeynesianische Wirtschaftslehre fordert, hier steuernd einzugreifen, während sie kleinere Fluktuationen dem freien Spiel der Kräfte von Angebot und Nachfrage überlässt. Um noch einmal Keynes zu zitieren: »Wenn es unseren zentralen Leitungen gelingt, eine Gesamtmenge der Erzeugung festzusetzen ... wird die klassische Theorie von diesem Punkt an wieder zu ihrem Recht kommen.« Entgegen allem Anschein wollte Keynes also doch nicht zweigleisig fahren. Die Steuerung, für die er plädierte, lag im Bereich der Makroökonomie. Auf der mikroökonomischen Ebene der einzelner Unternehmen plädierte er für die Beibehaltung der alten neoklassischen Methoden: Hier sollten die Kräfte des Marktes herrschen. Stellt sich nur die Frage, wo die Makroökonomie endet und die Mikroökonomie beginnt. Sind makroökonomische Kontrollen auf einzelstaatlicher Ebene oder auf der Ebene größerer Wirtschaftseinheiten wie der Europäischen Union am wirkungsvollsten? Wie viel Kontrolle sollte internationalen Organisationen wie dem IWF und der Welthandelsorganisation erlaubt sein? Sollte die Regierung die eigene Volkswirtschaft kontrollieren? Wenn ja, in welchem Umfang? Hier führt uns die keynesianische Wirtschaftslehre in einen Bereich, in dem sich Politik und Ökonomie überschneiden. Adam Smith wird zwar verehrt, aber kaum gelesen, Karl Marx wird geschmäht, aber ebenfalls kaum gelesen. Keynes dagegen wird nicht nur gelesen, sondern ist nach wie vor Gegenstand heftiger Diskussionen.

Trotz seiner wachsenden Erschöpfung angesichts ständiger Reisen über den Atlantik und schier endloser, komplizierter Verhandlungsrunden arbeitete Keynes unermüdlich weiter. Ihm ging es darum, die Welt und sein Land zu retten – auf sich selbst nahm er keine Rücksicht. Im Laufe dieser Verhandlungen erlitt er mehrere kleinere Herzattacken. 1946 war die Schuldenfrage geklärt und Bretton Woods wurde in die Praxis umgesetzt. »Die Welt ist gerettet«, erklärte er. Er zog sich in sein Landhaus zurück, um Erholung zu suchen. Wenige Monate später war er tot. Er wurde nur 62 Jahre alt. Eine dankbare Nation ehrte ihn mit einer Trauerfeier in Westminster Abbey, an dem Regierungsmitglieder und Vertreter zahlreicher kleiner und großer Nationen teilnahmen. Der bewegendste Augenblick der Feier war der, als sein dreiundneunzigjähriger Vater und seine Mutter durch den Mittelgang zu ihren Plätzen gingen.

12

Das Spiel,
das alle Spiele beendet

Während Keynes sich jenseits des Atlantiks bemühte, in Bretton Woods die Welt zu retten, waren andere in Amerika überzeugt, sie wüssten es besser. In Princeton hatten Johnny von Neumann und Oskar Morgenstern ihrer »ultimativen Lösung« aller Wirtschaftsprobleme – der Spieltheorie – den letzten Schliff gegeben. Morgenstern hatte bereits seine Ansicht kundgetan, Keynes sei nur ein »wissenschaftlicher Scharlatan«. Von Neumann wiederum fehlte es einfach an der Zeit, solche Urteile zu platzieren. Neben seinen Verpflichtungen in Washington und Princeton jettete er auch noch nach Los Alamos, wo der Bau der ersten Atombombe in seine hektische Endphase getreten war. Für Keynes' Pläne interessierte sich von Neumann herzlich wenig. Er war viel zu sehr mit dem Dritten Weltkrieg beschäftigt, als dass er sich über die wirtschaftlichen Folgen des Zweiten den Kopf zerbrechen konnte. Konzeptionell sollte seine globale Kriegsstrategie – wie schon sein Vorschlag zur Lösung der ökonomischen Probleme – an der Spieltheorie orientiert sein.

1928, im Alter von 25 Jahren, trat John von Neumann mit der Spieltheorie an die Öffentlichkeit. Dies war aber keineswegs sein erster großer Wurf. Verglichen mit seinen beiden vorausgegangenen spektakulären Leistungen – die leider nicht minder spektakulär erfolglos geblieben waren – handelte es sich eher um ein Nebenwerk. Das Wunderkind aus Budapest, das im Alter von sechs Jahren mit seinem Vater auf Altgriechisch Witze riss, hatte sich schnell zu einem veritablen Genie entwickelt. Mit 18 Jahren studierte John von Neumann an drei verschiedenen Universitäten gleichzeitig: Chemie an der

Berliner Friedrich-Wilhelms-Universität und der Eidgenössischen Technischen Hochschule in Zürich, Einsteins ehemaliger Universität, sowie Mathematik an der Universität Budapest, wo er an seiner Doktorarbeit schrieb.

Zu jener Zeit war die Mathematik bei einem der schwierigsten Probleme ihrer Geschichte angelangt: Wie konnte bewiesen werden, dass die Mathematik absolut sicher ist? Wie konnte bewiesen werden, dass die Mathematik ein vollkommen logisches System war und sich von einer begrenzten Anzahl einfacher, grundlegender Axiome ableiten ließ? Schon seit seinem siebzehnten Lebensjahr beschäftigte sich von Neumann intensiv mit dieser Frage; er schrieb Aufsätze, um die Mathematik zu »axiomatisieren« und zu zeigen, wie diese grundlegenden Axiome aussehen könnten. Sieben Jahre später schien er am Ziel. Die großen Mathematiker der Zeit waren begeistert. Endlich gab es den Beweis für die absolute Sicherheit mathematischer Wahrheit. Von Neumann hatte geschafft, woran alle anderen gescheitert waren.

Aber sein Triumph war nur von kurzer Dauer. 1931 legte der österreichische Mathematiker Kurt Gödel seinen berühmten Beweis vor, dass die Mathematik unvollständig und es absolut unmöglich sei, alle mathematischen Sätze abzuleiten. Ausgehend von grundlegenden Axiomen gab es immer mathematische Sätze, die innerhalb dieses Systems weder verifizierbar noch falsifizierbar waren, ohne dass man ein neues Axiom einführte. Auf diese Weise aber gelangte man zu neuen mathematischen Sätzen, deren Wahrheitsgehalt innerhalb des Systems ebenfalls nicht beweisbar war. Und so weiter und so fort. Dafür, dass Mathematik kein geschlossenes System ist, hatte Gödel mit seinem Unvollständigkeitstheorem den unwiderlegbaren Beweis geliefert.

Gescheitert in seinem Streben nach mathematischer Unsterblichkeit, richtete von Neumann jetzt seine Aufmerksamkeit auf die Quantenphysik. Er lebte zu jener Zeit in Berlin, an deren Preußischer Akademie der Wissenschaften Einstein und Planck wirkten. Derweil waren die Revolutionäre der deutschen Physik unter Leitung von

Werner Heisenberg 200 Kilometer weiter südwestlich an der Universität Göttingen tätig, der Arbeitsstätte großer Mathematiker von Gauß bis Hilbert. Zu Diskussionen mit Hilbert eingeladen, fuhr von Neumann an den Wochenenden häufig mit dem Zug nach Göttingen. (Der Legende zufolge wurden auf der dreistündigen Zugfahrt zwischen Berlin und Göttingen mehr mathematische Probleme gelöst als anderswo auf der Welt.)

Auch die Quantenphysik war in eine neue Phase ihrer Entwicklung getreten. Experimente hatten gezeigt, dass sich das Elektron als Welle *und* als Teilchen verhalten konnte – zwei miteinander unvereinbare Zustände. Denn ein Teilchen ist ein Objekt, eine Welle dagegen ist Bewegung. Heisenberg hatte dieses Dilemma dadurch zu überwinden versucht, dass er behauptete, auf subatomarer Ebene sei das Verhalten von Teilchen nicht »darstellbar«. Es könne auf dieser Ebene kein Modell für das Verhalten beispielsweise des Elektrons geben. Das Verhalten des Elektrons ließe sich lediglich als Matrix beschreiben, nach Maßgabe experimenteller Beobachtungen. Dem widersprach der österreichische Physiker Erwin Schrödinger. Er zeigte, wie trotz der offensichtlichen Unlogik Elektronen und ihr Verhalten mathematisch adäquat als wellenartige Teilchen beschrieben werden konnten – ohne Rückgriff auf Heisenbergs alberne »Matrix«. Obwohl ein Neuling auf dem Gebiet der Quantenmechanik, gelangte der junge von Neumann bald zu der Erkenntnis, dass diese beiden diametral entgegengesetzten Methoden letztlich zu denselben Ergebnissen führten! Deshalb, so seine Schlussfolgerung, formulierten sie letztlich auch denselben Sachverhalt. Unter Aufbietung seines ganzen mathematischen Könnens gelang es von Neumann, eine Formel zu finden, die beide Ansätze miteinander in Einklang brachte – eine atemberaubende Leistung, einzig vergleichbar den Arbeiten des englischen Physikers Paul Dirac, der zur selben Zeit eine mathematische Formulierung fand, die beide Ansätze miteinander verband. Die Eleganz der Formel von Neumanns gefiel den Göttinger Mathematikern, die funktionalen Vorteile von Diracs Formel dagegen sagten den Physikern zu; einigen der eher abstrusen mathematischen Operationen von

Neumanns vermochten sie schlichtweg nicht zu folgen. Es waren aber die Physiker, die die Forschung vorantrieben, und Diracs Formel war schließlich diejenige, die den Vorzug erhielt. Erneut war von Neumann bei einer bedeutenden Entdeckung übertrumpft worden. Einmal im Leben sollte genügen; das Missgeschick aber, gleich zweimal den Triumph verpasst zu haben, war dazu angetan, einen Menschen zu verbittern.

Doch trotz der Eigenschaften, die ihn zum Vorbild für Dr. Seltsam machten, blieb von Neumann ein nach außen hin ausgeglichener Charakter. Schon als junger Mann besaß er jene Weltläufigkeit und Kultiviertheit, die für die österreichisch-ungarische Epoche charakteristisch war; er trug seidene Hemden und gut geschnittene Anzüge, wie man es von einem respektablen Bankierssohn erwarten durfte. Aber Johnny von Neumann war kein muffiger Stockfisch – er genoss die verruchten Cabarets und die wilden Partys im Berlin der zwanziger Jahre, und seine Vorliebe für gehaltvolle Cocktails war geradezu legendär. Doch nichts, nicht einmal der Alkoholgenuss, vermochte den kultivierten Eindruck zu schmälern, den dieser Mann vermittelte. Man spürte förmlich, dass in seinem Kopf noch etwas anderes vorging. Gelegentlich stahl er sich bei gesellschaftlichen Anlässen davon, wo er sich sowieso nie ganz in seinem Element fühlte. Dann fand man ihn in einer stillen Ecke sitzen und rechnen. Er rechnete noch im Schlaf. Seine beiden Ehefrauen erinnerten sich an seine enervierende Angewohnheit, sich vor dem Zubettgehen die Grundprobleme einer Aufgabe noch einmal zu vergegenwärtigen und dann mitten in der Nacht aufzustehen, um die Lösung niederzuschreiben.

Während eines Sommerurlaubs traf sich von Neumann in Ungarn mit seinem Freund Nicholas Kaldor, der gleichfalls der ungarischen »Wunderkind«-Generation angehörte. (Dreißig Jahre später wurde Kaldor Mitbegründer der postkeynesianischen Schule der Ökonomie und trat auch als Sonderberater des britischen Finanzministers in die Fußstapfen seines einstigen Mentors Keynes.) Von Neumann und Kaldor sprachen bei ihrer Begegnung über Ökonomie – ein Thema, das von Neumann zwar fremd war, ihn aber sofort in seinen Bann schlug. Er bat Kaldor um ein Buch, das die Wirtschaftstheorie mathematisch darstellte. Kaldor empfahl ihm Léon Walras' *Eléments d'économie politique pure*. Hier stieß von Neumann auf die Theorie eines allgemeinen ökonomischen Gleichgewichts, demzufolge sich Angebot und Nachfrage stets ausglichen, so dass auf den Märkten weder Überschuss noch Mangel herrschte. Von Neumann entdeckte schnell zwei Fehler in Walras' mathematischen Gleichungen. Erstens: Um ein Gleichgewicht zu erreichen, mussten die Preise manchmal bei Null, ja sogar im negativen Bereich liegen. Zweitens – und dieser Fehler war noch weitaus gravierender: Walras und die Urheber der nachfolgenden mathematischen Marktanalysen betrachteten die Situation ganz und gar mechanisch. Die Wirtschaft war demnach ein riesiger, hoch komplizierter Motor. Wenn man einen Hebel betätigte, wirkte sich dies auf das gesamte System aus. (Die Anhebung des Zinssatzes zum Beispiel kam der Betätigung einer Bremse gleich und führte zur Drosselung des Wirtschaftsmotors.) Von Neumann wandte zu Recht ein, dass die Wirtschaft kein mechanisches System ist, sondern eines, das von Menschen beeinflusst wird. Interaktion aber war ein soziales, kein rein physikalisches Phänomen. Eine auf dem Freihandel basierende Wirtschaft besteht im Wesentlichen aus Konkurrenten auf einem offenen Markt. Keiner der Wettbewerber kann wissen, was seine Mitkonkurrenten tun werden. Doch jeder der Akteure weiß, dass das Ergebnis von den Entscheidungen und Aktionen *aller* abhängt. Jede Entscheidung des Individuums beinhaltet daher unvermeidlich eine Einschätzung dessen, wie seine Konkurrenten handeln werden. Das und nicht irgendein theoretisches mathematisches Gleichgewicht war für von Neumann der Schlüssel zur Ökonomie. Diese Situation beschrieb er im Rahmen seiner Spieltheorie.

Er legte eine Formel vor, die die optimale Strategie in jeder Wettbewerbssituation – im Glücksspiel ebenso wie auf dem Markt – beschrieb: das Minimax-Theorem. Ein Wettbewerber sollte jeden Schritt, den er machte, analysieren, um den potenziellen Maximalverlust zu berechnen, der ihm entstehen könnte, falls er sich zu diesem Schritt entschlösse. Dieses Szenario des schlimmsten aller Fälle träte zwar mit hoher Wahrscheinlichkeit gar nicht ein, aber wenn doch, wäre der Schaden wenigstens zu minimieren.»Die Niederlage ist unausweichlich, wenn du gewinnen willst, statt alles daranzusetzen, nicht zu verlieren.« Hier sprach die Erfahrung eines Mannes, der zweimal verloren hatte – gegen Gödel und gegen Dirac –, und zwar in einem Spiel, das für ihn das größte überhaupt war. Diesmal jedoch war ein Sieg beziehungsweise die Vermeidung der Niederlage unausweichlich: Von Neumann hatte das letzte Wort zur Wahrscheinlichkeitstheorie gesprochen. Von Pacioli bis de Moivre, von Gauß bis Keynes hatten sich alle nur an äußerst vage Voraussetzungen geklammert. Die Spieltheorie lieferte die ultimative Lösung.

Anfang der dreißiger Jahre begann von Neumann seine regelmäßigen Reisen über den Atlantik. Er erhielt hohe Honorare für Vorlesungen in Princeton, bezog aber gleichzeitig sein Gehalt von der Berliner und später der Hamburger Universität. 1933, im Alter von 25 Jahren, wurde er neben Einstein als einer der ersten Professoren an das Institute for Advanced Study (IAS) berufen. (Gödel erhielt wenige Jahre später einen weniger prominenten Posten.) Johnny von Neumann gelang es schnell, sich am IAS zu etablieren, und er verschaffte dieser Hochburg des theoretischen Wissens ein geradezu europäisches Flair. Seine eleganten Dreiteiler und seine bunten Krawatten standen in scharfem Kontrast zu Einsteins ausgebeulten alten Pullovern und Sandalen. Inzwischen war Johnny mit Mariette verheiratet, einem Leben sprühenden Spross der Budapester High Society. Das Haus der von Neumanns wurde bald berühmt für seine wilden Cocktailpartys am Wochenende, deren Gastgeber der rundliche joviale Johnny war. Er fing an, dick zu werden. Wie seine Frau einmal sagte, konnte Johnny alles berechnen außer Kalorien. Von Neumann bevorzugte schwere Speisen und Wiener Cremetorten.

Hier am IAS trat im Jahr 1939 der prätentiöse und ehrgeizige Oskar Morgenstern, der »Nachfahre des Kaisers«, an von Neumann heran, welcher sich sofort zu einer Zusammenarbeit bereit erklärte: Er und Morgenstern würden das letzte Wort über die Wahrscheinlichkeitstheorie zum letzten Wort über die Ökonomie umformulieren.

Der geplante Aufsatz schwoll zu dem 600 Seiten starken Werk *Spieltheorie und wirtschaftliches Verhalten* an, in dem von Neumann die Spieltheorie weit über die vergleichsweise einfachen Sachverhalte des Minimax-Theorems hinaus fortführte.

In der Spieltheorie gab es zwei Arten von Spielen: das Nullsummenspiel und das Nichtnullsummenspiel. Im Nullsummenspiel bedeutete der Gewinn des einen Spielers stets den Verlust des anderen (wenn Sampras einen Satz gewinnt, verliert ihn Agassi). Im Nichtnullsummenspiel jedoch war es möglich, dass beide Spieler gewannen: Das ist die so genannte Win-win-Situation, die durch Zusammenarbeit erzielt werden kann (Sampras und Agassi tun sich zusammen, um den Schiedsrichter auszutauschen). Das kann freilich auch in einer Lose-lose-Situation enden (Sampras und Agassi werden beide vom Schiedsrichter disqualifiziert). Solche Strategien lassen sich sowohl auf das wirtschaftliche Verhalten von Unternehmen übertragen, die auf dem freien Markt miteinander konkurrieren, als auch auf das Verhalten der Konsumenten.

Das Wirtschaftsgeschehen entsprach jetzt mehr oder weniger einem großen Spiel, an dem eine bestimmte Zahl von Akteuren beteiligt ist. Unternehmen tun sich zusammen, um andere Unternehmen vom Markt zu verdrängen, und streben eine Win-win-Situation an (die Prüfung durch den Kartellausschuss könnte jedoch zu einer Lose-lose-Situation führen). Die Arbeiter schließen sich zu Gewerkschaften zusammen und streben gleichfalls eine Win-win-Situation an (ein Streik, der das Unternehmen in den Bankrott treibt, könnte jedoch zu einer Lose-lose-Situation führen). Die Spieltheorie war mehr oder weniger die *Definition* dessen, was in einer freien Marktwirtschaft vor sich ging.

Wie wir gesehen haben, fiel von Neumanns Urteil über die bisherige Wirtschaftstheorie vernichtend aus. Er und Morgenstern wollten etwas »nach wirklich streng wissenschaftlichen Regeln« schaffen. Die Spieltheorie, so ihr Anspruch, konnte den hieb- und stichfesten Beweis für all das liefern, was bis dahin reine Mutmaßung war. Die bisherige Wirtschaftstheorie war »eine hoffnungslos unwissenschaftliche

Disziplin«, und ohne exakte Beweise kann keine Theorie den Anspruch von Wissenschaftlichkeit erheben. War also die althergebrachte Wirtschaftslehre falsch? Nein, aber sie lieferte eine willkürliche Beschreibung des Geschehens, ohne tieferes Verständnis. Wie von Neumann und Morgenstern darlegten, »... war die Bewegung der Planeten bekannt, lange bevor ihre Bahnen durch Newtons Theorie berechnet und erklärt werden konnten«. Ähnlich wie Newtons Theorie der Schwerkraft würde auch die Spieltheorie alles verändern. Sie sollte für die Wirtschaft das leisten, was von Neumann im Bereich der Mathematik beinahe gelungen wäre: grundlegende Axiome aufzustellen, auf denen ein System unanfechtbarer Wahrheit aufgebaut werden konnte. Die Ökonomie würde damit zu einer absoluten und unanfechtbaren Wissenschaft werden.

Die Welt wäre nicht mehr gezwungen, sich auf bloße Mutmaßungen zu verlassen, wie sie beispielsweise Keynes vortrug. Interessanterweise traf Keynes' Kritik an der mathematischen Berechnung der Wahrscheinlichkeit auch auf die Spieltheorie zu. Mathematik, so Keynes, sei nur der Anfangspunkt einer Kalkulation, bei der auch »die Beschaffenheit des menschlichen Geistes« eine Rolle spielt. Er sollte Recht behalten: Letztlich berechnen wir nicht unsere Strategie, wir wählen sie einfach aus. Nemesis in Form von Gödel, Dirac ... und jetzt Keynes? Von Neumann war da gewiss anderer Ansicht.

Nach seiner Beschäftigung mit der Ökonomie schlüpfte von Neumann immer mehr in die Rolle des Dr. Seltsam. Er prophezeite den Tag, an dem die Spieltheorie auf alle möglichen Situationen – Politik, Außenpolitik, ja sogar Nuklearstrategien – angewandt werden wurde.

Nach dem ersten erfolgreichen Abwurf der Atombombe über Hiroshima und Nagasaki erkannten die Wissenschaftler, dass es möglich war, eine noch größere Bombe zu bauen: die Wasserstoffbombe. Von Neumann, einer der Wenigen, die verstanden, wie das technisch zu machen war, trat entschieden dafür ein. Er setzte sich in Washington für den Bau der H-Bombe ein und wurde schließlich Leiter der Atomenergiekommission (AEC). Es war der Höhepunkt des Kalten Krieges, und die AEC galt als die Speerspitze des amerikanischen Kampfes gegen die Russen. Die Presse begrüßte von Neumanns Ernennung begeistert. Von Neumann wurde in Zeitschriften als jovialer, kultivierter Kopf porträtiert und zum »größten Genie der Welt« ausgerufen. Von Neumann packte die Gelegenheit beim Schopf. Dies war seine Chance, die Spieltheorie in die Praxis umzusetzen. Kaum war die erste Wasserstoffbombe explodiert, drängte von Neumann Präsident Eisenhower, sie gegen die Russen einzusetzen. Die Spieltheorie schrieb den sofortigen Einsatz vor. Der Atomwissenschaftler und spätere Nobelpreisträger Hans Bethe fragte sich verwundert, ob »von Neumann nicht einer Spezies angehöre, die dem Menschen überlegen« sei.

War Stanley Kubricks Dr. Seltsam tatsächlich nur eine maßlose Übertreibung? Dr. Seltsam, der böse Geist des War Room, war bereit, für die Erfüllung seines Traums Millionen von Menschenleben zu opfern. Nicht umsonst lautet der vollständige Titel des Films *Dr. Seltsam oder Wie ich lernte, die Bombe zu lieben*. Von Neumann blieb den Geschöpfen seines Geistes lebenslang in Treue verbunden. Dies waren seine Kinder, die die Welt verändern würden. Doch es gab Personen, die seinen egomanischen Ambitionen entgegentraten. Neben Gödel, Dirac und Keynes zählte jetzt auch Eisenhower dazu. Es würde keinen Erstschlag im Sinne des Minimax-Theorems gegen die Russen geben.

Von Neumann arbeitete nicht nur aus, wie die Welt zerstört werden konnte, er widmete seine Geisteskraft auch der Frage, wie sie zu retten war. Eines der Themen, die seinen nimmermüden Geist beschäftigten, war die Meteorologie. Ihm zufolge war dieses Gebiet, genau wie die Ökonomie, hoffnungslos unwissenschaftlich strukturiert. Erforderlich sei die Anwendung der Prinzipien wissenschaftlicher Strenge, gewürzt mit einer Prise Fantasie. Die Energie der Erde würde vom Eis der Polarkappen negativ beeinflusst. Mit von Neumanns Worten: »Das Vorhandensein ausgedehnter Eisfelder beruht auf der Tatsache, dass Eis Sonnenenergie reflektiert und zugleich in größerem Maße als der Erdboden terrestrische Energie abstrahlt.« Von Neumann zufolge bestand die Lösung darin, die Eiskappen der Polargebiete mit einer dunklen Farbe zu besprühen, beispielsweise mit Kaliumpermanganat. Auf diese Weise würde der Schnee das Sonnenlicht nicht mehr reflektieren, das Eis würde schmelzen und der gesamte Planet von dem nun einsetzenden Klimawandel profitieren. In Island würde ein Klima wie in Florida herrschen. Dem größten Genie der Welt kam nicht in den Sinn, dass mit dem Abschmelzen der Eiskappen Florida und sämtliche Küstenstädte der Erde im Meer versinken würden. Glücklicherweise stieß von Neumann bei seiner Beschäftigung mit der Meteorologie auf unvorhergesehene Schwierigkeiten. Gäbe es nicht die Chaostheorie, hätten wir es mit einem keineswegs nur theoretischen Chaos zu tun bekommen. Von Neumann war wild entschlossen, auch das Wetter zu einer »ultimativen Waffe« zu machen. Wie er den Stabschefs im Pentagon mit großem Ernst auseinander setzte, konnten die Amerikaner mit Hilfe der neuen wissenschaftlichen Meteorologie Russland eine neue Eiszeit bescheren. Dafür müsse man freilich eine enorme Datenmenge zusammentragen und komplizierte Berechnungen anstellen. Aber es bestünde kein Grund zur Beunruhigung, versicherte von Neumann den Generälen. Er sei gerade dabei, das Instrumentarium dafür zu entwickeln. Im Heizraum des Institute for Advanced Study war sein MANIAC-Computer fast fertig konstruiert. Von Neumann richtete seine überragenden mathematischen Fähigkeiten aber längst auf die Entwicklung ähnlicher Projekte, die sich allmählich zu der weltweit ersten Generation von Rechnern fügen sollten. (Der Computer, den man unter höchster Geheimhaltung in der RAND Corporation in Kalifornien entwickelte, wurde ihm zu Ehren sogar JOHNNIAC genannt.) Doch wie immer war von Neumanns Denken seiner Zeit ein paar Schritte voraus. In einer Vorlesungsreihe in Princeton skizzierte er bereits die Möglichkeiten dieser neuen Computer. In seiner Vision war der Computer mehr als nur eine Superrechenmaschine. MANIAC und die anderen Computer dieser Art würden zur Entstehung eines »theoretischen Gehirns« führen. Dieses verfügte nicht nur über ein Gedächtnis, sondern auch über eine spezielle Funktion zur Erzeugung von Zufallsketten, die ähnlich wie die menschliche Fantasie arbeiten würde. Damit besäße die Maschine eine eigene Intelligenz. Sie könnte mit einem sich selbst replizierenden Programm laufen, so dass sich ihre Rechenleistung ständig neu erweiterte. Mithilfe zusätzlicher Funktionen würden sich die Computer der nächsten Generation eigenständig optimieren, ohne die Fehler der Vorgängergeneration zu wiederholen. Der Computer wäre also nicht nur eine sich selbst replizierende Maschine, sondern auch eine sich sehr schnell weiterentwickelnde Form von Intelligenz. Er würde schon bald die Intelligenz und die Fähigkeiten der Menschen überflügeln, die die erste Generation dieser Computer gebaut hatten. Gefragt, was genau als Nächstes geschehen würde, hielt sich von Neumann jedoch merkwürdig bedeckt.

Aber nichts davon sollte umgesetzt werden. Die mit nuklearen oder meteorologischen Mitteln herbeigeführte neue Eiszeit wurde aufgrund eines tragischen Umstands verschoben, den der Held dieser Tragikomödie nicht hatte vorhersehen können. Im Sommer 1955 hatte von Neumann einen kleinen Unfall. Er stolperte im Korridor eines Büros und stieß mit der Schulter gegen die Wand. Als der Schmerz nicht nachließ, zog er einen Spezialisten zu Rate. Es stellte sich heraus, dass er an Knochenkrebs erkrankt war, und zwar im fortgeschrittenen Stadium.

Dieser Schicksalsschlag, der ihn traf wie ein Blitz aus heiterem Himmel, besaß eine eigene Ironie. Von Neumann hatte stets vehement bestritten, dass die Atomtests bei den federführend beteiligten Wissenschaftlern – zu denen auch er gehörte – Krebs auslösen könnten. (Mehrere der an den ersten Atomversuchen beteiligten Wissenschaftler starben jedoch an unbekannten Krebsarten, unter anderem Robert Oppenheimer, der in Los Alamos tätig war; Enrico Fermi, der die erste atomare Kettenreaktion durchführte; und der Quantenphysiker Richard Feynman, der seine wissenschaftliche Blitzkarriere mit dem Atomprojekt begonnen hatte.)

Von Neumann arbeitete jetzt erst recht mit Hochdruck, getrieben von dem Gedanken an all das, was er noch nicht geschafft hatte. Zweimal war er bei bedeutenden intellektuellen Leistungen übertrumpft worden, die weit über das 20. Jahrhundert hinaus strahlen sollten. Aber sein Ehrgeiz war maßlos. Es gab so vieles, was er noch zustande bringen konnte, davon war er überzeugt. Der Computer, sein geistiges Kind, war bloß der Anfang. Seine Ideen über Atombomben, Raketen, Meteorologie, Spieltheorie, angewandt auf die nukleare »Abschreckung«, markierten nur einige der größeren Projekte, an denen er beteiligt war. Und dann natürlich die Ökonomie. Die Anwendung der Spieltheorie auf die Wirtschaftswissenschaft würde der dort herrschenden verschwommenen Unwissenschaftlichkeit ein Ende setzen. Von Neumann zufolge benötigte man dafür zweierlei: ein paar grundlegende Axiome und eine neue Arithmetik, die auf diesen Axiomen aufbaute. Schon eine einzige dieser Aufgaben hätte die brillantesten Mathematiker der Zeit entmutigt. Aber von Neumann war zuversichtlich, beide Aufgaben lösen zu können. Hatte er denn nicht schon die weitaus schwierigere Aufgabe bewältigt, die Mathematik zu axiomatisieren? Hatte er nicht bereits mit der Spieltheorie einen völlig neuen Zweig der Mathematik begründet? Alles, was er brauchte, war Zeit.

Drei Monate nach seiner Entdeckung wurde von Neumanns Krebs als unheilbar diagnostiziert. Er hatte nur noch ein paar Monate zu leben. Bald war er an den Rollstuhl gefesselt. Waren schon die körperlichen Folgen für von Neumann katastrophal, so erwiesen sich die geistigen Auswirkungen als verheerend. Von Neumanns weltläufige Fassade brach zusammen und jetzt wurde ein angstgepeinigtes Häufchen Elend sichtbar – von den Ausmaßen eines Dr. Seltsam. Steve J. Heims spricht von einem »völligen psychischen Zusammenbruch; Panik; unkontrollierte Schreckensschreie jede Nacht«. Sein Geist hielt dem inneren Druck, der Angst, dem enttäuschten Ehrgeiz und dem Krebs nicht stand. Ein entsetzter ungarischer Kollege meinte: »Unter dem Gefühl, dass sein Kopf nicht mehr funktionierte, hat von Neumann sicherlich mehr gelitten als je ein anderer Mensch.« Mehrere seiner Kollegen waren überzeugt, Johnny von Neumann habe nicht sterben können. Lebenslang war er ein unbekümmerter Agnostiker gewesen, doch jetzt kehrte er in panischer Angst in den Schoß der katholischen Kirche zurück. Ein Benediktinermönch unterwies ihn im christlichen Glauben. Die von Neumanns waren aus Princeton nach Washington gezogen, damit von Neumann die beschwerliche Anreise zu den Treffen seiner Regierungskommission erspart blieb. Jetzt musste er erneut umziehen, in ein Privatzimmer im Walter Reed Hospital.

Von Neumann fand trotzdem die Zeit, einen Aufsatz zu schreiben, der den Titel trug *The Computer and the Brain* (*Die Rechenmaschine und das Gehirn*). Seine Ähnlichkeit mit Dr. Seltsam wuchs von Tag zu Tag, als die verkrüppelte Gestalt im Rollstuhl vom Krankenhaus zu den Treffen der diversen Regierungsausschüsse zu den Themen nukleare Abschreckung, außenpolitische Strategien, Interkontinentalraketen und Atomenergie gefahren wurde. Der letztgenannte dieser Ausschüsse, die berühmte Atomenergiekommission, wurde sogar unter dem Namen »Neumann-Komitee« bekannt. Präsident Eisenhower höchstpersönlich lieh ihm sein Ohr. Doch der Krebs schritt unaufhaltsam fort. Im Sommer 1956 war von Neumann nicht mehr transportfähig, nicht einmal mehr im Rollstuhl. Dennoch blieb sein fachlicher Rat gefragt: Der Ausschuss kam zu ihm.

Nachts aber quälte er sich trotz hoher Morphiumdosen – Schreie, wirres Gerede, beschwörende Befehle und flehentliche Bitten, oft in ungarischer Sprache, waren zu hören. Ein Luftwaffenoberst wurde zu seiner Beaufsichtigung abkommandiert. Seine Krankenschwestern waren handverlesene CIA-Mitarbeiterinnen mit einer Unbedenklichkeitsbescheinigung des Geheimdienstes – für jeden Fall, dass sein wirres Gerede »geheime Informationen« enthielt, die »einer ausländischen Macht von Nutzen sein« konnten. Die Ausbrüche wurden immer schlimmer, obwohl es auch Phasen der Beruhigung gab – dann kam für einen kurzen Augenblick das Wunderkind zum Vorschein. Um von Neumann von seinen Ängsten abzulenken, rieten die Ärzte, dem Patienten etwas vorzulesen wie einem Kind. Man las ihm Goethes gesamten *Faust* auf Deutsch vor. Eines Nachmittags hielt der Vorleser beim Umblättern inne. Die scheinbar leblos daliegende Gestalt rezitierte die nachfolgenden Verszeilen.

John von Neumann starb am 8. Februar 1957 im Alter von 53 Jah-

ren. An einem frostigen Wintermorgen wurde er in Princeton zu
Grabe getragen. Der sichtlich bewegte Benediktinermönch, sein
Beichtvater, vollzog am offenen Grab ein kurzes katholisches Zeremoniell und sprach ein paar Worte vor der versammelten Gemeinde,
bestehend aus Ausschussvorsitzenden aus Washington und Wissenschaftlern, die der Beerdigung mit grimmigen, versteinerten Mienen
beiwohnten. Der Leiter von Los Alamos meinte an seinen Nachbarn
gewandt: »Wenn Johnny da ist, wo er glaubte, dass er hinkommt, finden dort jetzt bestimmt hochinteressante Gespräche statt.«

Epilog
Das Spiel geht weiter

Drei Milliarden Menschen hatten ahnungslos den Tag der Weltvernichtung überstanden, und das Leben ging weiter. Dass sich die Weltwirtschaft von den Folgen des Zweiten Weltkriegs allmählich erholte, ist vor allem das Verdienst eines Mannes, der höchstwahrscheinlich in mehreren der Komitees saß, denen auch John von Neumann angehörte. Der Gegensatz zwischen dem einfühlsamen General und dem rachsüchtigen Zivilisten hätte größer nicht sein können.

George C. Marshall wurde 1880 in einer Kleinstadt im Westen Pennsylvanias geboren. Sein Vater, ein wohlhabender Kohlehändler, ging bankrott, als der Sohn noch ein Teenager war. George besuchte die Militärakademie und wurde Adjutant von General Pershing, dem Oberbefehlshaber der amerikanischen Streitkräfte in Frankreich während des Ersten Weltkriegs. Schon bald erwarb sich Marshall den Ruf, das »größte Militärgenie seit Stonewall Jackson« zu sein. Beim Ausbruch des Zweiten Weltkriegs leitete er als Generalstabschef den Aufbau der Armee. Eine bittere Enttäuschung war die Ernennung Eisenhowers zum Oberbefehlshaber der alliierten Invasionstruppen in Europa, auf die Marshall gehofft hatte. Im Januar 1947 berief Präsident Truman Marshall zum Außenminister – eine für einen General auf den ersten Blick eher ungewöhnliche Position. Sechs Monate später hielt er in Harvard die bedeutendste Rede zu wirtschaftlichen Fragen, die die Welt seit Bretton Woods gehört hatte. Darin entwickelte er einen Plan »gegen Hunger, Armut, Verzweiflung und Chaos« in Europa, der als Marshall-Plan bekannt wurde. In den folgenden vier Jahren flossen 13 Milliarden Dollar für ein wirtschaftliches Wiederaufbauprogramm nach Europa. Neben finanzieller wurde auch materielle Hilfe gewährt. Wie immer bei solchen gut gemeinten, großzügigen Hilfsaktionen kam es auch hier zu absurden Vorfällen. Ausgerechnet Griechenland, das sich gerade von einer Hungersnot erholte, erhielt ganze Schiffsladungen Speiseöl, wo doch beinahe das Einzige, was das Land selbst herstellen konnte, Olivenöl war. Dem Marshall-Plan lagen aber keineswegs nur menschenfreundliche Motive zugrunde. Der Wohlstand in Europa würde dazu beitragen, den Einfluss des Kommunismus einzudämmen. Stalin hatte ganz Osteuropa okkupiert. Von Bulgarien bis nach Ostdeutschland verlief ein »Eiserner Vorhang«. Und die größten politischen Parteien im »freien« Westeuropa – in Frankreich, Italien und Griechenland – waren kommunistisch.

Ein wohlhabendes Europa bedeutete zugleich einen riesigen Absatzmarkt für amerikanische Waren. Die größte und stärkste Wirtschaftsmacht der Welt brauchte Partner, mit denen sie Handelsbeziehungen aufbauen konnte. Der Marshall-Plan, der den Maßgaben von Keynes folgte, wurde zu einem großen Erfolg. Mit seinen Hilfsgeldern wurde eine neue Wirtschaft aufgebaut – Fabriken, ja sogar ganze Industriezweige. Öffentliche Bauvorhaben wie die Wiedererrichtung des Eisenbahnnetzes und der Wiederaufbau von Krankenhäusern und Schulen schufen Arbeitsplätze und garantierten Einkommen, die wiederum für die in den neuen Fabriken produzierten Waren ausgegeben werden konnten. Das europäische Wiederaufbauprogramm leitete ein nachhaltiges wirtschaftliches Wachstum ein. Das veranlasste Truman, den Marshall-Plan auch auf andere »freie«, also nichtkommunistische Länder anzuwenden, und zwar weltweit. Ironischerweise war das Wiederaufbauprogramm ursprünglich für ganz Europa gedacht gewesen, doch Russland hatte dessen Umsetzung in den Ländern hinter dem Eisernen Vorhang verhindert.

Marshalls große Leistung ist heute allgemein anerkannt. 1951 allerdings, in der Zeit der kommunistischen Hexenjagd, wurde er von dem berühmt-berüchtigten Senator Joe McCarthy angegriffen, dem Leiter des Untersuchungsausschusses für unamerikanische Umtriebe.

Als Generalstabschef habe er, so der Vorwurf, mit den Kommunisten sympathisiert, weil er den amerikanischen Streitkräften nicht den Befehl erteilt habe, entgegen den Abmachungen der Jalta-Konferenz den sowjetischen Truppen zuvorzukommen und nach Berlin zu marschieren. Ein solches Vorgehen hätte wahrscheinlich den Dritten Weltkrieg ausgelöst, noch bevor der Zweite zu Ende war. Dann, im Jahr 1953, erhielt Marshall als erster militärischer Befehlshaber der Geschichte den Friedensnobelpreis. Sechs Jahre später erkrankte er und wurde zur Behandlung ins Walter Reed Hospital nach Washington gebracht, wo er zwei Jahre nach John von Neumann starb.

Das »größte Militärgenie seit Stonewall Jackson« hatte darauf verzichtet, den Dritten Weltkrieg zu entfesseln. Jenes andere Genie, das als »einer dem Menschen überlegenen Spezies zugehörig« beschrieben worden war, zeigte sich geradezu besessen von dem Gedanken, diesen Krieg auszulösen. Von Neumann hegte die Überzeugung, seine Spieltheorie würde die alten Schranken der Wirtschaftstheorie in ähnlich radikaler Weise sprengen; in diesem Licht betrachtet erscheint die nachfolgende Episode umso merkwürdiger. Denn von Neumann lehnte eine in engem Zusammenhang mit der Wirtschaftslehre stehende Weiterentwicklung der Spieltheorie nicht nur ab, ihm fehlte auch das Verständnis dafür. Im Oktober 1949 erschien in von Neumanns Büro in Princeton John Nash, ein ehrgeiziger einundzwanzigjähriger Mathematiker, der soeben seine Prüfungen hinter sich gebracht hatte. Nashs geniale mathematische Begabung stand außer Frage, doch der Mann besaß noch zusätzliche Qualitäten. Er war groß und breitschultrig, athletisch gebaut und »schön wie ein Gott«; aber er war auch ein aggressiver, ungehobelter Kerl, der unablässig das Bedürfnis hatte, seine intellektuelle Überlegenheit zur Schau zu stellen. Sein fast pathologischer Mangel an sozialer Kompetenz ließ seine unterdrückte Homosexualität nur umso deutlicher hervortreten. Er verliebte sich in einen Kommilitonen, der ebenfalls ein begnadeter Mathematiker war, wenn auch nicht so brillant wie Nash. Diesen Studenten verfolgte Nash auf Schritt und Tritt, bedrängte ihn mit scherzhaften und aggressiven Bemerkungen und forderte ihn zum intellektuellen Kräftemessen heraus. Sein suchtartiges Konkurrenzverhalten machte ihn zum Außenseiter unter seinen Mitstudenten, die seine Brillanz gleichwohl bewunderten. Sie wollten daran partizipieren, auch um den Preis ihrer Demütigung. Seiner Biografin Sylvia Nasar zufolge »kann sich niemand daran erinnern, Nash während seiner Zeit als Promotionsstudent mit einem Buch gesehen zu haben«. Doch bei Vorlesungen von Gastdozenten stellte er kluge Fragen und entwickelte anhand der Antworten seine eigenen Ideen.

Trotz seines mangelnden Interesses an Büchern muss Nash von Neumanns Werk *Spieltheorie und wirtschaftliches Verhalten* bereits wenige Jahre nach der Veröffentlichung 1947 gelesen haben. Von Neumanns Ansatz beruhte auf der Zusammenarbeit der Akteure. Das Nullsummenspiel verlangte die Kooperation, wenn daraus eine Winwin-Situation entstehen sollte. Dieser Ansatz entsprach John von Neumanns Lebenssituation. Viele seiner bedeutendsten geistigen Leistungen basierten auf Kooperation. Schon als junger Mann hatte er seine Ideen in den Kaffeehäusern von Budapest und später von Berlin zur Diskussion gestellt. Ein mathematisches Wunderkind, hatte er in Deutschland mit dem großen Mathematiker Hilbert in Göttingen zusammengearbeitet. Auch der Wettlauf um den Bau der ersten Atombombe in Los Alamos konnte nur durch Teamarbeit gewonnen werden. Noch von Neumanns Hauptwerk zur Spieltheorie und zum wirtschaftlichen Verhalten war in Zusammenarbeit (mit Oskar Morgenstern) entstanden. Kooperation und Koalitionsbildung waren der Weg zum Erfolg, in der Ökonomie ebenso wie in der Mathematik. Die Spieltheorie trug zwar dem Wettbewerb Rechnung, erkannte aber, dass der Markt eine soziale Institution war, die die Zusammenarbeit aller Akteure erforderlich machte.

Entsprechend seiner Persönlichkeit war Nashs Ansatzpunkt innerhalb der Spieltheorie diametral entgegengesetzt. In seiner Welt gab es keine echte zwischenmenschliche Kommunikation. Im Kampf um Dominanz und optimalen Gewinn handelte jedes Individuum allein und auf eigene Faust. Kooperation entsprang für Nash reiner Zweckmäßigkeit. Die Spielsituation war für ihn im Grunde *nicht-kooperativ*.

Nash war der Erste, der zwischen kooperativen und nicht-kooperativen Spielen unterschied. Spiele waren seiner Ansicht nach oft eine Kombination von beidem. Die Spieler kooperierten zwar miteinander, um zu gewinnen, brachen aber die Vereinbarung, wenn es ihnen zum Vorteil gereichte. Ein solches Handeln hätte sich Senator Joe McCarthy am Ende des Zweiten Weltkriegs von George Marshall gewünscht: Marshall hätte ungeachtet der Vereinbarungen der Jalta-Konferenz Berlin einnehmen sollen. Nashs Differenzierung eröffnete der Spieltheorie ein sehr viel breiteres Spektrum an Anwendungsmöglichkeiten. Denn genauso funktionierte ja die reale Wirtschaft: Der Eisenbahnmagnat J. Pierpont Morgan kooperierte mit seinen Konkurrenten nur so lange, wie es ihm Vorteile brachte. Dann änderte er seine Taktik, ruinierte seine Partner und übernahm ihre Eisenbahnstrecken zu einem Spottpreis.

Nash wusste, dass er kurz vor einem großen Wurf stand, aber selbst ihn schüchterte die Vorstellung ein, ausgerechnet einem John von Neumann seine Ideen darlegen zu müssen. Er, ein junger Graduierter, würde von Neumann sagen müssen, dass die Spieltheorie falsch war! Nash wurde in von Neumanns Büro geführt. Der bedeutende Mann saß im maßgeschneiderten Dreiteiler mit Seidenkrawatte hinter einem riesigen, glänzenden Schreibtisch. Er wirkte eher wie der Boss eines großen Konzerns, nicht unbedingt wie ein Professor. Aber Nash spürte, dass er mehr als nur einen Professor vor sich hatte. Der Mann saß in einflussreichen staatlichen Gremien, war Berater der RAND Corporation in Los Alamos, die auf höchster Geheimhaltungsstufe arbeitete, ja er beriet sogar den Präsidenten.

Von Neumann bot Nash höflich einen Platz an und fragte ihn nach seinem Anliegen. Nervös begann Nash zu reden, während von Neumann, den Kopf leicht zur Seite geneigt, zuhörte und mit den Fingern auf die Tischplatte trommelte. Als Nash begann, seine Ideen zu erläutern, fiel ihm von Neumann ins Wort. Blitzschnell hatte er Nashs Schlussfolgerungen vorweggenommen: »Wissen Sie, das ist banal«, unterbrach ihn von Neumann wegwerfend. Nashs Gedankengang war in seinen Augen so trivial, dass es sich nicht lohnte, damit seine

Zeit zu verschwenden. Das machte von Neumann seinem Besucher unmissverständlich deutlich. Nash blieb nichts anderes übrig, als aufzustehen und zu gehen. Sein Versuch, von Neumann zu beeindrucken, war gründlich fehlgeschlagen.

Trotz dieser demütigenden Zurückweisung hielt Nash an seinen Ideen fest, und je länger er nachdachte, desto mehr gewann er die Überzeugung, dass er Recht hatte. Sein Konzept war alles andere als banal, wie von Neumann behauptet hatte. Es war die Theorie eines Gleichgewichts in nicht-kooperativen Situationen. Ein einfaches Beispiel sind bestimmte Arten des Pokerspiels, bei dem alle Beteiligten gleichzeitig agieren müssen. Das entspricht exakt der Situation des wirtschaftlichen Marktes, wenn sämtliche Akteure handeln müssen, ohne die Strategie ihrer Konkurrenten zu kennen. In Abwandlung der Minimax-Theorie legte Nash dar, welches die optimale Reaktion jedes Spielers sein müsste, um seinen möglichen Verlust zu minimieren. Reagierten alle Akteure optimal, so Nash, nähme das Spiel – oder das Marktgeschehen – einen optimalen Verlauf. Denn auf diese Weise käme es zu einem Gleichgewicht, bei dem kein Spieler seine Position dadurch verbessern könnte, dass er eine andere Strategie wählte.

Nash gelang es, mathematisch zu belegen, dass es in zahlreichen nicht-kooperativen Spielsituationen – etwa in der Marktwirtschaft – einen Punkt gibt, an dem ein Zustand des Gleichgewichts erreicht wird. Mit anderen Worten: Es gibt eine Marktsituation, bei der alle Wettbewerber mit ihren unterschiedlichen Strategien die richtige, für sie persönlich beste Strategie anwenden können. Das war das Gleichgewicht, das von Neumann als trivial abgetan hatte.

Trotz seiner Abfuhr durch von Neumann fixierte Nash seine Ideen schriftlich und veröffentlichte sie unter dem vergleichsweise harmlosen Titel »Equilibrium Points in N-Person Games«. Der Aufsatz fand in maßgeblichen Kreisen sofort große Beachtung. John Nash wurde zum Berater der RAND Corporation ins kalifornische Los Angeles berufen – eine hoch dotierte Stelle, die zwar seine Anwesenheit in den Sommermonaten erforderlich machte, dennoch aber mit seinen universitären Verpflichtungen gut in Einklang zu bringen war. RAND (die Abkürzung für »research and development«, »Forschung und Entwicklung«) war die heimliche Denkfabrik der Regierung. Hier befassten sich die klügsten Köpfe – auch unter Anwendung der Spieltheorie – mit atomaren Strategien. Was Nash seiner Biografin Sylvia Nasar zufolge bei RAND ganz besonders zusagte, war die »seltsam unwiderstehliche Mischung aus olympischer Distanziertheit, Paranoia und Größenwahn«. In dieser streng geheimen, doch zwanglosen Atmosphäre wurde Nash allmählich erwachsen und brachte seine Fähigkeiten zur vollsten Entfaltung: das Gute, das Böse und das Hässliche. Er gewann größere Selbstsicherheit, wurde aber auch zunehmend exzentrisch – eine kuriose Mischung aus Angeberei und Verdruckstheit. Endlich war er in der Lage, sich seine Homosexualität einzugestehen, und beobachtete oft stundenlang die Bodybuilder am Muscle Beach in Venice, L.A. Das gereichte ihm schließlich zum Verhängnis. Homosexualität war damals noch immer ein strafrechtlich relevantes Vergehen, auch in Kalifornien. Im August 1954 wurde Nash in den frühen Morgenstunden in einer öffentlichen Toilette von einem Polizeibeamten der Sitte in Zivil verhaftet. Der Vorwurf lautete: unsittliche Entblößung. Nash wurde bei RAND sofort gefeuert.

Er kehrte an die Ostküste zurück und arbeitete am Massachusetts Institute of Technology. Durch seine Erfahrung anscheinend geläutert, verliebte er sich umgehend in eine junge Salvadorianerin, die in der Musikbibliothek arbeitete, und heiratete sie zwei Jahre später. Doch diese Flucht in die Normalität war kontraproduktiv. Das Beunruhigende an Nashs exzentrischem Wesen trat jetzt immer deutlicher hervor. Nichts wirklich Spektakuläres, Nash war nur etwas merkwürdiger als andere. Gleichzeitig gelangten jetzt seine mathematischen Fähigkeiten zur vollen Entfaltung. Auch sein Größenwahn, der bei der RAND Corporation genährt worden war, kam jetzt deutlicher zum Ausdruck. John Nash setzte es sich zum Ziel, die Fields-Medaille zu bekommen, die höchste Auszeichnung für Mathematik, die noch schwerer zu gewinnen ist als der Nobelpreis. Nachdem er bereits drei komplexe mathematische Probleme bewältigt hatte, entdeckte er endlich eines, das für ihn eine absolute Herausforderung darstellte. Es handelte sich um den so genannten Stetigkeitssatz aus einem eher entlegenen Bereich der Mathematik. Nash konzentrierte seine gesamte Energie darauf, diesen Satz zu beweisen. (Einem Kollegen zufolge bestand die Aufgabe darin, »die Hölderschen Schätzungen für die elliptischen Gleichungen der zweiten Ordnung mit zwei Variablen und irregulären Koeffizienten auch auf die höheren Dimensionen auszudehnen«.) Nach mehreren erfolglosen Anläufen und sechs Monaten intensiver Konzentration fand Nash endlich eine spektakuläre Lösung. Ein absoluter »Geniestreich«. Mit Nasars Worten »... näherte er sich der Aufgabe geschickt über Umwege, indem er die nichtlinearen Gleichungen in lineare verwandelte und sie dann mit nichtlinearen Mitteln in Angriff nahm«. Die Fields-Medaille schien ihm sicher.

Dann die schreckliche Nachricht. Ein armer und unbekannter junger Süditaliener hatte nur wenige Monate zuvor in der wenig gelesenen Zeitschrift einer italienischen Akademie der Wissenschaften seinen Beweis für den Stetigkeitssatz veröffentlicht. Dieser besessene Mathematiker hieß Ennio De Giorgi; ein Kollege beschrieb ihn als einen »schmuddeligen und mageren kleinen Hungerleider«. De Giorgi wurde später auf den wichtigsten mathematischen Lehrstuhl Italiens in Pisa berufen, behielt aber seine Lebensweise bei. Er hatte nichts anderes im Kopf als Mathematik und führte ein Leben in mönchischer Armut. Sein Büro war sein Zuhause. Gegen Ende seines Lebens wurde er zum Mystiker und widmete seine ganze Energie dem Versuch, Gott mathematisch zu beweisen. (Auch Gödel erlag in seinen späteren Jahren dieser Obsession.)

Die Nachricht von De Giorgis Beweis war für Nash eine herbe Enttäuschung. Zwar wurde schon wenig später anerkannt, dass Nashs Beweis bedeutender war und auf höchst originären, neuen mathematischen Methoden beruhte, doch De Giorgi hatte seinen Beweis als Erster veröffentlicht. Die Fields-Medaille war für Nash wieder in weite Ferne gerückt. Bald zeigte sich, dass dies für Nash mehr war als nur eine berufliche Katastrophe. Eines Tages betrat er den Aufenthaltsraum der Fakultät im MIT, hielt eine Ausgabe der *New York Times* in die Höhe und erklärte seinen Kollegen, die Titelgeschichte

enthalte eine verschlüsselte Botschaft, die eine fremde Macht aus dem
All an ihn gerichtet habe. Dieser Auftritt erregte wenig Aufsehen.
John Nash äußerte öfters derartige Ungereimtheiten; hier handelte es
sich offensichtlich um einen seiner üblichen provokativen Scherze.
Wenn man ihm widersprach, legte er todsicher einen Dechiffrierungs-
schlüssel vor, der den Zeitungstext zu irgendetwas anderem machte,
und sei es die erste Seite der US-amerikanischen Verfassung.

Ein paar Wochen später stürmte er in das Büro eines älteren Kollegen und zeichnete »etwas an die Tafel, das aussah wie eine große, un-
gleichmäßig geformte Kartoffel«. Daneben setzte er zwei kleinere
Formen. Auch das schien nicht weiter ungewöhnlich. Mit unter-
drückter Verärgerung wartete der überrumpelte Kollege auf eine mathematische Erklärung für die Zeichnung. »Das hier«, sagte Nash
und zeigte auf die Kartoffel, »ist das Universum.« Er hielt inne und fixierte den Kollegen, der Nashs Blick schweigend standhielt. Der
wusste, dass es besser war, ihn jetzt nicht zu unterbrechen. Ungeduldig wartete er auf die mathematische Darlegung des Sinns der beiden
Zeichen, die sich jenseits der Grenzen des Universums befanden.
Nash deutete darauf und sagte: »Das ist der Himmel. Und das ist die
Hölle.« Der Kollege begriff sofort, dass es für diese Äußerung keine
mathematische Rechtfertigung gab. Nash selbst befand sich in einem
anderen Universum.

Wenig später bot man Nash mit der Berufung an die Universität
Chicago endlich einen bedeutenden Lehrstuhl an. In seinem Antwort-
schreiben lehnte er jedoch ab und erklärte, er würde die Stelle eines
»Kaisers der Antarktis« übernehmen. Nashs Niedergang vollzog sich
blitzschnell und erbarmungslos; er trank und zeigte immer öfter Ausbrüche heftiger Aggression. Seiner Frau Alicia blieb schließlich keine
andere Wahl, als ihn in eine psychiatrische Klinik einliefern zu lassen.

Ein paar Jahre später wurde er als »geheilt« entlassen, aber er war
nur noch ein Schatten seiner selbst. Er kehrte nach Princeton zurück
und trieb sich auf dem Campus herum. Eingedenk seiner früheren intellektuellen Brillanz und überzeugt von seiner Harmlosigkeit tole-
rierte man an der Universität seine Anwesenheit. In den siebziger und

achtziger Jahren war Nash ein stadtbekannter Exzentriker. Blass und hager saß er in der Cafeteria der Universität und rauchte geschnorrte Zigaretten oder hockte stundenlang wie erstarrt in der Bibliothek. Gelegentlich schlich er sich in einen leeren Hörsaal und schrieb unverständliche Formeln oder verschlüsselte Botschaften an die Tafel. Die Studenten merkten bald, dass diese erbarmungswürdige Gestalt »einst ein mathematisches Ass gewesen war«.

Derweil tauchte Nashs Name immer häufiger in Aufsätzen wichtiger wissenschaftlicher Zeitschriften auf. Anwendungsmöglichkeiten für sein Konzept des Gleichgewichts in nicht-kooperativen Spielen wurden jetzt in allen möglichen Bereichen entdeckt, von der Sozialwissenschaft bis zur Evolutionsbiologie. Die jungen Wissenschaftler, die sich auf ihn beriefen, nahmen zumeist an, er sei längst tot.

Dann, irgendwann im Jahr 1990, begann Nashs Genesungsprozess. Das Phantom aus der Bibliothek knüpfte Kontakt zu ehemaligen Kollegen, die zu ihrer Verblüffung feststellten, dass er sich wieder mit »richtiger Mathematik« beschäftigte. Erstaunt darüber, dass Nash noch immer fähig war, eigenständige Ideen zu entwickeln, begann ihm einer seiner ehemaligen Kollegen Fragen zu stellen. Wie hatte er als Mathematiker nur daran glauben können, dass Außerirdische ihm Botschaften schickten? Wie hatte er solchen Unsinn für wahr halten können? Nash erwiderte, es sei ihm nicht schwer gefallen, solche Vorstellungen ernst zu nehmen, weil sie auf dieselbe Weise entstanden seien wie seine mathematischen Ideen.

Anfang der neunziger Jahre war das Nash-Gleichgewicht, wie das von ihm entwickelte Konzept inzwischen hieß, als bedeutende ökonomische Theorie allgemein anerkannt, ja sie galt sogar als der wichtigste Schritt für die Anwendung der Spieltheorie auf die Ökonomie seit von Neumann und Morgenstern. Im Jahr 1994 erhielt der sechsundsechzigjährige Nash den Nobelpreis für Wirtschaftswissenschaften.

Wie es der Wirtschaftswissenschaftler Avinash Dixit aus Princeton formulierte, »... erkannten wir endlich das wahre Potenzial der von von Neumann und Morgenstern in Gang gesetzten Revolution«. Die

Spieltheorie hat die Probleme der Wirtschaftswissenschaft nicht dadurch »gelöst«, dass sie sie zu einer handfesten Wissenschaft machte, aber sie bereitete »das bis dahin unzugängliche Terrain für eine systematische Herangehensweise«.

Noch lange nach seinem Tod blieb Keynes die treibende Kraft des wirtschaftstheoretischen Denkens. Und selbst als die unvermeidliche Gegenbewegung kam, ging sie nicht von der Spieltheorie aus. Die Zeit der großen Ökonomen Adam Smith, Karl Marx und John Maynard Keynes schien endgültig vorüber. Mit den Worten des renommierten amerikanischen Wirtschaftshistorikers Robert Heilbroner: »Es sind eher die großen Probleme als die großen Namen, die unsere Epoche kennzeichnen ... die Probleme des modernen Kapitalismus müssen *als solche* untersucht werden und dürfen nicht als die Ideen eines Einzelnen verstanden werden.« Das Problem, dem sich der Kapitalismus nunmehr gegenübersah, führte in die nachkeynesianische Epoche, die bis zum heutigen Tag andauert. Dieses Problem heißt Inflation.

Als nach dem Zweiten Weltkrieg die Preise zu steigen begannen, wurde dies als Zeichen für eine wirtschaftliche Erholung gewertet. Und wenn die Konjunktur eine Abwärtswende vollziehen würde, so würde dieser Preistrend schon bald wieder umgekehrt werden. Aber die Preise stiegen weiter. Und als der Wirtschaftsboom der sechziger in die Rezession der siebziger Jahre mündete, stiegen die Preise noch immer, und zwar schneller als zuvor. Das war ein völlig neuartiges Phänomen. Plötzlich nahm die Arbeitslosigkeit zu, und einige Volkswirtschaften produzierten bald sogar weniger als am Ende des Zweiten Weltkriegs. Dadurch hätten sich die Preise stabilisieren sollen, doch stattdessen stiegen sie weiter. Es kam zu einer Inflation, die sich bald wie ein Flächenbrand in allen freien Marktwirtschaften ausbreitete, ungeachtet der Maßnahmen, die man zu ihrer Bekämpfung ergriff.

Die Spirale schraubte sich immer weiter hoch. Der Anstieg der Preise führte zu Forderungen nach Lohnerhöhung; damit aber stiegen die Herstellungskosten und damit wiederum die Preise, was neue Lohnforderungen zur Folge hatte. Die Arbeitslosigkeit wuchs, und die

Wirtschaft stagnierte. Ein neuer Begriff wurde geprägt: Stagflation. In früheren Zeiten hatte die Stagnation die Inflation zum Stillstand gebracht, und durch Inflation war die wirtschaftliche Stagnation beendet worden. Dieses Muster galt nun nicht mehr. Die Politiker rangen verzweifelt die Hände.

Schließlich trat der amerikanische Wirtschaftswissenschaftler Milton Friedman mit einer Antwort hervor. Friedman, der an der Universität Chicago lehrte, behauptete, es gebe nur ein Mittel gegen die Inflation: den Monetarismus, also die Kontrolle der Geldmenge. Zur Inflation komme es nur dann, wenn in einer Volkswirtschaft zu viel Geld im Umlauf sei. In einer freien Marktwirtschaft, in der einer zu großen Geldmenge eine zu kleine Warenmenge gegenüberstehe, stiegen notgedrungen die Preise – in Zeiten der Rezession ebenso wie in Zeiten des Wachstums. Friedmans berühmter Slogan lautete: »Geld allein zählt.« Alle anderen staatlichen Maßnahmen, so Friedman, seien nicht dazu geeignet, die steigende Arbeitslosigkeit und Pleiten zu verhindern. Alle Versuche, die Wirtschaft zu kontrollieren, seien langfristig ineffektiv, ja sogar kontraproduktiv: Der Abbau der Arbeitslosigkeit würde dadurch nur hinausgezögert, die wirtschaftlichen Probleme noch verschlimmert. Staatsausgaben jeglicher Art sollten lieber so stark wie möglich eingeschränkt und der öffentliche Sektor privatisiert werden, um dessen Teilbereiche wie Unternehmen führen zu können, die sich im Wettbewerb des freien Marktes behaupten müssen.

Das war Laisser-faire in seiner extremsten Ausprägung. Der Markt war das allein Entscheidende und befand über Erfolg und Scheitern von Ländern, Währungen, kleinen und großen Firmen, ja sogar von Individuen. Dies war das ultimative, das grundlegende Spiel überhaupt, bei dem nur die Tüchtigsten überleben. Der Monetarismus war eine bittere Medizin. Und die sozialen Folgen waren brutal, insbesondere die Arbeitslosigkeit. Diese Geldpolitik sollte auf immer mit dem Konservatismus der achtziger Jahre und den Regierungen von Ronald Reagan und Margaret Thatcher verbunden bleiben. Die Methode funktionierte, doch der Preis war hoch – zu hoch, wie manche

Beobachter meinen. Andere stimmen Friedman zu, der behauptete, es gebe keine Alternative.

Milton Friedman wurde 1912 in Brooklyn geboren. Seine Eltern waren arme jüdische Einwanderer aus einer der östlichsten Provinzen des Habsburgerreiches, weitab vom strahlenden kulturellen Umfeld eines von Neumann und Morgenstern. Bald nach Miltons Geburt zogen die Friedmans nach New Jersey, wo die Mutter ein Textilgeschäft betrieb, das in einem ärmlichen Viertel unmittelbar unter einer Eisenbahnbrücke lag. Miltons Vater war der klassische Hypochonder und gescheiterte kleine Geschäftsmann. »Geldmangel war unser ständiger Begleiter«, erinnert sich Friedman. Die Familie konnte nur überleben, indem sie mit vordatierten Wechseln bezahlte. Milton und seine drei Schwestern wuchsen in ärmlichen, aber geborgenen Verhältnissen auf. Der Vater starb, als der Sohn 15 Jahre alt war. Ein Jahr später erhielt Milton ein Teilstipendium für das Rutgers College, damals eine kleine Privatuniversität. Um sich seinen Lebensunterhalt zu verdienen, arbeitete er vormittags in einem nahe gelegenen Restaurant, und nachdem er sein kostenloses Mittagessen hinuntergeschlungen hatte, eilte er zu den Vorlesungen ins College.

Unerbittliches und konservatives Denken ist typisch für Menschen, denen es gelungen ist, zermürbenden Lebensumständen zu entfliehen. Milton erzielte Bestnoten in Mathematik und Wirtschaftswissenschaften, lernte aber auch die Realität des Geschäftslebens kennen. Ein Jahr nach seinem Eintritt ins College kam es zum großen Börsenkrach. Der Besitzer des Restaurants, in dem er arbeitete, passte sich den veränderten Gegebenheiten an und konnte sein Geschäft erfolgreich weiterführen. Schließlich verkaufte er es, doch unter dem neuen Besitzer ging es mit dem Laden bergab. Am Ende verkaufte der neue Besitzer das Lokal mit finanziellem Verlust wieder an den alten, woraufhin das Geschäft erneut florierte. Als einer, der einzig und allein von Trinkgeldern lebte, erinnert sich Milton noch genau: »Dieser Zyklus wiederholte sich mindestens ein weiteres Mal, während ich dort arbeitete. Wurde das Restaurant richtig geführt, war es ein einträgliches Geschäft; wenn nicht, ein kläglicher Flop.« Doch dies

scheint ihn nur in der brutalen Lektion bestärkt zu haben, die ihn sein
Vater gelehrt hatte: »Lange Zeit glaubte ich, das Gespür für wirtschaftliche Angelegenheiten sei angeboren und man könne es sich
nicht aneignen. Viele hochintelligente und sogar hochgebildete Ökonomen kennen zwar den Text, nicht aber die Musik.« Man könnte
dagegenhalten, Friedman sei allzu bereitwillig dem Rhythmus der
Musik gefolgt, ohne dem herzzerreißenden Text ausreichend Beachtung zu schenken.

Friedman ging zum weiteren Studium an die Universität Chicago
und nach dem Abschluss 1935 schließlich nach Washington, wo er im
Statistischen Bundesamt im Dienste von Roosevelts New Deal arbeitete. Diese Tätigkeit vereinte die beiden entscheidenden Elemente von
Friedmans theoretischem Ansatz. Denn seine Theorie stützte sich
stets auf empirische und statistische Befunde. Und bei seinen Angriffen auf die keynesianische Ökonomie wusste er sehr genau, wovon er
sprach; schließlich hatte er mitgeholfen, den New Deal in die Praxis
umzusetzen. Wie er später schrieb: »Ich wurde zum bekanntesten Kritiker eines zunehmenden staatlichen Zentralismus, der mit den Maßnahmen des New Deal einherging. Doch ironischerweise war der
New Deal für mich persönlich die Rettung.« Diese paradoxe Situation wiederholte sich nach dem Zweiten Weltkrieg, als Friedman in
Paris an der Umsetzung des Marshall-Plans mitarbeitete. Eine kuriose
historische Parallele: Nach dem Ersten Weltkrieg hatte Keynes in Paris prophezeit, dass die hohen Reparationsforderungen der Alliierten
mit einem Desaster enden würden. Genauso kam es. Nach dem Zweiten Weltkrieg prophezeite Friedman in Paris, dass die Vereinbarungen
der Alliierten im Desaster enden würden. Und genauso kam es. In
Bretton Woods war Keynes maßgeblich an der Schaffung eines Systems fester Wechselkurse beteiligt gewesen. Jetzt behauptete Friedman, das sei ein Fehler gewesen. Die Volkswirtschaften würden unter
den fixen Wechselkursen leiden und müssten immer öfter auf die
Hilfe des Internationalen Währungsfonds zurückgreifen. (Und er behielt Recht: In den siebziger Jahren musste sogar Großbritannien einen größeren Kredit des IWF in Anspruch nehmen. Später beschloss

Nixon, den Kurs des Dollars gegenüber dem Gold floaten zu lassen, und die Zeit der flexiblen Wechselkurse begann.)

In den sechziger Jahren machte sich Friedman in den Vereinigten Staaten und später weltweit einen Namen. Ab 1966 schrieb er in *Newsweek* eine regelmäßige politische Kolumne, die er als Forum für seine Ansichten und Ideen bis Mitte der achtziger Jahre nutzte. Er war Berater zweier US-Präsidenten (Nixon und Reagan) und erhielt 1976 den Nobelpreis für Wirtschaftswissenschaften. 1980 erschien *Free to Choose* (*Chancen, die ich meine*), eine der wenigen wirtschaftstheoretischen Publikationen, die zum Bestseller wurden. Darin forderte er die Aufhebung aller staatlichen Kontrollen. Eine überzogene Forderung? Friedman trat für die Abschaffung von Lohn-, Renten- und Preiskontrollen und für die Aufhebung gesetzlich vorgeschriebener Mindestlöhne sowie staatlicher Zuschüsse für Schulen und Universitäten ein. Gleichzeitig plädierte er für eine Entschlackung der Regierungsapparate durch den Verkauf (die »Privatisierung«) vorsintflutlicher, längst überholter staatlicher Monopole. Nichts war mehr sicher, nicht einmal die soziale Sicherheit. Auch hier sollte es nach Friedmans Vorschlägen Einschnitte geben.

Das war nacktes Wirtschaftlichkeitsdenken. Für alle, die bereit waren zuzuhören, besaßen seine Argumente eine zwingende Logik. »Staatliche Maßnahmen, die die Gleichheit des Einzelnen oder Chancengleichheit fördern, bewirken mehr Freiheit. Staatliche Maßnahmen, die versuchen, ›gerechte Anteile für alle‹ zu erzielen, schränken die Freiheit ein.« Dann stellte Friedman die Frage: »Wenn die Gerechtigkeit bestimmen soll, was die Menschen zugeteilt erhalten – wer entscheidet dann, was ›gerecht‹ ist?« Seine Antwort lautete: der Markt. Doch gab es eine weitere Antwort, die vermutlich außerhalb des Blickfelds dieses Nobelpreisträgers lag. In einer Demokratie entscheidet das Volk, was gerecht ist, indem es seine Regierungsvertreter wählt. Dies ist zugegebenermaßen alles andere als ein perfektes System, aber immer noch besser, als wenn wir uns einer Art Schicksal anheim geben und von den selbstsüchtigen Göttern des Marktes manipulieren lassen müssten. Außerdem würde jede Regierung, die Friedmans Vorschlägen buchstabengetreu folgte und ihren eigenen Machtbereich derart umfassend einschränkte, sehr schnell feststellen, dass die Bevölkerung bei den nächsten Wahlen kurzen Prozess macht. Das mussten sogar Reagan und Thatcher erfahren. Die praktische Wirtschaftspolitik stößt bei den Wahlurnen an ihre Grenzen. Friedman dagegen ließ für die Ökonomie keine Beschränkungen gelten. Ökonomie war für ihn das, was »funktioniert«.

Trotzdem waren und sind Friedmans Argumente eine genauere Betrachtung wert. Die »Musik« seiner ökonomischen Botschaft ist nach wie vor betörend, das müssen selbst seine Gegner zugeben. Es ist ein Sirenengesang, der die Welt verändert hat. Friedman setzt ganz am Anfang an. Er machte sich Adam Smiths wichtigste Einsicht zu eigen, die lautete: Der Austausch zwischen zwei Partnern geschieht freiwillig und findet nur dann statt, wenn beide Seiten das Gefühl haben, davon profitieren zu können. »Die meisten ökonomischen Irrtümer«, so Friedman, »kommen daher, dass diese simple Grundüberlegung außer Acht gelassen wurde, sie entstanden deshalb, weil es eine Tendenz gab, anzunehmen, dass da eine bestimmte Menge Kuchen ist, den die eine Partei nur auf Kosten der anderen gewinnen kann«. Die Wirtschaft ist jedoch eine Win-win-Situation und jede Intervention ein gefährliches Spiel. Friedman zitierte dazu Justice Louis Brandeis: »Die größeren Gefahren der Freiheit lauern in der schleichenden Beeinträchtigung durch missionarische Eiferer, denen es an Sachkenntnis fehlt.« Brandeis' Äußerung stammt aus dem Jahr 1928, und er hätte sie angesichts der nachfolgenden Großen Depression ganz gewiss zurückgenommen. Nicht so Friedman. Unmittelbar vor dem Börsenkrach 1929 hatte die US-Zentralbank die Geldmenge durch einen hohen Leitzins begrenzt – aus Angst, dass die Aktienspekulation außer Kontrolle geraten würde. Nach dem Börsenkrach hielt sie an den hohen Leitzinsen fest. Durch das knappe Geldangebot ging wiederum der Konsum zurück, und es kam zur Depression. Mit Friedmans Worten: »Die Große Kontraktion [der Geldmenge] ist ein tragischer Beweis für die Macht der Geldpolitik ... und nicht, wie Keynes meinte, ein Zeugnis für deren Ohnmacht.« Die Situation verschlimmerte sich dadurch, dass diejenigen, die Geld brauchten, ihre Sparkonten plünderten. Die geringe verfügbare Geldmenge führte zu einer beispiellosen Bankenpleite, was die Wirtschaftskrise weiter verschärfte. Die Ausweitung der Geldmenge schürt die Inflation. (Mehr Geld bedeutet mehr Konsum, mehr unternehmerische Investitionen und Expansion.) Umgekehrt wird die Inflation durch die Begrenzung der Geldmenge bekämpft. (Weniger Geld bedeutet Konsum- und Preisrückgang.) Dies sind geldpolitische Maßnahmen, mit denen die Zentralbank die Zinssätze und die Geldmenge ihres Landes kontrolliert. In direktem Widerspruch zu Keynes favorisierte Friedman die Geldpolitik gegenüber der Fiskalpolitik, bei der die Regierung versucht, die Wirtschaft durch Steuern und öffentliche Ausgaben zu kontrollieren. Die Geldpolitik erwies sich bei der Bekämpfung von Inflation als äußerst effizient. Daher die große Bedeutung von Verlautbarungen Alan Greenspans von der Federal Reserve zur Erhöhung beziehungsweise Senkung der Leitzinsen, die die Verfügbarkeit von Geld erschwert beziehungsweise erleichtert.

Friedman empfahl außerdem, die Zentralbank solle die Geldmenge (also die Menge des in Umlauf befindlichen Geldes) um 3 bis 5 Prozent pro Jahr erhöhen, was der normalen Wachstumsrate der US-Wirtschaft entsprach. Damit würden die Ausgaben erhöht, ohne dass die Inflation geschürt werde. Die Strategie der flexiblen Wechselkurse würde außerdem dafür sorgen, dass Preisniveauänderungen nicht auf andere Länder übergriffen. Bei festen Wechselkursen würden nämlich Preissteigerungen exportiert: Zögen im Inland die Preise an, würden billigere Waren aus dem Ausland gekauft. Dies führte zu einer Erhöhung der Ausgaben für Importe und folglich zu einem Anstieg der Preise auch in anderen Ländern. Bei flexiblen Wechselkursen dagegen sinkt der Wert der eigenen Währung, wenn im Inland die Preise steigen. Dann ist es nicht billiger, Waren im Ausland zu kaufen, die Inflation wird nicht exportiert und die einheimische Industrieproduktion wird angekurbelt.

Doch diese Kontrolle der Inflation war durch ein geringes Wirtschaftswachstum und durch Arbeitslosigkeit erkauft. Friedman kam

zu dem Schluss, es gebe eine »natürliche Arbeitslosenrate«, oberhalb
derer ein Inflationsanstieg zu verzeichnen sei. Wie Friedman in seiner
Nobelpreisrede selbst einräumte, war diese natürliche Rate jedoch
»keine numerische Konstante«. Sie konnte vielmehr steil ansteigen.
Doch alle Versuche, die Arbeitslosigkeit unterhalb dieser Rate zu halten, sollten sich letztlich als nutzlos erweisen. Ein Anstieg der Beschäftigung führte zu höheren Preisen und damit zum Konsum- und
Produktionsrückgang, zur Rückkehr der Inflation und in der Folge
wiederum zu einem Anstieg der Arbeitslosigkeit mindestens auf das
»natürliche« Niveau. So oder so wurde Wirtschaftspolitik auf Kosten
der Menschen betrieben. Eine hohe »natürliche« Arbeitslosenrate bedeutete eine starke soziale Benachteiligung. Hinter den dürren statistischen Daten standen persönliche Schicksale – Ehescheidung, Alkoholismus, Drogensucht, Verzweiflung, schwindende Vermögenswerte,
steigende Kriminalität und soziales Außenseitertum. Menschen, die
keine Hoffnung mehr haben, stehen nicht einfach da, um sich zählen
zu lassen.

Niedrige Inflation, eine langsam wachsende, aber perfekt funktio-
nierende Wirtschaft – und Massenarbeitslosigkeit. Aber das Volk
wählt schließlich seine Regierung, damit sie *handelt*. Friedman zufolge vollzog jedoch einzig der Markt effektive Handlungen. Es hatte
den Anschein, als sei seit Adam Smiths unsichtbarer Hand (der im
Übrigen Smith selbst misstraut hatte) nichts geschehen. Friedman
blieb unbeirrbar bei seiner Ansicht. Er war genau wie Smith ein Vertreter des klassischen Liberalismus, nicht einfach ein konservativer
Dinosaurier. »Unterschiede in der Wirtschaftsstrategie«, so Friedman,
»ergeben sich eher aus unterschiedlichen Prognosen über die wirtschaftlichen Folgen eines Handelns ... als aus fundamental unterschiedlichen Grundwerten.« Das galt vielleicht in den glückseligen
Gefilden der akademischen Wissenschaft. Auf der kleinen Insel Man-
hattan mit ihren so unterschiedlichen Vierteln wie Wall Street und
Harlem sah das anders aus. Gier auf der einen Seite und Bedürftigkeit
auf der anderen taugen nicht als gemeinsame »Grundwerte«.

Doch Friedman leistete auch einen bedeutenden Beitrag zur Methodik der Wirtschaftswissenschaften. Bei der Aufstellung eines Wirtschaftsmodells, das prognostische Kraft besitzen soll, müssen stets bestimmte Grundannahmen getroffen werden: beispielsweise, dass der viel belächelte *Homo oeconomicus* – der im Grunde nichts anderes ist als der Konsument – in der Dramatik des Marktgeschehens häufig durchaus in der Lage ist, die Führungsrolle zu übernehmen; oder dass sich ein Unternehmen vor den Stürmen der Makroökonomie abkapseln müsse, um für sich eine effiziente Mikroökonomie zu entwerfen. Solche Annahmen können höchst unrealistisch sein. Friedman zufolge spielt das jedoch keine Rolle. Wie er darlegt, sind alle Annahmen gleichermaßen unrealistisch: Alle Modelle beruhen notgedrungen auf Vereinfachungen, so Friedman. Es komme einzig und allein darauf an, ob sich anhand des theoretischen Modells Vorhersagen treffen lassen, die sich dann als richtig erweisen. Wird die Theorie durch die nachfolgenden wirtschaftlichen Daten bestätigt? Wenn ja, spielt es keine Rolle, wie unrealistisch ihre Grundannahmen sind. Friedman stimmt mit Keynes' Mentor Marshall überein, der sagt, die Wirtschaftstheorie sei »ein Motor zur Entdeckung der Wahrheit und nicht ein Teilbereich der Mathematik«. Oder eine exakte Wissenschaft. Sie ist vielmehr das, was funktioniert.

Friedmans Ideen haben im ökonomischen Denken der Gegenwart ihren Platz behauptet und sich gegenüber jedem Versuch einer humanistischen Hinwendung zurück zu Keynes als resistent erwiesen. Keynes sah die Welt, wie er sie gern sehen wollte; Friedman behauptete, er sehe die Welt, wie sie wirklich ist. Wie kann es von hier aus weitergehen? Gegenwärtig sind zahlreiche hervorragende Ökonomen in allen möglichen Bereichen tätig. Doch keiner von ihnen scheint die Führung übernehmen zu können, wie Keynes Anfang und Mitte des 20. Jahrhunderts oder später Friedman. Ein neuer Adam Smith, Ricardo oder Karl Marx ist nirgendwo in Sicht. Gibt es überhaupt noch Platz für solch eine alles überragende Gestalt? Sind wir nicht längst an dem Punkt angelangt, wo wir, wie Heilbroner meint, nur noch Probleme lösen können, anstatt Visionen zu entwerfen? Die Visionen Einzelner sind eine gefährliche Sache. Keynes hatte seine Vision einer menschlichen Zukunftswelt, doch eine solche Vision hatte auch Marx. Was könnte ein neuer Smith bewirken? Was bliebe ihm noch zu tun? Die Antwort darauf weiß nur ein neuer Adam Smith, der sich von dem ersten ganz gewiss grundlegend unterschiede. Vielleicht sitzt er in diesem Augenblick in seinem Rollstuhl, den Taschenrechner in der Hand, und tippt mit den Fingern seiner künstlichen, schwarz behandschuhten Hand Zahlen ein. Der Rand seiner getönten Brille glänzt im künstlichen Licht, während er etwas vor sich hinmurmelt und sein gutturales Kichern vom Summen der Computer in seinem Rücken übertönt wird.

Weiterführende Quellen

Prolog

Norman Macrae, *John von Neumann*, Pantheon, New York 1992; deutsch unter dem Titel *John von Neumann. Mathematik und Computerforschung – Facetten eines Genies*, Birkhäuser Verlag, Basel, Boston, Berlin 1994

Kapitel 1

John Aubrey, *Brief Lives*, Penguin, London 1989; deutsch unter dem Titel *Lebensentwürfe*, Eichborn Verlag, Frankfurt/Main 1994

Kapitel 2

Janet Gleeson, *The Moneymaker*, Bantham, London 1999; deutsch unter dem Titel *Der Mann, der das Geld erfand*, Kremayr & Scheriau, Wien 2001
Antoin E. Murphy, *John Law*, Oxford University Press, Oxford 1997; deutsch unter dem Titel *John Law, Ökonom und Visionär*, Verlag Wirtschaft und Finanzen, Düsseldorf 2002

Kapitel 3

John Kenneth Galbraith, *A History of Economics*, Penguin, London 1990

Kapitel 4

Ian Simpson Ross, *The Life of Adam Smith*, Oxford University Press, Oxford 1995; deutsch unter dem Titel *Adam Smith. Leben und Werk*, Verlag Wirtschaft und Finanzen, Düsseldorf 1998

Kapitel 5

John Maynard Keynes, *Essays in Biography*, Macmillan, London 1972

Kapitel 8

Francis Wheen, *Karl Marx*, Fourth Estate, London 1999; deutsch unter dem Titel *Karl Marx*, C. Bertelsmann, München 2001

Karl Marx und Friedrich Engels, *Manifest der Kommunistischen Partei*, Nachdruck der Ausgabe Burghard, London 1948, Karl-Marx-Haus, Trier 1998

Kapitel 11

John Kenneth Galbraith, *The Great Crash of 1929*, Deutsch, London 1980; deutsch unter dem Titel *Der grosse Krach 1929. Die Geschichte einer Illusion, die in den Abgrund führte.* Stuttgart, Seewald 1963

Donald Moggridge, *Keynes, An Economist's Biography*, Routledge, London 1992

Epilog

William Poundstone, *Prisoner's Dilemma*, Oxford University Press, Oxford 1993

Silvia Nasar, *A Beautiful Mind*, Faber, London 1998; deutsch unter dem Titel *Auf den fremden Meeren des Denkens. Das Leben des genialen Mathematikers John Nash*, Piper, München, Zürich 1999

Milton und Rose Friedman, *Two Lucky People*, Chicago University Press, Chicago 1998

Milton und Rose Friedman, *Free to Choose*, Penguin, London 1980; deutsch unter dem Titel *Chancen, die ich meine. Ein persönliches Bekenntnis*, Ullstein, Berlin, Frankfurt/Main, Wien 1980

Paul Ormerod, *Butterfly Economics*, Faber, London 1998

Register